XIXe SIÈCLE

TOME II

ISBN 2-218-02047-5

Itinéraires Littéraires

Ouvrage réalisé sous la direction de
Georges Décote et Joël Dubosclard
Agrégé de l'Université
Docteur ès Lettres
Agrégé de l'Université

XIXe siècle

Marie-Caroline Carlier - Alain Couprie
Joël Dubosclard - Michel Erre
Claude Eterstein - Jean-Pierre Jacques
Adeline Lesot - Ann-Deborah Levy
Françoise Rachmühl - Hélène Sabbah

Avec la collaboration de :
Sylvie Beauthier - Brigitte Bonhomme - Pascal Debailly
Christian Doumet - Hélène Potelet

Tome II

HATIER

SOMMAIRE

Conception graphique :
Jean-Luc DUSONG

1. L'**index des principaux auteurs et des œuvres,** p. 564, vous renseignera sur les œuvres dont nous proposons des extraits pour chaque auteur mentionné ici.

SOMMAIRE

AVANT-PROPOS

Ce manuel est tout à la fois un recueil de textes, une histoire de la littérature et une étude des styles littéraires. Il nous a semblé particulièrement important d'équilibrer, dans un même volume, ces divers éléments, pour fournir à l'élève un outil de travail complet.

Les introductions d'ensemble à chacune des grandes parties de l'ouvrage donnent des repères précis sur la période étudiée et permettent une mise en perspective historique des textes.

Des introductions littéraires soulignent la singularité de chaque auteur et le replacent dans un mouvement ou une orientation esthétique. Des notions souvent vagues se trouvent ainsi explicitées : le lyrisme romantique (p. 61) ou le réalisme (p. 418), par exemple. Un autre pôle de groupement peut être une constante de l'écriture : sous le titre « La tentation de la dissonance » (p. 383) se retrouvent quelques poètes (Verlaine, Laforgue, Corbière, Cros) dont on pourra envisager de faire ainsi une approche thématique.

Chaque auteur est au centre d'un dossier comprenant :

— **un portrait biographique** qui fait apparaître les événements marquants d'une vie, comprendre les attaches d'un écrivain avec son milieu et son temps. Il fait de l'auteur, pour le lecteur, un personnage vivant et proche.

— **une présentation des œuvres** qui met en relief les sources d'inspiration, l'intégration de l'auteur à son époque, à un mouvement littéraire, son originalité personnelle.

— **des extraits des textes essentiels** de l'auteur étudié, précédés d'une introduction qui situe chacun d'eux dans son contexte immédiat.
Les textes classiques des auteurs les plus marquants du XIXᵉ siècle se trouvent en bonne place dans notre ouvrage, et tout élève pourra lire les extraits « incontournables » de la littérature. Mais y figurent également des auteurs que la sensibilité actuelle a remis au goût du jour.

— **un questionnaire** à la suite de chaque texte. Les questions offrent des pistes d'étude s'inscrivant dans la ligne actuelle de l'analyse littéraire, en conformité avec les instructions publiées dans le Bulletin Officiel de l'Éducation Nationale.
Des propositions de **groupements de textes** offrent un choix intéressant et pertinent à l'enseignant désireux de préparer ses élèves à l'oral de l'épreuve anticipée de français.

— **une synthèse** qui analyse l'invention thématique et formelle propre à l'écrivain étudié.

— quelques **textes critiques** et des extraits d'**auteurs étrangers** qui apportent au lecteur un éclairage complémentaire sur l'écrivain dont il est question.

Enfin, **des « mises au point »** attirent l'attention de façon très diversifiée sur un mouvement (le symbolisme, le naturalisme), sur un genre formel (le poème en prose), sur des alliances esthétiques intéressantes et révélatrices (peinture et littérature).

L'iconographie riche et variée met en évidence les analogies historiques et esthétiques entre la peinture, la statuaire et la littérature. Elle fait comprendre au lecteur qu'il n'existe aucune rupture entre les arts, pas plus qu'il n'en existe entre les différentes formes de création et l'époque qui les voit naître.

Nous avons voulu réaliser un ouvrage qui, par la richesse de l'information liée à la clarté et à la facilité d'utilisation, s'adresse à l'élève d'aujourd'hui ; nous espérons que celui-ci considérera ce livre comme une véritable introduction aux livres.

Ph. © Ralph Kleinhempel

Édouard MANET (1832-1883), *Nana* (1877). Hambourg, Kunsthalle Museum.

PARNASSE, RÉALISME

SYMBOLISME, NATURALISME

« Malheureux peut-être l'homme, mais heureux l'artiste que le désir déchire. »

Charles Baudelaire, *Spleen de Paris.*

DES ILLUSIONS PERDUES AU RÉALISME

Hugo pensait ressusciter l'art en « faisant de l'histoire », voire en faisant l'histoire. Cette ambition romantique reçoit un coup fatal avec l'échec de la Révolution de 1848, la victoire de l'ordre social et moral imposée par le coup d'État du 2 décembre 1851. L'histoire paraît alors suspendue. « Le silence s'était fait à la tribune et dans les journaux [...] La politique épouvantait comme une drogue dangereuse. Les esprits lassés se tournaient vers les affaires et les plaisirs. » Ces réflexions de Zola, dans son roman *La curée*, traduisent bien le climat des débuts du Second Empire, la transformation des esprits et des préoccupations sous le règne de Napoléon III.

La littérature de ce temps semble avoir enterré les héros qui rêvaient de changer leur destin et celui du monde par la seule force de leurs passions et de leur volonté. Les personnages de Flaubert dans leur échec n'ont plus rien de surhumain. Les rêves de leur humanité moyenne se figent en stéréotypes. Quant à la plupart des héros de Zola, leur énergie est comme prise au piège d'un déterminisme qui les prive d'une totale et véritable liberté. A travers eux, s'impose l'image d'une société profondément bouleversée par la révolution industrielle, économique et technique de la fin du siècle : même les personnages conquérants des *Rougon-Macquart*, les requins sans scrupules, sont engendrés par ce nouvel océan du travail et de la corruption où l'individu se noie dans la masse. Le lion romantique, « superbe et généreux », ne rugit plus guère que chez Hugo. L'utopie socialiste de Fourier ou de Saint-Simon n'est plus à l'ordre du jour. Tout au plus, s'amuse-t-on des travers de la bourgeoisie en allant voir du Labiche au théâtre.

Cela ne signifie pas pour autant la mort de tout esprit de révolte mais, à partir de 1850, le débat d'idées comme la contestation des valeurs établies se déplacent du domaine politique à celui de l'art. D'où la prolifération des mouvements, des courants, des écoles se contestant l'une l'autre : réalisme, naturalisme, symbolisme. D'où la multiplication d'itinéraires singuliers, dissidents, hors de tout esprit de chapelle.

Les conceptions mêmes de l'écrivain et de l'écriture évoluent : Stendhal et Balzac ont ouvert la voie du réalisme, le premier en envisageant le roman comme un « miroir » sans complaisance de la réalité, le second en proposant *La comédie humaine* comme un instrument de connaissance de la société et des mœurs contemporaines. Dans cette perspective empruntée et prolongée par Flaubert, l'écriture est moins une mission qu'un travail. L'observation et la documentation y ont plus de part que l'inspiration, l'écrivain préférant l'impartialité du constat aux débordements de la subjectivité.

On ne peut séparer le réalisme de l'esprit positiviste du XIXe siècle, de son goût encyclopédique pour les sciences auxquelles l'homme doit rapporter tous les espaces de son activité, y compris celui de l'art. L'apparition des sciences humaines, les modèles de classement et d'analyse découlant de la médecine et de la zoologie influencent la vision de l'humanité d'un Balzac ou d'un Zola. La littérature, selon eux, doit avoir une exigence scientifique de précision et de rigueur dans l'observation et l'expression, pour atteindre le vrai. Avec Taine et Renan, la critique elle-même s'érige en science, en explication du phénomène littéraire tandis que se constitue une histoire des Lettres avec Lanson et Faguet.

ATTRAIT ET CONTESTATION DU NATURALISME

C'est encore le modèle de la science — avec les limites et les lacunes qu'elle comporte à l'époque — qui offre aux naturalistes réunis autour de Zola les éléments d'une théorie du « roman expérimental ». Avec le naturalisme, l'écriture romanesque n'est plus seulement la reproduction fidèle, objective de la vie : elle est l'instrument d'une observation et d'une expérience des phénomènes (biologiques, sociaux), et elle permet de dévoiler les déterminismes de l'hérédité et du milieu qui conditionnent tel ou tel comportement humain. On sent ici l'influence de Darwin ou de Claude Bernard. Ce mode de lecture « mécaniste » de la réalité permet à Zola d'appréhender, dans le cycle des *Rougon-Macquart*, les mouvements de fond qui affectent la société, sa transformation en masse anonyme par la mécanisation et l'urbanisation, les conflits violents qui la traversent, les appétits qui s'y aiguisent, les déchéances qu'elle précipite. Pourrissement et germination d'un monde : telles sont les images obsessionnelles qui traversent l'œuvre de Zola mais aussi celle de Maupassant. Tous deux sont des visionnaires dont l'imagination est peuplée d'apparitions fantastiques, de créations monstrueuses. Étrange paradoxe que ce dépassement du naturalisme par ses propres maîtres.

Fernand CORMON (1845-1924), *Une forge* (1893). Paris, Musée d'Orsay.

Chez Maupassant, la recherche d'une image exacte de la vie est comme déroutée par le mystère de « l'égarement des êtres », des hasards inexplicables, des abîmes de la folie. Son œuvre, en mettant en cause l'identité même du « héros » et en présentant le morcellement des contes, dit le caractère fragmentaire de la réalité elle-même et illustre la double crise du réel et du sujet que traverse la représentation artistique en cette fin de siècle. Maupassant est un contemporain des peintres impressionnistes. Pour lui, les « réalistes de talent », les grands artistes sont « ceux qui imposent à l'humanité leur illusion particulière », leur illusion d'« un vrai jamais immuable » (Préface de *Pierre et Jean*). Cet étonnant refus d'un écrivain soucieux de la réalité de se soumettre totalement à elle, ce rejet de la photographie mécanique des choses (la photographie concurrence d'une certaine manière la peinture dès les années 1840), ouvre une brèche dans l'édifice naturaliste. S'y engouffreront pour l'abattre tous ceux qui pensent que l'art n'est pas une démonstration mais une création qui échappe, comme l'homme lui-même, par son mystère à toute réduction par la science.

Les adversaires du naturalisme forment un ensemble hétérogène : convertis au mysticisme et à l'esthétisme décadent comme Huysmans, catholiques et surnaturalistes comme Barbey d'Aurevilly, aristocrates, ennemis du positivisme bourgeois, amoureux du mystère et du fantastique comme Villiers de L'Isle-Adam, idéalistes et autobiographes comme Fromentin ou Loti, symbolistes comme Maeterlinck. Tous prennent le parti de l'art et leurs recherches rejoignent celles de la poésie déjà engagée dans une profonde métamorphose.

PARNASSIENS ET SYMBOLISTES : AVENTURIERS DE L'ÉCRITURE

Reprochant au Romantisme d'avoir fait d'une littérature de l'échec un échec de la littérature, rejetant les excès du lyrisme comme ceux de l'engagement politique, les Parnassiens tentent de tailler dans le rocher brut de la réalité la statue éternelle et impassible de l'Art. L'art sans autre utilité que lui-même enfermant « l'Idée au front serein » dans le « beau rythme d'airain » du vers (Banville). Théophile Gautier, initiateur de ce mouvement, sera suivi par tous les admirateurs de la forme pure, réunis autour de Leconte de Lisle et de la revue *Le Parnasse contemporain*. Leur poésie, abandonnant l'effusion, préfère l'érudition qui permet d'enchâsser dans l'écrin de la strophe les vestiges immémoriaux des beautés antiques et des grands mythes de l'humanité. Poésie savante, exigeante, ayant l'éclat du diamant et la froideur du marbre. Baudelaire lui-même ne sera pas insensible aux appels de la Muse du Parnasse (sanctuaire d'Apollon, le dieu des poètes) et la Beauté qu'il poursuit est aussi un « rêve de pierre ».

Toutefois, il ne peut se satisfaire totalement du formalisme et de l'ascèse du sentiment auxquels se sont appliqués les Parnassiens. Son itinéraire est plus fécond parce que les tensions qui traversent son œuvre sont plus complexes. La rupture baudelairienne est précisément le résultat de ces tensions : le poète, « le dernier et le plus solitaire des humains, privé d'amour et d'amitié », livré à l'« implacable vie », à la « brutale dictature » du Temps, aux démons de l'Ennui et aux quolibets de la Foule, est aussi « celui qui est fait pour comprendre et sentir l'immortelle Beauté », celui qui sait « le langage des fleurs et des choses muettes », celui qui fait, par son imagination, du possible « une des provinces du vrai ».

Chez Baudelaire précisément, l'imaginaire, enrichi par les souvenirs du voyageur et l'expérience du critique d'art, empêche la recherche esthétique, l'aspiration à l'idéal de tuer l'émotion. Maîtrisée par l'artiste, celle-ci ouvre au contraire de nouveaux espaces, de nouvelles routes vers l'inconnu.

Rimbaud et Lautréamont vont emprunter ces voies nouvelles dans leur tentation de l'absolu. Leur poésie qui voudrait « fixer les vertiges » intérieurs des paradis et des enfers vécus est une expérience des limites où se jouent la possibilité d'écrire et la raison de toute création. Après Aloysius Bertrand et Baudelaire, ils détruisent les frontières entre prose et poésie.

Théoriciens et praticiens de l'écriture, les symbolistes tentent, pour leur part, de débarrasser la signification des voiles et des clichés dont le langage commun masque habituellement la réalité. Leur « voyance » s'efforce de percer ces écrans et de livrer au jour la pureté de l'Idée. Il s'agit alors d'inventer une nouvelle musique des mots afin de leur redonner sens. Dissonante chez Verlaine ou Laforgue, cette musique, mystérieuse dans ses échos, vertigineuse dans ses silences, chez Mallarmé, tend à n'être qu'un pur langage, dégagé d'une réalité dont il n'offre que la suggestion sonore, le reflet, « niant d'un trait souverain le hasard ». La poésie devient alors une aventure de l'écriture.

Pierre Cécile Puvis de Chavannes, The Sacred Grove (Le Bois Sacré cher aux Arts et aux Muses), 1884, oil on canvas, 93.0 × 231.0 cm ; Potter Palmer Collection, 1922.

Pierre PUVIS DE CHAVANNES (1824-1898), *Le bois sacré cher aux arts et aux muses* (vers 1884). Chicago, The Art Institute.

La tentation de la forme : Gautier, Leconte de Lisle, Heredia

James PRADIER (1792-1852), *La poésie légère* (1846). Musée de Nîmes.

La doctrine de l'Art pour l'Art plonge ses racines dans un aspect de l'esprit romantique. N'oublie-t-on pas souvent que l'intérêt des Romantiques s'est tourné vers les sujets pittoresques, les spectacles naturels ou humains capables d'étonner des sensibilités en mal de nouveauté ? Il s'est ainsi développé, au sein du Romantisme, une poésie du pittoresque, éprise de couleur locale (pays méditerranéens, Orient) : elle se signale par la précision du travail descriptif, l'éclat des comparaisons, la souplesse parfois acrobatique du vers. C'est dire combien y est prépondérant le souci de la forme (citons les *Contes d'Espagne et d'Italie* de Musset ou *Les Orientales* de Hugo, recueils parus tous les deux en 1829).

La doctrine de « l'Art pour l'Art »

Cette veine particulière du Romantisme sera exploitée brillamment par Théophile Gautier (cf. p. 289). Vers 1850, il élaborera les principes d'une doctrine qui précipitera la fin d'un certain lyrisme sentimental en littérature, et par là, quoique issue du Romantisme, apparaîtra en réaction contre ses outrances et ses facilités.

Dès 1835, Théophile Gautier rédigeait pour son roman *Mademoiselle de Maupin* une préface retentissante : « Il n'y a de vraiment beau que ce qui peut ne servir à rien. Tout ce qui est utile est laid. » Les formules provocantes se pressaient, par lesquelles Gautier entendait hérisser le public bourgeois, épris de matérialisme utilitaire, ainsi que certains écrivains romantiques (comme George Sand) qui, dans le sillage des utopistes et des socialisants, chargeaient l'œuvre d'un message idéologique.

Gautier ouvrait ainsi une dissidence dans le Romantisme français : à partir de 1850, c'est le rejet sévère de l'épanchement lyrique (celui d'un Musset, par exemple) qu'il va prôner. On assiste alors à la naissance d'une poétique appelée doctrine de « l'Art pour l'Art ». Elle exige que le poème tire sa beauté d'une réussite technique, indépendante de la qualité d'émotion du poète : technique à entendre au sens large, car il s'agit non seulement de l'originalité de la rime, de la variété du mètre et des figures, mais de la parfaite adéquation du langage et de la pensée, que la prolixité d'un Lamartine ou d'un Musset perdait souvent de vue. Dès lors, la difficulté d'exécution devient inséparable de la quête de perfection. Voici magnifiée la valeur du travail de l'artiste, poussée jusqu'à l'abnégation pour l'amour de la Beauté[1]. Ainsi s'expliquent les constantes analogies entre le métier du poète-artisan du vers et celui du sculpteur, entre la matière verbale et le marbre. Citons le grand poème-manifeste de Gautier, « L'Art », de 1852 (cf. p. 295) : « Sculpte, lime, cisèle ; / Que ton rêve flottant / Se scelle / Dans le bloc résistant ! »

Aussi chaque poème d'un recueil tend-il à ressembler à une totalité refermée sur sa perfection descriptive, et le recueil lui-même à n'être qu'une somptueuse vitrine d'*Émaux et camées*[2], bijoux poétiques. La perfection peut aussi s'accommoder de la fantaisie, l'acrobatie verbale de beaucoup d'humour : tel est le cas des *Odes funambulesques* (1857) du charmant Théodore de Banville, disciple de Gautier.

« LES BONS PARNASSIENS »

En 1866, est fondée une revue littéraire, titrée *Le Parnasse contemporain* (le Parnasse passait dans l'Antiquité grecque pour le séjour des Muses) ; y publient les tenants de « l'Art pour l'Art » : Gautier et Banville, pères spirituels, Leconte de Lisle, Heredia, Catulle Mendès, Sully Prudhomme et d'autres aujourd'hui presque oubliés. Ils ne forment pas une école, mais un groupe assez hétérogène. Certains s'y fourvoient : ainsi Verlaine, l'âme la moins parnassienne qui fut, sympathisa avec le groupe au temps des premiers *Poèmes saturniens* (cf. p. 387). Et le tout jeune Rimbaud, qui devait si vite ridiculiser l'emphase parnassienne, supplie Banville de faire une petite place à ses premières poésies dans la revue de ceux qu'il appelle « les bons Parnassiens » ! Signe que le groupe était devenu, entre 1866 et 1880, une espèce d'institution dont les débutants attendaient leur consécration.

Ces Parnassiens, si divers soient-ils, ont en commun un idéal : le Beau, et observent le culte du travail poétique. Les formes contraignantes, reprises du Moyen Age et de la Renaissance, ont donc leur faveur : le rondel, le dizain, et surtout le sonnet (Heredia usera uniquement de cette forme). A cet héritage évident de « l'Art pour l'Art », il faut joindre le refus, raidi et comme stoïque, du lyrisme personnel, qui les fait surnommer « les Impassibles ». Toutefois, avec Leconte de Lisle, leur chef de file, l'inspiration parnassienne s'élargit : c'est toujours de la poésie descriptive, mais nourrie par une profonde connaissance des civilisations lointaines (Inde-Orient) ou exotiques. Ce goût pour des mondes différents ou disparus procède d'une nostalgie du poète pour « ces temps où l'homme et la terre étaient jeunes et dans toute l'éclosion de leur beauté ». La poésie devient alors un moyen d'évocation ou de résurrection de cette Beauté antique, par le moyen d'un langage poétique qui se veut aussi splendide, harmonieux et puissamment suggestif que les objets mêmes de sa description.

Pourquoi donc, malgré d'incontestables réussites, le poème parnassien garde-t-il pour le lecteur d'aujourd'hui quelque chose non seulement de froid (il se donne comme tel), mais d'un peu vain, dans son éclat même ? Peut-être parce que, comme le comprit Baudelaire[3], la poésie, loin de tourner le dos à la réalité contemporaine, doit au contraire la transfigurer, si elle ne veut pas se perdre dans la gratuité nostalgique de la tentation formaliste...

1. A la même époque, Flaubert est lui aussi obsédé par le travail sur la forme, et la volonté de ne pas se confesser, ou se projeter dans l'écriture (cf. *Correspondance*, p. 444).

2. Recueil essentiel de Théophile Gautier (1852), illustratif de la doctrine.

3. Baudelaire qui connut la tentation de l'Art pour l'Art mais la dépassa (cf. p. 310).

Théophile Gautier
1811-1872

Auguste de CHATILLON (1813-1881), *Théophile Gautier* (1839). Paris, Musée Carnavalet.

La gloire de Théophile Gautier est masquée par celle de ses deux immenses amis, Hugo et Baudelaire. Le premier cependant, quand il apprit sa mort, composa le magnifique poème *Tombeau de Théophile Gautier*. Quant à Baudelaire, il lui dédia *Les Fleurs du mal*.

C'est dire le respect dans lequel était tenu Gautier. On admirait son culte passionné de la beauté, la richesse encyclopédique de son vocabulaire, la haute idée qu'il se faisait du métier poétique. Mais on aimait aussi le joyeux drille plein de truculence et de générosité. On l'appelait d'ailleurs familièrement « le bon Théo ». « Homme pour qui le visible existe », il a exprimé dans son œuvre ce goût de la vie et des beautés du monde sensible, sans toutefois exclure les contradictions et les angoisses qui l'habitaient.

Le Romantique au « gilet rouge »

Théophile Gautier, né à Tarbes, conservera de ses racines méridionales la verve et le goût de la fête. Arrivé à Paris dès l'âge de trois ans, il s'habitua difficilement au climat et supporta mal les rigueurs de l'internat du collège Louis-le-Grand. On le mit alors comme externe au collège Charlemagne où il se lia d'amitié avec Gérard de Nerval. D'abord attiré par la peinture, il est également présenté par Nerval à Pétrus Borel et à Victor Hugo, pour lequel il éprouvera jusqu'à la fin de sa vie une admiration passionnée. Rebuté par les exercices fastidieux qu'on pratique dans les ateliers de peinture, il abandonne cette voie. Il gardera cependant son goût pour les formes et les couleurs, et son regard de poète sera d'abord un regard de peintre.

Il se jette alors dans le combat romantique et fréquente les milieux libres et joyeux des Cénacles. Au moment de la bataille d'*Hernani*, le 25 février 1830, il est chargé par Hugo de réunir une « claque » de partisans dynamiques. Il se dépense avec enthousiasme et arbore à cette occasion un magnifique « gilet rouge ». Après ses premières *Poésies* (1830), paraissent en 1831 *Albertus ou l'âme du péché* et en 1838 *La comédie de la mort*, poèmes macabres où, avec un langage dru et coloré, il exprime ses inquiétudes et ses angoisses. Mais, dès 1833, il publie *Les Jeunes-France, roman goguenard*, où il commence à prendre ses distances vis-à-vis des excentricités de ses amis romantiques.

Accusé d'avoir réhabilité Villon, un poète jugé immoral, Gautier réplique dans la préface de son roman *Mademoiselle de Maupin* (1835) avec un brio étourdissant, où l'on peut retrouver la verve du causeur. Plus tard, en 1844, il rassemblera, dans son livre *Les grotesques*, les articles qu'il avait consacrés à de vieux poètes injustement tombés dans l'oubli comme Villon, Théophile de Viau ou Scarron.

« Poète impeccable » et galérien du journalisme

En 1836, Gautier entre dans le journalisme pour assurer sa sécurité matérielle. Commence alors pour lui une vie de servitude, dont souvent il souffrira, car elle l'écartait de son unique passion : le culte de la beauté. Quand il en avait l'occasion, il s'évadait par le voyage. Il parcourut ainsi l'Espagne, l'Italie, l'Orient et même la Russie. A chaque fois, il revenait avec un reportage où il s'efforçait de restituer pour ses lecteurs la vivacité de ses impressions. Ce goût de l'évasion se retrouve aussi dans ses romans et ses nouvelles, ainsi dans *Le roman de la momie* (1858) où il ressuscite l'Égypte des Pharaons.

Devenu sous le Second Empire un personnage officiel, il fait figure en matière de beaux-arts d'arbitre incontesté et on le considère comme le maître de l'école de « l'Art pour l'Art ». Il meurt en 1872, laissant inachevé un article sur la bataille d'*Hernani*, comme si à l'approche de la mort et au milieu de sa médiocrité présente, il voulait se remémorer l'époque la plus brillante de sa vie.

La cafetière

1831

Comme Mérimée, Théophile Gautier a écrit toute sa vie des nouvelles fantastiques. La plupart d'entre elles se situent à la frontière indécise où la conscience hésite entre la veille et le sommeil, entre le rêve et la réalité.

Dans *La cafetière*, le narrateur qui séjourne chez des amis en Normandie, gagne sa chambre, après le souper, dans un état fiévreux. Il y découvre un grand nombre d'objets divers et une tapisserie représentant les ancêtres de ses hôtes. Soudain, à la lueur du feu de cheminée, personnages et objets s'animent : une cafetière descend d'une table, tout le monde se met à danser, à l'exception d'une jeune femme qui reste à l'écart avec un air étrange.

Le fantastique naît ici de l'obsession du narrateur à retrouver la jeune femme qu'il a aimée, mais que la mort lui a ravie.

Elle était assise dans une bergère au coin de la cheminée, et ne paraissait pas le moins du monde prendre part à ce qui se passait autour d'elle.

Jamais, même en rêve, rien d'aussi parfait ne s'était présenté à mes yeux : une peau d'une blancheur éblouissante, des cheveux d'un blond cendré, de longs cils et des prunelles bleues, si claires et si transparentes, que je voyais son âme à travers aussi distinctement qu'un caillou au fond d'un ruisseau.

Et je sentis que, si jamais il m'arrivait d'aimer quelqu'un, ce serait elle. Je me précipitai hors du lit, d'où jusque-là je n'avais pu bouger, et je me dirigeai vers elle, conduit par quelque chose qui agissait en moi sans que je pusse m'en rendre compte ; et je me trouvai à ses genoux, une de ses mains dans les miennes, causant avec elle comme si je l'eusse connue depuis vingt ans.

Mais, par un prodige bien étrange, tout en lui parlant, je marquais d'une oscillation de tête la musique qui n'avait pas cessé de jouer ; et, quoique je fusse au comble du bonheur d'entretenir une aussi belle personne, les pieds me brûlaient de danser avec elle.

Cependant je n'osais lui en faire la proposition. Il paraît qu'elle comprit ce que je voulais, car, levant vers le cadran de l'horloge la main que je ne tenais pas :

– Quand l'aiguille sera là, nous verrons, mon cher Théodore.

Je ne sais comment cela se fit, je ne fus nullement surpris de m'entendre ainsi appeler par mon nom, et nous continuâmes à causer. Enfin, l'heure indiquée sonna, la voix au timbre d'argent vibra encore dans la chambre et dit :

– Angéla, vous pouvez danser avec monsieur, si cela vous fait plaisir, mais vous savez ce qui en résultera.

– N'importe, répondit Angéla d'un ton boudeur.

Et elle passa son bras d'ivoire autour de mon cou.

– *Prestissimo !* cria la voix.

Et nous commençâmes à valser. Le sein de la jeune fille touchait ma poitrine, sa joue veloutée effleurait la mienne, et son haleine suave flottait sur ma bouche.

Jamais de la vie je n'avais éprouvé une pareille émotion ; mes nerfs tressaillaient comme des ressorts d'acier, mon sang coulait dans mes artères en torrent de lave, et j'entendais battre mon cœur comme une montre accrochée à mes oreilles.

Pourtant cet état n'avait rien de pénible. J'étais inondé d'une joie ineffable et j'aurais toujours voulu demeurer ainsi, et, chose remarquable, quoique l'orchestre eût triplé de vitesse, nous n'avions besoin de faire aucun effort pour le suivre.

Les assistants, émerveillés de notre agilité, criaient bravo, et frappaient de toutes leurs forces dans leurs mains, qui ne rendaient aucun son.

Angéla, qui jusqu'alors avait valsé avec une énergie et une justesse surprenantes, parut tout à coup se fatiguer ; elle pesait sur mon épaule comme si les jambes lui eussent manqué ; ses petits pieds, qui, une minute auparavant, effleuraient le plancher, ne s'en détachaient que lentement, comme s'ils eussent été chargés d'une masse de plomb.

— Angéla, vous êtes lasse, lui dis-je, reposons-nous.

— Je le veux bien, répondit-elle en s'essuyant le front avec son mouchoir. Mais, pendant que nous valsions, ils se sont tous assis ; il n'y a plus qu'un fauteuil, et nous sommes deux.

— Qu'est-ce que cela fait, mon bel ange ? Je vous prendrai sur mes genoux.

Sans faire la moindre objection, Angéla s'assit, m'entourant de ses bras comme d'une écharpe blanche, cachant sa tête dans mon sein pour se réchauffer un peu, car elle était devenue froide comme un marbre.

Je ne sais pas combien de temps nous restâmes dans cette position, car tous mes sens étaient absorbés dans la contemplation de cette mystérieuse et fantastique créature.

Je n'avais plus aucune idée de l'heure ni du lieu ; le monde réel n'existait plus pour moi, et tous les liens qui m'y attachent étaient rompus ; mon âme, dégagée de sa prison de boue, nageait dans le vague et l'infini ; je comprenais ce que nul homme ne peut comprendre, les pensées d'Angéla se révélant à moi sans qu'elle eût besoin de parler ; car son âme brillait dans son corps comme une lampe d'albâtre, et les rayons partis de sa poitrine perçaient la mienne de part en part.

L'alouette chanta, une lueur pâle se joua sur les rideaux.

Aussitôt qu'Angéla l'aperçut, elle se leva précipitamment, me fit un geste d'adieu, et, après quelques pas, poussa un cri et tomba de sa hauteur.

Saisi d'effroi, je m'élançai pour la relever... Mon sang se fige rien que d'y penser : je ne trouvai rien que la cafetière brisée en mille morceaux.

A cette vue, persuadé que j'avais été le jouet de quelque illusion diabolique, une telle frayeur s'empara de moi, que je m'évanouis.

La cafetière.

Pour préparer l'étude du texte

1. Récapituler et classer tous les éléments qui concourent à donner l'impression de l'authentique (précision des lieux, des gestes, une vision très nette, une scène réaliste).
2. Établir la même récapitulation des éléments anormaux et inexplicables.
3. En déduire les caractéristiques du fantastique dans ce texte.

Pour un groupement de textes

Fonction des objets dans les contes et romans fantastiques.

« La cafetière » (Gautier).
« La Vénus d'Ille » (Mérimée).
« La main » (Maupassant).
« L'homme au sable » (Hoffmann).
Le portrait de Dorian Gray (O. Wilde).
« Le portrait ovale » (Poe).
La peau de chagrin (Balzac).
« Le portrait » (Gogol).

J.-J. GRANDVILLE (1803-1847), *Apocalypse du ballet*, dans *Un autre monde*, IX. Bibliothèque de Nancy.

Mademoiselle de Maupin

1835

La préface du roman *Mademoiselle de Maupin* est une riposte cinglante et spirituelle à des journalistes qui reprochaient à Gautier de réhabiliter Villon, un poète jugé par eux immoral. Elle contient en outre le premier manifeste de ce que sera l'école de l'Art pour l'Art. Mais ce texte est surtout une œuvre pleine de truculence et d'allégresse, où le jeune Romantique lâche la bride à sa fantaisie.

Il y a deux sortes d'utilité, et le sens de ce vocable n'est jamais que relatif. Ce qui est utile pour l'un ne l'est pas pour l'autre. Vous êtes savetier, je suis poète. — Il est utile pour moi que mon premier vers rime avec mon second. — Un dictionnaire de rimes m'est d'une grande utilité ; vous n'en avez que faire pour carreler une vieille paire de bottes, et il est juste de dire qu'un tranchet ne me servirait pas à grand'chose pour faire une ode. — Après cela, vous objecterez qu'un savetier est bien au-dessus d'un poète, et que l'on se passe mieux de l'un que de l'autre. Sans prétendre rabaisser l'illustre profession de savetier, que j'honore à l'égal de la profession de monarque constitutionnel, j'avouerai humblement que j'aimerais mieux avoir mon soulier décousu que mon vers mal rimé, et que je me passerais plus volontiers de bottes que de poèmes. Ne sortant presque jamais et marchant plus habilement par la tête que par les pieds, j'use moins de chaussures qu'un républicain vertueux qui ne fait que courir d'un ministère à l'autre pour se faire jeter quelque place.

Je sais qu'il y en a qui préfèrent les moulins aux églises, et le pain du corps à celui de l'âme. A ceux-là, je n'ai rien à leur dire. Ils méritent d'être économistes dans ce monde, et aussi dans l'autre.

Y a-t-il quelque chose d'absolument utile sur cette terre et dans cette vie où nous sommes ? D'abord, il est très peu utile que nous soyons sur terre et que nous vivions. Je défie le plus savant de la bande de dire à quoi nous servons, si ce n'est à ne pas nous abonner au *Constitutionnel*[1] ni à aucune espèce de journal quelconque.

Ensuite, l'utilité de notre existence admise *a priori*, quelles sont les choses réellement utiles pour la soutenir ? De la soupe et un morceau de viande deux fois par jour, c'est tout ce qu'il faut pour se remplir le ventre, dans la stricte acception du mot. L'homme, à qui un cercueil de deux pieds de large sur six de long suffit et au-delà après sa mort, n'a pas besoin dans sa vie de beaucoup plus de place. Un cube creux de sept à huit pieds dans tous les sens, avec un trou pour respirer, une seule alvéole de la ruche, il n'en faut pas plus pour le loger et empêcher qu'il ne lui pleuve sur le dos. Une couverture roulée convenablement autour du corps le défendra aussi bien et mieux contre le froid que le frac de Staub[2] le plus élégant et le mieux coupé.

Avec cela, il pourra subsister à la lettre. On dit bien qu'on peut vivre avec 25 sous par jour ; mais s'empêcher de mourir, ce n'est pas vivre ; et je ne vois pas en quoi une ville organisée utilitairement serait plus agréable à habiter que le Père-Lachaise.

Rien de ce qui est beau n'est indispensable à la vie. — On supprimerait les fleurs, le monde n'en souffrirait pas matériellement ; qui voudrait cependant qu'il n'y eût plus de fleurs ? Je renoncerais plutôt aux pommes de terre qu'aux roses, et je crois qu'il n'y a qu'un utilitaire au monde capable d'arracher une plate-bande de tulipes pour y planter des choux.

A quoi sert la beauté des femmes ? Pourvu qu'une femme soit médicalement bien conformée, en état de faire des enfants, elle sera toujours assez bonne pour des économistes.

A quoi bon la musique ? à quoi bon la peinture ? Qui aurait la folie de préférer Mozart à M. Carrel[3], et Michel-Ange à l'inventeur de la moutarde blanche[4] ?

Il n'y a de vraiment beau que ce qui ne peut servir à rien ; tout ce qui est utile est laid, car c'est l'expression de quelque besoin, et ceux de l'homme sont ignobles et dégoûtants, comme sa pauvre et infirme nature. — L'endroit le plus utile d'une maison, ce sont les latrines.

Mademoiselle de Maupin, Préface.

Pour préparer l'étude du texte

1. Mettre en évidence la structure du texte : faire apparaître ses trois parties et montrer que chacune d'entre elles comporte l'énoncé d'une thèse, une ou plusieurs illustrations, une conclusion.
2. Étudier la manière dont Gautier exprime le caractère relatif de la notion d'utilité.
3. Analyser précisément ce qui fait l'ironie de certaines affirmations du texte.

1. Journal qui joue alors un grand rôle dans la diffusion des idées libérales.
2. Tailleur à la mode du monde élégant.
3. Armand Carrel (1800-1836) est l'un des chefs du parti républicain.
4. Remède miracle à l'époque contre toutes les affections dues à la constipation.

Émaux et camées

1852

Gautier ne cessa de 1852 à 1872 d'enrichir et de perfectionner son recueil. Une importance primordiale y est accordée à la sensation visuelle. La poésie tente souvent de rivaliser avec la peinture et la sculpture. Gautier est capable de restituer toutes les nuances de la couleur *(Symphonie en blanc majeur)* ou bien d'en faire éclater les contrastes *(Carmen)*. Il sait fixer la perfection d'une ligne ou d'un galbe *(A une robe rose)*. Il pratique un travail d'orfèvre. Ses poèmes à mètres courts sont comme des miniatures où tout est soigné : rime riche, rythme subtil, sonorité rare. Gautier illustre parfaitement l'esthétique de l'Art pour l'Art, mais il n'évacue pas toute sensibilité de sa poésie. Son désir de fixer la perfection s'accompagne d'une hantise de l'éphémère et de la mort. Le culte de la forme est une riposte au temps qui dégrade la beauté.

Affinités secrètes
Madrigal panthéiste

Des sympathies apparaissent entre les objets et les êtres qui s'accouplent. Gautier imagine alors que leurs molécules, après s'être dissociées, se retrouvent sous un nouvel aspect. L'amour s'explique ainsi par ces « affinités secrètes » qui nous poussent vers des êtres que nous avons connus sous d'autres apparences. On retrouve ici le thème baudelairien de la vie antérieure. Dans le cadre étroit de l'octosyllabe, Gautier exprime la grâce fugitive de la beauté, qui se perd et renaît dans le renouvellement cosmique de la matière.

Dans le fronton d'un temple antique,
Deux blocs de marbre ont, trois mille ans,
Sur le fond bleu du ciel antique
Juxtaposé leurs rêves blancs ;

Dans la même nacre figées,
Larmes des flots pleurant Vénus,
Deux perles au gouffre plongées
Se sont dit des mots inconnus ;

Au frais Généralife[1] écloses,
Sous le jet d'eau toujours en pleurs,
Du temps de Boabdil[2], deux roses
Ensemble ont fait jaser leurs fleurs ;

Sur les coupoles de Venise
Deux ramiers blancs aux pieds rosés,
Au nid où l'amour s'éternise
Un soir de mai se sont posés.

Marbre, perle, rose, colombe,
Tout se dissout, tout se détruit ;
La perle fond, le marbre tombe,
La fleur se fane et l'oiseau fuit.

En se quittant, chaque parcelle
S'en va dans le creuset profond
Grossir la pâte universelle
Faite des formes que Dieu fond.

Par de lentes métamorphoses,
Les marbres blancs en blanches chairs,
Les fleurs roses en lèvres roses
Se refont dans des corps divers.

Les ramiers de nouveau roucoulent
Au cœur de deux jeunes amants,
Et les perles en dents se moulent
Pour l'écrin des rires charmants.

De là naissent ces sympathies
Aux impérieuses douceurs,
Par qui les âmes averties
Partout se reconnaissent sœurs.

Docile à l'appel d'un arôme,
D'un rayon ou d'une couleur,
L'atome vole vers l'atome
Comme l'abeille vers la fleur.

1. Palais des rois maures à Grenade agrémenté de jardins magnifiques.
2. Dernier roi musulman de Grenade, chassé en 1492 par Ferdinand d'Aragon.

Edward BURNE-JONES (1833-1898), *Phyllis et Démophon* (1870). Birmingham, City Museums and Art Gallery.

Phyllis, reine de Thrace, s'éprend de Démophon, fils de Phèdre et de Thésée. A la suite d'une promesse non tenue par Démophon (celle de revenir avant un mois), les dieux transforment Phyllis en amandier. Revenu en Thrace, Démophon, apprenant le sort de Phyllis, embrasse l'arbre qui, jusqu'alors improductif, se met à fleurir. Burne-Jones imagine que Phyllis apparaît dans l'arbre et se penche pour pardonner à son amant infidèle.

L'on se souvient des rêveries
Sur le fronton ou dans la mer,
Des conversations fleuries
Près de la fontaine au flot clair,

Des baisers et des frissons d'ailes
Sur les dômes aux boules d'or[1],
Et les molécules fidèles
Se cherchent et s'aiment encor.

L'amour oublié se réveille,
Le passé vaguement renaît,
La fleur sur la bouche vermeille
Se respire et se reconnaît.

Dans la nacre où le rire brille,
La perle revoit sa blancheur ;
Sur une peau de jeune fille,
Le marbre ému sent sa fraîcheur.

Le ramier trouve une voix douce,
Écho de son gémissement,
Toute résistance s'émousse,
Et l'inconnu devient l'amant.

Vous devant qui je brûle et tremble,
Quel flot, quel fronton, quel rosier,
Quel dôme nous connut ensemble,
Perle ou marbre, fleur ou ramier ?

Émaux et camées.

Ph. © by permission of the Birmingham Museum and Art Gallery

Edward BURNE-JONES (1833-1898), *Phyllis et Démophon* (1870), détail. Birmingham, City Museums and Art Gallery.

Pour préparer l'étude du texte

1. Montrer que la structure du texte (en trois parties) correspond à une véritable démonstration (observation des affinités, métamorphose, confusion générale des éléments perçus, des sentiments, des souvenirs).
2. Étudier l'expression des affinités initiales (contexte, communication entre les éléments de même nature) puis leur transformation (champ lexical de la métamorphose).
3. Montrer comment la troisième partie du texte illustre la notion de panthéisme.

Carmen

Carmen est maigre, — un trait de bistre
Cerne son œil de gitana.
Ses cheveux sont d'un noir sinistre,
Sa peau, le diable la tanna.

Les femmes disent qu'elle est laide,
Mais tous les hommes en sont fous :
Et l'archevêque de Tolède
Chante la messe à ses genoux ;

Car sur sa nuque d'ambre fauve
Se tord un énorme chignon
Qui, dénoué, fait dans l'alcôve
Une mante à son corps mignon.

Et, parmi sa pâleur, éclate
Une bouche aux rires vainqueurs ;
Piment rouge, fleur écarlate,
Qui prend sa pourpre au sang des cœurs.

Ainsi faite, la moricaude
Bat les plus altières beautés,
Et de ses yeux la lueur chaude
Rend la flamme aux satiétés.

Elle a, dans sa laideur piquante,
Un grain de sel de cette mer
D'où jaillit, nue et provocante,
L'âcre Vénus du gouffre amer.

Émaux et camées.

Pour préparer l'étude du texte

1. L'art du portrait. Montrer que ce portrait admiratif est construit — avec une certaine logique — sur des oppositions qui donnent de Carmen une double image contradictoire.
2. Récapituler et analyser les éléments qui font de Carmen un personnage séducteur et fascinant.
3. Une image divine. Comment le personnage prend-il progressivement la forme d'une allégorie de l'amour ?

Pour une étude comparée

Deux images de Carmen.

Carmen de Gautier *(Émaux et camées)* et *Carmen* de Mérimée (portrait p. 111, Éd. Folio).

1. Il s'agit des coupoles de Venise.

L'Art

Ce poème sert de manifeste à la théorie de l'Art pour l'Art qui sera illustrée par les poètes du Parnasse. Déjà énoncée dans la préface de *Mademoiselle de Maupin*, elle repose sur l'idée que la création artistique doit être gratuite. Le poète doit par conséquent exclure de son œuvre la politique, la philosophie et le lyrisme sentimental. Gautier défend ici les valeurs positives de cette théorie. Il y exprime son culte pour la forme parfaite que dégage un labeur opiniâtre. Même si cette attitude est excessive, on peut être sensible à cet appel au travail patient de l'artiste, à qui l'œuvre impeccable permettra d'échapper à la dégradation du temps.

Oui, l'œuvre sort plus belle
D'une forme au travail
Rebelle,
Vers, marbre, onyx, émail.

Point de contraintes fausses !
Mais que pour marcher droit
Tu chausses,
Muse, un cothurne[1] étroit.

Fi du rythme commode,
Comme un soulier trop grand,
Du mode[2]
Que tout pied quitte et prend !

Statuaire, repousse
L'argile que pétrit
Le pouce,
Quand flotte ailleurs l'esprit ;

Lutte avec le carrare[3],
Avec le paros[3] dur
Et rare,
Gardiens du contour pur ;

Emprunte à Syracuse
Son bronze où fermement
S'accuse[4]
Le trait fier et charmant ;

D'une main délicate
Poursuis dans un filon
D'agate
Le profil d'Apollon.

Peintre, fuis l'aquarelle
Et fixe la couleur
Trop frêle
Au four de l'émailleur.

Fais les Sirènes bleues,
Tordant de cent façons
Leurs queues,
Les monstres des blasons ;

Dans son nimbe[5] trilobe[6]
La Vierge et son Jésus,
Le globe
Avec la croix dessus.

Tout passe. — L'art robuste
Seul a l'éternité ;
Le buste
Survit à la cité.

Et la médaille austère
Que trouve un laboureur
Sous terre
Révèle un empereur.

Les dieux eux-mêmes meurent,
Mais les vers souverains
Demeurent
Plus forts que les airains[7].

Sculpte, lime, cisèle ;
Que ton rêve flottant
Se scelle
Dans le bloc résistant !

Émaux et camées.

Pour préparer l'étude du texte

1. Les exigences de l'art. Étudier les formulations qui précisent ce que l'art refuse et ce qu'il exige sur le plan des « matériaux », de la démarche créatrice et des thèmes d'inspiration.

2. L'art et le temps. Étudier comment s'expriment les relations entre l'art et le temps et la supériorité du premier sur le second.

3. Montrer comment Gautier, en composant ce poème, se soumet aux préceptes de difficulté et d'effort qu'il énonce (versification, rythmes, recherches de vocabulaire, figures de style).

Pour une étude comparée

Une recherche esthétique.

Gautier, « L'Art » *(Émaux et camées).*
Baudelaire, « La beauté » (*Les Fleurs du mal*, cf. p. 317).

Un art poétique.

Gautier, « L'Art » *(Émaux et camées).*
Verlaine, « Art poétique ».

1. Chaussure à haute semelle que portaient dans l'Antiquité les acteurs tragiques.
2. Terme de musique.
3. Deux marbres très réputés.
4. Vocabulaire de peintre. « Accuser » signifie ici « faire ressortir ».
5. Cercle lumineux qui entoure la tête des personnages divins ou des saints.
6. A trois lobes, donc en forme de trèfle.
7. *Airains* : souvenir d'Horace : « Exegi monumentum aere perennius » : « J'ai élevé un monument plus durable que l'airain. »

L'œuvre de Gautier, qui se développe de 1830 jusqu'à sa mort en 1872, est caractérisée par une très grande diversité. Il fut en effet poète, journaliste, critique d'art, romancier, dramaturge, créateur de livrets de ballets.

On peut cependant déterminer dans cette variété d'inspiration des lignes directrices.

Le fantastique

Il est à la mode en 1830 et constitue un des aspects insolites du Romantisme. Gautier s'inscrit donc dans une ligne d'inspiration contemporaine. En même temps, il exprime à travers des nouvelles originales une croyance personnelle très profonde dans l'existence de forces mystérieuses. « La cafetière » et « Spirite » sont deux textes très représentatifs d'une écriture qui suggère la présence d'un « extra-monde ». Celui-ci se manifeste à travers le pouvoir étrange des objets et les manifestations insolites du réel perçu.

L'exotisme et le dépaysement

Gautier fut un grand voyageur. Son goût pour le dépaysement se révèle dans sa poésie (images de l'Espagne et de Venise), dans des récits fourmillant de détails originaux *(Tra los montes)*, dans ses romans. *Le roman de la momie* entraîne le lecteur en Égypte. *Le capitaine Fracasse* lui fait partager les aventures d'un baron ruiné de l'époque Louis XIII. Et la manière dont Gautier ressuscite certains poètes oubliés comme Villon souligne son goût pour le lointain, qu'il soit temporel ou spatial.

L'analyse du beau

Critique d'art, Gautier s'est interrogé sur la nature du beau. Le dissociant de la notion d'utilité, il le proclame « libre »[1] et fait de sa recherche un refuge, une compensation aux désillusions de la vie. Le travail de création poétique, qui fait de chaque poème un bijou ciselé, comme le suggère le titre du recueil *Émaux et camées*, n'est pas un effort stérile. La recherche d'une perfection formelle, objet d'un travail long et précis, est un moyen de vaincre les angoisses d'un être que le monde fascine et effraye. La création poétique est la recherche d'une perfection consolatrice.

Rodolphe BRESDIN (1822-1885), Illustration pour la *Revue fantaisiste* de Théophile Gautier. Paris, Bibliothèque Nationale.

1. Dans la Préface du roman *Mademoiselle de Maupin*.

Leconte de Lisle
1818-1894

F.-A. CAZALS (1865-1941), *Portrait de Leconte de Lisle*, pastel. Paris, Bibliothèque Nationale.

Aristocrate, né à l'île Bourbon (la Réunion) en 1818, Charles Leconte de Lisle gardera de son enfance et de ses voyages une prédilection pour la nature et les civilisations exotiques et recherchera, dans son écriture, le dépaysement. Étudiant en France, il est un adepte de l'utopie fouriériste (cf. p. 220), mais déçu par l'échec de la Révolution de 1848, il se détache de l'action politique pour se consacrer, comme à une divinité exigeante, à la poésie. Il tente d'écarter les tourments de son cœur et de son esprit pour atteindre l'impassibilité du beau qu'il entend concilier avec la rigueur de la science. Se plaçant ainsi aux antipodes des conceptions romantiques, dans ses deux principaux recueils, les *Poèmes antiques* (1852-1874) et les *Poèmes barbares* (1862-1878), il étend cette rigueur à la forme poétique elle-même. Mais il ne peut empêcher sa philosophie pessimiste et ses visions « sauvages » de déranger l'ordre parfois trop immobile de ses poèmes.

Considéré comme un « maître » par l'école parnassienne qu'il a contribué à fonder, il est élu en 1886 à l'Académie française et meurt en 1894 à Louveciennes.

Poèmes barbares
1862-1878

Puisant aux sources mythiques de l'Inde ou de la Bible, les *Poèmes barbares* offrent le récit épique des commencements du monde. « Barbares », ils le sont par l'évocation pittoresque d'univers exotiques. Ils le sont encore par les affrontements violents que s'y livrent les humains ou les animaux. Développant le thème, déjà traité par Vigny, de l'impassibilité de la nature devant les malheurs de l'homme, le recueil s'achève par une méditation sur la disparition future de l'humanité. Dans ce recueil, Leconte de Lisle obtient un véritable effet de dépaysement par l'emploi de noms étrangers, mais aussi par le balancement majestueux de la phrase et du vers qui répond à « cet amour contradictoire et mystérieux de l'esprit humain pour la surprise et la symétrie »[1].

1. Baudelaire, « Portrait de Leconte de Lisle », *Revue fantaisiste*, 1861.

Le manchy[1]

Sous un nuage frais de claire mousseline,
Tous les dimanches au matin,
Tu venais à la ville en manchy de rotin,
Par les rampes de la colline.

La cloche de l'église alertement tintait ;
Le vent de mer berçait les cannes ;
Comme une grêle d'or, aux pointes des savanes,
Le feu du soleil crépitait.

Le bracelet aux poings, l'anneau sur la cheville,
Et le mouchoir jaune aux chignons,
Deux Telingas[2] portaient, assidus compagnons,
Ton lit aux nattes de Manille.

Ployant leur jarret maigre et nerveux, et chantant,
Souples dans leurs tuniques blanches,
Le bambou sur l'épaule et les mains sur les hanches,
Ils allaient le long de l'Étang.

Le long de la chaussée et des varangues[3] basses
Où les vieux créoles fumaient,
Par les groupes joyeux des Noirs, ils s'animaient
Au bruit des bobres Madécasses[4].

Dans l'air léger flottait l'odeur des tamarins ;
Sur les houles illuminées,
Au large, les oiseaux, en d'immenses traînées,
Plongeaient dans les brouillards marins.

Et tandis que ton pied, sorti de la babouche,
Pendait, rose, au bord du manchy,
A l'ombre des Bois noirs touffus et du Letchi[5]
Aux fruits moins pourprés que ta bouche ;

Tandis qu'un papillon, les deux ailes en fleur,
Teinté d'azur et d'écarlate,
Se posait par instants sur ta peau délicate
En y laissant de sa couleur ;

On voyait, au travers du rideau de batiste,
Tes boucles dorer l'oreiller,
Et, sous leurs cils mi-clos, feignant de sommeiller,
Tes beaux yeux de sombre améthyste[6].

Tu t'en venais ainsi, par ces matins si doux,
De la montagne à la grand'messe,
Dans ta grâce naïve et ta rose jeunesse,
Au pas rhythmé de tes Hindous.

Maintenant, dans le sable aride de nos grèves,
Sous les chiendents, au bruit des mers,
Tu reposes parmi les morts qui me sont chers,
O charme de mes premiers rêves !

Poèmes barbares.

Pour préparer l'étude du texte

1. Étudier l'expression de l'exotisme : lieux, coutumes, personnages, lexique utilisé.
2. Un rêve léger et sensuel. Analyser ce qui fait le charme de cette évocation (mouvements, harmonie des rythmes et des sonorités, expression du flou et de l'impalpable).
3. La chute du dernier quatrain : montrer ce qui crée la rupture (temps verbaux, modifications du décor, tonalité).

Eugène DELACROIX (1798-1863), *Babouches* (1832). Paris, Musée du Louvre.

1. Sorte de litière (dans l'île de la Réunion).
2. Serviteurs hindous.
3. Sorte de véranda.
4. Instrument à une corde utilisé à Madagascar.
5. Arbre d'Asie à fruits comestibles.
6. Pierre précieuse violette.

Les montreurs

Tel qu'un morne animal, meurtri, plein de poussière,
La chaîne au cou, hurlant au chaud soleil d'été,
Promène qui voudra son cœur ensanglanté
Sur ton pavé cynique, ô plèbe carnassière !

Pour mettre un feu stérile en ton œil hébété,
Pour mendier ton rire ou ta pitié grossière,
Déchire qui voudra la robe de lumière
De la pudeur divine et de la volupté.

Dans mon orgueil muet, dans ma tombe sans gloire,
Dussé-je m'engloutir pour l'éternité noire,
Je ne te vendrai pas mon ivresse ou mon mal,

Je ne livrerai pas ma vie à tes huées,
Je ne danserai pas sur ton tréteau banal
Avec tes histrions et tes prostituées.

Poèmes barbares.

Pour préparer l'étude du texte

1. Montrer que le texte est construit sur deux mouvements successifs et liés :
— une double invitation à charmer et à séduire la foule ;
— un refus catégorique sur le plan personnel.

2. Étudier précisément chacun de ces mouvements en soulignant :
— dans le premier, l'expression et le contenu de la double invitation, la violence du ton ;
— dans le second, les risques de l'attitude choisie, l'expression des refus.

3. Analyser la cohérence parfaite du poème : le rôle du dernier vers, sa signification, ses relations très précises et subtiles avec le contenu du sonnet.

Le sommeil du condor

Par-delà l'escalier des roides Cordillères,
Par-delà les brouillards hantés des aigles noirs,
Plus haut que les sommets creusés en entonnoirs
Où bout le flux sanglant des laves familières,
L'envergure pendante et rouge par endroits,
Le vaste Oiseau, tout plein d'une morne indolence,
Regarde l'Amérique et l'espace en silence,
Et le sombre soleil qui meurt dans ses yeux froids.
La nuit roule de l'Est, où les pampas sauvages
Sous les monts étagés s'élargissent sans fin ;
Elle endort le Chili, les villes, les rivages,
Et la Mer Pacifique et l'horizon divin ;
Du continent muet elle s'est emparée :
Des sables aux coteaux, des gorges aux versants,
De cime en cime, elle enfle, en tourbillons croissants,
Le lourd débordement de sa haute marée.
Lui, comme un spectre, seul, au front du pic altier,
Baigné d'une lueur qui saigne sur la neige,
Il attend cette mer sinistre qui l'assiège :
Elle arrive, déferle, et le couvre en entier.
Dans l'abîme sans fond la Croix australe allume
Sur les côtes du ciel son phare constellé.
Il râle de plaisir, il agite sa plume,
Il érige son cou musculeux et pelé,
Il s'enlève en fouettant l'âpre neige des Andes,
Dans un cri rauque il monte où n'atteint pas le vent,
Et, loin du globe noir, loin de l'astre vivant,
Il dort dans l'air glacé, les ailes toutes grandes.

Poèmes barbares.

Pour préparer l'étude du texte

Étudier successivement
— la présentation du décor et de l'oiseau (indications spatiales, caractérisations, images) ;
— la nuit et ses effets : une prise de possession des lieux, un mouvement irréversible ;
— la rencontre du condor et de la nuit. Quelles valeurs symboliques peut-on attribuer au vol de l'oiseau et à sa situation à la fin du poème ?

Pour un groupement de textes

Le motif de l'oiseau dans la littérature du XIXe siècle.

Cf. groupement de textes : Un bestiaire symbolique, p. 105.

Un poète de l'échec

L'échec personnel et l'échec historique (celui de la Révolution de 1848) vécus par Leconte de Lisle inscrivent dans son œuvre une angoisse fondamentale à laquelle il donne une forme poétique comme pour conjurer son dégoût du présent.

On ne trouvera pas chez ce poète un abandon à l'effusion intime dans laquelle il voit « une vanité et une profanation gratuites » (cf. « Les montreurs »). On pourrait au contraire parler d'un raidissement de l'être par lequel la souffrance gagne une sorte d'emphase au point qu'elle devient absolue. Elle s'appelle alors goût de l'anéantissement : « Le mal est de trop vivre, et la mort est meilleure. » Poète pessimiste de la souffrance, il est aussi celui de la cruauté, de la violence qui paraissent investir l'univers entier où rôdent une « Bête horrible et lâche », un cortège de monstres qui menacent de nous renvoyer au Chaos.

On ne s'étonnera donc pas de voir livrer, dans les *Poèmes barbares*, de sanglantes batailles où s'engloutissent des mondes.

Ce recours au mythe, à la légende, caractéristique de la poésie de Leconte de Lisle, est lui-même le signe d'un refus d'une Histoire coupable d'avoir tué l'espoir.

De la souffrance à l'« échelle infinie » du rêve

La conception de l'art édifiée par Leconte de Lisle aboutit à un retrait du présent et à la recherche de l'élévation vers les hauteurs immobiles des civilisations antiques ou des lointains exotiques que le poète réunit dans une étonnante fusion des cultures.

Dans sa poésie, l'exaltation de la forme vise à consolider l'image d'un monde dont la beauté peut se passer de l'homme. Cette recherche se traduit par la prédilection pour des alexandrins fortement accentués, regroupés en strophes rigoureusement articulées par le jeu des rimes, et accueillant une phrase à la syntaxe dépouillée. De vers en vers, de rêve en rêve, le poème se veut « Échelle infinie » où l'esprit s'élève vers une lumière qui jaillit dans la nuit éternelle (« In excelsis », *Poèmes barbares*). Cette vision idéaliste et rétrospective est, en fait, contradictoire : au rêve d'un retour à l'âge d'or des origines, au charme des premières amours (« Le manchy »), s'oppose la rencontre, dans le passé lui-même, du bruit et de la fureur, du sang et de la mort. Comme si les échos des batailles de son siècle que le poète tente d'assourdir dans l'harmonie maîtrisée de ses vers faisaient inévitablement retour sous les espèces de temps révolus.

Même quand il décrit avec rigueur et minutie le spectacle de la nature, le vol d'un oiseau ou la fin d'un jour, la recherche de la beauté formelle ne peut masquer la blessure du cœur « qui s'est brisé pour la dernière fois » (« La mort du soleil », *Poèmes barbares*).

Illustration de H. BECQUE pour *Les poèmes barbares*, en 1925. Paris, Bibliothèque Nationale.

José Maria de Heredia
1842-1905

José Maria de Heredia.

Fils d'un descendant des Conquistadores, José Maria de Heredia naît à Cuba en 1842. Élevé dans le goût de la littérature française mais aussi de la culture hispanique, il acquiert à Paris, à l'École des Chartes (1862-1865), une érudition historique qui sera essentielle dans son œuvre. Il participe à Paris, dans les années 1860, aux premiers essais de l'école parnassienne et collabore, à l'invitation de Leconte de Lisle, au *Parnasse contemporain* dès 1866.

Traducteur de l'espagnol mais surtout poète, ciseleur de vers, amoureux de la beauté, Heredia rassemble en 1893 cent-dix-huit sonnets en un unique recueil : *Les trophées*, qui reçoit un accueil triomphal et vaut à son auteur d'être élu un an plus tard à l'Académie française.

A sa mort, en 1905, on inscrit sur sa tombe :

« Mon âme vagabonde à travers le feuillage
Frémira... »

Les trophées
1893

Dans sa dédicace à Leconte de Lisle, Heredia définit le caractère d'une poésie qui rejette mollesse et médiocrité pour atteindre une beauté éternelle, véritable récompense, authentique trophée pour celui qui a « l'amour de la poésie pure et du pur langage français ».

Les trophées s'offrent comme une nouvelle « légende des siècles » qui ressuscite les mythes de la Grèce et de Rome, du Moyen Age et de la Renaissance, de l'Orient et des Tropiques pour s'achever sur l'épopée des « Conquérants de l'or ». Le spectacle des civilisations évanouies inspire à Heredia le sentiment du néant. « Le temps passe. Tout meurt. Le marbre même s'use. »[1] Seul le dur métal ouvragé des vers peut parfois, au-delà de la mort, éterniser les rêves et « de ce marbre en ruine » faire « un dieu vivant »[2].

1. « Médaille antique ».

2. « Sur un marbre brisé ».

L'oubli[1]

Le temple est en ruine au haut du promontoire.
Et la Mort a mêlé, dans ce fauve terrain,
Les Déesses de marbre et les Héros d'airain
Dont l'herbe solitaire ensevelit la gloire.

Seul, parfois, un bouvier menant ses buffles boire,
De sa conque où soupire un antique refrain
Emplissant le ciel calme et l'horizon marin,
Sur l'azur infini dresse sa forme noire.

La Terre maternelle et douce aux anciens Dieux
Fait à chaque printemps, vainement éloquente,
Au chapiteau brisé verdir une autre acanthe[2] ;

Mais l'homme indifférent au rêve des aïeux
Écoute sans frémir, du fond des nuits sereines,
La Mer qui se lamente en pleurant les Sirènes.

Les trophées, « La Grèce et la Sicile ».

Pour préparer le commentaire composé

Étudier

1. Les images d'un monde antique (le paysage méditerranéen, les allusions à l'art, la mythologie).
2. Le présent et le renouvellement (les temps verbaux, une scène rustique, le retour du printemps).
3. L'indifférence de l'homme et le rôle du poète (le refus du passé chez le premier, la réminiscence et la célébration des temps antiques par le second).

Pour un groupement de textes

L'homme, la nature et le temps.

Heredia, « L'oubli » *(Les trophées)*.
Hugo, « Soleils couchants » (*Les feuilles d'automne*).
Lamartine, « Le vallon », « Le lac » (*Méditations poétiques*, cf. pp. 68-69)
Baudelaire, « La vie antérieure » (*Les Fleurs du mal*, cf. p. 319).
Vigny, « La maison du berger » (*Les Destinées*, IIIe partie, cf. p. 103).

Les conquérants[3]

Comme un vol de gerfauts[4] hors du charnier natal,
Fatigués de porter leurs misères hautaines,
De Palos de Moguer[5], routiers[6] et capitaines
Partaient, ivres d'un rêve héroïque et brutal.

Ils allaient conquérir le fabuleux métal
Que Cipango[7] mûrit dans ses mines lointaines,
Et les vents alizés inclinaient leurs antennes[8]
Aux bords mystérieux du monde Occidental.

Chaque soir, espérant des lendemains épiques,
L'azur phosphorescent de la mer des Tropiques
Enchantait leur sommeil d'un mirage doré ;

Ou penchés à l'avant des blanches caravelles,
Ils regardaient monter en un ciel ignoré
Du fond de l'Océan des étoiles nouvelles.

Les trophées, « Le Moyen Age et la Renaissance ».

Pour préparer l'étude du texte

1. Une structure dynamique. Étudier la structure du texte en faisant apparaître les différences entre les quatrains et les tercets (thème, rythmes, mouvements, images).
2. L'action. Dans les deux quatrains, analyser toutes les précisions qui définissent ou caractérisent les conquérants.
3. Le rêve. Analyser tout ce qui dans les tercets s'apparente au rêve et à l'imaginaire. Étudier en particulier la symbolique des couleurs et l'expression poétique de l'espoir.

Pour un groupement de textes

Voyage et découverte.

Cf. groupement de textes : Aspects du voyage initiatique : découvertes et déceptions, p. 528.

1. Le titre de ce poème, le premier des *Trophées*, était à l'origine « En Campanie », région de l'Italie du Sud propice à la méditation de nombreux poètes du XIXe siècle.
2. Plante méditerranéenne mais aussi élément de décoration caractéristique de l'art corinthien.
3. Hommage de Heredia à ses ancêtres.
4. Oiseaux de proie.
5. Port d'Espagne d'où partit Christophe Colomb le 3 août 1492.
6. Soldats en quête de butin.
7. Nom du Japon sur les cartes du Moyen Age.
8. Cordages soutenant les voiles.

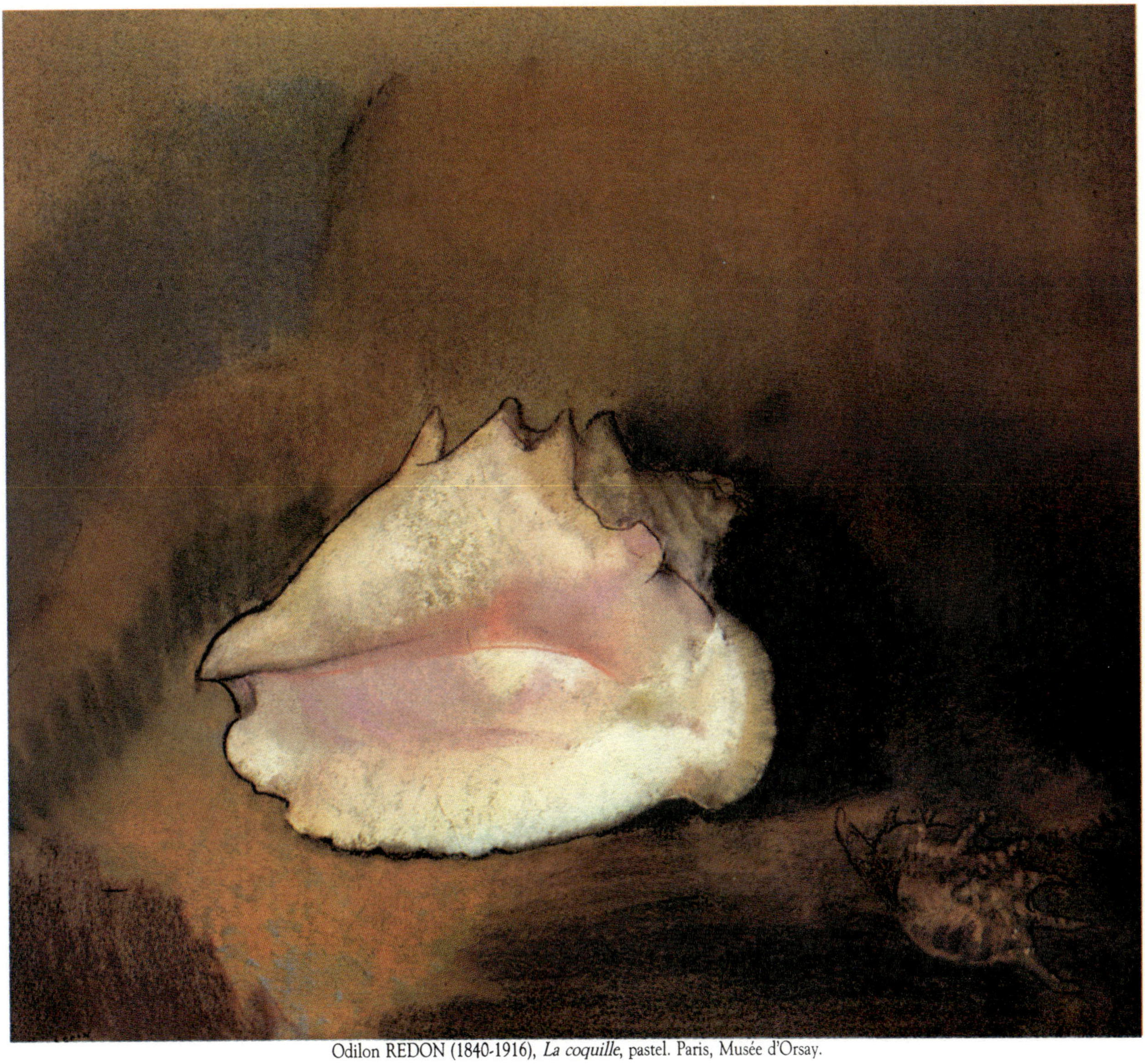

Odilon REDON (1840-1916), *La coquille*, pastel. Paris, Musée d'Orsay.

La conque

Par quels froids Océans, depuis combien d'hivers,
— Qui le saura jamais, Conque frêle et nacrée ! —
La houle sous-marine et les raz de marée
T'ont-ils roulée au creux de leurs abîmes verts ?

Aujourd'hui, sous le ciel, loin des reflux amers,
Tu t'es fait un doux lit de l'arène[1] dorée...
Mais ton espoir est vain. Longue et désespérée,
En toi gémit toujours la grande voix des mers.

Mon âme est devenue une prison sonore :
Et comme en tes replis pleure et soupire encore
La plainte du refrain de l'ancienne clameur ;

Ainsi du plus profond de ce cœur trop plein d'Elle,
Sourde, lente, insensible et pourtant éternelle,
Gronde en moi l'orageuse et lointaine rumeur.

Les trophées, « La nature et le rêve ».

Pour préparer l'étude du texte

1. Étudier la composition du sonnet en montrant son double mouvement :
— le destin de la conque ;
— la douleur nostalgique du poète.

2. Mettre en relief tout le jeu d'analogies et de correspondances qui existent entre les deux mouvements. Étudier pour cela le double champ lexical de la plainte et de la douleur.

3. Quel est le sens symbolique du texte ?

1. Le sable (emploi métonymique).

Théodore GUDIN (1802-1880), *Jacques Cartier découvre le Saint-Laurent* (1847). Musée National du Château de Versailles.

L'art et l'histoire

Nourrie de références historiques, jalonnée par les noms des héros et des dieux du monde antique, des cultures de l'Orient, de la Conquête du Nouveau Monde, la poésie de José Maria de Heredia ne déploie pas pour autant une véritable philosophie de l'histoire. Son ambition n'est pas d'expliquer ou de faire revivre le passé mais plutôt d'en célébrer les ruines, d'en exhumer quelques vestiges, d'en rappeler les batailles tragiques : poésie du Marbre nu et brisé, vision décadente qui privilégie les images de la destruction auxquelles elle oppose les objets miraculeusement préservés de l'Art.

L'histoire devient, dès lors, le champ de fouilles d'un collectionneur esthète qui rassemble des « trophées » : chapiteau d'un temple gisant dans l' « herbe solitaire » (« L'oubli »), sépultures antiques, vaisseau naufragé, épée des chevaliers, vitrail des cathédrales.

Le poème lui-même se veut sculpture, enluminure, orfèvrerie, « rêve d'émail » où le « peuple monstrueux de la mythologie » est enfermé par le « pinceau » de l'artiste (« Rêves d'émail », *Les trophées*). Le sonnet est ce « cadre de plomb » où se concentre et se durcit la matière de l'œuvre. Rêve de pierre ou de métal, il n'en a pas toujours la froideur et l'immobilité : le rythme brisé par la coupe, l'éloquence oratoire ou le récit relayant la description picturale de corps ou d'objets figés, le mystère d'un dernier vers qui libère souvent l'imagination traduisent cette tension entre le mouvement du poème et la mort de cette dynamique immobilisée dans une vision du néant.

Aux images du deuil, des sanctuaires endormis, s'oppose la violence des désirs des hommes et des dieux, de leurs combats, de leurs amours ; quant aux rochers muets et au soleil « fixe », ils sont comme emportés par l'élan furieux et la clameur de l'Océan.

LES ÉCRIVAINS ET LA PHOTOGRAPHIE

La photographie fait son apparition et se développe au XIXe siècle, suscitant chez les artistes des réactions diverses. Tous ne partagent pas le dédain de Baudelaire pour cette technique nouvelle, mais rarissimes sont ceux qui ont compris ce qu'elle pouvait apporter à leur art.

Certains l'ont utilisée pour se faire mieux connaître, d'autres pour se documenter. Beaucoup ont eu du mal à y voir un nouvel art.

Naissance et développement de la photographie

Le principe de la photographie est découvert en 1824 par le physicien français Nicéphore Niepce. Mais il faut attendre 1839 pour que l'image puisse être fixée sur une plaque de métal. On obtient alors le daguerréotype, du nom de J. Daguerre, associé de Niepce. Dès lors, la photographie se développe, tout en restant un luxe : un portrait coûte de 15 à 20 francs, ce qui représente dix jours de salaire d'un ouvrier.

En 1854, le photographe Nadar ouvre à Paris son premier atelier. On lui doit de remarquables portraits d'écrivains de l'époque : Nerval, Vigny, Dumas père, Sand, Baudelaire. On le surnomme bientôt « le Titien de la photographie ». L'extraordinaire engouement pour la photographie fait rapidement diminuer le prix des portraits, tandis que la technique se perfectionne. La photographie en couleurs est inventée par le poète Cros en 1869. En 1888, on voit apparaître les premiers appareils portatifs. A l'Exposition universelle de 1900, 17 % des visiteurs en possèdent un. Popularisée, la photographie est devenue, simplement, la photo.

La photographie pour se faire connaître

Notre époque est très familiarisée avec l'image. Au XIXe siècle, les personnages célèbres, hommes politiques, écrivains, artistes, étaient encore représentés par des portraits dessinés ou peints. L'apparition de la photographie leur permit de « diffuser » plus facilement et plus largement des images de leur vie : Zola sur une locomotive, Hugo sur les rochers de Guernesey, ou dans sa maison de Marine Terrace. Ils laissaient ainsi un public curieux et avide de détails découvrir certains aspects de leur vie personnelle et familiale. Ils offraient à la postérité d'impérissables souvenirs visuels. Pierre Loti prend plaisir à se faire photographier sous les déguisements les plus insolites : en bédouin, en pharaon, en Louis XI. Mallarmé dédicace ses photographies en y écrivant quelque poème. Verlaine trouve agréable que l'on fixe son image.

La photographie pour se documenter

D'autres — moins nombreux, il est vrai — perçoivent que la photographie peut être une aide pour le romancier soucieux d'exactitude. C'est le cas de Flaubert qui, pour écrire *Salammbô*, se constitue un dossier de documents photographiques sur le site de Carthage.

Zola utilise largement les photographies pour la présentation de ses Trois Villes[1]. Devenu lui-même un photographe amateur passionné, il déclare qu'il faut photographier les êtres et les choses si l'on veut vraiment les connaître.

La photographie, un art ?

Ces utilisations de la photographie ne contribuent pas à la faire accéder au rang d'art véritable. Baudelaire s'obstine à voir en elle le refuge des peintres ratés. Son jugement est définitivement négatif : « S'il est permis à la photographie de suppléer l'art dans quelques-unes de ses fonctions, elle l'aura bientôt supplanté et corrompu tout à fait, grâce à l'alliance naturelle qu'elle trouvera dans la sottise de la multitude. »[2] C'est aussi l'avis de Lamartine, exprimé dans son *Cours familier de littérature*. Pourtant, il ne tardera pas à changer d'avis après avoir vu de très belles photographies. « La photographie, écrit-il alors, c'est le photographe [...] C'est mieux qu'un art, c'est le phénomène solaire où l'artiste collabore avec le soleil. »

Il met ainsi en évidence la part de créativité et d'esthétique de la photographie. Il souligne aussi son caractère presque magique et merveilleux.

C'est en jouant sur ce double registre, reproduction du réel et expression d'une vision originale, que les grands photographes du siècle suivant (le XXe) feront de cette technique un art.

Zola posant avec son chien, photo faite par Zola lui-même avec un déclencheur.
Collection Docteur François-Émile Zola.

1. *Lourdes* (1894), *Rome* (1896), *Paris* (1898).

2. Baudelaire, *Salon de 1859*, voir p. 312.

Charles Baudelaire
1821-1867

Gustave COURBET (1819-1877), *Portrait de Baudelaire* (1847). Montpellier, Musée Fabre.

Une jeunesse orageuse

« Ma jeunesse ne fut qu'un ténébreux orage
Traversé çà et là par de brillants soleils. »
Ch. Baudelaire

« L'innocent paradis »[1] et l'exil originel

Charles Baudelaire, parisien de naissance et lié à Paris par toutes ses fibres, a connu une petite enfance heureuse : son père, riche rentier de soixante-deux ans, amateur d'art, hérite des goûts raffinés du XVIIIe siècle : l'enfant grandit au milieu des bibelots rares, des livres, des tableaux, et conservera toute sa vie la passion, sinon les moyens de les acquérir. On peut imaginer le jeune Charles, « enfant, amoureux de cartes et d'estampes »[2], nourrissant sa rêverie exotique des images anciennes que lui montra son père : « glorifier le culte des images (ma grande, mon unique, ma primitive passion) », notera-t-il plus tard (*Fusées*, XXXVIII). La jeunesse et l'élégance de la jeune Madame Baudelaire l'auréolent auprès de son fils d'un prestige semi-divin.

L'harmonie familiale se brise avec la mort du père et le remariage rapide de la mère avec le commandant Jacques Aupick : homme d'action et d'ordre que l'enfant ne pourra jamais aimer, et qui servira au jeune homme de contre-modèle dans son choix de vie. Charles conservera le sentiment qu'en se remariant, sa mère l'a trahi : ressentiment assez fréquent chez un enfant sensible et possessif, mais qui persistera anormalement, ce remariage prenant figure, pour le poète, de chute originelle, loin du paradis de l'enfance et de l'amour.

Baudelaire y verra même une malédiction initiale, destinée à peser sur ses passions féminines ultérieures, toujours ardentes et toujours trahies.

1. « L'innocent paradis, plein de plaisirs furtifs », vers extrait de *Moesta et errabunda, Les Fleurs du mal*, LXII : il s'agit du paradis de l'enfance, rêvé et revu par l'adulte.

2. « Pour l'enfant, amoureux de cartes et d'estampes... » : premier vers du poème *Le voyage* (cf. p. 332).

Adolescence : solitude et tentations

Interne quelques années dans un sombre collège de Lyon (ville où le commandant Aupick est promu général), Baudelaire est ensuite mis au lycée Louis-le-Grand, lorsque la famille revient s'installer à Paris. A quinze ans, l'adolescent passe pour un sujet brillant, mais pour un condisciple farouche et solitaire : il s'exalte des élans fiévreux du *René* de Chateaubriand (cf. p. 35).

Après son baccalauréat, il s'inscrit à la faculté de droit, mais songe surtout à fréquenter la « bohème » du Quartier latin, milieu où se côtoient artistes marginaux et jeunes gens en rupture — parfois provisoire — de bourgeoisie. Il connaît une attirance secrète pour le monde de la déchéance qui l'entoure : alcooliques attablés devant le verre d'absinthe, prostituées sous la lumière blafarde des becs de gaz. Mais, déjà, il s'agit d'une attirance de poète, qui désire par l'écriture sublimer et peut-être racheter la dégradation dont il a le spectacle : voilà ce qu'annonce, par-delà la personne de son inspiratrice, Sarah dite « Louchette », un des premiers poèmes du jeune homme, dédié à une fille perdue[1].

Tristes tropiques

Pour l'éloigner de ses mauvaises fréquentations, la famille Aupick décide d'offrir un long voyage à ce garçon de vingt ans : on l'embarque pour Calcutta, sur le « Paquebot des Mers-du-Sud ». Mais le jeune homme se claustre dans sa cabine et s'abandonne à une mélancolie inquiétante. Il séjourne quelques semaines à l'île Maurice, puis à l'île Bourbon (actuelle Réunion), et saisit la première occasion de regagner la France. A-t-il déjà découvert que « le fini des mers » ne pouvait satisfaire « l'infini » du cœur[2] ? Dure réalité, brisant le mythe proposé par les « images » de l'enfance, le voyage n'enseigne qu'un « amer savoir »[3].

Ces souvenirs tropicaux — soleil, paresse, « loisir embaumé » — trouveront toutefois une valeur positive lorsqu'ils serviront à nourrir le thème de l'évasion, loin de « l'ici » insupportable : paysages à nouveau rêvés sous forme « d'images », images poétiques des *Fleurs du mal*...

Trois années de dandysme

A vingt et un ans, de retour à Paris, Baudelaire peut enfin disposer de l'héritage paternel — une petite fortune : son train de vie devient coûteux et raffiné. Il s'entoure de meubles de prix, d'objets d'art, de tableaux. Son élégance vestimentaire, volontiers excentrique, révèle son « dandysme », qui est en fait une morale de vie, ou plutôt une impassibilité amorale devant tout : « C'est le plaisir d'étonner, écrit-il, et la satisfaction de ne jamais être étonné. » On aperçoit dès ce moment, chez Baudelaire, le contrôle de l'instinctif et du naturel, le refus de la spontanéité, le travail sur soi. Une passion dévorante se cache pourtant sous le cynisme apparent de Baudelaire : il aime Jeanne Duval, une actrice de Boulevard, sensuelle, fruste, fantasque. Elle était mulâtresse, et surnommée, en raison de sa peau brune, « la Vénus noire » : en elle, il y avait « quelque chose de divin et de bestial », disait Théodore de Banville. Elle sera, durant vingt-trois ans, l'infidèle compagne de Baudelaire : compagne en tout dissemblable de cet homme raffiné, nerveux, précieux, qui ne pouvait voir dans leur liaison que l'image, fascinante et inexplicable à lui-même, de la luxure unie à la souffrance.

M. et Mme Aupick s'effraient, durant ce temps, de la rapidité avec laquelle fond le patrimoine du dandy : ils parviennent à le faire reconnaître juridiquement irresponsable, « éternel mineur », et à lui imposer un budget strictement géré par les soins d'un notaire. « Affreuse humiliation », répétera Baudelaire jusqu'à sa mort : elle va cependant l'obliger à travailler, c'est-à-dire à réaliser quelques-uns des innombrables projets littéraires qu'il caressait en dilettante.

« Faire quelque chose de sa vie »[4]

Baudelaire écrivain va considérer sa vie comme placée sous le signe d'une triple malédiction : celle du travail poétique, labeur torturant et infini, celle de la souffrance physique et morale, celle de la réprobation sociale. Il prétend lutter, non contre ses défauts, mais contre ses démons, difficiles à exorciser : la paresse, la luxure, le goût du néant (car le désespoir, pour le chrétien, est un péché). Jean-Paul Sartre a impitoyablement analysé par quels détours, plus ou moins conscients, Baudelaire aurait choisi ce destin qu'il prétend subir. Du point de vue littéraire, qui importe ici, observons que sa création poétique exige que se dresse cette figure du Moi maudit (cf. *Les poètes maudits*, p. 371).

Maudit, donc solitaire, et, à la différence d'un Hugo, fort peu solidaire des mouvements sociaux et politiques : la révolution de 1848 lui inspire une éphémère sympathie, puis très vite le voilà déçu par la politique, « dépolitiqué » — c'est son mot — à jamais. A l'égard d'un monde bourgeois et satisfait, peu troublé par le socialisme naissant, il manifestera la même amertume désengagée qu'un Flaubert, son contemporain ; il pratiquera le même repli sur l'écriture salvatrice.

1. *Poèmes divers*, VII (adjoints aux *Fleurs du mal*, Éd. Garnier).
2. « Berçant notre infini sur le fini des mers » (*Le voyage*, cf. p. 332).
3. « Amer savoir, celui qu'on tire du voyage », autre vers du même poème (dans le contexte, le voyage est celui de l'existence ici-bas).
4. Lettre à sa mère, 1861.

Critique artistique et littéraire : exercices d'admiration

C'est par de longs articles de critique d'art que Baudelaire se fait connaître littérairement : avec le *Salon de 1845*[1] et le *Salon de 1846*, il fait plus que de la critique de circonstance, laissant apercevoir les principes d'une esthétique à laquelle il restera fidèle dans tous ses écrits sur l'art (cf. p. 310).

Littérairement, il se découvre un « frère » en la personne de l'écrivain américain Edgar Allan Poe (1809-1849) dont le destin solitaire, la foi en la puissance salvatrice de l'art, la soif d'infini lui renvoient l'image de sa propre misère et de ses propres exigences. Baudelaire décide de faire découvrir Edgar Poe au public français : sa traduction des *Histoires extraordinaires* et des *Nouvelles histoires extraordinaires* reste aujourd'hui un modèle. Baudelaire rédige aussi des articles sur Poe[2], exercices de sagacité et d'admiration. Théophile Gautier, poète et romancier (cf. p. 289), virtuose de la prose et du vers, fut le parrain littéraire de Baudelaire : il lui enseigna le goût de la perfection formelle, l'importance de la structure.

Gustave COURBET (1819-1877), *Bouquet d'asters* (1859). Bâle, Kunstmuseum.

1. Chaque année, en mars-avril, se tenait au Louvre une exposition appelée le « Salon » où peintres et sculpteurs montraient leurs dernières œuvres. Le compte rendu de cette manifestation autant artistique que mondaine était devenu un véritable genre littéraire, dans lequel, notamment, s'étaient déjà illustrés Diderot et Stendhal.

2. *Edgar Allan Poe, sa vie et ses ouvrages* (1852) ; *Notes nouvelles sur Edgar Allan Poe* (1857) : voir extrait, p. 314.

Trinité féminine[1]

Trois femmes occupent en ces années le cœur de Baudelaire, toutes trois inspiratrices de poèmes qui trouveront place dans *Les Fleurs du mal* (p. 314). Jeanne Duval, livrée maintenant à l'alcool, trompe le poète, le détruit moralement en même temps qu'elle le retient par le plus charnel des liens. En 1847, il a rencontré l'actrice Marie Daubrun, figure plus floue et plus fuyante : liaison fragile avec celle qui sera le modèle de la femme-enfant câline et insidieuse de certaines *Fleurs du mal*. Cinq ans durant, de 1852 à 1857, il adora muettement la belle Apollonie Sabatier, lui adressant des poèmes anonymes, remplis d'une ferveur mystique et sensuelle. Madame Sabatier était là l'objet d'une étrange idéalisation : femme richement entretenue, type de la « demi-mondaine » du Second Empire, amie des Lettres et des Arts, elle crut devoir récompenser la constance de son adorateur. Le lendemain du jour où elle s'était offerte à lui, le poète lui adressa une lettre de rupture (31 août 1857) : « Il y a quelques jours, tu étais une divinité [...] Te voilà femme maintenant. » Pour Baudelaire, aucune expérience du réel ne saurait répondre à l'attente de l'idéal.

1857 : le scandale des « Fleurs du mal »

Depuis l'âge de vingt ans, Baudelaire écrivait des poèmes, dont quelques-uns furent publiés dans diverses revues. Mais dès 1845, cet esprit amoureux d'architecture et de perfection songeait à un grand recueil ordonné. Suivent douze années de labeur acharné, mais discontinu : car la fatigue nerveuse, les névralgies, les crises de découragement font du travail poétique une sainte souffrance, prix de la beauté. Le 25 juin 1857, *Les Fleurs du mal* sortent en librairie[2] : deux mois plus tard, Baudelaire et son éditeur sont condamnés à des amendes et à la suppression de six poèmes pour « offense à la morale publique et aux bonnes mœurs ». Baudelaire est atterré, persuadé que la société n'a pas compris la signification profonde du recueil : il se sent un poète décidément « maudit ».

De 1857 à 1861, il s'enfonce dans le travail, enrichit son recueil de trente-cinq pièces nouvelles, poursuit sa réflexion esthétique *(Salon de 1859)* et littéraire (importants articles sur Gautier et Flaubert), commence en 1861 un journal intime, sous forme de notes et réflexions *(Fusées, Mon cœur mis à nu)*. Dans *Les paradis artificiels* (1860), il analyse les prestiges et les dangers de l'opium, condamnant finalement le recours à la drogue comme échappatoire à l'enfer du quotidien[3].

« Je regarde passer les têtes de mort »

A quarante ans, « jeune et pourtant très vieux » (*Spleen*, LXXVII), Baudelaire voit sa santé se dégrader inexorablement (névralgies, vertiges, crises d'angoisse). Il est criblé de dettes, il connaît la demi-misère, songe au suicide. Jeanne Duval, « la Vénus noire », n'est plus qu'une épave paralytique, qu'il a le courage d'assister. L'imagination de la mort est chez lui omniprésente. En témoigne cette réflexion, faite un soir à un ami, dans un café dansant du Boulevard : « Mon cher, je regarde passer les têtes de mort. »

On le voit parcourir les rues de ce Paris dont il travaille à exprimer la poésie merveilleuse et insolite dans de petits poèmes en prose, qui seront réunis dans un recueil, inachevé, *Le spleen de Paris* (publication posthume).

Les dernières années sont extrêmement sombres : Baudelaire s'expatrie deux ans (1864-1866) en Belgique, où il espère gagner quelque argent comme conférencier. Mais l'incompréhension du public bruxellois l'ulcère.

En mars 1866, une attaque va le laisser jusqu'à la mort aphasique et hémiplégique : il mourra à Paris, après une terrible agonie (31 août 1867). Très peu d'amis accompagnèrent au cimetière Montparnasse l'homme dont le génie tourmenté et lucide avait fait passer, selon le mot de Hugo, un « frisson nouveau » sur l'âme moderne.

1. On trouvera ici des informations biographiques nécessaires pour compléter la synthèse thématique que nous proposons p. 336.
2. Sur la genèse des *Fleurs du mal*, voir p. 314.
3. Baudelaire, contrairement à certaines légendes, n'abusait pas du vin et n'usa du hachisch qu'expérimentalement. A la fin de sa vie, ses douleurs lui firent recourir au laudanum, tranquillisant puissant.

L'ŒUVRE CRITIQUE

Notes nouvelles sur Edgar Allan Poe (1857). → p. 313.
Curiosités esthétiques (publiées en 1869, rassemblant tous les écrits de Baudelaire sur les beaux-arts). → p. 311.

L'activité critique de Baudelaire répond à une nécessité du cœur et de l'intelligence. Du cœur, parce que, depuis l'enfance, il est possédé par l'amour des « images », et que la découverte d'un peintre, comme d'un écrivain, peut être pour lui un événement spirituel capital, la révélation d'un monde autre. De l'intelligence, parce qu'il est le contraire d'un créateur instinctif et refuse que l'inspiration et l'observation lucide s'excluent nécessairement : les vrais poètes, au contraire, « veulent raisonner leur art, découvrir les lois obscures en vertu desquelles ils ont produit »[1]. S'étendant à tous les arts, la critique de Baudelaire se place du point de vue du créateur et s'interroge sur les principes de la création (Diderot, déjà, essayait de comprendre le « génie ») : que se passe-t-il lorsque Delacroix peint, Wagner compose, E.A. Poe écrit ? C'est là se placer à l'opposé d'une critique érudite ou à prétention positiviste, comme celle d'un Taine par exemple (cf. p. 210).

Si Baudelaire déclare « partiale et passionnée » toute vraie critique, c'est parce qu'elle doit résulter, selon lui, d'une sorte de commotion spirituelle qui a atteint l'âme du spectateur ou du lecteur, et dont il essaie de préciser la nature.

Primauté de l'imagination

Pour Baudelaire, les grands artistes sont d'abord de grands transfigurateurs.

Mais cette transfiguration n'est pas embellissement ou idéalisation. L'artiste de génie sait extraire de la nature, comme l'alchimiste, ce qu'elle contient de puissance et d'harmonie cachées. Voilà pourquoi l'essence du génie réside dans ce que Baudelaire nomme « surnaturalisme ». La faculté qui permet à l'artiste de percevoir et de rendre cette surnature, c'est selon Baudelaire l'imagination, « reine des facultés ». L'imagination ainsi entendue n'est pas la fantaisie, mais « une faculté quasi divine, qui perçoit tout d'abord, en dehors des méthodes philosophiques, les rapports intimes et secrets des choses, les correspondances et les analogies »[2]. Dans la peinture de Delacroix, par exemple, le réel semble perçu « par des nerfs ultra-sensibles », l'artiste ayant su rendre, par la juxtaposition insolite de coloris puissants, les mystérieuses affinités qu'entretiennent les choses, leur vibration intime.

Si la création de l'œuvre est du côté de « l'imagination », sa réception n'exige pas moins que se déploient une faculté intuitive et une capacité à rêver : c'est pourquoi, selon une admirable formule, les grandes œuvres ouvrent « de profondes avenues à l'imagination la plus voyageuse »[3]. La musique de Wagner emporte ainsi Baudelaire, « délivré de la pesanteur », vers « un immense horizon » baigné « d'une large lumière diffuse »[4]. C'est là un grand enseignement de Baudelaire, qu'approfondira Marcel Proust. On conçoit dès lors l'opposition de Baudelaire au réalisme : non que les sujets lui paraissent vils en eux-mêmes (Baudelaire dénie d'ailleurs toute importance au « sujet », cf. p. 314) ; mais le réalisme lui paraît s'égarer en croyant à une vérité objective qu'il s'agirait de rendre fidèlement. Pour les mêmes raisons, la photographie, à ses yeux, ne mérite pas d'être considérée comme un art (p. 312).

Romantisme et modernité : la synthèse baudelairienne

Baudelaire reste fidèle à la conception de l'art imposée par le Romantisme : l'artiste doit dévoiler la signification secrète des choses, déchiffrer leurs analogies, pénétrer l'intimité de tout (« La poésie, c'est tout ce qu'il y a d'intime dans tout », dit Hugo). Il se fait jour une « aspiration vers l'infini », d'ordre métaphysique, vers un Dieu caché ou absent, et chez Baudelaire lui-même, vers l'absolu de la Beauté. A cet égard, Delacroix, Wagner, E.A. Poe accomplissent le Romantisme : leurs œuvres, profondes et mélancoliques, répondent à l'aspiration humaine vers une beauté supérieure et entrouvrent la porte d'un paradis spirituel et esthétique.

Mais le grand artiste, s'il regarde et nous fait regarder vers l'infini, ne doit pas oublier que la réalité la plus prosaïque est la matière même qu'il doit transfigurer. Il saura extraire la dimension poétique et la part de beauté intemporelle de sujets contemporains : par là il en exprimera la « modernité » (cf. p. 313). Notion capitale dans l'esthétique de Baudelaire, qui lui permet de dépasser à la fois le réalisme et « l'Art pour l'Art »[5] : le réalisme, en effet, du moins dans ses principes, néglige le travail du style au nom de la fidélité au réel contemporain ; « l'Art pour l'Art » tend au contraire à fuir le sujet moderne, à s'enfermer dans les canons intemporels du Beau et les pièges du formalisme (cf. p. 314). Baudelaire exige que l'artiste tienne les deux bouts de la chaîne : c'est la beauté et la poésie, inattendues, « bizarres » (c'est un terme baudelairien) de ce réel-ci — vulgaire et misérable, ou bourgeois et mondain — que l'artiste saura exprimer. Ainsi Balzac apparaît-il à Baudelaire moins l'initiateur du « réalisme » que le poète épique et visionnaire de la société de la Restauration. Modernité du dessinateur Constantin Guys, du peintre Manet qui traduisent le charme fugace ou mélancolique des scènes et visages parisiens du Second Empire. Modernité, surtout, de Baudelaire poète, qui tire de Paris, cité souffrante et déchue, tout un sublime triste : on voit qu'il y a absolue continuité, chez Baudelaire, de la critique à la création.

1. *Richard Wagner et « Tannhäuser »* (1861).
2. *Notes nouvelles sur E.A. Poe*, ch. 3.
3. Expression employée à propos des toiles de Delacroix. *Salon de 1846.*
4. *Richard Wagner et « Tannhäuser »* (1861).
5. Voir, pour la définition de cette doctrine, pp. 292, 295.

Curiosités esthétiques

publié en 1869

« Méthode critique de l'idée moderne du progrès appliquée aux beaux-arts »

En 1855, l'Exposition universelle de Paris est un triomphe : les visiteurs se bousculent pour venir y admirer les dernières réalisations des sciences et des techniques. Le mot du jour : progrès — mot magique auquel s'en prend ici Baudelaire.

Il est encore une erreur fort à la mode, de laquelle je veux me garder comme de l'enfer. — Je veux parler de l'idée du progrès. Ce fanal obscur, invention du philosophisme actuel, breveté sans garantie de la Nature ou de la Divinité, cette lanterne moderne jette des ténèbres sur tous les objets de la connaissance ; la liberté s'évanouit, le châtiment disparaît. Qui veut y voir clair dans l'histoire doit avant tout éteindre ce fanal perfide. Cette idée grotesque, qui a fleuri sur le terrain pourri de la fatuité moderne, a déchargé chacun de son devoir, délivré toute âme de sa responsabilité, dégagé la volonté de tous les liens que lui imposait l'amour du beau : et les races amoindries, si cette navrante folie dure longtemps, s'endormiront sur l'oreiller de la fatalité dans le sommeil radoteur de la décrépitude. Cette infatuation est le diagnostic d'une décadence déjà trop visible.

Demandez à tout bon Français qui lit tous les jours *son* journal dans son estaminet ce qu'il entend par progrès, il répondra que c'est la vapeur, l'électricité et l'éclairage au gaz, miracles inconnus aux Romains, et que ces découvertes témoignent pleinement de notre supériorité sur les anciens ; tant il s'est fait de ténèbres dans ce malheureux cerveau et tant les choses de l'ordre matériel et de l'ordre spirituel s'y sont si bizarrement confondues ! Le pauvre homme est tellement américanisé par ses philosophes zoocrates[1] et industriels qu'il a perdu la notion des différences qui caractérisent les phénomènes du monde physique et du monde moral, du naturel et du surnaturel. [...]

Transportée dans l'ordre de l'imagination, l'idée du progrès (il y a eu des audacieux et des enragés de logique qui ont tenté de le faire) se dresse avec une absurdité gigantesque, une grotesquerie qui monte jusqu'à l'épouvantable. La thèse n'est plus soutenable. Les faits sont trop palpables, trop connus. Ils se raillent du sophisme et l'affrontent avec imperturbabilité. Dans l'ordre poétique et artistique, tout révélateur a rarement un précurseur. Toute floraison est spontanée, individuelle. Signorelli[2] était-il vraiment le générateur de Michel-Ange ? Est-ce que Pérugin[3] contenait Raphaël ? L'artiste ne relève que de lui-même. Il ne promet aux siècles à venir que ses propres œuvres. Il ne cautionne que lui-même. Il meurt sans enfants. Il a été *son roi, son prêtre et son Dieu.*

Curiosités esthétiques, Exposition universelle de 1855.

Pour préparer le résumé

1. Rechercher le sens des mots ou expressions difficiles du texte.
2. Donner le thème et le plan du texte. Mettre en évidence ses articulations logiques.
3. Faire le résumé de ce texte en 100 mots ± 10 %.

Eugène LAMI (1800-1890), *Exposition de 1855, partie centrale.*

1. Néologisme forgé à partir du grec *zôon* (l'animal) et *kratein* (avoir le commandement, la force). Les « philosophes zoocrates » sont donc ceux qui font l'apologie de la nature animale de l'homme ; ce sont les matérialistes qui affirment que l'être humain est d'abord un corps et des instincts.
2. Luca Signorelli (1445-1523) est un des grands noms de la peinture italienne. La puissance dynamique de ses compositions, son goût pour les contrastes, l'importance qu'il accorde au corps humain font qu'on le présente toujours comme le précurseur de Michel-Ange (1475-1564).
3. Le Pérugin (v. 1448-1523) a eu Raphaël (1483-1520) comme élève.

NADAR (1820-1910), *Baudelaire, la main droite dans son gilet* (1862).
Paris, Archives photographiques, Caisse Nationale des Monuments Historiques.

Le public moderne et la photographie

Le 15 avril 1859, s'ouvre le Salon annuel. Baudelaire en assure le reportage pour le compte d'une revue alors réputée. Au début de son long article de plus de quatre-vingts pages, il fustige la photographie, technique triomphante que certains se mettent même à qualifier d' « art ».

Dans ces jours déplorables, une industrie nouvelle se produisit, qui ne contribua pas peu à confirmer la sottise dans sa foi et à ruiner ce qui pouvait rester de divin dans l'esprit français. Cette foule idolâtre postulait un idéal digne d'elle et approprié à sa nature, cela est bien entendu. En matière de peinture et de statuaire, le *Credo* actuel des gens du monde, surtout en France (et je ne crois pas que qui que ce soit ose affirmer le contraire), est celui-ci : « Je crois à la nature et je ne crois qu'à la nature (il y a de bonnes raisons pour cela). Je crois que l'art est et ne peut être que la reproduction exacte de la nature (une secte timide et dissidente veut que les objets de nature répugnante soient écartés, ainsi un pot de chambre ou un squelette). Ainsi l'industrie qui nous donnerait un résultat identique à la nature serait l'art absolu. » Un Dieu vengeur a exaucé les vœux de cette multitude. Daguerre fut son messie. Et alors elle se dit : « Puisque la photographie nous donne toutes les garanties désirables d'exactitude (ils croient cela, les insensés !), l'art, c'est la photographie. » A partir de ce moment, la société immonde se rua, comme un seul Narcisse, pour contempler sa triviale image sur le métal[1]. Une folie, un fanatisme extraordinaire s'empara de tous ces nouveaux adorateurs du soleil[2]. [...]

Comme l'industrie photographique était le refuge de tous les peintres manqués[3], trop mal doués ou trop paresseux pour achever leurs études, cet universel engouement portait non seulement le caractère de l'aveuglement et de l'imbécillité, mais avait aussi la couleur d'une vengeance. Qu'une si stupide conspiration, dans laquelle on trouve, comme dans toutes les autres, les méchants et les dupes, puisse réussir d'une manière absolue, je ne le crois pas, ou du moins je ne veux pas le croire ; mais je suis convaincu que les progrès mal appliqués de la photographie ont beaucoup contribué, comme d'ailleurs tous les progrès purement matériels, à l'appauvrissement du génie artistique français, déjà si rare. La Fatuité moderne aura beau rugir, éructer tous les borborygmes de sa ronde personnalité, vomir tous les sophismes indigestes dont une philosophie récente[4] l'a bourrée à gueule-que-veux-tu, cela tombe sous le sens que l'industrie, faisant irruption dans l'art, en devient la plus mortelle ennemie, et que la confusion des fonctions empêche qu'aucune soit bien remplie. La poésie et le progrès sont deux ambitieux qui se haïssent d'une haine instinctive, et, quand ils se rencontrent dans le même chemin, il faut que l'un des deux serve l'autre. S'il est permis à la photographie de suppléer l'art dans quelques-unes de ses fonctions, elle l'aura bientôt supplanté ou corrompu tout à fait, grâce à l'alliance naturelle qu'elle trouvera dans la sottise de la multitude. Il faut donc qu'elle rentre dans son véritable devoir, qui est d'être la servante des sciences et des arts, mais la très humble servante, comme l'imprimerie et la sténographie, qui n'ont ni créé ni suppléé la littérature. [...]

[...] De jour en jour, l'art diminue le respect de lui-même, se prosterne devant la réalité extérieure, et le peintre devient de plus en plus enclin à peindre, non pas ce qu'il rêve, mais ce qu'il voit. Cependant *c'est un bonheur de rêver*, et c'était une gloire d'exprimer ce qu'on rêvait ; mais que dis-je ! connaît-il encore ce bonheur ?

Curiosités esthétiques, Salon de 1859.

Pour préparer le résumé

1. Préciser le thème et la tonalité du texte.
2. Faire son plan et mettre en relief les articulations logiques.
3. Faire le résumé de ce texte en 120 mots ± 10 %.

1. L'image était alors fixée sur une plaque métallique.
2. Étymologiquement, le mot *photographie* signifie : « écriture de la lumière ».
3. Baudelaire est injuste dans sa généralisation ; mais il est vrai que beaucoup de photographes étaient des miniaturistes reconvertis.
4. Allusion au positivisme.

La Modernité

Au cœur d'une étude sur Constantin Guys, peintre et dessinateur des plaisirs et des modes du Second Empire, voici un élargissement théorique sur la notion de « modernité », part essentielle de l'œuvre d'art, selon Baudelaire.

Ainsi il va, il court, il cherche. Que cherche-t-il ? A coup sûr, cet homme, tel que je l'ai dépeint[1], ce solitaire doué d'une imagination active, toujours voyageant à travers *le grand désert d'hommes*, a un but plus élevé que celui d'un pur flâneur, un but plus général, autre que le plaisir fugitif de la circonstance. Il cherche ce quelque chose qu'on nous permettra d'appeler la *modernité* ; car il ne se présente pas de meilleur mot pour exprimer l'idée en question. Il s'agit, pour lui, de dégager de la mode ce qu'elle peut contenir de poétique dans l'historique, de tirer l'éternel du transitoire. Si nous jetons un coup d'œil sur nos expositions de tableaux modernes, nous sommes frappés de la tendance générale des artistes à habiller tous les sujets de costumes anciens. Presque tous se servent des modes et des meubles de la Renaissance, comme David[2] se servait des modes et des meubles romains. Il y a cependant cette différence, que David, ayant choisi des sujets particulièrement grecs ou romains, ne pouvait pas faire autrement que de les habiller à l'antique, tandis que les peintres actuels, choisissant des sujets d'une nature générale applicable à toutes les époques, s'obstinent à les affubler des costumes du Moyen Age, de la Renaissance ou de l'Orient. C'est évidemment le signe d'une grande paresse ; car il est beaucoup plus commode de déclarer que tout est absolument laid dans l'habit d'une époque, que de s'appliquer à en extraire la beauté mystérieuse qui y peut être contenue, si minime ou si légère qu'elle soit. La modernité, c'est le transitoire, le fugitif, le contingent, la moitié de l'art, dont l'autre moitié est l'éternel et l'immuable. Il y a eu une modernité pour chaque peintre ancien ; la plupart des beaux portraits qui nous restent des temps antérieurs sont revêtus des costumes de leur époque. Ils sont parfaitement harmonieux, parce que le costume, la coiffure et même le geste, le regard et le sourire (chaque époque a son port, son regard et son sourire) forment un tout d'une complète vitalité. Cet élément transitoire, fugitif, dont les métamorphoses sont si fréquentes, vous n'avez pas le droit de le mépriser ou de vous en passer. En le supprimant, vous tombez forcément dans le vide d'une beauté abstraite et indéfinissable, comme celle de l'unique femme avant le premier péché.

Curiosités esthétiques, Le peintre de la vie moderne, IV (1863)

Constantin GUYS (1805-1892), *Ouvriers et grisettes* (vers 1845), dessin.
Paris, Musée Carnavalet.

Notes nouvelles sur Edgar Allan Poe

1857

Depuis 1848, Baudelaire a un frère spirituel : Edgar Allan Poe (1809-1849), qu'il lit et traduit avec ardeur.

En 1856, déjà, il a assorti sa traduction des *Histoires extraordinaires* d'une notice sur *Edgar Poe, sa vie et ses œuvres*. L'année suivante, il donne une traduction des *Nouvelles histoires extraordinaires*, accompagnée d'une présentation approfondie de l'auteur américain : les *Notes nouvelles sur Edgar Allan Poe*.

Fidèle à sa démarche, Baudelaire fait de cette étude consacrée à un écrivain particulier une réflexion générale sur l'art. Ainsi, il y énonce ce qu'est pour lui la poésie.

1. Il s'agit du dessinateur Constantin Guys.
2. Peintre néo-classique (1748-1825) qui a traité avec prédilection des sujets pris à l'Antiquité.

« La poésie [...] n'a pas d'autre but qu'elle-même... »

La poésie, pour peu qu'on veuille descendre en soi-même, interroger son âme, rappeler ses souvenirs d'enthousiasme, n'a pas d'autre but qu'elle-même ; elle ne peut pas en avoir d'autre, et aucun poème ne sera si grand, si noble, si véritablement digne du nom de poème, que celui qui aura été écrit uniquement pour le plaisir d'écrire un poème.

Je ne veux pas dire que la poésie n'ennoblisse pas les mœurs, — qu'on me comprenne bien, — que son résultat final ne soit pas d'élever l'homme au-dessus du niveau des intérêts vulgaires ; ce serait évidemment une absurdité. Je dis que, si le poète a poursuivi un but moral, il a diminué sa force poétique ; et il n'est pas imprudent de parier que son œuvre sera mauvaise. La poésie ne peut pas, sous peine de mort ou de défaillance, s'assimiler à la science ou à la morale ; elle n'a pas la Vérité pour objet, elle n'a qu'Elle-même. Les modes de démonstration de vérité sont autres et sont ailleurs. [...]

C'est cet admirable, cet immortel instinct du Beau qui nous fait considérer la terre et ses spectacles comme un aperçu, comme une correspondance du Ciel. La soif insatiable de tout ce qui est au-delà, et que révèle la vie, est la preuve la plus vivante de notre immortalité. C'est à la fois par la poésie et *à travers* la poésie, par et *à travers* la musique, que l'âme entrevoit les splendeurs situées derrière le tombeau ; et quand un poème exquis amène les larmes au bord des yeux, ces larmes ne sont pas la preuve d'un excès de jouissance, elles sont bien plutôt le témoignage d'une mélancolie irritée, d'une postulation des nerfs, d'une nature exilée dans l'imparfait et qui voudrait s'emparer immédiatement, sur cette terre même, d'un paradis révélé.

Ainsi, le principe de la poésie est strictement et simplement l'aspiration humaine vers une beauté supérieure [...].

Notes nouvelles sur Edgar Allan Poe, IV, Préface à la traduction des *Nouvelles histoires extraordinaires*.

L'ŒUVRE POÉTIQUE

Les Fleurs du mal

1857 et 1861 pour 2e édition remaniée

127 poèmes

Le sens d'un titre

Qui ne perçoit, dans la troublante alliance de termes qu'offre ce titre, *Les Fleurs du mal*, une volonté provocatrice ? Baudelaire a hérité, du Romantisme finissant, volontiers cynique ou macabre, le goût de choquer les bien-pensants. En 1845, le poète songeait pour son futur recueil au titre *Les lesbiennes*, tout aussi provocateur, mais plus limitatif, et trop lié à un thème littéraire alors à la mode[1]. « Fleurs du mal » : voilà bien deux mots que toute une tradition culturelle et poétique situe aux antipodes l'un de l'autre. « Fleur » en poésie connote (jusqu'à Baudelaire) l'éclat innocent et pur, et évoque souvent la femme jeune et désirée. Au mal s'associent (chez les Romantiques, Hugo notamment, cf. pp. 280 et suiv.) le sombre, l'informe, le hideux. Et voici que Baudelaire semble affirmer qu'il existe une beauté propre au mal. Misère et beauté, déchéance et pureté se mêlent et fusionnent.

Portons aussi attention à la préposition « du » : elle n'indique pas uniquement l'appartenance, mais aussi l'origine. Les fleurs (les poésies) sont extraites du mal ; cette lecture du titre met l'accent sur l'opération poétique elle-même qui transmue le mal et la laideur en beauté. La poésie est conçue alors comme une « alchimie » de la misérable réalité : conception résumée par Baudelaire dans un vers saisissant (invocation à Paris, capitale du « mal ») :

« Tu m'as donné ta boue, et j'en ai fait de l'or. »[2]

Il reste à commenter la valeur généralisante du singulier défini : *le* mal, qui embrasse ici toutes les formes de souffrance et de misère. Mal social : les êtres déchus peuplent l'univers de Baudelaire. Mal moral : sadisme et goût du crime hantent les âmes. Mal physique : souffrance du corps et des nerfs du poète. Mal métaphysique : celui d'une âme angoissée par l'absence de Dieu, et assaillie pourtant par le tourment du péché et de la damnation.

« Une architecture secrète » ?

L'expression est de Barbey d'Aurevilly : souvent reprise, elle peut donner lieu à contresens. Car Baudelaire n'a pas voulu cacher au lecteur la structure ou la signification « secrète » de son livre. Le mot de Barbey traduit l'étonnement des contemporains face à une composition qui rompait avec la tradition romantique : on ne découvrait pas ici les étapes chronologiques d'une évolution intérieure, comme Hugo venait d'en donner l'exemple achevé avec *Les Contemplations* (1856), ces « Mémoires d'une âme » (cf. p. 255). L'ouvrage est divisé en six sections, de très inégale longueur[3]. Les titres sont thématiques, constitués à partir d'un objet volontiers symbolique (« Le vin »), d'une attitude morale ou métaphysique (« Révolte ») ou d'une métaphore picturale, au réalisme trompeur (« Tableaux parisiens »).

1. Le thème de l'homosexualité féminine avait été abordé par Balzac (*La fille aux yeux d'or*, 1834), Théophile Gautier (*Mademoiselle de Maupin*, 1835), et le poète Théodore de Banville (*Les stalactiques*, 1846).

2. Vers extrait d'un projet d'*Épilogue* pour la 2e édition des *Fleurs du mal*.
3. « Spleen et idéal » : 85 pièces ; « Tableaux parisiens » : 18 ; « Le vin » : 5 ; « Fleurs du mal » : 9 ; « Révolte » : 3 ; « La mort » : 6.

Édouard MANET (1832-1883), *Olympia* (1863). Paris, Musée d'Orsay

Un voyage organisé

Ces sections peuvent être considérées comme les étapes d'un voyage explorant la misère de l'homme.

— *Le poème liminaire* (hors section), « Au lecteur », montre l'homme en proie à tous les vices, poursuivi par cette curieuse incarnation du Satan moderne qu'est *l'Ennui*, et annonce le thème du spleen. Si le monde est un Enfer, *Les Fleurs du mal* seront un voyage à travers cet Enfer matériel et spirituel avec pour guide le poète, prêt à débusquer toutes les hypocrisies. Y compris celle du lecteur, qui pourrait s'effrayer d'une lucidité si impitoyable. La célèbre apostrophe : « Hypocrite lecteur, — mon semblable, — mon frère ! » révèle que, si le poète, en tant qu'homme, est la proie du Mal, lui au moins sait le reconnaître, et nous invite à ne pas fermer les yeux (comme des pharisiens). Le lyrisme personnel aspire à l'universalité, en se réclamant d'une fraternité dans la déchéance, qui rappelle les accents de François Villon[1].

— *« Spleen et idéal »* : section fondamentale, où misère et grandeur de l'homme, pour reprendre un couple de termes pascaliens[2], s'affrontent sans issue. Entre l'Idéal et le Spleen[3], le rapport est de cause à effet, car si l'être est assailli par l'angoisse, c'est qu'il porte un désir d'infini, de bonheur absolu, que rien ici-bas ne peut contenter. Pis encore, l'Idéal renforce le Spleen, l'alimente avec prodigalité : ce sont « les minutes heureuses »[4] du passé — vécues sur le mode imaginaire — qui rendent les journées « boiteuses »[5]. Toute « élévation »[6] est suivie de retombées spleenétiques, chaque fois plus lourdes et plus longues. « Spleen et idéal » a ainsi une structure en dents de scie, mais avec un tracé général descendant, où les abîmes finissent par avoir raison des cimes.

— *« Tableaux parisiens »* : Paris, « fourmillante cité pleine de rêves », renvoie au poète l'image multipliée de sa détresse : partout des infirmes, des exilés, des êtres déchus. Le poète se glisse dans leur âme pour rêver que leur destin est analogue au sien. Il a parfois le sentiment que l'anonymat lui-même est riche de fraternité spirituelle.

— *« Le vin »* : recours des désespérés (chiffonniers, assassins) ou des idéalistes (artistes, amants), il symbolise une première voie d'évasion vers « l'ailleurs ».

— *« Fleurs du mal »* : la luxure et les amours interdites (homosexualité féminine), autre évasion, témoignent, chez les êtres « damnés », d'une nostalgie de « l'infini », quête sublime et ténébreuse, vouée à l'échec.

— *« Révolte »* : les tentations charnelles assouvies, reste la tentation suprême, de nature spirituelle : se révolter contre Dieu et se tourner vers Satan, prince des déchus.

— *« La mort »* : « C'est la Mort qui console, hélas ! et qui fait vivre » : ce premier vers de *La mort des pauvres* exprime le paradoxe baudelairien, qui place dans la mort le dernier espoir des hommes. Le grand poème final, « Le voyage », est un texte-bilan, qui répond à la fresque d'ouverture « Au lecteur » ; à l'issue du périple dans l'Enfer moderne, la leçon est implacable :

« Amer savoir, celui qu'on tire du voyage !
Le monde, monotone et petit, aujourd'hui,
Hier, demain, toujours, nous fait voir notre image :
Une oasis d'horreur dans un désert d'ennui ! »[7]

La mort offre alors, à son tour, la promesse d'un voyage, mais d'un voyage autre, qui soulagera peut-être le « feu » qui « nous brûle le cerveau » : la mort, « au fond de l'Inconnu », révélera-t-elle du « nouveau » ?

La puissante structuration du recueil n'aboutit donc pas à un dépassement des antinomies (spleen/idéal, salut/damnation). *Les Fleurs du mal* s'achèvent sur une ouverture à l'incertain. Faut-il dire combien est bouleversant, à l'issue d'une quête lucidement désespérée, cet espoir, ardent, mais fragile, en « l'Inconnu » ?

1. François Villon (1432-1463), poète lyrique qui chante la misère de sa vie de mauvais sujet, et invite ses « frères humains » à accorder leur pitié à tous les déchus.
2. Baudelaire était un lecteur assidu des *Pensées* de Blaise Pascal.
3. Ces notions seront définies et analysées p. 336 à 338.
4. *Les Fleurs du mal*, poème XXXVI, « Le balcon », cf. p. 323.
5. *Les Fleurs du mal*, poème LXXVI, « Spleen », cf. p. 329.
6. Titre du poème III des *Fleurs du mal*.
7. « Le voyage », strophe XXVIII, cf. p. 332.

L'albatros

Le recueil évoque d'abord ces êtres singuliers que sont les artistes. Ainsi, dès « Bénédiction », une mère met au monde un enfant destiné à être poète. Elle invective Dieu de l'avoir « choisie entre toutes les femmes » (vers 9) pour donner le jour à un pareil « monstre » (vers 12). Mais, maudit ici-bas, le poète est béni aux cieux, sa véritable patrie. Cette dualité de l'artiste est également le thème de « L'albatros ».

Souvent, pour s'amuser, les hommes d'équipage
Prennent des albatros, vastes oiseaux des mers,
Qui suivent, indolents compagnons de voyage,
Le navire glissant sur les gouffres amers.

A peine les ont-ils déposés sur les planches,
Que ces rois de l'azur, maladroits et honteux,
Laissent piteusement leurs grandes ailes blanches
Comme des avirons traîner à côté d'eux.

Ce voyageur ailé, comme il est gauche et veule !
Lui, naguère si beau, qu'il est comique et laid !
L'un agace son bec avec un brûle-gueule,
L'autre mime, en boitant, l'infirme qui volait !

Le Poète est semblable au prince des nuées
Qui hante la tempête et se rit de l'archer ;
Exilé sur le sol au milieu des huées,
Ses ailes de géant l'empêchent de marcher.

« Spleen et idéal », II.

Pour préparer l'étude du texte

1. Un récit animé. Étudier l'art de la présentation (strophe 1) et le jeu des oppositions (strophes 2 et 3).
2. La clé du texte. Mettre en évidence les correspondances et les analogies que fait naître la lecture de la strophe 4.
3. En déduire le sens symbolique du poème et la conception baudelairienne de la situation du poète.

Pour une étude comparée

Baudelaire, « L'albatros » *(Les Fleurs du mal).*
Leconte de Lisle, « Les montreurs » (*Poèmes barbares*, cf. p. 299).

Qui suis-je, moi Baudelaire ? A cette question que se pose sans cesse le poète, la réponse, immédiate, toujours la même, est la suivante : Je suis un homme, c'est-à-dire un être déchu, honteux d'exister, faisant le mal, piétinant dans une boue qui ne diffère pas de moi-même. D'autre part, dans mon malheur comme dans ma vilenie, je me découvre poète. Mais un poète n'est pas d'une espèce différente des autres hommes. Il est simplement celui dont les caractéristiques répulsives, communes à tous les hommes, se distinguent mieux que chez quiconque, et inspirent dès le premier coup d'œil un plus vif sentiment d'horreur. Moi, Baudelaire, parce que je suis poète, je suis éminemment représentatif de la bassesse humaine. Mon état n'est pas exceptionnel, mais la conscience que j'en prends est elle-même exceptionnelle. Je ne perds pas un instant de vue le fait que ma nature, comme celle de tout le genre humain, est une nature avilie, et que la boue que je piétine remplit un lieu essentiellement bas et sombre, où l'ensemble de la création, en raison d'une faute qui se situe à son origine et qui en altéra irrémissiblement l'essence, s'est trouvée pour toujours avoir glissé.

Georges Poulet, La poésie éclatée, *Éd. P.U.F., 1980.*

L'ennemi

Aux six premiers poèmes, qui insistaient sur la grandeur de l'artiste, succèdent cinq textes à la coloration sombre, spleenétique. Car l'artiste n'est pas seulement « roi de l'azur », esprit en continuel état d' « élévation », déchiffreur des « correspondances ». Lui aussi est sur le navire des « hommes d'équipage » ; il est soumis à la misère, à l'emprise du Temps, notamment.

Ma jeunesse ne fut qu'un ténébreux orage,
Traversé çà et là par de brillants soleils ;
Le tonnerre et la pluie ont fait un tel ravage,
Qu'il reste en mon jardin bien peu de fruits vermeils.

Voilà que j'ai touché l'automne des idées,
Et qu'il faut employer la pelle et les râteaux
Pour rassembler à neuf les terres inondées,
Où l'eau creuse des trous grands comme des tombeaux.

Et qui sait si les fleurs nouvelles que je rêve
Trouveront dans ce sol lavé comme une grève
Le mystique aliment qui ferait leur vigueur ?

— O douleur ! ô douleur ! Le Temps mange la vie,
Et l'obscur Ennemi qui nous ronge le cœur
Du sang que nous perdons croît et se fortifie !

« Spleen et idéal », X.

Pour préparer l'étude du texte

1. Préciser sur quelle métaphore les trois premières strophes sont construites. Étudier le développement de l'image initiale et ses ramifications à travers les deux champs lexicaux des saisons et du jardin.
2. Analyser l'expression du temps en montrant que cette notion est étroitement liée à la vie du poète, à son inspiration et à son affectivité. En quoi le temps est-il un « Ennemi » ?

Auguste RODIN (1840-1917), *Je suis belle* (1882), bronze.
Paris, Musée Rodin.
On peut lire, sur le socle de la statue de Rodin, les premiers mots du poème de Baudelaire.

La beauté

Puisque l'artiste fait homme connaît à la fois le paradis perdu, qu'il ne peut oublier, et l'enfer vécu, qu'il doit bien pourtant supporter, où peut-il situer le Beau ? Là-bas, ailleurs, du côté de l'« idéal », ou ici, du côté de la misère, du « spleen » ?

Le recueil des *Fleurs du mal* est aussi un itinéraire esthétique où un créateur s'interroge sur les finalités de sa création. Et les réponses apportées montrent que Baudelaire a singulièrement évolué sur ce point. Le poème « La beauté » ne peut ainsi être lu sans son complément antithétique, l'« Hymne à la beauté ».

Je suis belle, ô mortels ! comme un rêve de pierre,
Et mon sein, où chacun s'est meurtri tour à tour,
Est fait pour inspirer au poète un amour
Éternel et muet ainsi que la matière.

Je trône dans l'azur comme un sphinx incompris ;
J'unis un cœur de neige à la blancheur des cygnes ;
Je hais le mouvement qui déplace les lignes,
Et jamais je ne pleure et jamais je ne ris.

Les poètes, devant mes grandes attitudes,
Que j'ai l'air d'emprunter aux plus fiers monuments,
Consumeront leurs jours en d'austères études ;

Car j'ai, pour fasciner ces dociles amants,
De purs miroirs qui font toutes choses plus belles :
Mes yeux, mes larges yeux aux clartés éternelles !

« Spleen et idéal », XVII.

Pour préparer le commentaire composé

Étudier
— les caractéristiques de la beauté telles qu'elles sont définies par l'allégorie elle-même ;
— la relation entre la beauté et les mortels ;
— le rôle difficile du poète.

Pour une étude comparée

Baudelaire, « La beauté » *(Les Fleurs du mal).*
Gautier, « L'art » *(Émaux et camées)*, cf. p. 295.

Hymne à la beauté

Écrit tardivement, autour de 1860, ce poème est bien postérieur au précédent. Baudelaire y définit un nouvel idéal esthétique, infiniment plus fécond, infiniment plus... baudelairien aussi.

Charles BAUDELAIRE, *Échantillon de beauté antique*, dessin. Paris, Bibliothèque Nationale.

Viens-tu du ciel profond ou sors-tu de l'abîme,
O Beauté ? ton regard, infernal et divin,
Verse confusément le bienfait et le crime,
Et l'on peut pour cela te comparer au vin.

Tu contiens dans ton œil le couchant et l'aurore ;
Tu répands des parfums comme un soir orageux ;
Tes baisers sont un philtre et ta bouche une amphore
Qui font le héros lâche et l'enfant courageux.

Sors-tu du gouffre noir ou descends-tu des astres ?
Le Destin charmé suit tes jupons comme un chien ;
Tu sèmes au hasard la joie et les désastres,
Et tu gouvernes tout et ne réponds de rien.

Tu marches sur des morts, Beauté, dont tu te moques ;
De tes bijoux l'Horreur n'est pas le moins charmant,
Et le Meurtre, parmi tes plus chères breloques,
Sur ton ventre orgueilleux danse amoureusement.

L'éphémère[1] ébloui vole vers toi, chandelle,
Crépite, flambe et dit : Bénissons ce flambeau !
L'amoureux pantelant incliné sur sa belle
A l'air d'un moribond caressant son tombeau.

Que tu viennes du ciel ou de l'enfer, qu'importe,
O Beauté ! monstre énorme, effrayant, ingénu !
Si ton œil, ton souris[2], ton pied, m'ouvrent la porte
D'un Infini que j'aime et n'ai jamais connu ?

De Satan ou de Dieu, qu'importe ? Ange ou Sirène,
Qu'importe, si tu rends, — fée aux yeux de velours,
Rythme, parfum, lueur, ô mon unique reine ! —
L'univers moins hideux et les instants moins lourds ?

« Spleen et idéal », XXI.

Pour préparer l'étude du texte

1. Par un tableau à deux entrées, montrer que le poème est entièrement construit sur une suite d'antithèses. Préciser à quels domaines s'appliquent ces différentes antithèses.
2. Montrer, par une analyse précise du lexique et du vocabulaire, que cette célébration de la beauté est aussi une célébration de la femme.
3. En déduire le rôle que Baudelaire attribue à l'art et à l'amour.

J'ai trouvé la définition du Beau, — de mon Beau. C'est quelque chose d'ardent et de triste, quelque chose d'un peu vague, laissant carrière à la conjecture. Je vais, si l'on veut, appliquer mes idées à un objet sensible, à l'objet, par exemple, le plus intéressant dans la société, à un visage de femme. Une tête séduisante et belle, une tête de femme, veux-je dire, c'est une tête qui fait rêver à la fois, — mais d'une manière confuse, — de volupté et de tristesse ; qui comporte une idée de mélancolie, de lassitude, même de satiété, — soit une idée contraire, c'est-à-dire une ardeur, un désir de vivre, associé avec une amertume refluante, comme venant de privation ou de désespérance. Le mystère, le regret sont aussi des caractères du Beau.

Fusées, *X, 16. Texte écrit à la même époque que l'« Hymne à la beauté ».*

1. Insecte qui ne vit qu'une journée ou deux.
2. Forme, déjà archaïque au XIXe siècle, du mot « sourire ». « Souris » était une licence poétique.

La vie antérieure

J'ai longtemps habité sous de vastes portiques
Que les soleils marins teignaient de mille feux,
Et que leurs grands piliers, droits et majestueux,
Rendaient pareils, le soir, aux grottes basaltiques.

Les houles, en roulant les images des cieux,
Mêlaient d'une façon solennelle et mystique
Les tout-puissants accords de leur riche musique
Aux couleurs du couchant reflété par mes yeux.

C'est là que j'ai vécu dans les voluptés calmes,
Au milieu de l'azur, des vagues, des splendeurs
Et des esclaves nus, tout imprégnés d'odeurs,

Qui me rafraîchissaient le front avec des palmes,
Et dont l'unique soin était d'approfondir
Le secret douloureux qui me faisait languir.

« Spleen et idéal », XII.

Pour préparer l'étude du texte

1. Étudier l'expression d'une expérience personnelle tout au long du texte.
2. Le paysage baudelairien. Analyser ses composantes, ses caractéristiques, ses correspondances (strophes 1 et 2).
3. Une scène de la vie exotique. Qu'est-ce qui fait son charme et son mystère (strophes 3 et 4) ?

Pour un groupement de textes

L'exotisme baudelairien.

« La vie antérieure », « Parfum exotique », « La chevelure », « L'invitation au voyage » *(Les Fleurs du mal)* ;
« Un hémisphère dans une chevelure », « L'invitation au voyage » *(Le spleen de Paris).*

Correspondances[1]

La Nature est un temple où de vivants piliers
Laissent parfois sortir de confuses paroles ;
L'homme y passe à travers des forêts de symboles
Qui l'observent avec des regards familiers.

Comme de longs échos qui de loin se confondent
Dans une ténébreuse et profonde unité,
Vaste comme la nuit et comme la clarté,
Les parfums, les couleurs et les sons se répondent.

Il est des parfums frais comme des chairs d'enfants,
Doux comme les hautbois, verts comme les prairies,
— Et d'autres, corrompus, riches et triomphants,

Ayant l'expansion des choses infinies,
Comme l'ambre, le musc, le benjoin et l'encens,
Qui chantent les transports de l'esprit et des sens.

« Spleen et idéal », IV.

Pour préparer l'étude du texte

1. Étudier la structure du texte : chaque mouvement prend appui sur le précédent dans une démarche de démonstration.
2. Faire apparaître les analogies qui jalonnent l'évolution du texte (reprise d'éléments, phénomènes d'écho).
3. Étudier comment l'auteur suggère l'existence de correspondances entre différentes perceptions (strophes 2 et 3).

Pour un groupement de textes

Images d'une nature symbolique et mystique.

Baudelaire, « Correspondances », « La vie antérieure ».
Hugo, « J'ai cueilli cette fleur pour toi... » *(Les Contemplations).*
Gautier, « Affinités secrètes » *(Émaux et camées).*
Rimbaud, « Aube » *(Illuminations).*

1. Sur la théorie des correspondances chez Baudelaire, cf. p. 320.

L'écrivain et compositeur allemand E.T.A. Hoffmann (1776-1822) a le premier exploré les accords (ou correspondances) entre les sensations.

Ce n'est pas tant dans le rêve que dans cet état de délire qui précède le sommeil, et particulièrement quand j'ai entendu beaucoup de musique, que je perçois une manière d'accord entre les couleurs, les sons et les parfums. Il me semble alors qu'ils se manifestent tous, de la même façon mystérieuse, dans la lumière du soleil, pour se fondre ensuite en un merveilleux concert. Le parfum des œillets rouge foncé a sur moi un singulier pouvoir magique : involontairement, je tombe en état de rêve et j'entends alors, qui semblent venir de très loin, s'enflant et puis s'évanouissant, les sons du cor de basset.

E.T.A. Hoffmann, Kreisleriana, *1814-1815 ;* Les Romantiques allemands, *traduction de A. Béguin, Coll. La Pléiade, Éd. Gallimard.*

Baudelaire théoricien, critique d'art et poète : au centre de sa réflexion, apparaît maintes fois ce système des correspondances. Dans l'*Exposition universelle de 1855*, il loue en Eugène Delacroix le grand peintre des « correspondances ».

Edgar Poe dit, je ne sais plus où, que le résultat de l'opium pour les sens est de revêtir la nature entière d'un intérêt surnaturel qui donne à chaque objet un sens plus profond, plus volontaire, plus despotique. Sans avoir recours à l'opium, qui n'a connu ces admirables heures, véritables fêtes du cerveau, où les sens plus attentifs perçoivent des sensations plus retentissantes, où le ciel d'un azur plus transparent s'enfonce comme un abîme plus infini, où les sons tintent musicalement, où les couleurs parlent, où les parfums racontent des mondes d'idées ? Eh bien, la peinture de Delacroix me paraît la traduction de ces beaux jours de l'esprit. Elle est revêtue d'intensité et sa splendeur est privilégiée. Comme la nature perçue par des nerfs ultra-sensibles, elle révèle le surnaturalisme.

Curiosités esthétiques, *Exposition universelle de 1855, Eugène Delacroix.*

Dans son article sur Victor Hugo (1861), il réaffirme sa conviction et définit ce qu'est pour lui l'authentique artiste.

[...] tout, forme, mouvement, nombre, couleur, parfum, dans le spirituel *comme dans le* naturel, *est significatif, réciproque, converse,* correspondant *[...] qu'est-ce qu'un poète (je prends le mot dans son acception la plus large), si ce n'est un traducteur, un déchiffreur ?*

Réflexions sur quelques-uns de mes contemporains, Victor Hugo, *II.*

Et ce qu'il aime en Wagner, c'est le musicien des « correspondances ».

[...] ce qui serait vraiment surprenant, c'est que le son ne pût pas *suggérer la couleur, que les couleurs* ne pussent pas *donner l'idée d'une mélodie, et que le son et la couleur fussent impropres à traduire des idées.*

Réflexions sur quelques-uns de mes contemporains : Richard Wagner et « Tannhäuser » à Paris, *1861.*

Eugène DELACROIX (1798-1863), *La chasse au lion.* Paris, Musée d'Orsay.

Édouard MANET (1832-1883), *La maîtresse de Baudelaire* (1862). Musée de Budapest.

Parfum exotique

Ce poème ouvre le cycle de l'amour, à l'intérieur de la section « Spleen et idéal ». Ici la femme apparaît voie d'évasion imaginaire vers un paysage de l'Idéal, qui doit quelques-uns de ses traits aux souvenirs embellis du séjour à l'île Bourbon (cf. p. 307). L'inspiratrice du poème est probablement Jeanne Duval, « la Vénus noire ».

Quand, les deux yeux fermés, en un soir chaud d'automne,
Je respire l'odeur de ton sein chaleureux,
Je vois se dérouler des rivages heureux
Qu'éblouissent les feux d'un soleil monotone ;

Une île paresseuse où la nature donne
Des arbres singuliers et des fruits savoureux ;
Des hommes dont le corps est mince et vigoureux,
Et des femmes dont l'œil par sa franchise étonne.

Guidé par ton odeur vers de charmants climats,
Je vois un port rempli de voiles et de mâts
Encor tout fatigués par la vague marine,

Pendant que le parfum des verts tamariniers,
Qui circule dans l'air et m'enfle la narine,
Se mêle dans mon âme au chant des mariniers.

« Spleen et idéal », XXII.

Pour préparer l'étude du texte

1. A partir d'un découpage syntaxique du texte (recherche et délimitation des différentes propositions), déterminer sa structure et son évolution.
2. Récapituler les éléments constitutifs du « paradis » baudelairien.
3. Montrer que les deux tercets constituent, par rapport au début du texte, à la fois un écho et un approfondissement.

Pour un groupement de textes

Le parfum dans l'univers baudelairien.

« Parfum exotique », « Correspondances », « La vie antérieure », « L'invitation au voyage », « Le chat », « La chevelure », « Hymne à la beauté » *(Les Fleurs du mal).*

La chevelure

« La chevelure » est le deuxième poème du cycle inspiré par « la Vénus noire ».

O toison, moutonnant jusque sur l'encolure !
O boucles ! O parfum chargé de nonchaloir[1] !
Extase ! Pour peupler ce soir l'alcôve obscure
Des souvenirs dormant dans cette chevelure,
Je la veux agiter dans l'air comme un mouchoir !

La langoureuse Asie et la brûlante Afrique,
Tout un monde lointain, absent, presque défunt,
Vit dans tes profondeurs, forêt aromatique !
Comme d'autres esprits voguent sur la musique,
Le mien, ô mon amour ! nage sur ton parfum.

J'irai là-bas où l'arbre et l'homme, pleins de sève,
Se pâment longuement sous l'ardeur des climats ;
Fortes tresses, soyez la houle qui m'enlève !
Tu contiens, mer d'ébène, un éblouissant rêve
De voiles, de rameurs, de flammes et de mâts :

Un port retentissant où mon âme peut boire
A grands flots le parfum, le son et la couleur ;
Où les vaisseaux, glissant dans l'or et dans la moire,
Ouvrent leurs vastes bras pour embrasser la gloire
D'un ciel pur où frémit l'éternelle chaleur.

Je plongerai ma tête amoureuse d'ivresse
Dans ce noir océan où l'autre est enfermé ;
Et mon esprit subtil que le roulis caresse
Saura vous retrouver, ô féconde paresse,
Infinis bercements du loisir embaumé !

Cheveux bleus, pavillon de ténèbres tendues,
Vous me rendez l'azur du ciel immense et rond ;
Sur les bords duvetés de vos mèches tordues
Je m'enivre ardemment des senteurs confondues
De l'huile de coco, du musc et du goudron.

Longtemps ! toujours ! ma main dans ta crinière lourde
Sèmera le rubis, la perle et le saphir,
Afin qu'à mon désir tu ne sois jamais sourde !
N'es-tu pas l'oasis où je rêve, et la gourde
Où je hume à longs traits le vin du souvenir ?

« Spleen et idéal », XXIII.

Un hémisphère dans une chevelure

A partir des mêmes thèmes et des mêmes images, Baudelaire a parfois composé en vers et en prose. Ce poème en prose est l'écho direct de « La chevelure ».

Laisse-moi respirer longtemps, longtemps, l'odeur de tes cheveux, y plonger tout mon visage, comme un homme altéré dans l'eau d'une source, et les agiter avec ma main comme un mouchoir odorant, pour secouer des souvenirs dans l'air.

Si tu pouvais savoir tout ce que je vois ! tout ce que je sens ! tout ce que j'entends dans tes cheveux ! Mon âme voyage sur le parfum comme l'âme des autres hommes sur la musique.

Tes cheveux contiennent tout un rêve, plein de voilures et de mâtures, ils contiennent de grandes mers dont les moussons me portent vers de charmants climats, où l'espace est plus bleu et plus profond, où l'atmosphère est parfumée par les fruits, par les feuilles et par la peau humaine.

Dans l'océan de ta chevelure, j'entrevois un port fourmillant de chants mélancoliques, d'hommes vigoureux de toutes nations et de navires de toutes formes découpant leurs architectures fines et compliquées sur un ciel immense où se prélasse l'éternelle chaleur.

Dans les caresses de ta chevelure, je retrouve les langueurs des longues heures passées sur un divan, dans la chambre d'un beau navire, bercées par le roulis imperceptible du port, entre les pots de fleurs et les gargoulettes[2] rafraîchissantes.

Dans l'ardent foyer de ta chevelure, je respire l'odeur du tabac mêlée à l'opium et au sucre ; dans la nuit de ta chevelure, je vois resplendir l'infini de l'azur tropical ; sur les rivages duvetés de ta chevelure, je m'enivre des odeurs combinées du goudron, du musc et de l'huile de coco.

Laisse-moi mordre longtemps tes tresses lourdes et noires. Quand je mordille tes cheveux élastiques et rebelles, il me semble que je mange des souvenirs.

Le spleen de Paris, *XVII (1862).*

1. Vieux mot, fréquent encore chez Rabelais. Les Romantiques l'avaient remis à la mode vers 1830. Il a pour sens : nonchalance, absence de souci...

2. Vases poreux où l'eau se rafraîchit par évaporation.

Le balcon

Pendant l'été 1856, après une crise relationnelle plus aiguë que les autres, Baudelaire décide — une fois de plus — de rompre « définitivement » avec Jeanne Duval. Il ne peut pourtant oublier les « minutes heureuses » connues près de celle qui fut sa maîtresse au long de quatorze tumultueuses années... Telles sont, nous apprend la petite histoire, les circonstances qui ont présidé à la conception de ce texte. Mais au-delà de l'anecdote biographique, ce poème doit être lu comme un hymne à l'amour, à la femme, à l'art surtout, qui permet de retrouver le temps perdu.

Mère des souvenirs, maîtresse des maîtresses,
O toi, tous mes plaisirs ! ô toi, tous mes devoirs !
Tu te rappelleras la beauté des caresses,
La douceur du foyer et le charme des soirs,
Mère des souvenirs, maîtresse des maîtresses !

Les soirs illuminés par l'ardeur du charbon,
Et les soirs au balcon, voilés de vapeurs roses,
Que ton sein m'était doux ! que ton cœur m'était bon !
Nous avons dit souvent d'impérissables choses
Les soirs illuminés par l'ardeur du charbon.

Que les soleils sont beaux dans les chaudes soirées !
Que l'espace est profond ! que le cœur est puissant !
En me penchant vers toi, reine des adorées,
Je croyais respirer le parfum de ton sang.
Que les soleils sont beaux dans les chaudes soirées !

La nuit s'épaississait ainsi qu'une cloison,
Et mes yeux dans le noir devinaient tes prunelles,
Et je buvais ton souffle, ô douceur ! ô poison !
Et tes pieds s'endormaient dans mes mains fraternelles.
La nuit s'épaississait ainsi qu'une cloison.

Je sais l'art d'évoquer les minutes heureuses,
Et revis mon passé blotti dans tes genoux.
Car à quoi bon chercher tes beautés langoureuses
Ailleurs qu'en ton cher corps et qu'en ton cœur si doux ?
Je sais l'art d'évoquer les minutes heureuses !

Ces serments, ces parfums, ces baisers infinis,
Renaîtront-ils d'un gouffre interdit à nos sondes,
Comme montent au ciel les soleils rajeunis
Après s'être lavés au fond des mers profondes ?
— O serments ! ô parfums ! ô baisers infinis !

« Spleen et idéal », XXXVI.

Edvard MUNCH (1863-1944), *Amants dans les vagues* (1896), lithographie. Oslo, Munch Museet.

Auguste CLESINGER (1814-1883), *Buste de Madame Sabatier* (1847), marbre. Paris, Musée du Louvre.

Semper eadem

Ce sonnet inaugure un nouveau cycle, le cycle de Madame Sabatier, série de neuf textes adressés à celle qu'on appelait la « Présidente »[1].

On oppose souvent le cycle de Jeanne Duval à celui de Madame Sabatier : là, dit-on, Baudelaire évoque son malheureux attachement pour un corps ; ici, il célèbre sa vénération pour une belle âme. Une telle opposition doit être singulièrement nuancée, ainsi que le prouve ce sonnet. N'est-il pas significatif que Baudelaire ait cru bon de le placer en tête du cycle de la « madone » dans l'édition définitive de 1861 ?

« D'où vous vient, disiez-vous, cette tristesse étrange,
Montant comme la mer sur le roc noir et nu ? »
— Quand notre cœur a fait une fois sa vendange,
Vivre est un mal. C'est un secret de tous connu,

Une douleur très simple et non mystérieuse,
Et, comme votre joie, éclatante pour tous.
Cessez donc de chercher, ô belle curieuse !
Et, bien que votre voix soit douce, taisez-vous !

Taisez-vous, ignorante ! âme toujours ravie !
Bouche au rire enfantin ! Plus encor que la Vie,
La Mort nous tient souvent par des liens subtils.

Laissez, laissez mon cœur s'enivrer d'un *mensonge*,
Plonger dans vos beaux yeux comme dans un beau songe,
Et sommeiller longtemps à l'ombre de vos cils !

« Spleen et idéal », XL.

Pour préparer le commentaire composé

Étudier

— les caractéristiques du mal de vivre dans ce texte (le mal physique, le mal moral, la présence de la mort) ;
— le rôle de la femme aimée (un rôle défini négativement, une éphémère consolation) ;
— le sens du titre : diversité de traductions et d'interprétations.

1. Sur la « Présidente », et ses rapports avec le poète, voir p. 309.

Harmonie du soir

« Harmonie du soir » est l'avant-dernier poème du cycle de Madame Sabatier.

Voici venir les temps où vibrant sur sa tige
Chaque fleur s'évapore ainsi qu'un encensoir ;
Les sons et les parfums tournent dans l'air du soir ;
Valse mélancolique et langoureux vertige !

Chaque fleur s'évapore ainsi qu'un encensoir ;
Le violon frémit comme un cœur qu'on afflige ;
Valse mélancolique et langoureux vertige !
Le ciel est triste et beau comme un grand reposoir.

Le violon frémit comme un cœur qu'on afflige,
Un cœur tendre, qui hait le néant vaste et noir !
Le ciel est triste et beau comme un grand reposoir ;
Le soleil s'est noyé dans son sang qui se fige.

Un cœur tendre, qui hait le néant vaste et noir,
Du passé lumineux recueille tout vestige !
Le soleil s'est noyé dans son sang qui se fige...
Ton souvenir en moi luit comme un ostensoir !

« Spleen et idéal », XLVII.

Pour préparer l'étude du texte

Observer les rimes et leur disposition, la reprise des vers identiques, l'utilisation de termes du lexique religieux.
Quelles conclusions peut-on tirer de ces observations sur le plan :
— de la correspondance entre le titre du poème et son contenu ?
— de l'organisation et de l'évolution des deux thèmes sur lesquels il est construit ?

E.A. Poe, Baudelaire et la recherche de la « poésie absolue », selon Paul Valéry.

Que pensait donc Edgar Poe de la Poésie ?

Je résumerai ses idées en quelques mots. Il analyse les conditions psychologiques d'un poème. Parmi ces conditions, il met au premier rang celles qui dépendent des dimensions *des ouvrages poétiques. Il donne à la considération de leur longueur une importance singulière. Il examine, d'autre part, la substance même de ces ouvrages. Il établit aisément qu'il existe une quantité de poèmes qui sont occupés de notions auxquelles la prose eût suffi comme véhicule. L'histoire, la science, ni la morale ne gagnent point à être exposées dans le langage de l'âme. La poésie didactique, la poésie historique ou l'éthique, quoique illustrées et consacrées par les plus grands poètes, combinent étrangement les données de la connaissance discursive ou empirique, avec les créations de l'être intime et les puissances de l'émotion.*

Poe a compris que la poésie moderne devait se conformer à la tendance d'une époque qui a vu se séparer de plus en plus nettement les modes et les domaines de l'activité, et qu'elle pouvait prétendre à réaliser son objet propre et à se produire, en quelque sorte, à l'état pur.

Ainsi, analyse des conditions de la volupté poétique, définition par exhaustion[1] *de la* poésie absolue, *— Poe montrait une voie, il enseignait une doctrine très séduisante et très rigoureuse, dans laquelle une sorte de mathématique et une sorte de mystique s'unissaient...*

Si nous regardons à présent l'ensemble des Fleurs du Mal, *et si nous prenons soin de comparer ce recueil aux ouvrages poétiques de la même période, nous ne serons pas étonnés de trouver l'œuvre de Baudelaire remarquablement conforme aux préceptes de Poe, et par là remarquablement différente des productions romantiques.* Les Fleurs du Mal *ne contiennent ni poèmes historiques ni légendes ; rien qui repose sur un récit. On n'y voit point de tirades philosophiques. La politique n'y paraît point. Les descriptions y sont rares, et toujours* significatives. *Mais tout y est charme, musique, sensualité puissante et abstraite... Luxe, forme et volupté.*

Paul Valéry, Variété II, *Éd. Gallimard, 1929.*

1. Terme de logique : par épuisement de toutes les hypothèses possibles.

L'invitation au voyage

Paru d'abord en 1855 dans la *Revue des Deux Mondes*, ce poème prit place dans le cycle de Marie Daubrun, la « femme aux yeux verts ».

Mon enfant, ma sœur,
Songe à la douceur
D'aller là-bas vivre ensemble !
Aimer à loisir,
Aimer et mourir
Au pays qui te ressemble !
Les soleils mouillés
De ces ciels brouillés
Pour mon esprit ont les charmes
Si mystérieux
De tes traîtres yeux,
Brillant à travers leurs larmes.

Là, tout n'est qu'ordre et beauté,
Luxe, calme et volupté.

Des meubles luisants,
Polis par les ans,
Décoreraient notre chambre ;
Les plus rares fleurs
Mêlant leurs odeurs
Aux vagues senteurs de l'ambre,
Les riches plafonds,
Les miroirs profonds,
La splendeur orientale,
Tout y parlerait
A l'âme en secret
Sa douce langue natale.

Là, tout n'est qu'ordre et beauté,
Luxe, calme et volupté.

Vois sur ces canaux
Dormir ces vaisseaux
Dont l'humeur est vagabonde ;
C'est pour assouvir
Ton moindre désir
Qu'ils viennent du bout du monde.
— Les soleils couchants
Revêtent les champs,
Les canaux, la ville entière,
D'hyacinthe[1] et d'or ;
Le monde s'endort
Dans une chaude lumière.

Là, tout n'est qu'ordre et beauté,
Luxe, calme et volupté.

« Spleen et idéal », LIII.

Pour préparer l'étude du texte

1. Les trois paysages. Montrer que chacun d'entre eux correspond à une strophe ; dégager leurs caractéristiques ; analyser leurs analogies.
2. A l'intérieur de chaque strophe, analyser les éléments générateurs d'une harmonie phonétique et rythmique.
3. Faire apparaître les correspondances entre ces trois types de paysages et les caractéristiques énumérées dans le refrain.

Pour un groupement de textes

Le voyage.

Cf. groupement de textes : Aspects du voyage initiatique : découvertes et déceptions, p. 528.

Johan Bartold JONGKIND (1819-1891), *Vue d'Overschie près de Rotterdam*. Musée de Douai.

1. L'hyacinthe est une pierre précieuse de couleur rousse.

Le chat

« Le chat est beau ; il révèle des idées de luxe, de propreté, de volupté, etc. » Voilà ce que note Baudelaire dans *Fusées* (XIII, 19). Trois poèmes des *Fleurs du mal* sont ainsi consacrés à cet animal aristocratique.

I

Dans ma cervelle se promène,
Ainsi qu'en son appartement,
Un beau chat, fort, doux et charmant.
Quand il miaule, on l'entend à peine,

Tant son timbre est tendre et discret ;
Mais que sa voix s'apaise ou gronde,
Elle est toujours riche et profonde.
C'est là son charme et son secret.

Cette voix, qui perle et qui filtre
Dans mon fonds le plus ténébreux,
Me remplit comme un vers nombreux
Et me réjouit comme un philtre.

Elle endort les plus cruels maux
Et contient toutes les extases ;
Pour dire les plus longues phrases,
Elle n'a pas besoin de mots.

Non, il n'est pas d'archet qui morde
Sur mon cœur, parfait instrument,
Et fasse plus royalement
Chanter sa plus vibrante corde,

Que ta voix, chat mystérieux,
Chat séraphique, chat étrange,
En qui tout est, comme en un ange,
Aussi subtil qu'harmonieux !

II

De sa fourrure blonde et brune
Sort un parfum si doux, qu'un soir
J'en fus embaumé, pour l'avoir
Caressée une fois, rien qu'une.

C'est l'esprit familier du lieu ;
Il juge, il préside, il inspire
Toutes choses dans son empire ;
Peut-être est-il fée, est-il dieu ?

Quand mes yeux, vers ce chat que j'aime
Tirés comme par un aimant,
Se retournent docilement
Et que je regarde en moi-même,

Je vois avec étonnement
Le feu de ses prunelles pâles,
Clairs fanaux, vivantes opales,
Qui me contemplent fixement.

« Spleen et idéal », LI.

Pour préparer le commentaire composé

Étudier

1. La présentation du chat : fourrure et parfum, attitude, regard.
2. La relation qu'il entretient avec le poète : affectivité et sensualité, domination, révélation.

Pour un groupement de textes

Le bestiaire baudelairien.

Trois textes sur les chats (« Spleen et idéal », XXXIV, LI, LXVI), « L'albatros », « Le cygne », « Les hiboux » *(Les Fleurs du mal)*, « Les bons chiens » *(Le spleen de Paris)*.

Chant d'automne

Les poètes romantiques avaient chanté la mélancolie automnale : ce sentiment, ici exacerbé, entre en consonance avec l'angoisse même d'exister.

I

Bientôt nous plongerons dans les froides ténèbres ;
Adieu, vive clarté de nos étés trop courts !
J'entends déjà tomber avec des chocs funèbres
Le bois[1] retentissant sur le pavé des cours.

Tout l'hiver va rentrer dans mon être : colère,
Haine, frissons, horreur, labeur dur et forcé,
Et, comme le soleil dans son enfer polaire,
Mon cœur ne sera plus qu'un bloc rouge et glacé.

J'écoute en frémissant chaque bûche qui tombe ;
L'échafaud qu'on bâtit n'a pas d'écho plus sourd.
Mon esprit est pareil à la tour qui succombe
Sous les coups du bélier infatigable et lourd.

Il me semble, bercé par ce choc monotone,
Qu'on cloue en grande hâte un cercueil quelque part.
Pour qui ? — C'était hier l'été ; voici l'automne !
Ce bruit mystérieux sonne comme un départ.

« Spleen et idéal », LVI.

Pour une étude comparée

Faire l'étude comparée des deux textes :
Baudelaire, « Chant d'automne » *(Les Fleurs du mal)* ; Laforgue, « Le brave, brave automne » *(Les complaintes)*.

Pour un groupement de textes

Images et symboles de l'automne.

Cf. groupements de textes, pp. 48 et 389.

1. Les bûches de bois dont on faisait provision aux approches de l'hiver.

Félicien ROPS (1833-1898), *La mort au bal* (1865-1875). Rijksmuseum, Collection : State Museum, Kröller-Müller, Otterlo, The Nederlands.

Le goût du néant

Devant le déferlement du spleen, l'être baudelairien connaît une tentation : abandonner sa quête, dormir d'un « sommeil de brute », se laisser engloutir.

Morne esprit, autrefois amoureux de la lutte,
L'Espoir, dont l'éperon attisait ton ardeur,
Ne veut plus t'enfourcher ! Couche-toi sans pudeur,
Vieux cheval dont le pied à chaque obstacle butte.

Résigne-toi, mon cœur ; dors ton sommeil de brute.

Esprit vaincu, fourbu ! Pour toi, vieux maraudeur,
L'amour n'a plus de goût, non plus que la dispute ;
Adieu donc, chants du cuivre et soupirs de la flûte !
Plaisirs, ne tentez plus un cœur sombre et boudeur !

Le Printemps adorable a perdu son odeur !

Et le Temps m'engloutit minute par minute,
Comme la neige immense un corps pris de roideur ;
Je contemple d'en haut le globe en sa rondeur
Et je n'y cherche plus l'abri d'une cahute.

Avalanche, veux-tu m'emporter dans ta chute ?

« Spleen et idéal », LXXX.

Pour préparer le commentaire composé

Étudier

— l'évocation du passé heureux (caractéristiques, images, comparaisons) ;
— les effets de l'âge et du temps présent ;
— le choix du poète et ses justifications.

Pour un groupement de textes

Le poids du temps dans l'inspiration baudelairienne.

« L'ennemi », « L'horloge », « Le goût du néant », « Le guignon », « Le voyage » *(Les Fleurs du mal)* ;
« La chambre double », « L'horloge », « Enivrez-vous » *(Le spleen de Paris)*.

Spleen

Quatre poèmes, dans *Les Fleurs du mal*, portent le titre « Spleen » : ils illustrent les diverses formes que prend dans l'imaginaire une même angoisse existentielle, monstre aux mille visages.

J'ai plus de souvenirs que si j'avais mille ans.

Un gros meuble à tiroirs encombré de bilans,
De vers, de billets doux, de procès, de romances,
Avec de lourds cheveux roulés dans des quittances,
Cache moins de secrets que mon triste cerveau.
C'est une pyramide, un immense caveau,
Qui contient plus de morts que la fosse commune.
— Je suis un cimetière abhorré de la lune,
Où comme des remords se traînent de longs vers
Qui s'acharnent toujours sur mes morts les plus chers.
Je suis un vieux boudoir plein de roses fanées,
Où gît tout un fouillis de modes surannées,
Où les pastels plaintifs et les pâles Boucher[1],
Seuls, respirent l'odeur d'un flacon débouché.
Rien n'égale en longueur les boiteuses journées,
Quand sous les lourds flocons des neigeuses années
L'ennui, fruit de la morne incuriosité,
Prend les proportions de l'immortalité.
— Désormais tu n'es plus, ô matière vivante !
Qu'un granit entouré d'une vague épouvante,
Assoupi dans le fond d'un Saharah[2] brumeux ;
Un vieux sphinx[3] ignoré du monde insoucieux,
Oublié sur la carte, et dont l'humeur farouche
Ne chante qu'aux rayons du soleil qui se couche.

« Spleen et idéal », LXXVI.

David ROBERTS, *Arrivée du simoun, Désert de Gizeh*, in *Egypt and Nubia* (1846-1850).

1. Peintre et graveur (1703-1770), dont l'œuvre marque une prédilection pour les sujets légers, gracieux et sensuels.

2. Orthographe du XIXe siècle.
3. On songe aux sphinx d'Égypte, colossales statues funéraires.

Spleen

Quand le ciel bas et lourd pèse comme un couvercle
Sur l'esprit gémissant en proie aux longs ennuis,
Et que de l'horizon embrassant tout le cercle
Il nous verse un jour noir plus triste que les nuits ;

Quand la terre est changée en un cachot humide,
Où l'Espérance, comme une chauve-souris,
S'en va battant les murs de son aile timide
Et se cognant la tête à des plafonds pourris ;

Quand la pluie étalant ses immenses traînées
D'une vaste prison imite les barreaux,
Et qu'un peuple muet d'infâmes araignées
Vient tendre ses filets au fond de nos cerveaux,

Des cloches tout à coup sautent avec furie
Et lancent vers le ciel un affreux hurlement,
Ainsi que des esprits errants et sans patrie
Qui se mettent à geindre opiniâtrement.

— Et de longs corbillards, sans tambours ni musique,
Défilent lentement dans mon âme ; l'Espoir,
Vaincu, pleure, et l'Angoisse atroce, despotique,
Sur mon crâne incliné plante son drapeau noir.

« Spleen et idéal », LXXVIII.

Pour préparer l'étude du texte

1. Sous la forme d'une analyse logique (découpage et identification des propositions), faire apparaître clairement la structure syntaxique du texte.
2. Montrer que cette structure correspond à une dégradation progressive. Préciser les étapes de cette dégradation en insistant sur les notions de temps et de lieu.
3. Montrer, par des exemples, que le spleen commence par un mal physique et s'approfondit en un malaise moral.

Pour un groupement de textes

Analyse du spleen baudelairien.

« Spleen » (4 textes portent ce titre), « La cloche fêlée », « Chant d'automne » « L'ennemi », « Le goût du néant », « L'horloge », « Le voyage ».

La cloche fêlée

L'itinéraire des *Fleurs du mal* obéit à un principe inexorable : celui de la déperdition d'énergie vitale. Au fil des textes, en effet, l'univers baudelairien se dégrade ; les « élévations » vers l'*Idéal* se raréfient, pour finalement disparaître ; les « minutes heureuses » ne se conjuguent même plus au passé ; le *Spleen* s'installe, tout-puissant.

Il est amer et doux, pendant les nuits d'hiver,
D'écouter, près du feu qui palpite et qui fume,
Les souvenirs lointains lentement s'élever
Au bruit des carillons qui chantent dans la brume,

Bienheureuse la cloche au gosier vigoureux
Qui, malgré sa vieillesse, alerte et bien portante,
Jette fidèlement son cri religieux,
Ainsi qu'un vieux soldat qui veille sous la tente !

Moi, mon âme est fêlée, et lorsqu'en ses ennuis
Elle veut de ses chants peupler l'air froid des nuits,
Il arrive souvent que sa voix affaiblie

Semble le râle épais d'un blessé qu'on oublie
Au bord d'un lac de sang, sous un grand tas de morts,
Et qui meurt, sans bouger, dans d'immenses efforts.

« Spleen et idéal », LXXIV.

Pour préparer l'étude du texte

1. Après une lecture très attentive du texte, faire apparaître, sous forme de schéma, les éléments qui permettent des correspondances entre :
— le quatrain 1 et le tercet 2 ;
— le quatrain 2 et le tercet 1 (impression suggérée, contexte, personnage).
2. Mettre en évidence les éléments qui, dans le texte, explicitent les expressions suivantes : « Il est amer et doux », « Bienheureuse la cloche », « Moi, mon âme est fêlée ».

Odilon REDON (1840-1916), *Un masque sonne le glas funèbre*, lithographie. Paris, Bibliothèque Nationale.

A une passante

Dans le poème LXXXIX, titré « Le cygne », Baudelaire affirme : « Tout pour moi devient allégorie. » La seconde section du recueil illustre parfaitement ce propos. Les « Tableaux parisiens », en effet, ne sont pas un reportage versifié sur le Paris pittoresque de Napoléon III. Ce sont des textes où le spectacle de la rue devient symbole universel de la condition de l'homme.

La rue assourdissante autour de moi hurlait.
Longue, mince, en grand deuil, douleur majestueuse,
Une femme passa, d'une main fastueuse
Soulevant, balançant le feston et l'ourlet ;

Agile et noble, avec sa jambe de statue.
Moi, je buvais, crispé comme un extravagant,
Dans son œil, ciel livide où germe l'ouragan,
La douceur qui fascine et le plaisir qui tue.

Un éclair... puis la nuit ! — Fugitive beauté
Dont le regard m'a fait soudainement renaître,
Ne te verrai-je plus que dans l'éternité ?

Ailleurs, bien loin d'ici ! trop tard ! *jamais* peut-être !
Car j'ignore où tu fuis, tu ne sais où je vais,
O toi que j'eusse aimée, ô toi qui le savais !

« Tableaux parisiens », XCIII.

Pour préparer l'étude du texte

1. Étudier précisément les deux quatrains et la manière dont se fait la double présentation (Elle / Moi).
2. Montrer en quoi les deux tercets prolongent les quatrains en donnant au texte une orientation nouvelle.
3. Faire une étude stylistique précise du 2ᵉ tercet (structure, figures de style, temps des verbes, jeu sur les pronoms personnels) et montrer sur quoi repose sa double tonalité d'espoir et de désespoir.

Le voyage

Le voyage aboutit à l'ennui ; toute curiosité s'émousse, tout exotisme lasse : tel est « l'amer savoir » qu'enseigne le voyage (I à VI). La Mort apparaît alors l'ultime recours de l'être insatisfait : paradoxe du départ joyeux « sur la mer des Ténèbres ».

VII

Amer savoir, celui qu'on tire du voyage !
Le monde, monotone et petit, aujourd'hui,
Hier, demain, toujours, nous fait voir notre image :
Une oasis d'horreur dans un désert d'ennui !

Faut-il partir ? rester ? Si tu peux rester, reste ;
Pars, s'il le faut. L'un court, et l'autre se tapit
Pour tromper l'ennemi vigilant et funeste,
Le Temps ! Il est, hélas ! des coureurs sans répit,

Comme le Juif errant et comme les apôtres,
A qui rien ne suffit, ni wagon ni vaisseau,
Pour fuir ce rétiaire[1] infâme ; il en est d'autres
Qui savent le tuer sans quitter leur berceau.

Lorsque enfin il mettra le pied sur notre échine,
Nous pourrons espérer et crier : En avant !
De même qu'autrefois nous partions pour la Chine,
Les yeux fixés au large et les cheveux au vent,

Nous nous embarquerons sur la mer des Ténèbres
Avec le cœur joyeux d'un jeune passager.
Entendez-vous ces voix, charmantes et funèbres,
Qui chantent : « Par ici ! vous qui voulez manger
Le Lotus[2] parfumé ! c'est ici qu'on vendange
Les fruits miraculeux dont votre cœur a faim ;
Venez vous enivrer de la douceur étrange
De cette après-midi qui n'a jamais de fin ! »

A l'accent familier nous devinons le spectre ;
Nos Pylades[3] là-bas tendent leurs bras vers nous.
« Pour rafraîchir ton cœur nage vers ton Électre[3] ! »
Dit celle dont jadis nous baisions les genoux.

VIII

O Mort, vieux capitaine, il est temps ! levons l'ancre !
Ce pays nous ennuie, ô Mort ! Appareillons !
Si le ciel et la mer sont noirs comme de l'encre,
Nos cœurs que tu connais sont remplis de rayons !

Verse-nous ton poison pour qu'il nous réconforte !
Nous voulons, tant ce feu nous brûle le cerveau,
Plonger au fond du gouffre, Enfer ou Ciel, qu'importe ?
Au fond de l'Inconnu pour trouver du *nouveau* !

« La mort », CXXVI.

Étude récapitulative

1. Énumérer, en précisant leurs caractéristiques, les différents thèmes abordés dans ce texte.
2. Chercher dans quels autres textes de Baudelaire, et sous quelle forme, ils ont été illustrés dans *Les Fleurs du mal.*

Le spleen de Paris

1869 (publication posthume)

50 poèmes en prose

Dès 1855, Baudelaire avait commencé de rédiger des proses poétiques[4] qui avaient paru dans diverses revues littéraires. Dans ses dernières années, il songeait à les regrouper dans un recueil, qui fût, en prose poétique, le « pendant »[5] des poèmes en vers des *Fleurs du mal.* Il avait le projet de rédiger cent pièces : à sa mort, la moitié seulement avaient été écrites, au prix d'un travail acharné et, selon Baudelaire, encore imparfait. Ouvrage inachevé donc, et qui ne fut publié que deux ans après la mort de l'auteur, sous un titre qui n'aurait peut-être pas eu sa préférence, bien qu'il y eût songé : *Petits poèmes en prose.*

Celui auquel il voulait probablement s'arrêter, et que les éditions modernes restituent, *Le spleen de Paris*, convient bien à ces tableaux parisiens qui peignent les misères, les magies et les bizarreries de la vie urbaine.

Toutefois, en regard de la puissante structuration des *Fleurs du mal*, le caractère disparate de ce recueil déconcerte. Le lecteur passe de la scène de rue au récit allégorique (« Le joujou du pauvre », p. 334), de la nouvelle fantastique à la méditation lyrique (« Les foules », p. 333).

Le symbolisme laisse une large place à l'interprétation personnelle : chaque poème en prose est peut-être l'une de ces « Fenêtres » (p. 335) donnant à rêver sur la pluralité de ses significations. L'unité apparaît si l'on considère l'attitude du poète solitaire face à la multitude (« Les foules ») ou aux vies obscures de la grande cité (« Les fenêtres ») : le « Je » s'identifie à l'Autre, retrouvant dans cette communion la profondeur de ses propres élans et de ses propres angoisses. *Le spleen de Paris* prolonge ainsi les « Tableaux parisiens » des *Fleurs du mal* : mais, jouant davantage du comique grinçant, de l'insolite urbain, du fantastique au cœur du quotidien, il annonce les récits surréalistes dont Paris fournit le cadre magique (*Nadja* d'André Breton, *Le paysan de Paris* d'Aragon).

Sur le plan de l'expression, la phrase de Baudelaire, tantôt analytique et insinuante (« Les foules »), tantôt lyrique et incantatoire (« Enivrez-vous »), semble réaliser « le miracle d'une prose poétique, musicale, sans rythme et sans rime, assez souple et assez heurtée pour s'adapter aux mouvements lyriques de l'âme, aux ondulations de la rêverie, aux soubresauts de la conscience »[6].

1. Gladiateur armé d'un filet au moyen duquel il enveloppait l'adversaire.
2. Fleur d'Égypte ; elle apporte, à qui la mange, l'oubli de son passé, dans un épisode d'Homère (*Odyssée*, IX).
3. Pylade : dans la légende grecque, ami d'Oreste et symbole de l'amitié fidèle. Oreste est le frère d'Électre, ce qui explique l'allusion du vers suivant : Électre et Oreste sont liés par la plus tendre affection.
4. Sur le poème en prose au XIXe siècle, voir p. 120.
5. C'est là le terme que Baudelaire utilise dans sa correspondance pour définir son projet.
6. Lettre-dédicace à Arsène Houssaye, *La Presse*, 26 août 1862.

Les foules

Il n'est pas pour Baudelaire de spectacle plus fascinant que celui de la grande foule urbaine, où se croisent des destins anonymes. Pour le « Je » poétique, se dépouiller de sa personnalité pour entrer imaginairement dans celle d'autrui est à la fois ascèse et jouissance : paradoxe de la modernité.

Il n'est pas donné à chacun de prendre un bain de multitude : jouir de la foule est un art ; et celui-là seul peut faire, aux dépens du genre humain, une ribote[1] de vitalité, à qui une fée a insufflé dans son berceau le goût du travestissement et du masque, la haine du domicile et la passion du voyage.

Multitude, solitude : termes égaux et convertibles par le poète actif et fécond. Qui ne sait pas peupler sa solitude ne sait pas non plus être seul dans une foule affairée.

Le poète jouit de cet incomparable privilège, qu'il peut à sa guise être lui-même et autrui. Comme ces âmes errantes qui cherchent un corps, il entre, quand il veut, dans le personnage de chacun. Pour lui seul, tout est vacant ; et si de certaines places paraissent lui être fermées, c'est qu'à ses yeux elles ne valent pas la peine d'être visitées.

Le promeneur solitaire et pensif tire une singulière ivresse de cette universelle communion. Celui-là qui épouse facilement la foule connaît des jouissances fiévreuses, dont seront éternellement privés l'égoïste, fermé comme un coffre, et le paresseux, interné comme un mollusque. Il adopte comme siennes toutes les professions, toutes les joies et toutes les misères que la circonstance lui présente.

Ce que les hommes nomment amour est bien petit, bien restreint et bien faible, comparé à cette ineffable orgie, à cette sainte prostitution de l'âme qui se donne tout entière, poésie et charité, à l'imprévu qui se montre, à l'inconnu qui passe.

Il est bon d'apprendre quelquefois aux heureux de ce monde, ne fût-ce que pour humilier un instant leur sot orgueil, qu'il est des bonheurs supérieurs au leur, plus vastes et plus raffinés. Les fondateurs de colonies, les pasteurs de peuples, les prêtres missionnaires exilés au bout du monde, connaissent sans doute quelque chose de ces mystérieuses ivresses ; et, au sein de la vaste famille que leur génie s'est faite, ils doivent rire quelquefois de ceux qui les plaignent pour leur fortune si agitée et pour leur vie si chaste.

Le spleen de Paris, XII.

Pour préparer l'étude du texte

1. Faire apparaître, sous forme d'un tableau, la reprise, d'une strophe à l'autre, des mêmes thèmes : multiplicité et solitude, situation de l'homme seul, relations entre l'homme seul et la foule.
2. Étudier les formulations qui mettent en relief le caractère exceptionnel de la situation du poète, ou de l'homme seul.
3. Définir à travers ce texte la conception baudelairienne du poète.

Pour une étude comparée

Faire le portrait comparé des deux solitaires dans « Les foules » de Baudelaire et dans « L'homme des foules » d'E. Poe *(Nouvelles histoires extraordinaires)*.

Édouard MANET (1832-1883), *La musique aux Tuileries* (1862). Reproduced by courtesy of the Trustees, The National Gallery, London.

Le plaisir d'être dans les foules est une expression mystérieuse de la jouissance, de la multiplication du nombre.

Tout *est nombre. Le nombre est dans* tout. *Le nombre est dans l'individu. L'ivresse est un nombre.*

Fusées, *I, 1 (1861)*.

1. Terme populaire qui désigne des excès de table et/ou d'alcool.

Le joujou du pauvre

Sur une route, derrière la grille d'un vaste jardin, au bout duquel apparaissait la blancheur d'un joli château frappé par le soleil, se tenait un enfant beau et frais, habillé de ces vêtements de campagne si pleins de coquetterie.

Le luxe, l'insouciance et le spectacle habituel de la richesse rendent ces enfants-là si jolis, qu'on les croirait faits d'une autre pâte que les enfants de la médiocrité ou de la pauvreté.

A côté de lui, gisait sur l'herbe un joujou splendide, aussi frais que son maître, verni, doré, vêtu d'une robe pourpre, et couvert de plumets et de verroteries. Mais l'enfant ne s'occupait pas de son joujou préféré, et voici ce qu'il regardait :

De l'autre côté de la grille, sur la route, entre les chardons et les orties, il y avait un autre enfant, sale, chétif, fuligineux[1], un de ces marmots-parias dont un œil impartial découvrirait la beauté, si, comme l'œil du connaisseur devine une peinture idéale sous un vernis de carrossier, il le nettoyait de la répugnante patine de la misère.

A travers ces barreaux symboliques séparant deux mondes, la grande route et le château, l'enfant pauvre montrait à l'enfant riche son propre joujou, que celui-ci examinait avidement comme un objet rare et inconnu. Or, ce joujou, que le petit souillon agaçait, agitait et secouait dans une boîte grillée, c'était un rat vivant ! Les parents, par économie sans doute, avaient tiré le joujou de la vie elle-même.

Et les deux enfants se riaient l'un à l'autre fraternellement, avec des dents d'une *égale* blancheur.

Le spleen de Paris, XIX.

Pour préparer l'étude du texte

1. Faire le plan précis du texte en faisant apparaître les deux grandes parties et leurs subdivisions.
2. Étudier précisément le jeu d'oppositions entre les deux enfants.
3. Quelle est la « morale » de ce poème en prose ?

Pour un groupement de textes

Images de l'enfance.

Cf. groupement de textes : L'enfance malheureuse au XIXe siècle, p. 258.

Enivrez-vous

Reprise ici du thème des paradis artificiels (cf. p. 338), avec élargissement indéfini des possibilités d'ivresse : le vin du chiffonnier comme l'ascèse du mystique ne sont que les moyens différents de se soulager de « l'horrible fardeau du Temps », commune torture.

Il faut être toujours ivre. Tout est là : c'est l'unique question. Pour ne pas sentir l'horrible fardeau du Temps qui brise vos épaules et vous penche vers la terre, il faut vous enivrer sans trêve.

Mais de quoi ? De vin, de poésie ou de vertu, à votre guise. Mais enivrez-vous.

Et si quelquefois, sur les marches d'un palais, sur l'herbe verte d'un fossé, dans la solitude morne de votre chambre, vous vous réveillez, l'ivresse déjà diminuée ou disparue, demandez au vent, à la vague, à l'étoile, à l'oiseau, à l'horloge, à tout ce qui fuit, à tout ce qui gémit, à tout ce qui roule, à tout ce qui chante, à tout ce qui parle, demandez quelle heure il est ; et le vent, la vague, l'étoile, l'oiseau, l'horloge, vous répondront : « Il est l'heure de s'enivrer ! Pour n'être pas les esclaves martyrisés du Temps, enivrez-vous ; enivrez-vous sans cesse ! De vin, de poésie ou de vertu, à votre guise. »

Le spleen de Paris, XXXIII.

Pour préparer l'étude du texte

1. Étudier les différentes formulations exprimant l'ordre ou la recommandation.
2. Les motivations de l'ivresse. Analyser l'obsession du temps et montrer que les raisons de s'enivrer ne sont pas liées à une condition humaine unique.
3. Dégager, à partir de ce texte, les différentes caractéristiques du poème en prose : reprise des termes et des idées, alternance de récit, d'analyse et de dialogue, rythmes.

1. Qui a la couleur de la soie.

William DEGOUVE DE NUNCQUES (1867-1935), *La maison rose* (1892). Rijksmuseum, Collection : State Museum, Kröller-Müller, Otterlo, The Nederlands.

Les fenêtres

Comme dans « Les foules », le « je » scrute ici le mystère d'un destin, et l'imagination travaille sur cet obscur canevas. Il est tentant de lire ce texte comme une fable sur le rôle du poète parmi les hommes ; n'est-il pas le créateur de ces « légendes » ?

Celui qui regarde du dehors à travers une fenêtre ouverte, ne voit jamais autant de choses que celui qui regarde une fenêtre fermée. Il n'est pas d'objet plus profond, plus mystérieux, plus fécond, plus ténébreux, plus éblouissant qu'une fenêtre éclairée d'une chandelle. Ce qu'on peut voir au soleil est toujours moins intéressant que ce qui se passe derrière une vitre. Dans ce trou noir ou lumineux vit la vie, rêve la vie, souffre la vie.

Par-delà des vagues de toits, j'aperçois une femme mûre, ridée déjà, pauvre, toujours penchée sur quelque chose, et qui ne sort jamais. Avec son visage, avec son vêtement, avec son geste, avec presque rien, j'ai refait l'histoire de cette femme, ou plutôt sa légende, et quelquefois je me la raconte à moi-même en pleurant.

Si c'eût été un pauvre vieux homme, j'aurais refait la sienne tout aussi aisément.

Et je me couche, fier d'avoir vécu et souffert dans d'autres que moi-même.

Peut-être me direz-vous : « Es-tu sûr que cette légende soit la vraie ? » Qu'importe ce que peut être la réalité placée hors de moi, si elle m'a aidé à vivre, à sentir que je suis et ce que je suis ?

Le spleen de Paris, XXXV.

Pour préparer le commentaire composé

Étudier

— l'expression de l'extérieur : situation extérieure de l'observateur, de l'objet perçu par rapport au narrateur ;
— l'expression de l'intérieur : l'intérieur perçu par le narrateur, l'intérieur du narrateur ;
— le rôle du regard et de l'imagination dans la double connaissance de l'extérieur et de l'intérieur. En déduire le rôle que Baudelaire attribue à la création artistique.

Un univers déchiré

« Deux postulations simultanées »

Comme celui de Hugo, l'univers de Baudelaire se fonde sur des convictions métaphysiques formulées en termes chrétiens : « Il y a dans tout homme, à toute heure, deux postulations[1] simultanées, l'une vers Dieu, l'autre vers Satan. L'invocation à Dieu, ou spiritualité, est un désir de monter en grade ; celle de Satan, ou animalité, est une joie de descendre » *(Mon cœur mis à nu)*. Baudelaire, pourtant, n'est pas chrétien, ou plutôt, reconnaît son impossibilité à l'être[2]. Mais il demeure imprégné de la conscience du péché et de la hantise de la damnation. Son âme est le lieu de la déchirure, où retentissent « simultanément » deux appels contradictoires. Le Mal possède une puissance attractive supérieure à celle du Bien : à la difficulté qui accompagne « le désir de monter », s'opposent la facilité tragique, « la joie de descendre ». Dans toutes les pièces des *Fleurs du mal*, et souvent dans la même pièce, le lecteur perçoit ces deux appels contradictoires : spiritualité et sensualité (poèmes amoureux), charité et cruauté (« Tableaux parisiens »), dévotion (« Bénédiction ») et imprécations contre Dieu (« Révolte »).

La loi d'ambivalence

Cette vision dualiste qu'a Baudelaire de son Moi s'étend aux êtres et aux choses, dont elle perçoit les visages opposés et coprésents : bénéfiques et maléfiques simultanément, haïs et adorés à la fois, les voilà régis par cette loi d'ambivalence qui gouverne tout l'univers de Baudelaire. Ainsi, la femme, paradis sensuel, est aussi celle qui use les forces vitales de l'amant, et le lie à la chair « comme le forçat à sa chaîne » (*Le vampire*, XXXI). Dans *A une madone*, c'est la même figure féminine qui inspire adoration mystique et sadisme. Paris, « où tout, même l'horreur, tourne aux enchantements » *(Les petites vieilles)*, est à la fois « l'immonde cité », capitale de la déchéance, et le théâtre de l'inattendu, parfois sublime *(Le spleen de Paris)*.

Deux thèmes toutefois sont plus particulièrement affectés de cette ambivalence : la beauté et la mort. Seul moyen d'échapper au Temps, la recherche de la beauté procède à la fois de l'aspiration à l'idéal et de l'attrait du gouffre (*Hymne à la beauté*, p. 318) : dans l'appel « d'un Infini qu'[il] aime et n'[a] jamais connu », Baudelaire reconnaît encore la voix enchanteresse du Mal.

Au terme du « voyage » (p. 332), dans un mouvement semblable à celui d'*Hymne à la beauté* (... « Enfer ou Ciel, qu'importe ? »), la mort est saluée en termes équivoques, à la fois suprême espoir et perdition suprême. La présence de ces tensions irrésolues entre l'aspiration à l'idéal et l'abandon au gouffre (métaphore du mal) est constante dans *Les Fleurs du mal* : seules la beauté — parce qu'elle est inatteignable — et la mort concilient peut-être ces termes antithétiques, dans ce que Baudelaire appelle *« l'Inconnu »*.

Visages du spleen

C'est à la langue anglaise, bien connue de Baudelaire, traducteur d'E.A. Poe, qu'est emprunté le terme « spleen », signifiant : humeur noire, dépressive. Autant que le sens, vague et accueillant à souhait, la sonorité du mot dut séduire le poète : vocable lourd, traînant et lancinant à la fois (présence du [I] long), « spleen » englue la bouche comme les élans de l'âme. Baudelaire a utilisé ce terme étranger et étrange pour ordonner, autour d'un pôle négatif, toutes ses angoisses diffuses, tous ses découragements inexplicables, tous ses dégoûts. Le sentiment de spleen a donc mille visages, et c'est l'un de ses aspects les plus insupportables que de n'être assignable à aucune cause, ni réductible à aucune définition.

« L'obscur Ennemi » : le Temps

Tentons pourtant de percer l'origine du spleen. Peut-être faut-il remonter à une angoisse fondamentale de Baudelaire : le Moi assiste, impuissant, à l'usure de sa substance, à la perte de sa vitalité (fantasme romantique également présent dans l'œuvre de Balzac : voir *La peau de chagrin*, p. 174). Le Temps est le grand facteur de destruction ; c'est lui « l'obscur Ennemi » qui use et vampirise nos forces (p. 316) : c'est lui qui, au lieu de permettre au Moi de saisir son unité dans la durée, peuple la mémoire de souvenirs hétérogènes, vestiges insolites de Moi défunts : « J'ai plus de souvenirs que si j'avais mille ans » (p. 329). Sous la forme du remords (souvent métaphorisé en insecte, en termite, en ver rongeur), le passé prolonge dans le présent son travail de sape : c'est le remords d'avoir perdu son temps et son énergie dans la jouissance, de n'avoir pas créé quand les forces étaient vives *(L'horloge)*. Ainsi miné par le Temps, le poète devient imaginairement pour lui-même espace de la mort, mort-vivant : d'où les images de la pyramide, du caveau, du cimetière appliquées au Je, dans *Spleen* (LXXVI, p. 329).

1. « Postulation » signifie ici : invocation pressante.
2. « Je désire de tout mon cœur (avec quelle sincérité, personne ne peut le savoir que moi) croire qu'un être extérieur et invisible s'intéresse à ma destinée, mais comment faire pour le croire ? » (Lettre de 1861, à sa mère).

« Longs ennuis »

Le spleen se traduit par des manifestations psychosomatiques apparentées à des crises d'angoisse : sensation d'oppression, claustrophobie, hallucinations, vertiges. L'originalité de Baudelaire ne réside toutefois pas dans la nature de ses angoisses mais dans la création d'images littéraires, par lesquelles il les exprime et les exorcise à la fois. Celles-ci se multiplient superbement autour du motif de l'ankylose de l'âme et du corps : le Moi se rêve « sphinx de granit » (p. 329), ou corps engourdi par le froid : « Et le Temps m'engloutit minute par minute / Comme la neige immense un corps pris de roideur » (p. 328). L'esprit se sait désormais impuissant à créer, prisonnier d'une glaciale stérilité, dont se souviendra Stéphane Mallarmé (cf. pp. 381-382). La conscience du Temps est alors monstrueusement augmentée : il devient à la fois interminable et pesant (*Spleen*, LXXVI). De là ces « longs ennuis » dont l'esprit est la proie (p. 330) : sentiment conjugué de l'impuissance nerveuse et intellectuelle et de l'écrasante monotonie du paysage extérieur.

C'est un paysage urbain, volontiers sordide ou funèbre (faubourg ou cimetière), où le corps, saisi par le froid, l'humidité, se recroqueville et se pétrifie. A ce stade, la confusion s'opère entre la vision intérieure et le paysage extérieur : dans *Spleen* (LXXVIII), l'esprit, monstrueusement dilaté, se heurte à un horizon pluvieux, soudain rétréci aux dimensions d'une prison, cependant que le spectacle de la rue (« de longs corbillards ») défile silencieusement dans l'âme elle-même.

Antoine WIERTZ (1806-1865), *Le Christ au tombeau* (1839), Triptyque.
Bruxelles, Musées Royaux des Beaux-Arts de Belgique.
Le volet droit du triptyque représenté ici est intitulé *L'ange du mal.* On trouve sur le volet gauche *Ève éprouvant la première inquiétude après le péché,* et au centre *Le Christ au tombeau.*

L'Idéal

L'Idéal est la négation imaginaire du spleen : à la pesante réalité de l'ici et du maintenant, il oppose un « là-bas » mystérieux ou un « avant » mythique. Il faut systématiquement inverser les thèmes du spleen pour voir se constituer le paysage de l'Idéal : dégageons-en quelques traits à travers deux poèmes choisis à titre d'exemples : *La vie antérieure* (p. 319) et *L'invitation au voyage* (p. 326). Voici s'ouvrir de vastes horizons, baignés de lumière marine ; voici que communiquent heureusement l'intimité et l'extérieur (portiques ouverts, « chaude lumière » imprégnant les ports et la chambre), à l'opposé de l'enfermement spleenétique. Tout s'ordonne autour du Je, bercé de paresse : esclaves s'empressant, vaisseaux apportant tous les objets désirables, ceci pour conjurer l'horreur baudelairienne du travail torturant et servile. Surtout, l'harmonie des éléments et des sensations (voir p. 320, étude des correspondances) fait de tels séjours un paradis pour le corps et pour l'âme. Baudelaire multiplie les motifs exotiques, exotisme moins vécu que rêvé (p. 321) comme l'antidote de la réalité citadine moderne : « soleils monotones », « éternelle chaleur », corps nus et vigoureux, parfums puissants (*Parfum exotique*, p. 321) donnent à imaginer un épanouissement du Moi au sein du paysage, antithétique de l'oppression et du repli qu'engendre le spleen.

Notons encore que ce paysage idéal est toujours composé, comme un tableau ou une architecture : Baudelaire goûte l'ordre, l'harmonie, la symétrie, dans l'ouverture et la profusion. Des navires à l'ancre dans un port tropical tirent leur beauté de ces « architectures fines et compliquées » qui découpent leurs mâts « sur le ciel immense » (p. 322). Le paysage marin de « la vie antérieure » a quelque chose des ports peints par le Lorrain[1] et fait aussi songer, dans son jeu savant de reflets, aux « marines » de l'Anglais Turner[2]. La vision de l'idéal doit beaucoup à la contemplation et à la rêverie picturales de Baudelaire : ainsi se réalise cette synthèse poétique de l'épanouissement sensuel et de la satisfaction esthétique qui est le propre du génie de Baudelaire.

La femme, paradis artificiel

« La femme est *naturelle*, c'est-à-dire abominable. Aussi est-elle toujours vulgaire, c'est-à-dire le contraire du dandy » : c'est Baudelaire qui, dans une note de *Mon cœur mis à nu*, III, révèle ainsi sa pensée profonde. Pensée, ou peur profonde ? On peut soutenir, comme l'a fait J.-P. Sartre, que c'est la peur de l'Autre — de la féminité — qui pousse ainsi Baudelaire à exiger de la femme « qu'elle s'applique à paraître magique et surnaturelle »[3] pour devenir enfin désirable. Aussi, Baudelaire, plutôt que sa présence, célébra-t-il le souvenir de sa présence, ou plus justement, les impressions (douceur de l'air, couleurs du soir) auxquelles sa compagnie silencieuse fut liée, pour ces quelques « minutes heureuses » au *Balcon* (p. 323). La femme, paradis artificiel comme le vin ou le hachisch, n'offre en fait qu'une image dégradée et périssable de l'Idéal. De plus, l'ivresse qu'elle communique est la plus dangereuse de toutes : car, dans « l'éternelle Vénus », le poète voit « une des formes séduisantes du Diable »[4]. Cet attrait démoniaque de la volupté est le thème de plusieurs poèmes dont Jeanne Duval fut l'inspiratrice.

D'autre part, Baudelaire, avec l'esprit antithétique qui le distingue, a dressé, face à la séductrice diabolique, la figure éthérée de la femme-madone (Mme Sabatier) : idéalisation toute manichéenne ! Ici encore, ce sera le souvenir, celui d'une adoration douloureuse dans l'*Harmonie du soir* (p. 325), que glorifiera le poète : mais la personne réelle de l'adorée s'est effacée, pour ressusciter dans la mystique du souvenir...

Poétique de Baudelaire

Un classicisme formel

Les fleurs du mal contiennent peu d'innovations formelles : à cet égard, Baudelaire s'oppose à Hugo, qui use, comme en s'en jouant, des strophes, des rimes, des mètres les plus divers, avec une facilité légendaire. Hugo voulait disloquer « ce grand niais d'alexandrin », notamment par l'emploi des rejets expressifs ; le vers de Baudelaire, au contraire, respecte le plus souvent la césure à l'hémistiche et les quatre mesures régulières, qui créent un « temps » volontiers majestueux. Voici, entre beaucoup d'autres, le premier vers de *La vie antérieure*, modèle d'équilibre :

J'ai longtémps / habité / sous de vás/tes portíqu(es).
3 3 3 3

Poète de la densité et de la concentration, Baudelaire a repris à la poésie de la Renaissance la forme fixe du sonnet, forme exigeante, donc chère aussi aux Parnassiens, qui pourront s'y vouer exclusivement (cf. Heredia, p. 304) ; il a fait lui-même l'éloge du sonnet : « Parce que la forme est contraignante, l'idée jaillit plus intense [...]. Il y a là la beauté du métal et du minerai bien travaillé. »[5]

1. Claude Gellée dit le Lorrain (1600-1682) a peint des ports de mer aux architectures classiques, baignés d'une lumière crépusculaire.
2. William Turner (1775-1851), célèbre par son rendu pré-impressionniste des effets de lumière, qui chez lui confinent au fantastique.
3. *Le peintre de la vie moderne*, Éloge du maquillage, dans *Curiosités esthétiques*.
4. *Mon cœur mis à nu*, XXVIII.
5. Lettre à Armand Fraisse, février 1860.

Certes, l'emploi du sonnet et de l'alexandrin n'est pas exclusif chez Baudelaire : on trouve des pièces en octosyllabes, en décasyllabes (tradition ronsardienne), et des suites de quatrains à rimes croisées (a.b.a.b. dans *Le voyage*) ou de quintils au schéma lui aussi classique (a.b.a.b.b. dans *La chevelure*). C'est le goût de Baudelaire pour l'ordre et les architectures symétriques qui se manifeste ici.

L'héritage classique du poète est plus sensible encore dans l'usage des figures rhétoriques, d'où l'emphase n'est pas toujours absente : interrogations et exclamations oratoires *(Hymne à la beauté)*, anaphores, antithèses constantes. Rien dans *Les Fleurs du mal* qui laisse présager la prochaine dislocation du vers opérée par Rimbaud, ni les brisures de rythme et le refus de la rhétorique d'un Verlaine.

Les images baudelairiennes : « un frisson nouveau »

L'éclat unique de la poésie de Baudelaire tient au contraste entre la splendeur classique de la forme et la modernité provocatrice du contenu. Parce que l'expression en est parfaite et solennelle, la hardiesse de la comparaison ou de la métaphore frappe et s'impose à la fois. Baudelaire exige d'abord de la beauté qu'elle étonne, puis que la justesse supérieure de sa bizarrerie subjugue. Hugo avait senti la qualité émotionnelle, souvent angoissante et délicieuse à la fois, de l'image baudelairienne, quand il écrivait au poète : « Vous créez un frisson nouveau » (Lettre du 6 octobre 1859).

Tout lecteur de Baudelaire reste habité par le souvenir d'un de ces vers, qui, grâce à la puissance de l'image insolite, semblent « émerger de l'abîme »[1] ainsi : « Le soleil s'est noyé dans son sang qui se fige. » A partir d'un cliché de langage (le soleil rougeoyant se noie dans les flots), Baudelaire transporte (métaphore, étymologiquement = transport de signification) la réalité visuelle sur le plan de l'imaginaire du corps : métaphore d'autant plus forte que la blessure mortelle, noyau de la signification, est implicite seulement. Le travail poétique est ici dans la concentration du plus d'émotion possible dans l'expression la plus resserrée : c'est ce que Baudelaire appelle puissance « suggestive » de l'image.

Plus audacieuse encore, la métaphore par laquelle le Je s'identifie aux choses, pour dire la métamorphose du *Moi* spleenétique : « Je suis un vieux boudoir... », « Je suis un cimetière... » *(Spleen)*. Baudelaire ouvre ici la voie au symbolisme (cf. p. 399), qui exprimera tel ou tel état de l'âme par l'assimilation métaphorique à un objet.

Nous avons analysé plus haut l'ambivalence comme principe de la vision baudelairienne des choses ou des valeurs : cette vision trouve son expression privilégiée dans la figure de l'oxymore qui consiste à rapprocher des termes que la logique tient pour incompatibles. Ce rapprochement peut résider (comme dans *Hymne à la beauté*) dans la juxtaposition d'épithètes dissonantes, pour qualifier par exemple la Beauté, compagne de l'innocence comme du crime :

« O Beauté ! monstre énorme, *effrayant, ingénu.* »

Dans *Spleen* (LXXVI), le Moi, « Sphinx » solitaire, se rêve

« Assoupi dans le fond d'un *Saharah brumeux* » :

saisissant paysage, né de l'alliance oxymorique de l'aridité désertique et de la brume propre à l'automne parisien (associée à la pluie dans d'autres « Spleen »). L'oxymore effectue une fusion de deux univers, qui redouble le sentiment de tristesse et de torpeur.

« Les parfums, les couleurs et les sons se répondent »

Dans le sonnet *Correspondances* (p. 319), Baudelaire reprend une doctrine chère aux Romantiques allemands, et notamment à Hoffmann (cf. p. 320) : il existe entre les diverses sensations de mystérieux « accords » (Baudelaire dit : « correspondances ») que l'homme appréhende dans le rêve. Capter ces échos et les fixer poétiquement à l'aide de l'image comparative métaphorique, telle fut la tâche originale de Baudelaire. Le poème *La chevelure* (p. 322) offre une admirable illustration de correspondances à la fois enchaînées et dilatées : la toison féminine, odorante et élastique, est aussitôt métaphorisée en « forêt aromatique », image d'où surgit « Tout un monde lointain, absent, presque défunt ». Mais voici ce paysage exotique devenir à son tour un paradis de correspondances où, toutes sensations mêlées et exaltées, l'âme peut boire « A grands flots le parfum, le son et la couleur ».

L'objet baudelairien (corps féminin, chevelure, aussi bien que fenêtre éclairée dans la nuit, p. 335, ou tableau de Delacroix, p. 320) s'ouvre donc sur une profondeur[2] que la rêverie poétique explore et aménage : telle doit être, selon le poète, la révélation surnaturaliste de l'art (cf. p. 320). Dans tout grand poème de Baudelaire, le réel est reconnaissable : ainsi ce balcon parisien au crépuscule (p. 323). Mais il s'agit d'une réalité plus intense et plus mystérieuse (balcon cerné de vapeurs, épaisseur palpable de la nuit, intensité des parfums), d'une réalité transfigurée, surgie des profondeurs de la mémoire,

« Comme montent au ciel les soleils rajeunis
Après s'être lavés au fond des mers profondes. »

1. Le mot est de Walter Benjamin, essayiste allemand (1892-1940).
2. On lira avec profit l'essai de J.-P. Richard, *Profondeur de Baudelaire*, dans *Poésie et profondeur*, Éd. du Seuil, Coll. Points.

PEINTURE ET LITTÉRATURE

Peinture et littérature : des thèmes communs d'inspiration

Les traits originaux de l'inspiration et de la sensibilité romantique se retrouvent dans la peinture. Les thèmes sont en effet les mêmes.

Les prestiges de la nuit et le goût pour la nature sauvage apparaissent chez Courbet[1] (1819-1877). La passion pour l'Orient et les aspirations libertaires se traduisent chez Delacroix[2] (1798-1863) et chez Géricault[3] (1791-1824) avec une violence passionnée et un lyrisme souligné par la somptuosité des couleurs. L'aspect mystérieux des paysages baignés de lueur diffuse, chers à Nerval, est rendu par la peinture en demi-teintes de Corot[4] (1796-1875).

Après 1848, la peinture s'oriente, comme la littérature, vers le réalisme. Plus terre à terre, issus de l'observation de la réalité, même la plus sordide, les sujets traités n'ont plus l'ampleur violente et colorée des thèmes romantiques. A cette époque, Courbet[5], considéré comme le chef de file de l'école réaliste, se veut plus un témoin qu'un créateur visionnaire.

Mais la deuxième moitié du siècle est plus marquée par le mouvement impressionniste. L'artiste impressionniste se donne pour vocation de « représenter les objets d'après ses impressions personnelles, sans se préoccuper des règles généralement admises ». Il s'agit donc pour lui de saisir une réalité éphémère et fugace, perçue de manière originale en fonction des jeux de lumière, des reflets et de son propre état de sensibilité. Renoir (1841-1919), Pissarro[6] (1830-1903), Monet[7] (1840-1926), Seurat (1859-1891) excellent à traduire, comme Verlaine, Rimbaud, Laforgue et Maupassant, le caractère mystérieux des paysages urbains ou campagnards, le jeu de miroir de l'eau, les mouvements flous des nuages, des fumées ou des vagues.

A la même époque, Redon (1840-1916) et Moreau (1826-1898) manifestent un goût de l'allégorie, du somptueux et du morbide qui caractérise tout à fait le symbolisme décadent de Huysmans, ou le surnaturalisme flamboyant de Barbey d'Aurevilly.

Quand les écrivains et les poètes deviennent critiques d'art...

Les liens entre la littérature et la peinture se révèlent plus étroits lorsque les poètes et les écrivains se font critiques d'art. Ils définissent ainsi une esthétique qui correspond souvent à leur propre sensibilité littéraire.

C'est le cas de Baudelaire. Les *Curiosités esthétiques*[8], qui font l'éloge de Delacroix, d'Ingres et de C. Guys, précisent une esthétique riche et originale. Elle met en évidence le rôle prépondérant de l'imagination, cette « reine des facultés », la capacité que doit avoir le peintre de provoquer, par l'harmonie, les couleurs et l'accord parfait des tons, « une impression riche, heureuse ou mélancolique ». Cette analyse révèle aussi le pouvoir fondamental que Baudelaire reconnaît à l'art : ne pas reproduire la nature, mais permettre la révélation de correspondances sensibles (cf. p. 320).

C'est aussi le cas de Zola[9], qui prône une esthétique différente. « Chaque grand artiste, dit-il, est venu nous donner une traduction nouvelle et personnelle de la nature. » Le Beau, défini par Baudelaire comme essentiellement « bizarre » et insolite, « n'est plus ici une chose absolue, une commune mesure ridicule. Le Beau devient la vie humaine elle-même ». Le rôle du peintre, pour Zola, est tout à fait semblable à celui de l'écrivain : ce n'est ni de chanter, ni de philosopher, mais de donner une peinture exacte de la nature.

Il faudrait encore citer l'intérêt de Gautier[10] pour l'art, et sa manière originale d'affirmer que rien de ce qui est utile ne peut être beau. Il ne faut pas oublier non plus l'admiration de Maupassant pour les impressionnistes, et en particulier pour Monet, dont il décrit la technique avec un réalisme saisissant : « Je l'ai vu saisir une tombée étincelante de lumière [...] ; une autre fois, il prit à pleines mains une averse abattue sur la mer et la jeta sur sa toile. »[11]

La peinture inspiratrice

La fusion entre les deux arts est encore plus riche lorsque la littérature puise son inspiration dans le domaine pictural.

L'inspiration romanesque traduit les multiples interrogations sur la création artistique, les qualités qu'elle exige, les drames qu'elle provoque. *Le chef-d'œuvre inconnu* de Balzac et *L'œuvre* de Zola (où l'on a cru voir la vie de Cézanne) illustrent les angoisses du créateur, et son impuissance à maîtriser et traduire une réalité qui lui échappe désespérément. La peinture est l'occasion d'une réflexion douloureuse sur le déchirement entre vivre et créer.

La peinture peut constituer aussi une matière poétique que le poète tente de cerner et d'exprimer par les mots. Le langage s'adapte à une réalité artistique et traduit le rapprochement de deux sensibilités. Baudelaire exprime l'originalité et la beauté des couleurs, des mouvements et des « sons » de certains tableaux dans « Les phares ». Rubens, L. de Vinci, Rembrandt, Michel-Ange, Watteau, Delacroix se trouvent ainsi caractérisés chacun par un quatrain qui fait surgir tout un monde de correspondances sensibles. Parfois, il s'agit d'un tableau particulier que décrit le poète : il tente alors de rendre les caractères de la représentation picturale. C'est le cas de

1. *La nuit du Walpurgis classique.*
2. *Les massacres de Scio.*
3. *Le radeau de la « Méduse ».*
4. *La cathédrale de Mantes* ; paysages du Valois.
5. *Enterrement à Ornans.*
6. *Boulevard des Italiens, Port-en-Bessin, La mare aux canards.*
7. *Le pont de l'Europe, La gare Saint-Lazare, Impression, soleil levant.*
8. *Curiosités esthétiques*, III, E. Delacroix.
9. *Le bon combat*, « Une nouvelle manière en peinture : E. Manet ».
10. Préface de *Mademoiselle de Maupin.*
11. *La vie d'un paysagiste.*

certains poèmes des *Fêtes galantes*, dont la fantaisie mélancolique évoque si bien Watteau. C'est aussi le cas de « Effet de nuit »[1] dans lequel Verlaine s'efforce de rendre la sécheresse des traits d'une gravure de J. Callot et la grisaille d'un paysage nocturne.

Il peut arriver enfin que l'écrivain donne à son lecteur les éléments constitutifs d'une description qui fait naître un véritable tableau. Maupassant nous offre plusieurs exemples de brèves descriptions chargées d'émotion et de trouble : coucher de soleil sur la Seine, apparition de la ville de Rouen[2] dans la brume, paysages fluviaux. Baudelaire sait recréer la magie d'un crépuscule, ou la somptuosité glaciale d'un « paysage de rêve »[3] essentiellement minéral.

On pourrait croire alors que l'écrivain se substitue au peintre. Et, spectateur d'un tableau qu'il crée par la magie des mots, le lecteur devient « voyant ».

Honoré DAUMIER (1808-1879), *L'artiste devant son œuvre*. Collection privée.

1. *Poèmes saturniens* (Eaux-fortes).
2. *Bel-Ami*, IIe partie, chapitre 1.
3. *Tableaux parisiens*.

LA TENTATION DE L'ABSOLU : RIMBAUD, LAUTRÉAMONT, MALLARMÉ

Paul GAUGUIN (1848-1875), *Oviri (sauvage)* (vers 1893), plâtre.
Paris, Musée d'Orsay.

Tandis que dominent, dans les années 1860-80, trois mouvements importants, le Parnasse[1], le Symbolisme[1] et le Naturalisme[1], plusieurs poètes mènent, dans le sillage de Baudelaire, une entreprise de création originale. Rimbaud, Lautréamont et Mallarmé ont en commun d'être les auteurs d'œuvres brèves et difficiles, déconcertantes par leur forme et par le refus de certains principes esthétiques. Ce qui les rapproche également, c'est la quête ardue et presque désespérée d'une réalité idéale, vérité, azur ou absolu, qu'ils pensent atteindre par l'utilisation du langage poétique, voie d'accès à la connaissance.

UNE POÉSIE DU REFUS

Le premier refus est celui d'une poésie qui représenterait le monde réel. Cette négation est étroitement liée, chez Rimbaud et Lautréamont, à une haine violente de l'ordre social. Chez Mallarmé, elle correspond au dégoût de la vie quotidienne dans son conformisme banal. L'art n'est pas la reproduction du monde, le poète refuse toute collusion avec la médiocrité. Ainsi, *Les chants de Maldoror*[2] sont une épopée intemporelle ; *Une saison en enfer* et les *Illuminations*[3] retracent des expériences de la vie intérieure. « Les fenêtres » ou « L'azur »[4] soulignent un irrépressible élan vers l'infini et l'éternité de l'Idée.

Refuser cette vocation de la poésie expression du réel, c'est aussi refuser le conformisme du langage : n'est-il pas le véhicule ordinaire de la médiocrité ambiante ? Les mots, leurs agencements, les structures syntaxiques habituelles sont donc refusés dans leurs utilisations courantes, et repris de manière inattendue et déroutante.

Cette manière de déstructurer le langage ne relève pourtant pas de la destruction mais d'une volonté de recréation et de découverte.

1. Voir pp. 283 à 286.
2. Lautréamont.
3. Rimbaud.
4. Mallarmé.

La recherche de l'absolu grâce au langage

Chacun de ces poètes est persuadé qu'il existe un monde qui dépasse la réalité des choses. C'est l'univers abstrait des idées et des concepts (Mallarmé), c'est un au-delà accessible seulement au poète « voyant » (Rimbaud), c'est une vérité qui échappe au temps (Lautréamont). Chacun d'eux pense aussi que seul le langage permet d'y accéder. Son utilisation à la fois concertée et aléatoire (la juxtaposition hasardeuse des termes crée des harmonies révélatrices et des rapprochements significatifs) permet de dépasser la réalité qu'il exprime pour atteindre celle qu'il suggère. Ce nouveau langage poétique, qui correspond à « la passion d'atteindre à l'infini par les moyens les plus insensés »[1], est ce « langage accessible à tous les sens » cher à Rimbaud. Doué d'une autonomie et d'un pouvoir de création indépendant des réalités qu'ils traduisent, les mots ont aussi la capacité de « se (refléter) les uns sur les autres jusqu'à paraître ne plus avoir leur couleur propre mais n'être que les transitions d'une gamme »[2].

L'exploration des possibilités inépuisables du langage ouvre la porte d'un monde nouveau. C'est un monde de violence inouïe chez Lautréamont, ce sont les splendeurs hallucinatoires et éblouissantes de l'univers du « Bateau ivre » de Rimbaud, c'est le désert intemporel et glacé de l'Idée chez Mallarmé.

Une quête vouée à l'échec

Mais la démarche présente de nombreux écueils. Le premier est le risque d'ambiguïté. Le refus du lyrisme personnel implique une distanciation qui apparaît dans les trois œuvres. La célèbre formule de Rimbaud, « Je est autre », qui rejoint l'affirmation que « la vraie vie est absente », s'apparente à celle de Mallarmé notant qu'il est « maintenant impersonnel et non plus Stéphane Mallarmé ». De même, l'œuvre de Lautréamont repose sur une constante confusion entre « Je » et « Il », avec de troublantes similitudes entre le narrateur et le héros. Le second écueil vient des limites rencontrées. *Les chants de Maldoror* sont suivis de *Poésie I et II*, qui marque chez Lautréamont un revirement complet de l'inspiration et de l'expression. Rimbaud conclut lui-même au caractère décevant de l'exploration menée par « Le bateau ivre ». Les dernières strophes font état d'un douloureux retour au monde réel limité et médiocre. Et la tentative de Mallarmé n'a-t-elle pas trouvé ses propres limites dans l'inachèvement et l'obscurité de « Un coup de dés jamais n'abolira le hasard » ?

Sans doute arrive-t-il un moment où la volonté de « fixer des vertiges » et de « noter l'inexprimable »[3] se heurte aux capacités humaines.

C'est peut-être la raison pour laquelle ces trois poètes, avec la lucidité propre aux « voyants »[4], ont eu conscience d'un échec possible et ont tous les trois voulu, d'eux-mêmes, détruire leur œuvre.

Odilon REDON (1840-1916), *Le joueur* (1879), lithographie.
Paris, Bibliothèque Nationale.

1. Lautréamont.
2. Mallarmé, citation extraite de *Propos sur la poésie*.
3. Rimbaud, *Une saison en enfer*.
4. Le terme appartient à Rimbaud (lettre à Paul Demeny du 15 mai 1871).

Arthur Rimbaud
1854-1891

Henri FANTIN-LATOUR (1836-1904), *Coin de table* (1872), détail. Paris, Musée du Jeu de Paume.

Le tableau *Coin de table* représente un groupe de poètes, dont Paul Verlaine et Arthur Rimbaud, rassemblés à la fin d'un repas.

Faire le portrait de Rimbaud, c'est présenter un cas unique de notre littérature, un poète qui est devenu une figure mythique au XXe siècle. Rimbaud, c'est d'abord l'enfant prodige qui pastiche avec génie les poètes latins, Hugo, les Parnassiens et qui rejette violemment, dès l'âge de 17 ans, ces influences littéraires et ses premiers poèmes. C'est aussi l'adolescent révolté, le voyou, le rebelle qui incarne l'image de la jeunesse exigeante, exaltée, éprise d'absolu. Rimbaud dénonce la réalité avec violence et se jette avec passion dans la quête d'une autre vie en décidant d'être « voyant ». De cette entreprise, naît une conception toute nouvelle de la poésie. Rimbaud est enfin une énigme, celle d'un brusque silence à l'âge de 20 ans. Pourquoi ce renoncement à la poésie de la part de celui qui voulait changer la vie ? On ne saurait donc s'étonner de la multiplicité des commentaires suscités par l'étonnante personnalité de Rimbaud et la fulgurante beauté de son œuvre.

Précocité et révolte

Arthur Rimbaud, né à Charleville en 1854, reçoit auprès de sa mère, femme austère et dévote, une éducation sévère. En classe, il se montre un excellent élève ; il écrit des vers latins et lit avec passion. Mais à 16 ans, vient pour Rimbaud le temps de la révolte. Celle-ci s'exerce à l'encontre de sa mère, de sa ville natale, de la bourgeoisie et des bienséances, de l'école et de l'Église. La révolte de Rimbaud n'est pas seulement de nature sociale : elle est aussi et surtout d'ordre métaphysique. Il s'élève contre la condition humaine et l'absurdité de l'existence.

En 1870, Rimbaud clame bien haut ce qu'il aime : « la muse et la liberté » et ce qu'il déteste : à cette époque, précisément, la guerre[1] et le nationalisme qu'il dénonce par ce néologisme péjoratif, « le patrouillotisme ». Izambard, le professeur qui a favorisé les aspirations poétiques de Rimbaud et l'influence par ses idées socialistes, est mobilisé. Le jeune poète vit comme un drame le départ de celui qui représente à la fois son père et son ami. Son professeur parti, Rimbaud n'a plus qu'une idée : fuir Charleville. Il fait une première fugue à Paris en août 1870, une seconde en Belgique. Celle-ci lui inspirera le poème « Ma bohème ». A cette époque, il attaque le catholicisme (« Le mal »), le conformisme bourgeois (« Les assis ») et il exprime sa pitié pour les pauvres (« Les effarés ») et les morts de la guerre (« Le dormeur du val »). En février 1871, il fait sa troisième fugue[2]. Revenu à Charleville le 10 mars suivant, il proclame son admiration pour la Commune de Paris[3] et il écrit sur les murs de la ville : « Mort à Dieu ». Il ne va plus en classe, traîne dans les rues et les cafés et ne parle plus que de politique et de littérature.

1. La guerre contre la Prusse vient d'être déclarée le 20 juillet 1870.
2. Il part pour Paris le 25 février 1871.
3. La Commune de Paris se crée le 18 mars 1871.

L'entreprise du Voyant : fulgurance suivie d'un silence définitif

En mai 1871, la révolte de Rimbaud prend des formes nouvelles. Il espère changer le monde grâce à la poésie. Il établit son ambitieux programme poétique dans les lettres du Voyant[1]. Un an auparavant, il adressait à Banville des poèmes de facture très traditionnelle. On mesure le chemin parcouru par le poète en si peu de temps. Rimbaud a envoyé ses poèmes à Verlaine. Celui-ci l'invite à venir à Paris en ces termes chaleureux et enthousiastes : « Venez, chère grande âme, on vous appelle, on vous attend ». Exalté, Rimbaud écrit son « Bateau ivre » afin de s'ouvrir les portes des cénacles parisiens. Verlaine, alors âgé de 27 ans, est immédiatement séduit par l'adolescent. Jeune marié, il abandonne sa femme, pour mener avec son ami une existence de bohème et de débauche. Ce dernier est vite rejeté par le milieu littéraire parisien : on ne supporte ni son arrogance, ni son agressivité. Il est vrai que Rimbaud est convaincu d'être quelqu'un d'exceptionnel et qu'il méprise les autres. Comme il avait haï Charleville et ses bourgeois, il déteste maintenant Paris et ses littérateurs.

En juillet 1872, les deux poètes se rendent en Belgique. Verlaine écrit ses *Romances sans paroles*, Rimbaud ses *Derniers vers*. Ils gagnent Londres en septembre. Ils y mènent une existence errante. A cette époque, Rimbaud poursuit son expérience du Voyant et ses hallucinations. Il écrit probablement ses premières *Illuminations*. Les deux compagnons entretiennent une relation passionnelle, faite de disputes, de séparations et de retrouvailles. En avril 1873, Rimbaud retourne dans la ferme familiale à Roche et commence *Une saison en Enfer*. Le 10 juillet 1873, à Bruxelles, c'est l'avant-dernière rencontre des deux hommes. Rimbaud, lassé de l'instabilité et de la sentimentalité de Verlaine, lui annonce qu'il veut le quitter. Verlaine blesse alors son ami de deux coups de pistolet et sera incarcéré peu après. Rimbaud rentre à pied à Roche et achève *Une saison en Enfer*. Le drame de Bruxelles, l'échec de l'entreprise du Voyant, l'accueil glacial fait à *Une saison en Enfer* vont éloigner définitivement Rimbaud de la littérature.

A partir de 1875, Rimbaud voyage à travers toute l'Europe et apprend de nombreuses langues. En mars 1875, il reçoit, à Stuttgart, la visite de Verlaine, venu pour le convertir. Les deux hommes renouent une dernière fois[2] et très vite se quittent définitivement. En 1879, Rimbaud fait un dernier séjour à Charleville avant son grand départ. A ses amis qui lui parlent de poésie, Rimbaud répond : « Je ne pense plus à tout cela. »

Trois bourgeois de Charleville, dessin d'Arthur Rimbaud. Charleville, Musée Rimbaud.

1. La première est adressée le 13 mai 1871 à Izambard ; la seconde, présentée p. 351, est adressée le 15 mai à Paul Demeny, un ami du poète.

2. Rimbaud relatera en ces termes sa dernière entrevue avec Verlaine : « Verlaine est arrivé ici l'autre jour un chapelet aux pinces [...] Trois heures après, on avait renié son dieu et fait saigner les 98 plaies de N.S. ».

L'aventure orientale : une existence ascétique et malchanceuse

Le dernier épisode de la vie de Rimbaud, le séjour de onze années en Abyssinie, reste pour tout lecteur de Rimbaud un mystère captivant : « L'aventure du Harar, [...] a valu, et continue à valoir, à Rimbaud une grande part de l'intérêt passionné que nous lui portons », affirme André Breton. On peut en effet se demander pourquoi Rimbaud s'obstina à mener en Abyssinie une existence marquée par la douleur et l'ennui.

En août 1880, Rimbaud arrive en Arabie, à Aden, où il travaille pour un exportateur de café. En novembre, il part pour le Harar, contrée du sud-est de l'Abyssinie, à la tête d'une caravane : il lui faut pour cela traverser la mer Rouge et le désert somali. Pendant toutes ces années, Rimbaud conduit des caravanes dans des conditions épuisantes. En 1885, il conçoit un projet qui devrait l'enrichir définitivement : l'expédition d'une caravane d'armes pour le roi Ménélik. L'affaire est désastreuse : Rimbaud se heurte à la grève des chameliers, à l'abandon de son premier associé, à la mort du second. Il finit par partir seul sur des routes réputées mortelles et se fait escroquer par le roi Ménélik. Les années suivantes, il envisage de nouvelles tentatives commerciales auxquelles la maladie vient mettre un terme définitif.

Comment interpréter alors l'aventure abyssine de Rimbaud ? Celle-ci entérine d'abord une volonté d'oublier l'expérience poétique et de retourner au réel. Puisque les mots n'ont pu changer les choses, il faut maintenant affronter le monde concret. Cependant Rimbaud connaît ici un désenchantement semblable à sa désillusion poétique. La vraie vie est absente et l'ennui partout présent : « [...] et heureusement que cette vie est la seule, et que cela est évident, puisqu'on ne peut s'imaginer une autre vie avec un ennui plus grand que celle-ci » (Harar, le 21 mai 1881) ; « Je trime comme un âne dans un pays pour lequel j'ai une horreur indicible » (Aden, le 10 mai 1882). La réalité se révèle donc décevante et l'existence désolante.

Rimbaud a cependant préféré l'aventure orientale à un retour en France, restant ainsi fidèle à son errance adolescente et à cette exigence de liberté qu'il ne cessait de proclamer : « Je m'entête affreusement à adorer la liberté libre », écrivait-il à Izambard en 1870.

Que reste-t-il encore du Rimbaud adolescent en Abyssinie ? Le caractère du poète ne semble pas trop s'être modifié : il se montre toujours aussi asocial, railleur, insatisfait. Cependant une transformation profonde s'est opérée. Le « voyou », le rebelle, la figure satanique à l'attitude volontairement provocatrice et sadique témoigne désormais de qualités humaines et morales attestées par tous ceux qui le connurent : honnêteté, bonté et charité. Le leitmotiv de la quête et de l'inconnu apparaît maintenant sous une autre forme, plus concrète, matérielle : « Pour moi, je compte quitter prochainement cette ville-ci pour aller trafiquer dans l'inconnu. Il y a un grand lac à quelques journées, et c'est en pays d'ivoire : je vais tâcher d'y arriver. Mais le pays doit être hostile », écrit Rimbaud. L'objet de cette nouvelle quête c'est l'argent, condition préalable du repos et d'une existence sans travail : la recherche poétique de l'or s'est maintenant transmuée en une volonté d'enrichissement matériel. Or Rimbaud connaît d'énormes labeurs inutiles sans jouir des avantages escomptés. Les propos tenus dans une lettre envoyée aux siens en 1886 résonnent comme une cruelle prophétie : « Enfin, l'homme compte passer les trois quarts de sa vie à souffrir pour se reposer le quatrième quart, et, le plus souvent, il crève de misère sans plus savoir où il en est de son plan. » Rimbaud effectivement ne connaîtra jamais ce dernier quart. Après l'abandon poétique et l'échec financier, survient l'ultime dépossession, physique cette fois. Rimbaud le voyageur, l'aventurier, est atteint d'une tumeur cancéreuse à la jambe. Obligé de s'embarquer pour Marseille après d'horribles souffrances, il se voit amputé de sa jambe droite et condamné à l'inactivité définitive.

La gangrène l'emporte le 10 novembre 1891, à l'âge de 37 ans.

Poésies (1870-1871). → p. 347.
Lettres du Voyant (1871). → p. 351.
Derniers vers (1872). → p. 356.
Une saison en Enfer (avril-août 1873). → p. 356.
Illuminations (1873-1875). → p. 359.

Ernest DELAHAYE (1853-1930), *La tronche à Machin.* Paris, Bibliothèque Littéraire Jacques Doucet.
Ce dessin, représentant Rimbaud de profil, le crâne rasé, se trouve sur une lettre adressée à Verlaine.

Poésies

1870-1871

Les *Poésies* regroupent tous les poèmes écrits par Rimbaud en 1870 et en 1871. Mais, en mai 1871, la poésie rimbaldienne s'engagera dans une voie toute nouvelle. Rimbaud renie alors ses écrits antérieurs et demande à Paul Demeny de détruire le cahier sur lequel il avait recopié ses premiers poèmes. *Poésies* n'est donc pas un recueil conçu de manière unitaire par le poète lui-même. Pourtant, le lecteur est capable de percevoir, à travers la variété des textes, les composantes sensibles et thématiques communes aux différentes pièces. Une double tendance anime l'œuvre : lyrisme, naïveté, fraîcheur, innocence, d'une part ; révolte, satire, caricature, agressivité, de l'autre. En fait, c'est là le double aspect d'une sensibilité très aiguë. La poésie est d'abord pour Rimbaud un moyen d'exprimer la haine qui l'habite. Son esprit corrosif et caustique se plaît à avilir tout ce qu'il déteste. Sa frustration affective se transforme en misogynie (« Les réparties de Nina », « Mes petites amoureuses »). Rimbaud a projeté la haine qu'il éprouve pour sa mère sur toutes les femmes. Sa révolte contre l'ordre social s'exprime dans la caricature des bourgeois (« A la musique », « Les assis »). Ses convictions politiques s'affirment à travers la satire de Napoléon III (« Rages de Césars ») et inversement dans des poèmes à la louange du peuple et de la Commune. Il dénonce la guerre dans « Le dormeur du val ». Il condamne enfin la religion parce qu'elle est l'image de l'éducation maternelle, parce que l'élan religieux est une mystification, un détournement des sentiments naturels[1] et surtout parce que Dieu est indifférent à l'homme (« Le mal »), absent du monde. Seule la nature est épargnée dans *Poésies*, car elle est le négatif de l'univers social. Véritable refuge, elle est le symbole de l'amour, de la liberté et de la vie créatrice.

Sensation

Rimbaud n'a que quinze ans et demi lorsqu'il évoque avec une grande fraîcheur cette « Sensation » du bonheur d'être au monde. C'est là le premier texte manifestant le goût profond du poète pour l'errance dans une nature aimée. Le dernier vers révèle un détournement très caractéristique de la sensualité du poète : celle-ci est projetée sur la nature et jamais sur la femme qui est toujours l'objet de sarcasmes.

Par les soirs bleus d'été, j'irai dans les sentiers,
Picoté par les blés, fouler l'herbe menue :
Rêveur, j'en sentirai la fraîcheur à mes pieds.
Je laisserai le vent baigner ma tête nue.

Je ne parlerai pas, je ne penserai rien :
Mais l'amour infini me montera dans l'âme,
Et j'irai loin, bien loin, comme un bohémien,
Par la Nature, — heureux comme avec une femme.

Mars 1870
Poésies.

Néanmoins quelques rares vers ont chanté la beauté et la sensualité, souvent amère, de la femme.

L'étoile a pleuré rose au cœur de tes oreilles,
L'infini roulé blanc de ta nuque à tes reins ;
La mer a perlé rousse à tes mammes vermeilles
Et l'Homme saigné noir à ton flanc souverain.

Poésies, « L'étoile a pleuré rose... ».

1. « Les premières communions » : « Christ ! ô Christ, éternel voleur des énergies. »

Ma bohème

Fantaisie

Ce sonnet fait allusion aux fugues de Rimbaud pendant l'année 1870. Lors de sa fugue en Belgique, en octobre 1870, il compose *Ma bohème* ainsi que *La maline* et *Au Cabaret-Vert.*

Je m'en allais, les poings dans mes poches crevées ;
Mon paletot aussi devenait idéal[1],
J'allais sous le ciel, Muse ! et j'étais ton féal[2] ;
Oh ! là ! là ! que d'amours splendides j'ai rêvées !

Mon unique culotte avait un large trou.
— Petit Poucet rêveur, j'égrenais dans ma course
Des rimes. Mon auberge était à la Grande-Ourse[3].
— Mes étoiles au ciel avaient un doux frou-frou.

Et je les écoutais, assis au bord des routes,
Ces bons soirs de septembre où je sentais des gouttes
De rosée à mon front, comme un vin de vigueur ;

Où, rimant au milieu des ombres fantastiques,
Comme des lyres, je tirais les élastiques
De mes souliers blessés, un pied près de mon cœur !

Poésies.

Pour préparer le commentaire composé

Étudier

1. Les images du voyage (déplacements, lieux, façon de voyager...).
2. Les nombreux rapprochements entre le voyage et la poésie (image du voyageur poète, relations avec la « Muse », fantaisie et humour). En déduire le rôle que Rimbaud attribue à la fois au voyage et à la poésie.

Pour un groupement de textes

Étudier les caractéristiques de la « bohème » rimbaldienne dans les cinq textes : « Ma bohème », « Sensation », « Au Cabaret-Vert » (Ire strophe), « Enfance » (strophe IV) et « Départ » *(Illuminations).* Utiliser aussi le texte de R. Char, « Tu as bien fait de partir, Arthur Rimbaud » (cf. p. 349).

Vincent VAN GOGH (1853-1890), *Vieux souliers aux lacets* (1886). Amsterdam, Collection Van Gogh, Fondation Vincent Van Gogh, Musée National Vincent Van Gogh.

1. Parce que le paletot n'est plus qu'une « idée » de vêtement tant il est usé.
2. Au Moyen Age, chevalier qui est fidèle à son seigneur.
3. Rimbaud dormait à la belle étoile.

Tu as bien fait de partir, Arthur Rimbaud ! Tes dix-huit ans réfractaires à l'amitié, à la malveillance, à la sottise des poètes de Paris ainsi qu'au ronronnement d'abeille stérile de ta famille ardennaise un peu folle, tu as bien fait de les éparpiller aux vents du large, de les jeter sous le couteau de leur précoce guillotine. Tu as eu raison d'abandonner le boulevard des paresseux, les estaminets des pisse-lyres[1], pour l'enfer des bêtes, pour le commerce des rusés et le bonjour des simples.

Cet élan absurde du corps et de l'âme, ce boulet de canon qui atteint sa cible en la faisant éclater, oui, c'est bien là la vie d'un homme ! On ne peut pas, au sortir de l'enfance, indéfiniment étrangler son prochain. Si les volcans changent peu de place, leur lave parcourt le grand vide du monde et lui apporte des vertus qui chantent dans ses plaies.

Tu as bien fait de partir, Arthur Rimbaud ! Nous sommes quelques-uns à croire sans preuve le bonheur possible avec toi.

René Char, Fureur et mystère, *« La fontaine narrative », Éd. Gallimard, 1948.*

A la musique

Poésie d'adolescent, l'écriture rimbaldienne est d'abord l'expression d'une révolte à l'encontre de sa mère, de sa ville natale et des bourgeois qui l'habitent. Rimbaud dénonce ici la médiocrité bourgeoise en donnant libre cours à son tempérament de caricaturiste.

Place de la gare, à Charleville.

Sur la place taillée en mesquines pelouses,
Square où tout est correct, les arbres et les fleurs,
Tous les bourgeois poussifs qu'étranglent les chaleurs
Portent, les jeudis soirs, leurs bêtises jalouses.

— L'orchestre militaire, au milieu du jardin,
Balance ses schakos[2] dans la *Valse des fifres* :
— Autour, aux premiers rangs, parade le gandin[3] ;
Le notaire pend à ses breloques[4] à chiffres.

Des rentiers à lorgnons soulignent tous les couacs :
Les gros bureaux[5] bouffis traînent leurs grosses dames
Auprès desquelles vont, officieux cornacs[6],
Celles dont les volants ont des airs de réclames ;

Sur les bancs verts, des clubs d'épiciers retraités
Qui tisonnent le sable avec leur canne à pomme,
Fort sérieusement discutent les traités,
Puis prisent en argent[7], et reprennent : « En somme !... »

Épatant sur son banc les rondeurs de ses reins,
Un bourgeois à boutons clairs, bedaine flamande,
Savoure son onnaing[8] d'où le tabac par brins
Déborde — vous savez, c'est de la contrebande ; —

Le long des gazons verts ricanent les voyous ;
Et, rendus amoureux par le chant des trombones,
Très naïfs, et fumant des roses, les pioupious[9]
Caressent les bébés pour enjôler les bonnes...

— Moi, je suis, débraillé comme un étudiant,
Sous les marronniers verts les alertes fillettes :
Elles le savent bien, et tournent en riant,
Vers moi, leurs yeux tout pleins de choses indiscrètes.

Je ne dis pas un mot : je regarde toujours
La chair de leurs cous blancs brodés de mèches folles ;
Je suis, sous le corsage et les frêles atours,
Le dos divin après la courbe des épaules.

J'ai bientôt déniché la bottine, le bas...
— Je reconstruis les corps, brûlé de belles fièvres.
Elles me trouvent drôle et se parlent tout bas...
— Et je sens les baisers qui me viennent aux lèvres...

Poésies.

Pour préparer l'étude du texte

1. Étudier la structure du texte et les oppositions entre les personnages présentés dans chacune des deux parties (oppositions de statut social, d'apparence, de comportement, de goûts...).
2. En déduire les préférences de Rimbaud : que critique-t-il surtout chez les bourgeois, qu'aime-t-il chez les autres (parmi lesquels il se situe) ?

Pour un groupement de textes

Portraits de bourgeois conformistes.

Rimbaud, « A la musique » (5 premières strophes).
Verlaine, « Monsieur Prudhomme » *(Poèmes saturniens).*
Flaubert, Portrait de M. Homais *(Madame Bovary)* ; *Bouvard et Pécuchet.*
Sartre, Portrait des bourgeois de Bouville *(La nausée).*
Camus, Promenade familiale le dimanche *(L'étranger).*

1. Des poètes à l'inspiration trop facile, ceux que Verlaine lui a fait fréquenter à Paris.
2. Coiffures militaires.
3. Jeune élégant plus ou moins ridicule.
4. Petit bijou fantaisie qu'on attache à une chaîne de montre.
5. Rimbaud appelle ainsi ceux qui passent leur vie dans un bureau.
6. Personne chargée des soins et de la conduite d'un éléphant ; puis, dans un sens figuré et familier, personne qui prétend en conseiller et en régenter une autre.
7. Raccourci inattendu pour désigner des tabatières d'argent.
8. Pipe très réputée fabriquée à Onnaing près de Valenciennes.
9. Appellation familière d'un jeune soldat.

Le dormeur du val

Ce poème est inspiré par l'horreur que la guerre de 1870 provoqua chez l'adolescent. Mais la rhétorique et l'invective en sont absentes. De lui-même parle le choc des couleurs.

C'est un trou de verdure où chante une rivière
Accrochant follement aux herbes des haillons
D'argent ; où le soleil, de la montagne fière,
Luit : c'est un petit val qui mousse de rayons.

Un soldat jeune, bouche ouverte, tête nue,
Et la nuque baignant dans le frais cresson bleu,
Dort ; il est étendu dans l'herbe, sous la nue,
Pâle dans son lit vert où la lumière pleut.

Les pieds dans les glaïeuls, il dort. Souriant comme
Sourirait un enfant malade, il fait un somme :
Nature, berce-le chaudement : il a froid.

Les parfums ne font pas frissonner sa narine ;
Il dort dans le soleil, la main sur sa poitrine
Tranquille. Il a deux trous rouges au côté droit.

Octobre 1870
Poésies.

Pour préparer l'étude du texte

1. Montrer que la lecture de la dernière phrase de ce sonnet modifie le sens du texte. Préciser quels sont les deux sens possibles. Déterminer les mots clefs susceptibles de prendre des significations différentes.

2. Étudier l'image de la nature telle qu'elle apparaît dans ce texte. En quoi rend-elle particulièrement tragique l'idée de la mort ?

Pour un groupement de textes

La mort.

Rimbaud, « Le dormeur du val », « Le bal des pendus ».
Hugo, « Mors » *(Les Contemplations).*
Baudelaire, « La mort des pauvres » *(Les Fleurs du mal).*
Corbière, « Petit mort pour rire » *(Les amours jaunes).*
Laforgue, « Complainte de l'oubli des morts » *(Les complaintes).*

Vincent VAN GOGH (1853-1890), *La plaine d'Auvers*, détail. Vienne, Neue Galerie.

Lettre à Paul Demeny, dite du Voyant

A dix-sept ans, Rimbaud expose, dans une lettre qu'il qualifie lui-même de « prose sur l'avenir de la poésie », sa conception de la poésie et sa volonté de se faire voyant.

[...] On n'a jamais bien jugé le romantisme. Qui l'aurait jugé ? Les Critiques ! Les Romantiques ? qui prouvent si bien que la chanson est si peu souvent l'œuvre, c'est-à-dire la pensée chantée et comprise du chanteur.

Car JE est un autre[1]. Si le cuivre s'éveille clairon, il n'y a rien de sa faute. Cela m'est évident : j'assiste à l'éclosion de ma pensée : je la regarde, je l'écoute : je lance un coup d'archet : la symphonie fait son remuement dans les profondeurs, ou vient d'un bond sur la scène.

[...] La première étude de l'homme qui veut être poète est sa propre connaissance entière ; il cherche son âme, il l'inspecte, il la tente, l'apprend. Dès qu'il la sait, il doit la cultiver ! Cela semble simple : en tout cerveau s'accomplit un développement naturel ; tant d'*égoïstes* se proclament auteurs ; il en est bien d'autres qui s'attribuent leur progrès intellectuel ! — Mais il s'agit de se faire l'âme monstrueuse : à l'instar des comprachicos[2], quoi ! Imaginez un homme s'implantant et se cultivant des verrues sur le visage.

Je dis qu'il faut être *voyant*[3], se faire *voyant*.

Le Poète se fait *voyant* par un long, immense et raisonné *dérèglement* de *tous les sens*. Toutes les formes d'amour, de souffrance, de folie ; il cherche lui-même, il épuise en lui tous les poisons, pour n'en garder que les quintessences. Ineffable torture où il a besoin de toute la foi, de toute la force surhumaine, où il devient entre tous le grand malade, le grand criminel, le grand maudit — et le suprême Savant ! — Car il arrive à l'*inconnu* ! Puisqu'il a cultivé son âme, déjà riche, plus qu'aucun ! Il arrive à l'inconnu, et quand, affolé, il finirait par perdre l'intelligence de ses visions, il les a vues ! Qu'il crève dans son bondissement par les choses inouïes et innommables : viendront d'autres horribles travailleurs : ils commenceront par les horizons où l'autre s'est affaissé ! [...]

Donc le poète est vraiment voleur de feu[4].

Il est chargé de l'humanité, des *animaux* même ; il devra faire sentir, palper, écouter ses inventions ; si ce qu'il apporte de *là-bas* a forme, il donne forme ; si c'est informe, il donne l'informe. Trouver une langue. — Du reste, toute parole étant idée[5], le temps d'un langage universel viendra ! Il faut être académicien, — plus mort qu'un fossile — pour parfaire un dictionnaire, de quelque langue que ce soit. Des faibles se mettraient *à penser* sur la première lettre de l'alphabet, qui pourraient vite ruer dans la folie !

Cette langue sera de l'âme pour l'âme, résumant tout, parfums, sons, couleurs, de la pensée accrochant la pensée et tirant. Le poète définirait la quantité d'inconnu s'éveillant en son temps dans l'âme universelle : il donnerait plus — que la formule de sa pensée, que l'annotation *de sa marche au Progrès* ! Énormité devenant norme, absorbée par tous, il serait vraiment *un multiplicateur de progrès !*

Lettre à Paul Demeny, 15 mai 1871.

Pour préparer l'étude du texte

1. Analyser la démarche de la création poétique à partir du postulat « JE est un autre », en précisant tout ce qu'elle met en jeu : objectifs, moyens, itinéraire, limites.

2. Préciser quelles sont les caractéristiques du langage que nécessite l'entreprise de « voyance ». Quelle est son originalité, quelles sont ses difficultés ?

3. Montrer en quoi la phrase « Cette langue sera de l'âme pour l'âme [...] et tirant » (l. 25-26) est étroitement liée à la théorie des correspondances telle qu'elle est définie par le célèbre sonnet de Baudelaire (cf. p. 319).

Pour une étude comparée

Faire une étude comparée du texte de Rimbaud, extrait de la lettre à P. Demeny et du poème de Hugo, « Fonction du poète » *(Les rayons et les ombres)*. S'agit-il dans les deux textes de la même « voyance » ? Rimbaud donne-t-il au poète, comme Hugo, le rôle d'un guide social et politique ?

1. Dans sa lettre du 13 mai 1871 à Izambard, Rimbaud exprimait déjà la même idée : « C'est faux de dire : je pense ; on devrait dire : on me pense [...] Je est un autre. Tant pis pour le bois qui se trouve violon. » Rimbaud découvre que le poète doué de génie est autre que celui qu'il croyait être. Il assiste ainsi à l'avènement d'un moi insoupçonné.
2. Ce sont des voleurs d'enfants qui mutilent leurs victimes pour en faire des monstres qu'ils exhiberont dans des foires pour s'enrichir.
3. Le poète cherche à entendre l'inouï et à voir l'invisible, c'est-à-dire à dépasser les apparences et à révéler l'inconnu. Rimbaud reconnaît comme poètes voyants Hugo et surtout Baudelaire.
4. Allusion à la légende de Prométhée qui avait volé le feu aux dieux, c'est-à-dire la connaissance, pour le donner aux hommes. Prométhée est donc le libérateur de l'humanité.
5. Rimbaud semble ici influencé par les idées des Kabbalistes pour qui il existe une correspondance magique entre les noms et les choses qu'ils désignent, de sorte que les lettres de l'alphabet apparaissent comme des intermédiaires entre le monde spirituel et le monde matériel.

Le bateau ivre

Août-septembre 1871. Verlaine, enthousiasmé par les compositions de Rimbaud, invite le jeune poète à Paris. Pour faire son entrée dans les cénacles littéraires parisiens, Rimbaud écrit *Le bateau ivre*, poésie hallucinée dans laquelle il évoque ses révoltes juvéniles et l'aventure poétique du Voyant.

Comme je[1] descendais des Fleuves impassibles,
Je ne me sentis plus guidé par les haleurs[2] :
Des Peaux-Rouges criards les avaient pris pour cibles,
Les ayant cloués nus aux poteaux de couleurs.

J'étais insoucieux de tous les équipages,
Porteur de blés flamands ou de cotons anglais.
Quand avec mes haleurs ont fini ces tapages,
Les Fleuves m'ont laissé descendre où je voulais.

Dans les clapotements furieux des marées,
Moi, l'autre hiver, plus sourd que les cerveaux d'enfants[3],
Je courus ! Et les Péninsules démarrées[4]
N'ont pas subi tohu-bohus plus triomphants.

La tempête a béni mes éveils maritimes.
Plus léger qu'un bouchon j'ai dansé sur les flots
Qu'on appelle rouleurs éternels de victimes[5],
Dix nuits, sans regretter l'œil niais des falots[6] !

Plus douce qu'aux enfants la chair des pommes sures,
L'eau verte pénétra ma coque de sapin
Et des taches de vins bleus et des vomissures
Me lava, dispersant gouvernail et grappin[7].

Et dès lors, je me suis baigné dans le Poème
De la Mer, infusé d'astres, et lactescent[8],
Dévorant les azurs verts ; où, flottaison blême
Et ravie, un noyé pensif parfois descend ;

Où, teignant tout à coup les bleuités[9], délires
Et rhythmes lents sous les rutilements du jour,
Plus fortes que l'alcool, plus vastes que nos lyres,
Fermentent les rousseurs amères de l'amour !

Je sais les cieux crevant en éclairs, et les trombes
Et les ressacs et les courants : je sais le soir,
L'Aube exaltée[10] ainsi qu'un peuple de colombes,
Et j'ai vu[11] quelquefois ce que l'homme a cru voir !

J'ai vu le soleil bas, taché d'horreurs mystiques,
Illuminant de longs figements violets,
Pareils à des acteurs de drames très antiques
Les flots roulant au loin leurs frissons de volets !

J'ai rêvé la nuit verte aux neiges éblouies[12],
Baiser montant aux yeux des mers avec lenteurs,
La circulation des sèves inouïes[13],
Et l'éveil jaune et bleu des phosphores chanteurs[14] !

J'ai suivi, des mois pleins, pareille aux vacheries[15]
Hystériques, la houle à l'assaut des récifs,
Sans songer que les pieds lumineux des Maries[16]
Pussent forcer le mufle aux Océans poussifs !

J'ai heurté, savez-vous, d'incroyables Florides
Mêlant aux fleurs des yeux de panthères à peaux
D'hommes ! Des arcs-en-ciel tendus comme des brides
Sous l'horizon des mers, à de glauques troupeaux !

1. C'est le Bateau ivre qui parle ; ce dernier représente le poète lui-même.
2. Ceux qui remorquent les bateaux le long des cours d'eau.
3. La « surdité » des enfants qui s'isolent dans leur propre monde.
4. Qui ont rompu leurs amarres. Il s'agit d'une allusion aux « îles flottantes » dont Délos est la plus célèbre.
5. Réminiscence du poème « Oceano nox » de Victor Hugo.
6. Lanternes sur les quais des ports qui apparaissent comme des yeux ouverts sur les ténèbres.
7. Petite ancre à plusieurs branches. Le navire est maintenant devenu le jouet des flots qui l'ont lavé de toutes traces humaines.
8. Latinisme : qui devient pareil à du lait.
9. Mot forgé par Rimbaud.
10. Qui s'élève.
11. Allusion directe à l'expérience du Voyant.
12. Renversement de la perspective traditionnelle ; la qualité objective : « éblouissantes », est devenue qualité subjective : « éblouies ».
13. Adjectif fréquemment utilisé par Rimbaud pour désigner ses découvertes extraordinaires, des choses encore jamais vues.
14. Animalcules qui rendent la mer phosphorescente. Il y a ici synesthésie, c'est-à-dire correspondance entre une sensation visuelle et auditive.
15. Assauts violents des vaches et des taureaux en fureur.
16. Les saintes du christianisme qui apaisent les bêtes furieuses.

J'ai vu fermenter les marais énormes, nasses
Où pourrit dans les joncs tout un Léviathan[1] !
Des écroulements d'eaux au milieu des bonaces[2],
Et les lointains vers les gouffres cataractant !

Glaciers, soleils d'argent, flots nacreux, cieux de braises !
Échouages hideux au fond des golfes bruns
Où les serpents géants dévorés des punaises
Choient, des arbres tordus, avec de noirs parfums[3] !

J'aurais voulu montrer aux enfants ces dorades
Du flot bleu, ces poissons d'or, ces poissons chantants.
— Des écumes de fleurs ont bercé mes dérades[4]
Et d'ineffables vents m'ont ailé par instants.

Parfois, martyr lassé des pôles et des zones,
La mer dont le sanglot faisait mon roulis doux
Montait vers moi ses fleurs d'ombre aux ventouses jaunes
Et je restais, ainsi qu'une femme à genoux...

Presque île[5], ballottant sur mes bords les querelles
Et les fientes d'oiseaux clabaudeurs[6] aux yeux blonds.
Et je voguais, lorsqu'à travers mes liens frêles
Des noyés descendaient dormir, à reculons !

Lucien LEVY-DHURMER (1865-1953), *La méduse, ou vague furieuse*, pastel et fusain. Paris, Musée du Louvre.

1. Monstre marin évoqué dans la Bible, ayant l'apparence d'un crocodile.
2. Calme plat de la mer, avant ou après la tempête.
3. Autre exemple de synesthésie.
4. Moments où le bateau sort d'une rade ; mot formé sur « dérader ».
5. Il faut lire « presque île » : le bateau est devenu une île flottante et se couvre d'oiseaux.
6. Criards.

Or moi, bateau perdu sous les cheveux des anses,
Jeté par l'ouragan dans l'éther sans oiseau,
Moi dont les Monitors[1] et les voiliers des Hanses[2]
N'auraient pas repêché la carcasse ivre d'eau,

Libre, fumant, monté de brumes violettes,
Moi qui trouais le ciel rougeoyant comme un mur
Qui porte, confiture exquise aux bons poètes[3],
Des lichens[4] de soleil et des morves d'azur[5],

Qui courais, taché de lunules[6] électriques,
Planche folle, escorté des hippocampes noirs,
Quand les juillets faisaient crouler à coups de triques
Les cieux ultramarins[7] aux ardents entonnoirs[8] ;

Moi qui tremblais, sentant geindre à cinquante lieues
Le rut[9] des Béhémots et les Maelstroms[10] épais,
Fileur éternel des immobilités bleues,
Je regrette l'Europe aux anciens parapets[11] !

J'ai vu des archipels sidéraux[12] ! et des îles
Dont les cieux délirants sont ouverts au vogueur :
— Est-ce en ces nuits sans fonds que tu dors et t'exiles,
Million d'oiseaux d'or, ô future Vigueur[13] ?

Mais, vrai, j'ai trop pleuré ! Les Aubes sont navrantes.
Toute lune est atroce et tout soleil amer :
L'âcre amour m'a gonflé de torpeurs enivrantes.
O que ma quille éclate ! O que j'aille à la mer[14] !

Si je désire une eau d'Europe, c'est la flache[15]
Noire et froide où vers le crépuscule embaumé
Un enfant accroupi plein de tristesses, lâche
Un bateau frêle comme un papillon de mai.

Je ne puis plus, baigné de vos langueurs, ô lames,
Enlever leur sillage aux porteurs de cotons[16],
Ni traverser l'orgueil des drapeaux et des flammes[17],
Ni nager sous les yeux horribles des pontons[18].

Poésies.

Pour préparer l'étude du texte

1. Déterminer les différentes étapes du texte, qui font de ce poème un itinéraire de libération, de purification, de découverte insolite et de retour triste à la réalité. Caractériser chaque étape en soulignant l'originalité du style (images, oppositions, rapprochements inattendus, rythme).
2. En quoi l'itinéraire maritime est-il aussi un itinéraire poétique ? Montrer l'importance de la strophe 6.
3. Quelles conclusions peut-on tirer du texte :
— sur le plan des enseignements du voyage ?
— sur le plan de l'expérience poétique ? La fin du texte marque-t-elle réellement un échec ?
4. Quels éléments communs peut-on trouver au « Bateau ivre » et à la lettre dite « du Voyant » ?

Pour préparer le commentaire composé

Le poète affirme « s'être baigné dans le Poème de la Mer » (strophe 6). Étudier comment s'établit, dans le texte, la fusion entre l'univers marin et l'univers poétique :
— les éléments maritimes ;
— leur traitement poétique ;
— un double itinéraire : l'itinéraire fabuleux du bateau, l'itinéraire insolite du poète.

1. Petits vaisseaux garde-côtes.
2. Ligues maritimes et commerciales au Moyen Age.
3. Le soleil couchant est un lieu commun de la poésie traditionnelle.
4. Les lichens poussent sur les murs ; or le ciel a été comparé à un mur.
5. L'alliance de mots révèle un traitement original d'un cliché littéraire.
6. Taches phosphorescentes en forme de croissants.
7. D'outremer.
8. Allusion aux tourbillons bouillonnants de la mer.
9. Rut : désir de reproduction chez les animaux. Béhémot : monstre marin, sorte d'hippopotame.
10. Énormes tourbillons dans l'Océan glacial arctique.
11. Murs à hauteur d'appui destinés à empêcher les chutes.
12. Mer et ciel se confondent ici puisque le mot « archipels » évoque un groupe d'îles et l'adjectif « sidéraux » toutes sortes de constellations.
13. Allusion à la force conquérante de l'homme et à ses destins futurs.
14. L'entreprise poétique est décevante. Le Bateau découragé n'aspire qu'à s'anéantir dans les flots.
15. « Petite mare ». Terme emprunté au patois des Ardennes.
16. Rivaliser de vitesse avec les navires de commerce.
17. Passer parmi les vaisseaux hissant le grand pavois.
18. Vieux bateaux immobilisés.

Caricature de Rimbaud par Charles DECAUX pour *Voyelles*.
Paris, Musée Carnavalet.

Voyelles

Ce célèbre sonnet, sans doute écrit à Paris au début de l'année 1872 et publié en 1883, a suscité de multiples et diverses interprétations. Les critiques tour à tour ont été sensibles aux sources scientifiques (ouvrages traitant de l'audition colorée), littéraires (influence des correspondances baudelairiennes), personnelles (Rimbaud a pu se souvenir d'un abécédaire colorié), occultistes (l'expérience occultiste repose sur la valeur symbolique des couleurs) pour tenter d'expliquer ce sonnet très énigmatique. Un critique réputé[1] ayant consacré un ouvrage au mythe de Rimbaud dénonce en ces termes le délire interprétatif auquel ce sonnet a donné lieu : « Voilà donc le miracle sans précédent, voilà donc ce chef-d'œuvre magico-alchimisto-kabbalisto-spiritualisto-psychopathologico-érotico-omégaïco-structuraliste. Voilà Voyelles. On peut se demander en effet si le poète n'a pas simplement évoqué des objets colorés renvoyant à quelques thèmes qui lui sont chers : la mort, la vie, la nature, l'amour, la science. »

A noir, E blanc, I rouge, U vert, O bleu : voyelles,
Je dirai quelque jour vos naissances latentes[2] :
A, noir corset velu des mouches éclatantes
Qui bombinent[3] autour des puanteurs cruelles,

Golfes d'ombres ; E, candeurs[4] des vapeurs et des tentes,
Lances des glaciers fiers, rois blancs, frissons d'ombelles[5] ;
I, pourpres, sang craché, rire des lèvres belles
Dans la colère ou les ivresses pénitentes ;

U, cycles, vibrements divins des mers virides[6],
Paix des pâtis[7] semés d'animaux, paix des rides
Que l'alchimie imprime aux grands fronts studieux ;

O, suprême Clairon plein des strideurs[8] étranges,
Silences traversés des Mondes et des Anges :
— O l'Oméga[9], rayon violet de Ses Yeux.

Poésies.

Pour préparer l'étude du texte

1. Quelles réactions personnelles provoque en vous la lecture de ce sonnet ?
2. Préciser, analyser et expliquer (l'explication n'est pas nécessairement rationnelle) la relation établie entre chaque couleur et les images ou les impressions qu'elle suscite chez le poète.
3. Montrer que les associations mises en jeu prolongent les correspondances baudelairiennes. En quoi peut-on parler d'un langage « accessible à tous les sens » ?

1. René Étiemble a publié une thèse, en trois volumes, sur *Le mythe de Rimbaud*.
2. Cachées, mystérieuses.
3. Bourdonnent. Mot créé sur le latin *bombus* (bourdonnement des abeilles).
4. Blancheurs (*candor* en latin).
5. Petites fleurs groupées formant une coupole.
6. Vertes (latin, *viridis*).
7. Prés (néologisme).
8. Bruits perçants et vibrants.
9. Dernière lettre de l'alphabet grec.

Derniers vers

1872

Les *Derniers vers* sont écrits en 1872, période pendant laquelle Rimbaud et Verlaine mènent d'abord à Paris, puis en Belgique et en Angleterre, une existence libre et déréglée. Ces poèmes sont à la fois marqués par l'influence verlainienne et par le souci constant de se libérer des contraintes du vers classique et de la pensée rationnelle. Rimbaud écrit alors des chansons empreintes d'une simplicité très recherchée. Aussi privilégie-t-il la souplesse du vers qui n'est souvent qu'assonancé, les « rhythmes naïfs » et les « refrains niais »[1], un vocabulaire vague et abstrait ainsi qu'une syntaxe élémentaire et spontanée. L'entreprise est cependant ambitieuse malgré son apparente simplicité. Rimbaud cherche en fait à mettre en pratique les principes énoncés dans la « lettre du Voyant » et à noter l'ineffable. A cette fin, le poète recourt le plus souvent à des tours elliptiques qui confèrent à ces derniers vers une réelle obscurité.

L'Éternité

« L'Éternité » est un poème bien représentatif de la manière de Rimbaud dans les *Derniers vers* : désinvolture quant à la versification où se trouvent mêlées assonances et rimes pauvres, vocabulaire abstrait dont le sens porte à de multiples interprétations.

Elle est retrouvée.
Quoi ? – L'Éternité.
C'est la mer allée
Avec le soleil.

Ame[2] sentinelle,
Murmurons l'aveu
De la nuit si nulle
Et du jour en feu.

Des humains suffrages,
Des communs élans
Là tu te dégages
Et voles selon[3].

Puisque de vous seules,
Braises de satin,
Le Devoir s'exhale
Sans qu'on dise : enfin.

Là pas d'espérance,
Nul orietur[4].
Science avec patience[5],
Le supplice est sûr.

Elle est retrouvée.
Quoi ? – L'Éternité.
C'est la mer allée
Avec le soleil.

Mai 1872
Derniers vers.

Une saison en Enfer

Avril-août 1873

Une saison en Enfer, composée entre avril et août 1873, est le seul livre que Rimbaud ait fait publier par lui-même. On peut voir dans ce texte analytique, où le « je » est continuellement présent, un témoignage essentiel sur l'itinéraire poétique et spirituel de Rimbaud. Le poète fait ici le bilan des deux années passées avec Verlaine ; il dénonce l'existence errante et folle des derniers mois et condamne l'entreprise du Voyant. Dans cette œuvre violente, le poète exorcise sa haine et son désespoir, provoqués par la destruction de ses illusions. Dès le prologue, se manifeste cette volonté d'anéantir tout espoir :

« Je parvins à faire s'évanouir dans mon esprit toute l'espérance humaine. Sur toute joie pour l'étrangler j'ai fait le bond sourd de la bête féroce. »

Au terme du parcours, dans le texte intitulé « Adieu », Rimbaud constate l'échec de la voyance et la nécessité brutale de revenir à la réalité en acceptant sa condition humaine : « Moi ! moi qui me suis dit mage ou ange, dispensé de toute morale, je suis rendu au sol, avec un devoir à chercher, et la réalité rugueuse à étreindre ! Paysan ! » Aux rêveries chimériques de la voyance succède cependant un dernier espoir, celui de *« posséder la vérité dans une âme et un corps »*.

Délires est le texte clé d'*Une saison en Enfer*. Rimbaud évoque d'abord, dans *Délires I*, son existence avec Verlaine, et dans *Délires II*, l'entreprise du Voyant.

1. *Une saison en Enfer*, « Alchimie du verbe ».
2. Le mot *âme* souligne le caractère spirituel de ce bonheur.
3. A ton gré.
4. Mot latin ayant le sens de « soleil levant ».
5. Comprenez le mot au sens étymologique : patience vient du latin *pati*, souffrir.

Vierge folle - L'époux infernal

Ce texte, écrit après la séparation des deux poètes, évoque la vie que menèrent en Angleterre de septembre 1872 au mois d'avril 1873 la « Vierge folle » (Verlaine) et l'« époux infernal » (Rimbaud). Par ces titres, Rimbaud souligne son caractère démoniaque (« infernal ») ainsi que le tempérament féminin et faible de Verlaine. Rimbaud fait ici parler Verlaine.

« [...]Lui était presque un enfant[1]... Ses délicatesses mystérieuses m'avaient séduite. J'ai oublié tout mon devoir humain pour le suivre[2]. Quelle vie ! La vraie vie est absente. Nous ne sommes pas au monde. Je vais où il va, il le faut. Et souvent il s'emporte contre moi, *moi, la pauvre âme*. Le Démon ! — C'est un Démon, vous savez, *ce n'est pas un homme*.

« Il dit : « Je n'aime pas les femmes. L'amour est à réinventer, on le sait. Elles ne peuvent plus que vouloir une position assurée. La position gagnée, cœur et beauté sont mis de côté : il ne reste que froid dédain, l'aliment du mariage, aujourd'hui. Ou bien je vois des femmes, avec les signes du bonheur, dont, moi, j'aurais pu faire de bonnes camarades, dévorées tout d'abord par des brutes sensibles comme des bûchers... »

« Je l'écoute faisant de l'infamie une gloire, de la cruauté un charme. « Je suis de race lointaine : mes pères étaient Scandinaves[3] : ils se perçaient les côtes, buvaient leur sang. — Je me ferai des entailles par tout le corps, je me tatouerai, je veux devenir hideux comme un Mongol : tu verras, je hurlerai dans les rues. Je veux devenir bien fou de rage. Ne me montre jamais de bijoux, je ramperais et me tordrais sur le tapis. Ma richesse, je la voudrais tachée de sang partout. Jamais je ne travaillerai[4]... » Plusieurs nuits, son démon me saisissant, nous nous roulions, je luttais avec lui ! — Les nuits, souvent, ivre, il se poste dans des rues ou dans des maisons, pour m'épouvanter mortellement. — « On me coupera vraiment le cou ; ce sera dégoûtant. » Oh ! ces jours où il veut marcher avec l'air du crime !

« Parfois il parle, en une façon de patois attendri, de la mort qui fait repentir, des malheureux qui existent certainement, des travaux pénibles, des départs qui déchirent les cœurs. Dans les bouges où nous nous enivrions, il pleurait en considérant ceux qui nous entouraient, bétail de la misère. Il relevait les ivrognes dans les rues noires. Il avait la pitié d'une mère méchante pour les petits enfants. — Il s'en allait avec des gentillesses de petite fille au catéchisme. — Il feignait d'être éclairé sur tout, commerce, art, médecine. — Je le suivais, il le faut ! »

Une saison en Enfer, Délires I.

Pour préparer le commentaire composé

Étudier

1. Le portrait de Rimbaud fait par Verlaine (traits physiques, comportement, prises de position, alternance « je », « il »).
2. Le portrait de Verlaine tel qu'il se dessine dans ce texte écrit par Rimbaud (un disciple soumis et admiratif). Quelles peuvent être les raisons de la confusion constante entre « je » et « il » (efficacité et sincérité des portraits, volonté de définir une relation complexe qui met sans cesse en cause L'AUTRE) ?

Jef ROSMAN, *Arthur Rimbaud* (1873). Nice, Collection H. Matarasso.
Arthur Rimbaud convalescent après qu'il eut été blessé par Verlaine (cf. p. 345).

1. En 1871, lorsqu'ils se sont rencontrés, Verlaine était âgé de 27 ans et Rimbaud n'avait que 17 ans.
2. Verlaine a quitté sa jeune épouse et son enfant pour suivre Rimbaud.
3. Rimbaud revendique à plusieurs reprises, sur un plan imaginaire, ses ancêtres barbares ; dans « Mauvais sang », il évoque ses ancêtres gaulois, ici ses « pères scandinaves ».
4. On reconnaît l'horreur du travail que Rimbaud a déjà manifestée dans sa lettre à Izambard du 13 mai 1871.

Alchimie du verbe[1]

Ce texte, écrit en 1873, c'est-à-dire deux ans après la lettre du Voyant, éclaire cette entreprise poétique en montrant la manière dont Rimbaud a cherché à la réaliser. C'est aussi un bilan qui condamne le caractère chimérique et présomptueux de cette expérience qui se voulait surhumaine.

A MOI. L'histoire d'une de mes folies.

Depuis longtemps je me vantais de posséder tous les paysages possibles, et trouvais dérisoires les célébrités de la peinture et de la poésie moderne[2].

J'aimais les peintures idiotes, dessus de portes, décors, toiles de saltimbanques, enseignes, enluminures populaires ; la littérature démodée, latin d'église, livres érotiques sans orthographe, romans de nos aïeules, contes de fées, petits livres de l'enfance, opéras vieux, refrains niais, rhythmes naïfs[3].

Je rêvais croisades, voyages de découvertes dont on n'a pas de relations, républiques sans histoires, guerres de religion étouffées, révolutions de mœurs, déplacements de races et de continents : je croyais à tous les enchantements[4].

J'inventai la couleur des voyelles[5] ! — *A* noir, *E* blanc, *I* rouge, *O* bleu, *U* vert. — Je réglai la forme et le mouvement de chaque consonne, et, avec des rhythmes instinctifs, je me flattai d'inventer un verbe poétique accessible, un jour ou l'autre, à tous les sens[6]. Je réservais la traduction.

Ce fut d'abord une étude. J'écrivais des silences, des nuits, je notais l'inexprimable. Je fixai des vertiges. [...]

La vieillerie poétique[7] avait une bonne part dans mon alchimie du verbe.

Je m'habituai à l'hallucination[8] simple : je voyais très franchement une mosquée à la place d'une usine, une école de tambours faite par des anges, des calèches sur les routes du ciel, un salon au fond d'un lac ; les monstres, les mystères ; un titre de vaudeville dressait des épouvantes devant moi.

Puis j'expliquai mes sophismes magiques avec l'hallucination des mots[9] !

Je finis par trouver sacré le désordre de mon esprit. J'étais oisif, en proie à une lourde fièvre : j'enviais la félicité des bêtes, — les chenilles, qui représentent l'innocence des limbes, les taupes, le sommeil de la virginité !

Mon caractère s'aigrissait. Je disais adieu au monde dans d'espèces de romances[10] [...].

Je devins un opéra fabuleux : je vis que tous les êtres ont une fatalité de bonheur : l'action n'est pas la vie, mais une façon de gâcher quelque force, un énervement[11]. La morale est la faiblesse de la cervelle[12].

A chaque être, plusieurs *autres* vies me semblaient dues. [...]

Aucun des sophismes de la folie[13], — la folie qu'on enferme, — n'a été oublié par moi : je pourrais les redire tous, je tiens le système.

Ma santé fut menacée. La terreur venait. Je tombais dans des sommeils de plusieurs jours, et, levé, je continuais les rêves les plus tristes. J'étais mûr pour le trépas, et par une route de dangers ma faiblesse me menait aux confins du monde et de la Cimmérie[14], patrie de l'ombre et des tourbillons.

Je dus voyager, distraire les enchantements assemblés sur mon cerveau. Sur la mer, que j'aimais comme si elle eût dû me laver d'une souillure, je voyais se lever la croix consolatrice. J'avais été damné par l'arc-en-ciel[15]. Le Bonheur était ma fatalité, mon remords, mon ver : ma vie serait toujours trop immense pour être dévouée à la force et à la beauté.

Une saison en Enfer, Délires II.

Pour préparer l'étude du texte

1. Énumérer les étapes successives de l'entreprise telle qu'elle est analysée ici : le point de départ (goûts personnels), l'invention poétique, les limites physiques et intellectuelles.

2. Trouver les nombreuses correspondances qui existent entre le récit de cet itinéraire poétique, la théorie présentée dans la lettre « du Voyant », et l'application qui en est faite dans de nombreux poèmes.

3. Rimbaud considère son entreprise comme une « folie ». Quel sens donner à ce mot ? Quelles sont les raisons de l'échec ?

1. Le titre met l'accent sur la transmutation du verbe, sur la volonté de créer une langue nouvelle ; ce mot suggère encore le caractère mystique et hermétique de la création littéraire.
2. Cf. les jugements portés par Rimbaud sur la poésie dans sa lettre à Paul Demeny du 15 mai 1871.
3. Allusion au goût de Rimbaud et de Verlaine pour les poèmes assonancés, les chansons, les ariettes oubliées de Favart ; écriture qui caractérise surtout les derniers vers. On peut remarquer les sources anciennes et populaires de la poésie rimbaldienne.
4. A prendre au sens fort d'opération magique, de sortilège.
5. Allusion au sonnet des « Voyelles ».
6. On pense aux correspondances baudelairiennes mais aussi aux recherches des occultistes ; d'où le titre peut-être : « Alchimie du verbe ».
7. La poésie traditionnelle et ses derniers poèmes versifiés.
8. Cf. la lettre du Voyant du 15 mai 1871.
9. Rimbaud joue autant avec les mots qu'avec les lois de la perception.
10. Allusion à la « Chanson de la plus haute tour ».
11. Rimbaud dénonce les valeurs traditionnelles telles que l'activité, le travail ; il revendique, au contraire, l'énergie, le bonheur, la liberté créatrice.
12. Rimbaud se croyait au-dessus de la morale.
13. On parle habituellement des sophismes de la raison, c'est-à-dire des conclusions fausses d'un raisonnement apparemment logique. Ici, il s'agit des conclusions erronées auxquelles aboutit « l'immense et raisonné dérèglement de tous les sens » prôné dans la lettre du Voyant.
14. Pays légendaire, couvert de nuages et de brumes, où, dans *L'Odyssée*, Ulysse évoque l'âme des morts.
15. L'arc-en-ciel comme la croix symbolise la religion chrétienne. Rimbaud, dans la mesure où il est croyant, a l'impression d'être réprouvé.

Illuminations

1873-1875

Les *Illuminations* s'imposent comme un recueil énigmatique. Par leur titre déjà : s'agit-il de simples enluminures, d'illustrations coloriées, comme l'affirme Verlaine et comme semble l'indiquer le sens du mot anglais ; ou de visions hallucinées, comme la lecture des textes nous conduit à le penser ? Mystérieuse aussi, la date de composition des poèmes. On a longtemps cru que les *Illuminations* précédaient *Une saison en Enfer*, œuvre considérée comme un adieu à la poésie[1]. Or elles ont été écrites entre 1873 et 1875[2] et publiées en 1886 par les soins de Verlaine. L'originalité de l'œuvre est incontestable tant par sa forme — Rimbaud compose des poèmes en prose et invente le vers libre — que par la liberté créatrice dont elle témoigne. Autour d'une image centrale le poète recompose tout un univers féerique. Notons encore la dualité qui anime ce recueil, où alternent des pièces enthousiastes et d'autres sombres et angoissées, ainsi que sa variété. Le poète y mêle des narrations (« Aube »), des évocations — rappel d'époques passées (« Vies », « Enfance ») ou surgissement d'une créature nouvelle à l'appel d'une parole —, des invocations et des hymnes (« A une raison »).

Départ

Ce texte court rend compte d'un mouvement constant chez le poète : celui d'un « départ », d'un adieu à un univers trop connu suivi de l'appel d'une vie nouvelle.

Assez vu. La vision s'est rencontrée à tous les airs.
Assez eu. Rumeurs des villes le soir, et au soleil, et toujours.
Assez connu. Les arrêts de la vie. — O Rumeurs et Visions.
Départ dans l'affection et le bruit neufs !

Illuminations.

Aube

« Aube » évoque un moment privilégié d'innocence et d'émerveillement, celui des commencements.

J'ai embrassé l'aube[3] d'été.

Rien ne bougeait encore au front des palais. L'eau était morte. Les camps d'ombres ne quittaient pas la route du bois. J'ai marché, réveillant les haleines vives et tièdes, et les pierreries regardèrent, et les ailes se levèrent sans bruit.

La première entreprise[4] fut, dans le sentier déjà empli de frais et blêmes éclats, une fleur qui me dit son nom.

Je ris au wasserfall[5] blond qui s'échevela à travers les sapins : à la cime argentée je reconnus la déesse.

Alors je levai un à un les voiles. Dans l'allée, en agitant les bras. Par la plaine, où je l'ai dénoncée[6] au coq. A la grand'ville elle fuyait parmi les clochers et les dômes, et courant comme un mendiant sur les quais de marbre, je la chassais.

En haut de la route, près d'un bois de lauriers, je l'ai entourée avec ses voiles amassés, et j'ai senti un peu son immense corps. L'aube et l'enfant tombèrent au bas du bois.

Au réveil il était midi.

Illuminations.

Pour préparer l'étude du texte

1. Mettre en évidence la structure originale de ce poème en prose à l'intérieur des deux octosyllabes qui l'ouvrent et le ferment. Montrer qu'elle suit une évolution à la fois temporelle et spatiale.
2. Comment se définit le rôle attribué à l'enfant narrateur ? Quel est le pouvoir de l'aube ?
3. Quelles sont les caractéristiques du poème en prose d'après ce texte ?

Pour préparer le commentaire composé

Étudier

1. Le temps et son pouvoir de métamorphose (de l'aube à midi : temps verbaux, étapes de la progression, modifications du paysage).
2. Les images du mouvement : expression du déplacement, différents lieux, poursuite de l'aube.
3. Le rôle confondu de l'enfant et de l'aube, leur pouvoir commun de transfiguration du monde.

1. Des critiques ont vu dans *Une saison en Enfer* l'adieu de Rimbaud à la poésie. Il ne rejetait en fait qu'une certaine forme de poésie ressortissant à la double influence de la démarche du Voyant et de Verlaine.
2. « Le livre que nous offrons au public fut écrit de 1873 à 1875 parmi des voyages tant en Belgique qu'en Angleterre et dans toute l'Allemagne », indique Verlaine en présentant la première édition des *Illuminations.*
3. Rimbaud a toujours aimé cette « heure indicible » (lettre de juin 1872 à Delahaye).
4. A être entreprise (*entreprise* est un participe passé).
5. Chute d'eau en allemand.
6. Annoncée.

« ... dans ce creux temporel... nommé aube... »

A trois heures du matin, la bougie pâlit : tous les oiseaux crient à la fois dans les arbres : c'est fini. Plus de travail. Il me fallait regarder les arbres, le ciel, saisis par cette heure indicible, première du matin... [1]

Cette heure indicible, c'est l'heure rimbaldienne par excellence, l'heure du commencement absolu, de la naissance. Rimbaud se lève en même temps que le soleil. Trois heures du matin : c'est entre nuit et jour, la première s'achève, mais le second n'a pas encore vraiment paru. Et dans ce creux temporel, cet hiatus sensible nommé aube, se produisent soudain une explosion de force et de pensée, une brusque giclée d'existence. D'un seul coup le silence se fait cri, l'immobilité se mue en un frisson d'ailes battantes, un charme a saisi *arbres et ciel. Moment vertigineux et puissamment ambigu où quelque chose se détruit* (C'est fini, Plus de travail), *pour que quelque chose d'autre se produise. C'est ce même moment, cette même fulgurante naissance de la pensée à elle-même que décrit aussi la fameuse lettre du* Voyant : *« JE est un autre. Si le cuivre s'éveille clairon, il n'y a rien de sa faute... » Un autre, on ne sait comment issu du JE, mais qui « bondit » d'un seul coup de la profondeur intérieure sur « le devant de la scène »* [2] *et l'emplit de sa frénésie. L'ancienne, la morose unité du moi éclate soudain et se métamorphose en une multiplicité véhémente. Et dans le même mouvement les choses se libèrent aussi ; elles échappent à l'empire de l'habitude ou de la raison ; elles jaillissent et s'éparpillent aux quatre coins d'un ciel tout neuf.*

Ainsi se réalise, sous sa forme la plus spontanée, la plus merveilleusement immédiate, ce dégagement *des sens et des objets vers lequel tend toute l'ascèse rimbaldienne. C'est lui que chante de manière inoubliable le petit poème* L'éternité :

« Des humains suffrages,
Des communs élans
Là tu te dégages
Et voles selon » [3]

J.-P. Richard, Poésie et profondeur, *Éd. du Seuil, 1955.*

Fleurs

Ce poème qui évoque tout simplement un parterre de fleurs révèle bien les métamorphoses opérées par l'écriture poétique. L'univers floral revêt ici un caractère féerique aboutissant à la transfiguration finale du paysage : le bleu du ciel et de la mer, la blancheur des terrasses de marbre finissent par prendre l'aspect surnaturel d'« un dieu aux énormes yeux bleus et aux formes de neige ».

D'un gradin d'or, — parmi les cordons de soie, les gazes grises, les velours verts et les disques de cristal qui noircissent comme du bronze au soleil, — je vois la digitale[4] s'ouvrir sur un tapis de filigranes[5] d'argent, d'yeux et de chevelures.

Des pièces d'or jaune semées sur l'agate, des piliers d'acajou supportant un dôme d'émeraudes, des bouquets de satin blanc et de fines verges[6] de rubis entourent la rose d'eau[7].

Tels qu'un dieu aux énormes yeux bleus et aux formes de neige, la mer et le ciel attirent aux terrasses de marbre la foule des jeunes et fortes roses.

Illuminations.

Pour préparer l'étude du texte

1. Analyser les formulations et les figures de style qui donnent à l'univers présenté un aspect féerique.
2. Définir et étudier le double aspect statique et dynamique du texte.
3. Ce poème est-il simplement la description d'un parterre de fleurs ?

1. *Œuvres complètes*, Éd. de la Pléiade, p. 270.
2. Ibid., p. 254.
3. Ibid., p. 132.
4. Plante à fleurs pendantes dont la corolle présente la forme d'un doigtier.
5. Ouvrage d'orfèvrerie fait de fils de métal.
6. Organe sexuel de l'homme ; image de fécondité ici.
7. Probablement un nénuphar.

Joseph M.-W. TURNER (1775-1851), *Yacht approchant des côtes.* Londres, The Tate Gallery.

Marine

« Marine » est une vision née de l'entrelacement d'éléments marins et d'éléments terrestres. Ce vacillement des catégories ordinaires procède, selon l'expression d'un critique[1], de « la dictature de l'imaginaire ».

Les chars d'argent et de cuivre —
Les proues d'acier et d'argent —
Battent l'écume, —
Soulèvent les souches des ronces.
Les courants de la lande,
Et les ornières immenses du reflux,
Filent circulairement vers l'est,
Vers les piliers de la forêt, —
Vers les fûts de la jetée,
Dont l'angle est heurté par des tourbillons de lumière.

Illuminations.

Pour préparer le commentaire composé

1. Étudier
— la structure binaire du texte (succession d'éléments regroupables deux par deux) ;
— les similitudes entre le paysage maritime et le paysage terrestre.
2. Comment peut-on interpréter ce poème ?

1. Hugo Friedrich, *Structures de la poésie moderne*, Éd. Denoël-Gonthier, 1976.

Génie

Le titre du poème désigne un personnage aux dimensions cosmiques qui incarne pour Rimbaud la vigueur et l'amour. Ce poème à l'accent prophétique clôt le recueil des *Illuminations* en synthétisant une dernière fois les principales aspirations du poète : progrès de l'humanité, amour et harmonie universels.

Il est l'affection et le présent puisqu'il a fait la maison ouverte à l'hiver écumeux et à la rumeur de l'été, lui qui a purifié les boissons et les aliments, lui qui est le charme des lieux fuyants et le délice surhumain des stations. Il est l'affection et l'avenir, la force et l'amour que nous, debout dans les rages et les ennuis, nous voyons passer dans le ciel de tempête et les drapeaux d'extase.

Il est l'amour, mesure parfaite et réinventée, raison merveilleuse et imprévue, et l'éternité : machine aimée des qualités fatales. Nous avons tous eu l'épouvante de sa concession et de la nôtre : ô jouissance de notre santé, élan de nos facultés, affection égoïste et passion pour lui, lui qui nous aime pour sa vie infinie...

Et nous nous le rappelons et il voyage... Et si l'Adoration s'en va, sonne, sa promesse sonne : « Arrière ces superstitions, ces anciens corps, ces ménages et ces âges. C'est cette époque-ci qui a sombré ! »

Il ne s'en ira pas, il ne redescendra pas d'un ciel, il n'accomplira pas la rédemption des colères de femmes et des gaîtés des hommes et de tout ce péché : car c'est fait, lui étant, et étant aimé.

O ses souffles, ses têtes, ses courses ; la terrible célérité de la perfection des formes et de l'action.

O fécondité de l'esprit et immensité de l'univers !

Son corps ! le dégagement rêvé, le brisement de la grâce croisée de violence nouvelle !

Sa vue, sa vue ! tous les agenouillages anciens et les peines *relevées* à sa suite.

Son jour ! l'abolition de toutes souffrances sonores et mouvantes dans la musique plus intense.

Son pas ! les migrations plus énormes que les anciennes invasions.

O lui et nous ! l'orgueil plus bienveillant que les charités perdues.

O monde ! et le chant clair des malheurs nouveaux !

Il nous a connus tous et nous a tous aimés. Sachons, cette nuit d'hiver, de cap en cap, du pôle tumultueux au château, de la foule à la plage, de regards en regards, forces et sentiments las, le héler et le voir, et le renvoyer, et sous les marées et au haut des déserts de neige, suivre ses vues, ses souffles, son corps, son jour.

Illuminations.

Pour préparer l'étude du texte

1. Quelles sont les caractéristiques du « génie » ? Quelles fonctions Rimbaud lui attribue-t-il ?
2. Analyser ce qui donne au texte un ton à la fois admiratif, enthousiaste et prophétique.
3. Montrer en quoi ce texte reprend un grand nombre de thèmes chers à Rimbaud.

Odilon REDON (1840-1916), *L'homme ailé ou L'ange déchu.* Bordeaux, Musée des Beaux-Arts.

L'exploration de l'inconnu

L'entreprise poétique, chez Rimbaud, se confond avec la recherche du nouveau et l'exploration de l'inconnu. D'où la fascination du poète pour tout ce qui est avènement, commencement d'un monde neuf. Les titres des *Illuminations* nous le prouvent : « Enfance », « Départ », « Aube », « Jeunesse ». Rimbaud affectionne les moments d'éveil (« L'aube d'été éveille les feuilles et les vapeurs et les bruits », « Ornières ») et tout état transitoire, comme le montre la présence du thème de la métamorphose dans « Being beauteous » et « Parade » (« Maîtres jongleurs, ils transforment le lieu et les personnes et usent de la comédie magnétique »). Cette conquête d'un monde encore jamais vu ni entendu, « inouï », est un leitmotiv des *Illuminations*. Rimbaud fait allusion à « une musique inconnue »[1], à « de nouveaux hommes », à « un nouvel amour »[2]. La récurrence de l'adjectif « inouï » révèle la présence d'un monde insoupçonné, qu'il s'agisse de « sèves inouïes »[3], de « richesses inouïes »[4], de « l'œuvre inouïe »[5], d'un « luxe inouï »[6] ou de « sauts d'harmonie inouïs »[7]. Cet univers mystérieux revêt les apparences de l'extraordinaire et du merveilleux. En témoignent les fréquentes occurrences des mots « fable », « conte », « légende », l'évocation de « fleurs de rêve », « magiques » et de « bêtes d'une élégance fabuleuse » dans « Enfance ». Apparaissent encore au détour des *Illuminations* de « fabuleux fantômes »[1], « un chevalet féerique »[5], « un défilé de féeries »[8]. Le merveilleux rimbaldien mêle l'univers des contes pour enfants (« princesse », « sorcière », personnage de Barbe-Bleue), le merveilleux mythologique (évocation des bacchantes, de Diane et de Vénus dans « Villes ») et le souvenir des temps de barbarie empreints d'une fascinante sauvagerie. La confusion du monde naturel et du monde théâtral, tous deux source d'enchantement, suscite encore cet univers féerique. Dans « Scènes », on ne sait plus si c'est le paysage réel qui devient décor ou l'inverse. Le monde nous est présenté comme un théâtre, comme un décor factice, tandis que le théâtre ouvre tout un espace imaginaire et sensible.

Richesse, beauté, gigantisme caractérisent cet univers. Les mots « précieux », « richesses », « luxe » reviennent fréquemment dans les *Illuminations*. Enfin l'existence superlative à laquelle rêve Rimbaud s'exprime par le gigantisme des visions. L'être de beauté de « Being beauteous » est de « haute taille » ; « les avenues sont énormes »[1] ; « Fleurs » évoque « un dieu aux énormes yeux bleus ». Dans « Villes », il est fait allusion à des « chanteurs géants », à « des candélabres géants », « à des colosses ».

Notons que le merveilleux rimbaldien présente son envers tout aussi captivant pour le poète : l'atroce, le monstrueux (allusion aux « atroces veillées » dans « Vagabonds », aux « monstruosités » qui violent les gestes atroces d'Hortense dans « H »).

La vision rimbaldienne

La vision rimbaldienne repose sur trois composantes : le mouvement, la musique, les couleurs. Toute une dynamique anime en effet les *Illuminations*. Celle-ci est physique et émotionnelle comme l'indique l'ambivalence du verbe « émouvoir » qui évoque à la fois une mise en mouvement (« Toutes les possibilités harmoniques et architecturales s'émouvront »[9]) et une émotion (« J'essaye de m'émouvoir au souvenir de l'enfance mendiante »[4]). L'espace rimbaldien est un lieu de circulation (« Des bêtes d'une élégance fabuleuse circulaient »[10], « des tintements circulent »[11]). Enfin, le mouvement devient jubilation et dégagement lors du bondissement et de la danse (« Mystique »).

La poésie rimbaldienne exploite encore « toutes les possibilités harmoniques »[9]. Le poète est en quête d'« une nouvelle harmonie »[2], d'« une musique inconnue »[1] ; il entend « des bandes de musique rare »[12] et appelle « l'extase harmonique »[13]

Les couleurs sont aussi un support essentiel de la vision, comme l'indiquent le sonnet des « Voyelles », les jeux de couleurs du « Bateau ivre » et, par exemple, le feu d'artifice final de « Métropolitain » : « Le matin où avec Elle, vous vous débattîtes parmi les éclats de neige, ces lèvres vertes, les glaces, les drapeaux noirs et les rayons bleus, et les parfums pourpres du soleil des pôles, — ta force. »

1. « Villes ».
2. « A une raison ».
3. « Le bateau ivre ».
4. « Vies ».
5. « Matinée d'ivresse ».
6. « Phrases ».
7. « Solde ».
8. « Ornières ».
9. « Jeunesse », IV.
10. « Enfance ».
11. « Antique ».
12. « Vagabonds ».
13. « Mouvement ».

Le monde nouveau

Rimbaud parvient à construire un monde nouveau en supprimant les catégories traditionnelles de la logique et de la perception. Ainsi voit-on d'abord disparaître l'opposition entre l'inanimé et l'animé. Les fleurs sont douées du regard et de la parole (« les fleurs qui regardaient déjà »[1], « les moissons de fleurs qui mugissent »[2]). Êtres vivants, sensations, sentiments, pensées sont appréhendés de concert et constamment mêlés : « un envol de pigeons écarlates tonne autour de ma pensée »[3] ; « le rêve fraîchit »[4] ; « Pour l'enfance d'Hélène frissonnèrent les fourrés et les ombres, et le sein des pauvres, et les légendes du ciel »[5]. Les différents règnes de la nature sont confondus : le végétal et le minéral dans « Mystique » où sont évoqués les « herbages d'acier et d'émeraude » ; la flore et les attributs humains dans « Fleurs » (« un tapis de filigranes d'argent, d'yeux et de chevelures »). Toutes les sensations fusionnent en de fréquentes synesthésies : « Il sonne une cloche de feu rose dans les nuages »[6] ; on peut ressentir « la douceur fleurie des étoiles et du ciel »[7]. Enfin, Rimbaud rapproche des réalités fort éloignées, procédé qui sera systématiquement exploité par les poètes surréalistes. Ainsi, dans « Après le Déluge », « Madame*** établit un piano dans les Alpes », tandis que dans « Soir historique », « on joue aux cartes au fond de l'étang ». Le poète inaugure l'ère de tous les possibles en supprimant le principe d'identité (« Je suis le saint », « je suis le savant », « je suis le piéton... »[8]).

L'écriture rimbaldienne

La variété du vocabulaire témoigne de la richesse de l'univers rimbaldien. Rimbaud utilise des mots savants, des termes régionaux et surtout des néologismes dont la valeur est tantôt péjorative (cf. « des hargnosités », dans « Les assis »), tantôt laudative[9]. Il mêle les registres de langue : sa révolte s'exprime par des injures[10], son exaltation par des élans lyriques. La pensée originale et subversive du poète trouve un moyen d'expression privilégié dans l'alliance de mots (dans « Matinée d'ivresse », il est fait allusion à des « honnêtetés tyranniques »). Pour exprimer le rapprochement de réalités distinctes, deux tours sont fréquemment employés : le groupe substantif-épithète (des « phosphores chanteurs », « Le bateau ivre »), le groupe nom et complément du nom (« le clavecin des prés », « Soir historique » ; « les tréteaux de gazon », « Scènes »). Notons aussi le rôle capital de l'énumération qui seule permet de juxtaposer et d'inventorier les multiples découvertes du poète-voyant (cf. « Le bateau ivre »). Rimbaud magnifie ses visions par l'emploi de superlatifs (« les conceptions... les plus colossales », « Villes ») ; la violence des sentiments est fréquemment suggérée par des adverbes à valeur intensive (dans « Angoisse », il parle d'un « silence atrocement houleux »). Le verbe se fait acte chez Rimbaud ; d'où une constante dynamique du langage. L'écriture explose alors en une série d'ordres (— « Sourds, étang, — Écume, roule sur le pont et par-dessus les bois ; — draps noirs et orgues, — éclairs et tonnerre, — montez et roulez ; — Eaux et tristesses, montez et relevez les Déluges », « Après le Déluge »), d'invocations (« O Douceurs, ô monde, ô musique », « Barbare » ; « O palmes ! diamant ! — Amour, force ! », « Angoisse »). La pensée synthétique de Rimbaud recourt encore à l'ellipse (« Départ » : « Assez vu. [...] Assez eu. [...] Assez connu »). Enfin Rimbaud rend sensibles les moments de plénitude et de délivrance par de courtes phrases exclamatives qui résonnent comme autant d'envols (cf. « Génie »).

1. « Après le Déluge ».
2. « Villes ».
3. « Vies ».
4. « Veillées », I.
5. « Fairy ».
6. « Phrases ».
7. « Mystique ».
8. « Enfance ».
9. « Les bleuités » du « Bateau ivre » évoquent une couleur extraordinaire.
10. Dans « A la musique », Rimbaud présente ainsi les bourgeois : « Les gros bureaux bouffis traînent leurs grosses dames. » Les strophes de « Mes petites amoureuses » sont ponctuées par ces insultes : « Mes laiderons », « Noir laideron »...

Lautréamont
1846-1870

Portrait de Lautréamont. Photographie extraite de l'ouvrage de Jacques Lefrère, *Le visage de Lautréamont*, Éditions Pierre Horay, 1978.

Certaines œuvres insolites trouvent leur explication dans la vie de leur auteur. Mais la violence outrée des *Chants de Maldoror*, leur surréalisme flamboyant, le déferlement torrentiel des images restent difficilement explicables. La vie de Lautréamont[1] est en effet un mystère.

Une biographie réduite à quelques dates

Le poète, qui répond au nom d'Isidore-Lucien Ducasse, naît en 1846 à Montevideo[2] dans une période historique troublée. Ses premières années ont pour toile de fond la violence et la dévastation d'une guerre (de 1843 à 1851 Montevideo est assiégée par l'armée argentine).

Après une période d'études à Tarbes et à Pau, il se rend à Paris avec, semble-t-il, le projet d'entrer à l'École polytechnique, projet qui ne se réalise pas. Mais il écrit. En 1869[3] paraissent *Les chants de Maldoror*, vaste poème en prose divisé en six parties. Le livre, édité à compte d'auteur, ne suscite guère de commentaires. L'éditeur, effrayé par sa violence et la révolte qu'il exprime, garde la plupart des exemplaires dans sa cave.

En 1870, paraissent deux essais, *Poésie I* et *Poésie II*. Leur auteur signe cette fois I. Ducasse. Ayant repris son nom, il a aussi changé de genre et de ton. Il prône une littérature optimiste, saine, exaltant la vie. C'est l'envers des *Chants de Maldoror*, et ce revirement reste un mystère.

Lautréamont meurt en novembre 1870 à Paris, à 24 ans. On lit sur son acte de décès : « Sans autres renseignements ».

Une œuvre insolite

L'œuvre de Lautréamont passa tout à fait inaperçue à son époque. A la fin du siècle, quelques écrivains s'y intéressèrent, mais pour y voir le produit d'un cerveau malade. Il fallut attendre A. Breton et les surréalistes[4] pour que soit réhabilitée une œuvre dans laquelle ils virent une volonté semblable à la leur de « changer la vie » et de bouleverser à la fois le langage, l'écriture et le monde. Créateurs d'insolite, ils admiraient particulièrement les célèbres comparaisons du chant sixième :

« Il est beau comme la rétractibilité des serres des oiseaux rapaces ; ou encore, comme l'incertitude des mouvements musculaires dans les plaies des parties molles de la région cervicale postérieure ; ou plutôt, comme ce piège à rat perpétuel toujours retendu par l'animal pris, qui peut prendre seul des rongeurs indéfiniment, et fonctionner même caché sous la paille ; et surtout, comme la rencontre fortuite sur une table de dissection d'une machine à coudre et d'un parapluie ! »

1. Ce pseudonyme vient sans doute du titre d'un roman d'E. Sue, *Latréaumont*, qui avait été un grand succès. On peut aussi expliquer ce nom par sa consonance « l'autre est amont » (l'autre est au-dessus, supérieur), ou « l'autre est Amon », par référence au dieu égyptien du soleil.
2. Comme Laforgue (cf. p. 401) et Supervielle.
3. Le tout début des *Chants* était déjà paru en 1868.
4. Vers les années 1920-1930.

Les chants de Maldoror

1869

« Plût au ciel que le lecteur, enhardi et devenu momentanément féroce comme ce qu'il lit, trouve, sans se désorienter, son chemin abrupt et sauvage, à travers les marécages désolés de ces pages sombres et pleines de poison... » Ainsi commencent *Les chants de Maldoror*. Et, de fait, rien de plus désorientant que ce livre-là.

L'œuvre se présente d'abord comme une épopée : le titre, la disposition en chants, tout comme dans *L'Iliade* ou *L'Énéide*, le ton hyperbolique en sont des indices. Cette épopée en prose est une épopée du mal et de la destruction[1], par opposition à la Bible, cette épopée de l'amour et de la victoire de la vie sur la mort.

Tel est le caractère dominant du livre. Il en est un autre : c'est la discontinuité. Car d'un chant à l'autre, et même d'une strophe à l'autre, la rupture est de règle. Ce livre baroque et bariolé semble fait de pièces rapportées, mises bout à bout, un peu au hasard. De même, on ne sait jamais trop qui y parle : Maldoror ou Lautréamont ? *Il* ou *Je* ?

Il est donc impossible de résumer un livre aussi inclassable. Mais, pour donner un aperçu de ce qu'on y découvrira, voici, en guise d'exemple, une analyse du *Chant premier.*

L'auteur annonce solennellement à son lecteur ce que sera son livre : une œuvre de violence et de haine (strophes 1 et 2). Puis il présente son héros, Maldoror, un être tout entier régi par le Mal (strophe 3). Mais la cruauté n'est-elle pas omniprésente, le monde n'est-il pas un enfer universel (strophes 4 et 5) ?

Chaque strophe qui suit relate une activité de Maldoror :

— A la strophe 6, il se livre au plaisir de goûter le sang, les larmes et la mort d'un enfant.
— A la strophe 7, il fait un pacte avec la Prostitution.
— A la strophe 8, il savoure le trouble d'écouter des chiens qui hurlent dans la nuit.
— A la strophe 9, il salue avec ferveur le « Vieil Océan », seul espace digne de lui.
— A la strophe 10, il se laisse fasciner par la vision de sa propre mort.
— A la strophe 11, il pénètre dans une famille respectable pour séduire et détruire le jeune garçon de la maison.
— A la strophe 12, il dialogue, nouvel Hamlet, avec un fossoyeur.
— A la strophe 13, il converse avec un crapaud.

Le chant se ferme sur une intervention de l'auteur qui annonce une suite et salue son lecteur en toute cruauté (strophe 14).

« Moi, comme les chiens, j'éprouve le besoin de l'infini... »

Moi, comme les chiens, j'éprouve le besoin de l'infini... Je ne puis, je ne puis contenter ce besoin ! Je suis fils de l'homme et de la femme, d'après ce qu'on m'a dit. Ça m'étonne... je croyais être davantage ! Au reste, que m'importe d'où je viens ? Moi, si cela avait pu dépendre de ma volonté, j'aurais voulu être plutôt le fils de la femelle du requin, dont la faim est amie des tempêtes, et du tigre, à la cruauté reconnue : je ne serais pas si méchant. Vous, qui me regardez, éloignez-vous de moi, car mon haleine exhale un souffle empoisonné. Nul n'a encore vu les rides vertes de mon front ; ni les os en saillie de ma figure maigre, pareils aux arêtes de quelque grand poisson, ou aux rochers couvrant les rivages de la mer, ou aux abruptes montagnes alpestres, que je parcourus souvent, quand j'avais sur ma tête des cheveux d'une autre couleur. Et, quand je rôde autour des habitations des hommes, pendant les nuits orageuses, les yeux ardents, les cheveux flagellés par le vent des tempêtes, isolé comme une pierre au milieu du chemin, je couvre ma face flétrie, avec un morceau de velours, noir comme la suie qui remplit l'intérieur des cheminées : il ne faut pas que les yeux soient témoins de la laideur que l'Être suprême, avec un sourire de haine puissante, a mise sur moi. Chaque matin, quand le soleil se lève pour les autres, en répandant la joie et la chaleur salutaires dans toute la nature, tandis qu'aucun de mes traits ne bouge, en regardant fixement l'espace plein de ténèbres, accroupi vers le fond de ma caverne aimée, dans un désespoir qui m'enivre comme le vin, je meurtris de mes puissantes mains ma poitrine en lambeaux. Pourtant, je sens que je ne suis pas atteint de la rage ! Pourtant, je sens que je ne suis pas le seul qui souffre ! Pourtant, je sens que je respire ! Comme un condamné qui essaie ses muscles, en réfléchissant sur leur sort, et qui va bientôt monter à l'échafaud, debout, sur mon lit de paille, les yeux fermés, je tourne lentement mon col de droite à gauche, de gauche à droite, pendant des heures entières ; je ne tombe pas raide mort. De moment en moment, lorsque mon col ne peut plus continuer de tourner dans un même sens, qu'il s'arrête, pour se remettre à tourner dans un sens opposé, je regarde subitement l'horizon, à travers les rares interstices laissés par les broussailles qui recouvrent l'entrée : je ne vois rien ! Rien... si ce ne sont les campagnes qui dansent en tourbillons avec les arbres et avec les longues files d'oiseaux qui traversent les airs. Cela me trouble le sang et le cerveau... Qui donc, sur la tête, me donne des coups de barre de fer, comme un marteau frappant l'enclume ?

Les chants de Maldoror, I, 8.

1. Maldoror ne porte-t-il pas le *mal* dans son nom, ne fait-il pas *mal* à l'*aurore*, ce symbole de la vie toujours recommencée ?

Edvard MUNCH (1863-1944), *Le cri*, gouache sur carton. Oslo, Galerie Nationale.

Pour préparer l'étude du texte

1. Préciser les limites, le contenu et les caractéristiques des trois mouvements du texte.
2. Retrouver dans le texte (thèmes, formulations, tonalité) ce qui apparente le narrateur à un héros romantique ; chercher des éléments de comparaison et de référence dans des textes appartenant à la période romantique (prose romanesque ou autobiographique, poésie, théâtre).
3. A partir d'une explication précise de l'affirmation « je ne serais pas si méchant » (l. 4), analyser les relations que le héros entretient avec le bien et le mal.

« Je te salue, vieil océan ! »

Vieil océan, aux vagues de cristal, tu ressembles proportionnellement à ces marques azurées que l'on voit sur le dos meurtri des mousses ; tu es un immense bleu, appliqué sur le corps de la terre : j'aime cette comparaison. Ainsi, à ton premier aspect, un souffle prolongé de tristesse, qu'on croirait être le murmure de ta brise suave, passe, en laissant des ineffaçables traces, sur l'âme profondément ébranlée, et tu rappelles au souvenir de tes amants, sans qu'on s'en rende toujours compte, les rudes commencements de l'homme, où il fait connaissance avec la douleur, qui ne le quitte plus. Je te salue, vieil océan !

Vieil océan, ta forme harmonieusement sphérique, qui réjouit la face grave de la géométrie, ne me rappelle que trop les petits yeux de l'homme, pareils à ceux du sanglier pour la petitesse, et à ceux des oiseaux de nuit pour la perfection circulaire du contour. Cependant, l'homme s'est cru beau dans tous les siècles. Moi, je suppose plutôt que l'homme ne croit à sa beauté que par amour-propre ; mais, qu'il n'est pas beau réellement et qu'il s'en doute ; car, pourquoi regarde-t-il la figure de ses semblables avec tant de mépris. Je te salue, vieil océan !

Vieil océan, tu es le symbole de l'identité : toujours égal à toi-même. Tu ne varies pas d'une manière essentielle, et, si tes vagues sont quelque part en furie, plus loin, dans quelque autre zone, elles sont dans le calme le plus complet. Tu n'es pas comme l'homme, qui s'arrête dans la rue, pour voir deux boule-dogues s'empoigner au cou, mais, qui ne s'arrête pas, quand un enterrement passe ; qui est ce matin accessible et ce soir de mauvaise humeur ; qui rit aujourd'hui et pleure demain. Je te salue, vieil océan !

Vieil océan, il n'y aurait rien d'impossible à ce que tu caches dans ton sein de futures utilités pour l'homme. Tu lui as déjà donné la baleine. Tu ne laisses pas facilement deviner aux yeux avides des sciences naturelles les mille secrets de ton intime organisation : tu es modeste. L'homme se vante sans cesse, et pour des minuties. Je te salue, vieil océan !

Vieil océan, les différentes espèces de poissons que tu nourris n'ont pas juré fraternité entre elles. Chaque espèce vit de son côté. Les tempéraments et les conformations qui varient dans chacune d'elles, expliquent, d'une manière satisfaisante, ce qui ne paraît d'abord qu'une anomalie. Il en est ainsi de l'homme, qui n'a pas les mêmes motifs d'excuse. Un morceau de terre est-il occupé par trente millions d'êtres humains[1], ceux-ci se croient obligés de ne pas se mêler de l'existence de leurs voisins, fixés comme des racines sur le morceau de terre qui suit. En descendant du grand au petit, chaque homme vit comme un sauvage dans sa tanière, et en sort rarement pour visiter son semblable, accroupi pareillement dans une autre tanière. La grande famille universelle des humains est une utopie digne de la logique la plus médiocre. En outre, du spectacle de tes mamelles fécondes, se dégage la notion d'ingratitude ; car, on pense aussitôt à ces parents nombreux, assez ingrats envers le Créateur, pour abandonner le fruit de leur misérable union. Je te salue vieil océan ! [...][2]

Vieil océan, ô grand célibataire, quand tu parcours la solitude solennelle de tes royaumes flegmatiques, tu t'enorgueillis à juste titre de ta magnificence native et des éloges vrais que je m'empresse de te donner. Balancé voluptueusement par les mols[3] effluves de ta lenteur majestueuse, qui est le plus grandiose parmi les attributs dont le souverain pouvoir t'a gratifié, tu déroules, au milieu d'un sombre mystère, sur toute ta surface sublime, tes vagues incomparables, avec le sentiment calme de ta puissance éternelle. Elles se suivent parallèlement, séparées par de courts intervalles. A peine l'une diminue, qu'une autre va à sa rencontre en grandissant, accompagnées du bruit mélancolique de l'écume qui se fond, pour nous avertir que tout est écume. (Ainsi, les êtres humains, ces vagues vivantes, meurent l'un après l'autre, d'une manière monotone ; mais, sans laisser de bruit écumeux.) L'oiseau de passage se repose sur elles avec confiance, et se laisse abandonner à leurs mouvements, pleins d'une grâce fière, jusqu'à ce que ses ailes aient recouvré leur vigueur accoutumée pour continuer le pèlerinage aérien. Je voudrais que la majesté humaine ne fût que l'incarnation du reflet de la tienne. Je demande beaucoup, et ce souhait sincère est glorieux pour toi. Ta grandeur morale, image de l'infini, est immense comme la réflexion du philosophe, comme l'amour de la femme, comme la beauté divine de l'oiseau, comme les méditations du poète. Tu es plus beau que la nuit. Réponds-moi, océan, veux-tu être mon frère ? Remue-toi avec impétuosité... plus... plus encore, si tu veux que je te compare à la vengeance de Dieu ; allonge tes griffes livides, en te frayant un chemin sur ton propre sein... c'est bien. Déroule tes vagues épouvantables, océan hideux, compris par moi seul, et devant lequel je tombe, prosterné à tes genoux. La majesté de l'homme est empruntée ; il ne m'imposera point : toi, oui. Oh ! quand tu t'avances, la crête haute et terrible, entouré de tes replis tortueux comme d'une cour, magnétiseur et farouche, roulant tes ondes les unes sur les autres, avec la conscience de ce que tu es, pendant que tu pousses, des profondeurs de ta poitrine, comme accablé d'un remords intense que je ne puis pas découvrir, ce sourd mugissement perpétuel que les hommes redoutent tant, même quand ils te contemplent, en sûreté, tremblants sur le rivage, alors, je vois qu'il ne m'appartient pas, le droit insigne de me dire ton égal. C'est pourquoi, en présence de ta supériorité, je te donnerais tout mon amour (et nul ne sait la quantité d'amour que contiennent mes aspirations vers le beau), si tu ne me faisais douloureusement penser à mes semblables, qui forment avec toi le plus ironique contraste, l'antithèse la plus bouffonne que l'on ait jamais vue dans la création : je ne puis pas t'aimer, je te déteste. Pourquoi reviens-je à toi, pour la millième fois, vers tes bras amis, qui s'entr'ouvrent, pour caresser mon front brûlant, qui voit disparaître la fièvre à leur contact ! Je ne connais pas ta destinée cachée ; tout ce qui te concerne m'intéresse. Dis-moi donc si tu es la demeure du prince des ténèbres. Dis-le-moi... dis-le-moi, océan (à moi seul, pour ne pas attrister ceux qui n'ont encore connu que les illusions), et si le souffle de Satan crée les tempêtes qui soulèvent tes eaux salées jusqu'aux nuages. Il faut que tu me le dises, parce que je me réjouirais de savoir l'enfer

1. A la fin du Second Empire, la France compte environ trente millions d'habitants.
2. Suivent quatre strophes consacrées à la « grandeur matérielle » de l'océan, à l'amertume de ses eaux, au mystère de ses abîmes, à sa puissance.
3. Nous avons corrigé la graphie du texte original, « molles » — graphie fautive, puisque *effluves* est un mot masculin.

si près de l'homme. Je veux que celle-ci soit la dernière strophe de mon invocation. Par conséquent, une seule fois encore, je veux te saluer et te faire mes adieux ! Vieil océan, aux vagues de cristal... Mes yeux se mouillent de larmes abondantes, et je n'ai pas la force de poursuivre ; car, je sens que le moment est venu de revenir parmi les hommes, à l'aspect brutal ; mais... courage ! Faisons un grand effort, et accomplissons, avec le sentiment du devoir, notre destinée sur cette terre. Je te salue, vieil océan !

Les chants de Maldoror, I, 9.

Pour préparer l'étude du texte

1. A partir d'une observation précise de la ponctuation et des figures de style (anaphores, comparaisons, images), définir le genre et le ton du texte.

2. Donner de manière précise le contenu de chaque paragraphe en soulignant à chaque fois de quelle manière le narrateur prend l'homme pour point de référence.

René MAGRITTE (1898-1967), Illustration pour *Les chants de Maldoror* (Chant premier), Éditions La Boetie (1948).
Collection particulière.

De Lautréamont au surréalisme

Apocalypse définitive *que cette œuvre dans laquelle se perdent et s'exaltent les grandes pulsions instinctives au contact d'une cage d'amiante qui enferme un cœur chauffé à blanc. Tout ce qui, durant des siècles, se pensera et s'entreprendra de plus audacieux a trouvé ici à se formuler par avance dans sa loi magique. Le verbe, non plus le style, subit avec Lautréamont une crise fondamentale, il marque un* recommencement. *C'en est fait des limites dans lesquelles les mots pouvaient entrer en rapport avec les choses, les choses avec les choses. Un principe de mutation perpétuelle s'est emparé des objets comme des idées, tendant à leur délivrance totale qui implique celle de l'homme. A cet égard le langage de Lautréamont est à la fois un dissolvant et un plasma germinatif sans équivalents.*

André Breton, Anthologie de l'humour noir, *Éd. Jean-Jacques Pauvert, 1966.*

P*arti du romantisme et d'une attitude encore très littéraire, Lautréamont oriente peu à peu sa démarche vers des domaines fantastiques, où il se crée une forme de poésie particulière, à la fois frénétique et grandiloquente, agressive et créatrice ; mais sa révolte et son désir d'autonomie l'amènent enfin à l'arbitraire, au sarcasme, à l'extravagance — et à une autodestruction littéraire qui trouve sa forme dernière dans un nihilisme intégral, celui qui s'exprimera dans le « retour au bien » des* Poésies *et de* la Préface à un livre futur. *Il n'est pas sans intérêt de constater que ce qui sera pour les Surréalistes un point de départ — la négation outrancière des catégories logiques, le rejet de tout contrôle de la raison, l'aspiration à une absolue liberté — est pour Lautréamont un aboutissement, et quel aboutissement ! point extrême d'une dialectique terrifiante, après quoi rien ne peut plus exister. Les Surréalistes détruiront pour construire ; Lautréamont, lui, détruit pour détruire.*

Suzanne Bernard, Le poème en prose, de Baudelaire à nos jours, *Éd. Nizet, 1959.*

Lautréamont et son œuvre sont tous deux placés sous le signe de l'ambiguïté : celle du nom, celle du genre et celle du héros. Ajoutons celle de l'inspiration : au Romantisme qui marque encore la période où est composée l'œuvre, l'auteur ajoute une extraordinaire violence personnelle, représentative d'une conception désespérée du monde. C'est ce qui fait l'originalité et la difficulté des *Chants de Maldoror.*

L'héritage romantique

Lautréamont se présente lui-même comme un héritier du Romantisme européen. *Les chants de Maldoror* laissent penser qu'il a tenté de remonter aux sources les plus profondes et les plus troubles de cette inspiration pour en donner une forme exacerbée. Il avoue ainsi avoir « chanté le mal comme ont fait Mickiewicz, Byron, Milton, Southey[1], Musset, Baudelaire, et... naturellement (avoir) un peu exagéré le diapason pour faire du nouveau »[2].

La nouveauté

« Le nouveau » se situe dans une exagération épique, menée jusqu'à la révolte systématique. Le sarcasme, l'irrespect, l'ironie destructrice, la complaisance dans le sadisme caractérisent l'attitude de son héros. Tantôt « je », tantôt « il », celui-ci, qui est aussi l'auteur, dénonce l'horreur du monde tout en ayant conscience d'y participer.

Incarnation du mal et de la souffrance (aussi bien ressentis qu'imposés), Maldoror puise sa force vitale dans le saccage. La destruction est l'expression de son existence et de sa liberté, expression qui passe par le langage de la démesure.

L'influence de l'œuvre

On comprend que cette apologie de la cruauté soit restée inconnue à l'époque où la morale bourgeoise condamnait *Les Fleurs du mal* et *Madame Bovary.* Plus tard, les surréalistes annexèrent Lautréamont en qui ils reconnaissaient un précurseur de la mystification et de la démolition[3]. Il existe cependant entre lui et eux une différence fondamentale : « Les surréalistes détruiront pour construire ; Lautréamont, lui, détruit pour détruire. »[4]

1. A. Mickiewicz (1798-1855), poète, représentant le plus prestigieux du Romantisme polonais. Lord Byron (1788-1824), poète romantique anglais. Milton (1608-1674), poète anglais, auteur du *Paradis perdu* (1667). Southey (1774-1843), poète anglais, auteur de textes épiques *(Jeanne d'Arc).*
2. Lettre du 23 octobre 1869 à l'éditeur belge Verbockhoven. Les points de suspension sont de Lautréamont.
3. Cf. A. Breton, *Anthologie de l'humour noir.*
4. S. Bernard, *Le poème en prose, de Baudelaire à nos jours,* Éd. Nizet.

LES POÈTES MAUDITS

A quels poètes est-il possible d'accorder l'épithète « maudits » ? Si nous nous référons aux articles que Verlaine fit paraître sous le titre *Les poètes maudits*, nous trouvons seulement six noms : Corbière, Rimbaud, Mallarmé, Marceline Desbordes-Valmore, Villiers de L'Isle-Adam et Paul Verlaine lui-même, sous l'anagramme de « pauvre Lélian ».

Sans prétendre établir un relevé exhaustif, nous ajouterons à cette liste quelques noms de poètes dont les liens de parenté nous paraissent fort étroits avec les « maudits » cités par Verlaine : Nerval, Baudelaire, Lautréamont.

En effet, malgré un certain nombre de différences, tous présentent des analogies profondes : destin presque toujours tragique, sentiment d'être l'objet d'une irréversible malédiction, recherche d'une écriture qui se veut l'expression de l'Absolu.

Une vie placée sous le signe du tragique

Des frustrations affectives

La plupart d'entre eux semblent avoir souffert de « manques » dans leur enfance et leur adolescence. Nerval, qui perd sa mère alors qu'il n'a que deux ans, ne guérira jamais de cette blessure ; Baudelaire ne pardonnera pas à la sienne son remariage trop précoce ; quant à Rimbaud, c'est une véritable haine qu'il éprouve pour « la mère Rimbe », cette femme « froide et noire » qui voudrait lui imposer une vie respectable, faite de « grisaille » et de « platitude ».

Des difficultés matérielles

Les « maudits » ont presque tous connu de graves problèmes financiers, dus en partie à leur insuccès, mais surtout à leur refus ou à leur impossibilité d'assumer les contraintes d'une profession stable. « J'ai horreur de tous les métiers », écrit Rimbaud dans *Une saison en Enfer* (1873). Baudelaire, privé de l'héritage paternel qu'on lui reproche de dilapider, mène une vie misérable. Quant à Verlaine, il erre comme un vrai clochard de taudis en taudis durant toutes les dernières années de sa vie.

Un corps « tragique »

Les poètes maudits ont pour autre point commun la relation douloureuse qu'ils entretiennent avec leur propre corps. Certains sont victimes de maladies indépendantes de leur volonté : tuberculose et surdité chez Corbière, troubles nerveux chez Nerval. Pour d'autres, tels Baudelaire, Rimbaud et Verlaine, la déchéance physique est la conséquence de la misère matérielle, mais elle est surtout provoquée par l'abus de drogues variées — boisson, opium, hachisch — et par des désordres de toutes sortes, sexuels en particulier.

Le poids d'une triple malédiction

par la société

Les « maudits » se considèrent comme profondément différents de la société bourgeoise et conformiste qui les entoure. Paradoxalement, ils souffrent de leur « marginalité » tout en la revendiquant bien haut. « Maîtres et ouvriers, tous paysans ignobles... quant au bonheur établi, domestique ou non... non, je ne veux pas », écrit Rimbaud qui, par ailleurs, dans le célèbre poème *Les assis*, fustige les « bureaucrates » avec une cruauté aiguë.

Le feu qui les dévore fait obstacle à toute assimilation à cette société étroite et rapace, que préoccupent seulement des nécessités immédiates et vulgaires.

Appartenant à la fois à la race des damnés et à celle des Enfants du Soleil, nés sous le signe de Saturne et du « spleen », ils se sentent « autres ». Mais il faut payer cher ce droit à la différence : incompréhension du public, mépris et voire même rejet en sont les conséquences.

Tous pris dans le tragique d'une contradiction fondamentale, ils poussent des cris qui sont de véritables signaux de détresse, mais dont l'on ne sait pas toujours s'ils veulent vraiment se faire entendre, ni de qui ils attendent une réponse.

par Dieu

Il n'y a pas de damnation sans Dieu, car croire en Satan, c'est supposer également l'existence d'un Dieu.

Les poètes maudits sentent en eux des forces, des appels, des refus, une culpabilité qui nous font bien comprendre que le problème d'une transcendance mystérieuse, et celui du Bien et du Mal sont au centre de leur drame. Ce n'est pas par hasard si Baudelaire intitule son œuvre maîtresse : *Les Fleurs du mal* (1857).

La peinture des différentes étapes de *Une saison en Enfer*, la « conversion » de Verlaine, exaltée dans *Sagesse* (1880), le cri final de victoire dans l'*Aurélia* (1855) de Nerval sont autant de preuves de cette inquiétude qui hante nos poètes et qui se révèle d'ordre métaphysique.

par eux-mêmes

Le pire ennemi des poètes maudits, c'est en fin de compte eux-mêmes. Écorchés vifs par le rejet social qu'ils provoquent ou subissent, par leurs exigences déçues et par leurs misères physiques et morales, ils souffrent jusqu'à l'exaspération et le désespoir de leurs insuffisances et de leurs échecs. Aussi leur « moi » est-il le plus souvent le lieu d'une bataille acharnée. « J'ai reçu la vie comme une blessure », avoue Lautréamont. Nerval est le « Desdichado », c'est-à-dire le désespéré, « le Ténébreux, le Veuf, l'Inconsolé ». Rimbaud reconnaît amèrement dans *Adieu* qu'il s'est trompé lorsqu'il a cru « acquérir des pouvoirs surnaturels ». Contradictions et efforts émouvants de métamorphose sont les manifestations les plus visibles de ce mal d'être inapaisable.

Une écriture « maudite »

Provocation et dérision

Les sujets « tabous » — hardis et même choquants — ne font plus peur aux « maudits », pas plus que les mots pour les traiter. Jurons et mots obscènes parsèment l'œuvre de Rimbaud et de Lautréamont. Une « charogne » devient pour Baudelaire un thème poétique. Pour tous, la liberté manifestée à l'égard de la syntaxe traditionnelle — phrases inachevées ou elliptiques, onomatopées, ponctuation dictée, non par un rythme rationnel, mais par des émotions de nature affective — est également une manifestation du désir de provoquer le lecteur.

Devant la difficulté à communiquer avec les autres, et à se supporter soi-même, quelle meilleure arme utiliser que l'attitude cynique, qui consiste à se moquer de tous et de tout, à contester les valeurs les mieux établies — travail, famille, patrie —, à démolir les auteurs les plus reconnus — comme le fait Lautréamont à l'égard de tous les Romantiques — à exalter le mal sous toutes ses formes ?

Chez le « maudit », le ricanement défensif ou offensif est le moyen de se faire entendre, mais aussi de se faire exclure : et nous retrouvons ici l'ambiguïté, déjà signalée, entre le besoin désespéré d'être écouté et, parallèlement, le désir d'être « mis à part ».

Cette attitude provocatrice peut aller chez certains jusqu'à prendre des proportions démesurées, et l'ironie se transformer en cri de rage, en imprécation ou en blasphème. Révolte contre la famille, la société, la vie en général, mais particulièrement contre la religion, et Dieu lui-même.

La recherche de l'Absolu

Si ces attitudes sarcastiques ou révoltées varient en intensité selon les différents poètes, il est un point qui les unit tous : le désir d'innovation, le goût pour la « cassure », la quête d'une sorte de perfection. Rimbaud cherche à se faire « voyant » pour essayer de noter l'inexprimable et « d'inventer un verbe poétique accessible à tous les sens ». Verlaine va écarter les tentations parnassienne et romantique au profit de ce que sa voix veut exprimer d'impérieux et d'urgent. Pour Mallarmé, tout poème se doit d'être un fragment de vie parfaite. Lautréamont s'élève contre le langage-prison, et tente de transmettre son aventure intérieure à l'aide d'une écriture totalement originale, où le sens et l'ordre laissent place à l'élan et au chaos, seuls capables d'exprimer l'essentiel. Quant à Nerval, tout en utilisant des formes plus classiques, sans doute est-ce la même quête qu'il poursuit à travers *Les chimères* (1854), si étranges et énigmatiques.

La notion de « poète maudit » est-elle une création propre au XIXe siècle ? N'y a-t-il pas eu, avant que Rimbaud ou Verlaine n'utilise cette expression, des poètes dont le destin fut misérable, et l'œuvre longtemps méconnue, ou totalement oubliée ?

Il est sans doute permis d'affirmer qu'il y a eu, et qu'il y aura un « maudit » chaque fois qu'un être doué pour l'écriture poétique, sensible à l'excès, exigeant, mais « différent » des autres, a tenté ou tentera de voler très haut, trop haut peut-être, et de dire sa singularité douloureusement vécue.

Jean DELVILLE (1867-1953), *Orphée* (1893). Bruxelles, Collection Anne-Marie Gillion-Crowet.

Stéphane Mallarmé
1842-1898

Édouard MANET (1832-1883), *Portrait de Stéphane Mallarmé* (1876). Paris, Musée d'Orsay.

« Le monde est fait pour aboutir à un beau livre. »

Le disciple de Baudelaire

Stéphane Mallarmé naît à Paris en 1842. La disparition précoce de sa mère et de sa sœur lui inspire très tôt une obsession de la mort, dont toute son œuvre se ressentira. Sur le plan littéraire, sa jeunesse est marquée par la découverte d'Edgar Poe qui lui donne le goût d'une technique savante et surtout de Baudelaire qui devient son maître en poésie.

Dans ses premières œuvres, Mallarmé reprend les grands thèmes baudelairiens de la laideur du réel *(Le guignon, Les fenêtres)* et de la fuite par le voyage *(Brise marine)*. Il y exprime son aspiration vers l'Idéal, au-delà inaccessible et obsédant au point d'en devenir haïssable *(L'azur)*. Le poète tente alors vainement de parvenir à la sérénité, car tout le renvoie à la mort et au néant.

Les nuits difficiles de Tournon

En 1863, Mallarmé se marie et devient professeur d'anglais. Mauvais pédagogue, chahuté par les élèves, il se plaindra toute sa vie de ce métier qui absorbe son temps et son énergie. Sa carrière commence à Tournon, où, dans les années 1863-1864, il éprouve une grave crise métaphysique, à l'issue de laquelle il cesse de croire en Dieu. C'est l'époque aussi où commence vraiment son exigeante recherche poétique, souvent menacée par le doute et l'impuissance. Il entreprend successivement *Hérodiade* et *L'après-midi d'un faune*, œuvres majeures qui expriment les deux pôles de son inspiration : à la sensualité fougueuse et solaire du faune s'oppose la froideur d'Hérodiade, ennemie de la vie.

Les « mardis » de la rue de Rome

Successivement professeur aux lycées de Besançon et d'Avignon, Mallarmé est finalement nommé à Paris en 1871. Ses poèmes sont peu connus, suffisamment néanmoins pour lui assurer une renommée auprès d'artistes comme Manet ou le jeune Claude Debussy. Les poètes symbolistes font de lui leur chef de file et prennent l'habitude de se réunir chez lui, rue de Rome, chaque mardi. A ces célèbres « mardis » se rencontreront Henri de Régnier, Rodenbach, Valéry, le jeune Claudel... Mallarmé travaille alors, à une cadence de vingt vers par an, à des poèmes denses, le plus souvent dans la forme contraignante du sonnet *(Le vierge, le vivace...)*. En 1897, il publie *Un coup de dés jamais n'abolira le hasard*, œuvre insolite par sa présentation typographique et préface à un projet plus ambitieux qu'il n'eut pas le temps de mener à terme. Il meurt en effet un an plus tard, en 1898, tandis qu'il reprend *Hérodiade*, l'œuvre de toute sa vie.

Poésies (1887), 35 poèmes. → p. 374.
Album de vers et de prose (1887).
Poèmes d'Edgar Poe (1888), traduction.
Divagations (1897), œuvres en prose. → p. 381.
Un coup de dés (1897), fragment de poésie.

Poésies
1887

Apparition

Ce poème est une œuvre de jeunesse. Mallarmé le composa, en 1863, à l'âge de vingt et un ans, pour célébrer la fiancée de son ami Cazalis, mais aussi sa propre fiancée. Son atmosphère de rêve rappelle celle des tableaux préraphaélites, que le poète a vus pendant un séjour à Londres. A Cazalis qui le pressait d'écrire, il répondit : « Laisse-moi donc le temps nécessaire... Je ne veux pas faire cela d'inspiration ; la turbulence du lyrisme serait indigne de la chaste apparition que tu aimes. Il faut méditer longtemps : l'art seul, limpide et impeccable, est assez chaste pour la sculpter religieusement. »

La lune s'attristait. Des séraphins en pleurs
Rêvant, l'archet aux doigts, dans le calme des fleurs
Vaporeuses, tiraient de mourantes violes
De blancs sanglots glissant sur l'azur des corolles.
— C'était le jour béni de ton premier baiser.
Ma songerie aimant à me martyriser
S'enivrait savamment du parfum de tristesse
Que même sans regret et sans déboire laisse
La cueillaison d'un Rêve au cœur qui l'a cueilli.
J'errais donc, l'œil rivé sur le pavé vieilli
Quand avec du soleil aux cheveux, dans la rue
Et dans le soir, tu m'es en riant apparue
Et j'ai cru voir la fée au chapeau de clarté
Qui jadis sur mes beaux sommeils d'enfant gâté
Passait, laissant toujours de ses mains mal fermées
Neiger de blancs bouquets d'étoiles parfumées.

Poésies.

Pour préparer l'étude du texte

1. Montrer comment le poème évolue par étapes jusqu'à « l'apparition » (contexte extérieur, état d'âme du poète).
2. Déterminer les similitudes qui existent entre l'atmosphère extérieure et la sensibilité du poète (mélancolie, rêve, harmonie douce et voilée des sonorités semblables et des rythmes mélodieux).
3. Montrer que la fin du texte se situe dans la même tonalité d'incertitude entre rêve et réalité.

James TISSOT (1836-1902), *L'adieu sur le Mersey* (vers 1881). New York, Collection Forbes Magazine.

Brise marine

Cette pièce qui date de 1865 est d'inspiration baudelairienne. Le poète à qui le présent pèse de plus en plus éprouve la tentation de tout quitter pour fuir dans un pays exotique.

La chair est triste, hélas ! et j'ai lu tous les livres.
Fuir ! là-bas fuir ! Je sens que des oiseaux sont ivres
D'être parmi l'écume inconnue et les cieux !
Rien, ni les vieux jardins reflétés par les yeux
Ne retiendra ce cœur qui dans la mer se trempe
O nuits ! ni la clarté déserte de ma lampe[1]
Sur le vide papier que la blancheur défend
Et ni la jeune femme allaitant son enfant.[2]
Je partirai ! Steamer[3] balançant ta mâture,
Lève l'ancre pour une exotique nature !

Un Ennui, désolé par les cruels espoirs,
Croit encore à l'adieu suprême des mouchoirs !
Et, peut-être, les mâts, invitant les orages,
Sont-ils de ceux qu'un vent penche sur les naufrages
Perdus, sans mâts, sans mâts, ni fertiles îlots...
Mais, ô mon cœur, entends le chant des matelots !

Poésies.

Pour préparer le commentaire composé

Étudier

1. Les motivations du voyage : des formes de refus du présent (refus de la sensualité, de la culture, du contexte familial).
2. Le voyage rêvé : la liberté de l'oiseau, la découverte de l'exotisme, l'appel de l'inconnu.
3. Le voyage, métaphore de l'inspiration : la quête de l'écriture, le passage du rêve à la réalité évoquée, la création du poème.

Pour un groupement de textes

Le voyage : motivations et fonctions.

Cf. groupement de textes : Aspects du voyage initiatique : découvertes et déceptions, p. 528.

1. Allusion aux longues nuits souvent vaines de labeur poétique.
2. L'épouse de Mallarmé venait d'avoir un enfant.
3. Bateau à vapeur.

Hérodiade

Hérodiade est une œuvre inachevée qui occupa toute la vie de Mallarmé à partir de 1864 et lui coûta d'immenses efforts. Conçue d'abord comme une tragédie, elle devint ensuite un poème dans lequel Mallarmé, à la suite de Flaubert et de Gustave Moreau, s'inspire librement de la légende de Salomé dans la Bible. Il fait de la princesse Hérodiade le symbole du refus de la vie par désir de pureté. Retirée dans sa chambre, elle contemple jalousement sa virginité inviolée en évoquant les tentations qui pourraient la ternir.

O miroir !

Eau froide par l'ennui dans ton cadre gelée
Que de fois et pendant des heures, désolée
Des songes et cherchant mes souvenirs qui sont
Comme des feuilles sous ta glace au trou profond,
Je m'apparus en toi comme une ombre lointaine,
Mais, horreur ! des soirs, dans ta sévère fontaine,
J'ai de mon rêve épars connu la nudité ! [...]

Oui, c'est pour moi, pour moi, que je fleuris, déserte !
Vous le savez, jardins d'améthyste, enfouis
Sans fin dans de savants abîmes éblouis,
Ors ignorés, gardant votre antique lumière
Sous le sombre sommeil d'une terre première,
Vous, pierres où mes yeux comme de purs bijoux
Empruntent leur clarté mélodieuse, et vous
Métaux qui donnez à ma jeune chevelure
Une splendeur fatale et sa massive allure !
Quant à toi, femme née en des siècles malins
Pour la méchanceté des antres sibyllins[1],
Qui parles d'un mortel ! selon qui[2], des calices
De mes robes, arôme aux farouches délices
Sortirait le frisson blanc de ma nudité,
Prophétise que si le tiède azur d'été[3],
Vers lui nativement[4] la femme se dévoile,
Me voit dans ma pudeur grelottante d'étoile,
Je meurs !
J'aime l'horreur d'être vierge et je veux
Vivre parmi l'effroi que me font mes cheveux
Pour, le soir, retirée en ma couche, reptile
Inviolé sentir en la chair inutile
Le froid scintillement de ta pâle clarté
Toi qui te meurs, toi qui brûles de chasteté,
Nuit blanche de glaçons et de neige cruelle !
Et ta sœur solitaire, ô ma sœur éternelle
Mon rêve montera vers toi : telle déjà,
Rare limpidité d'un cœur qui le songea,
Je me crois seule en ma monotone patrie
Et tout, autour de moi, vit dans l'idolâtrie
D'un miroir qui reflète en son calme dormant
Hérodiade au clair regard de diamant...
O charme dernier, oui ! je le sens, je suis seule.

Poésies, « Hérodiade », II.

Pour préparer l'étude du texte

1. A partir de l'image du miroir, étudier l'expression du dédoublement et de l'introspection.
2. Mettre en relief, par une analyse des champs lexicaux, la double thématique de la sensualité et de la froideur.
3. Étudier les différentes manifestations du refus et l'expression de la solitude.

Gustave MOREAU (1826-1898), *L'apparition*. Paris, Musée Gustave Moreau.

1. Les Sibylles étaient des femmes qui dans l'Antiquité prédisaient l'avenir, chacune dans un antre.
2. Pour qui.
3. Symbole de l'appel de la vie.
4. Conformément à la nature.

Léon BAKST, *Nijinski dans « L'après-midi d'un Faune »*, aquarelle pour la couverture du programme de la septième saison des Ballets Russes au Châtelet (mai-juin 1912). Collection particulière.

L'après-midi d'un faune

Mallarmé commença ce poème en juin 1865 pour se reposer des fatigues que lui avait causées *Hérodiade*. Autant Hérodiade, personnage hivernal et nocturne, symbolisait le refus de la vie et la stérilité, autant le Faune incarne la sensualité solaire et chatoyante de l'été. Dans un paysage méditerranéen, brûlé de lumière, un faune, amoureux de nymphes aperçues au travers du feuillage, monologue. Son désir reste inassouvi, mais la musique et le rêve lui permettent de prolonger sa vision.

LE FAUNE

Ces nymphes, je les veux perpétuer.
Si clair,
Leur incarnat léger, qu'il voltige dans l'air
Assoupi de sommeils touffus.

Aimai-je un rêve ?
Mon doute, amas de nuit ancienne, s'achève
En maint rameau subtil, qui, demeuré les vrais
Bois mêmes, prouve, hélas ! que bien seul je m'offrais
Pour triomphe la faute idéale[1] de roses.
Réfléchissons...

ou si les femmes dont tu gloses
Figurent un souhait de tes sens fabuleux[2] !
Faune, l'illusion s'échappe des yeux bleus
Et froids, comme une source en pleurs, de la plus chaste :
Mais, l'autre tout soupirs, dis-tu qu'elle contraste
Comme brise du jour chaude dans ta toison !
Que non ! par l'immobile et lasse pâmoison
Suffoquant de chaleurs le matin frais s'il lutte.
Ne murmure point d'eau que ne verse ma flûte
Au bosquet arrosé d'accords ; et le seul vent
Hors des deux tuyaux prompt à s'exhaler avant
Qu'il disperse le son dans une pluie aride,
C'est à l'horizon pas remué d'une ride,
Le visible et serein souffle artificiel
De l'inspiration, qui regagne le ciel.

O bords siciliens d'un calme marécage
Qu'à l'envi de soleils ma vanité saccage,
Tacite sous les fleurs d'étincelles, CONTEZ[3]
» Que je coupais ici les creux roseaux domptés
» Par le talent ; quand, sur l'or glauque de lointaines
» Verdures dédiant leur vigne à des fontaines,
» Ondoie une blancheur animale au repos :
» Et qu'au prélude lent où naissent les pipeaux,
» Ce vol de cygnes, non ! de naïades se sauve
» Ou plonge... »

Inerte, tout brûle dans l'heure fauve
Sans marquer par quel art ensemble détala
Trop d'hymen souhaité de qui cherche le *la* :
Alors m'éveillerai-je à la ferveur première,
Droit et seul, sous un flot antique de lumière,
Lys ! et l'un de vous tous pour l'ingénuité.

Poésies.

Pour préparer l'étude du texte

1. Montrer comment, dans les vers 1 à 9, le narrateur suggère l'incertitude et le doute.
2. Qu'est-ce qui fait l'extrême difficulté des vers 10-25 ? Étudier dans ce passage le jeu des correspondances sensibles.
3. Quelle est la signification symbolique de la présence des nymphes ?

1. Aimer les nymphes est une faute aux yeux des dieux ; mais comme peut-être les nymphes n'ont existé que dans la pensée du faune, la « faute » reste seulement du domaine de la pensée.
2. Qui créent la fable et l'illusion.
3. Le faune demande aux roseaux un récit de la scène.

Sainte

Dans ce poème, qui date de 1865, Mallarmé a voulu écrire la musique du silence. Il est dédié à sainte Cécile, la patronne des musiciens. Elle est représentée sur un vitrail, jouant avec son doigt sur l'aile d'un ange. Par cette musique silencieuse, faite de douceur et de retenue, par de riches impressions visuelles évoquant des instruments invisibles et des temps qui ne sont plus, le poète suggère avec splendeur l'absence et le néant afin de les apprivoiser et d'en conjurer l'angoisse.

A la fenêtre recelant[1]
Le santal[2] vieux qui se dédore[3]
De sa viole[4] étincelant
Jadis avec flûte ou mandore,[5]

Est la Sainte pâle, étalant
Le livre vieux qui se déplie
Du Magnificat[6] ruisselant
Jadis selon vêpre et complie[7] :

A ce vitrage d'ostensoir[8]
Que frôle une harpe par l'Ange
Formée avec son vol du soir
Pour la délicate phalange

Du doigt que, sans le vieux santal
Ni le vieux livre, elle balance
Sur le plumage instrumental,
Musicienne du silence.

Poésies.

Pour préparer le commentaire composé

Étudier

1. L'importance des perceptions visuelles : couleurs, lumières, personnages.
2. Les perceptions auditives suggérées : les instruments, l'évocation du chant, l'ange musicien, les images de l'expression musicale.
3. La « musique du silence » : une musique suggérée par les mots, un tableau immobile, la musique des vers et non celle des instruments, l'expression d'une absence.

Autre éventail

Cette pièce, qui parut en 1884, appartient à la série des poèmes de circonstance que Mallarmé composa pour sa fille ou pour des amis. Dans celui-ci, l'éventail s'adresse à sa maîtresse et lui montre comment atteindre une rêverie apaisante : il doit donner le désir de l'envol, mais aussi rester prisonnier de la main, c'est-à-dire refuser le réel et lui préférer l'imaginaire. L'éventail fait en effet partie de ces bibelots, de ces objets artificiels qui, chez Mallarmé, rassurent contre le néant. Il peut aussi symboliser l'inspiration poétique : de même que la main retient l'aile qui voudrait s'envoler, le poète maîtrise l'essor de ses vers que figure chaque battement.

Édouard MANET (1832-1883), *Lola de Valence* (1861-1862), détail. Paris, Galerie du Jeu de Paume.

O rêveuse, pour que je plonge
Au pur délice sans chemin,[9]
Sache, par un subtil mensonge,
Garder mon aile dans ta main.

Une fraîcheur de crépuscule
Te vient à chaque battement
Dont le coup prisonnier recule
L'horizon délicatement.

Vertige ! voici que frissonne
L'espace comme un grand baiser
Qui, fou de naître pour personne,
Ne peut jaillir ni s'apaiser.

Sens-tu le paradis farouche
Ainsi qu'un rire enseveli
Se couler du coin de ta bouche
Au fond de l'unanime pli[10] !

Le sceptre des rivages roses
Stagnants sur les soirs d'or, ce l'est,
Ce blanc vol fermé que tu poses
Contre le feu d'un bracelet.

Poésies.

1. La fenêtre cache les instruments.
2. Bois précieux d'où l'on tire un parfum.
3. Perd sa dorure.
4. Instrument ancien ressemblant à un gros violon.
5. Instrument ancien analogue au luth.
6. Cantique à la Vierge Marie qu'on chante aux vêpres.
7. Offices de la fin d'après-midi et du soir.
8. Pièce d'orfèvrerie où se trouve exposée l'hostie.
9. Sans faire de chemin, c'est-à-dire immédiatement.
10. Périphrase désignant l'éventail ; en latin, « unanime » veut dire « d'un seul cœur », « en accord ».

Pour préparer l'explication de texte

1. Étudier dans tout le texte la double expression du mouvement et de l'immobilité. En quoi sont-ils liés ?
2. Récapituler et analyser ce que l'éventail apporte, ce à quoi il permet d'accéder, ce qu'il exprime par ses mouvements.
3. En quoi peut-on comparer sa présence à celle de l'inspiration poétique ?

Pour un groupement de textes

Objets et inspiration poétique.

Mallarmé, « Autre éventail », « La pipe » *(Poème en prose).*
Baudelaire, « La pipe » *(Les Fleurs du mal).*
Rimbaud, « Le buffet » *(Poésies).*
Verlaine, « Le piano que baise une main grêle... » *(Ariettes oubliées).*
Corbière, « La pipe au poète » *(Les amours jaunes).*
Ponge, « Le cageot » *(Le parti pris des choses).*

« Le vierge, le vivace... »

Ce sonnet fut publié en 1885. A travers l'image du cygne qui est pris dans la glace et voudrait reprendre son vol vers l'Azur, Mallarmé décrit l'impuissance du poète qui ne parvient pas à atteindre l'idéal. Cette tension entre l'aspiration au vol et les contraintes de la captivité résume le drame poétique de Mallarmé. Il finit cependant par l'assumer et donc, d'une certaine manière, par en triompher.

Le vierge, le vivace et le bel aujourd'hui
Va-t-il nous[1] déchirer avec un coup d'aile ivre
Ce lac dur oublié que hante sous le givre
Le transparent glacier[2] des vols qui n'ont pas fui !
Un cygne d'autrefois se souvient que c'est lui
Magnifique[3] mais qui sans espoir se délivre[4]
Pour n'avoir pas chanté la région où vivre[5]
Quand du stérile hiver a resplendi l'ennui.

Tout son col secouera cette blanche agonie
Par l'espace infligée à l'oiseau qui le nie,
Mais non l'horreur du sol où le plumage est pris.

Fantôme qu'à ce lieu son pur éclat assigne,
Il s'immobilise au[6] songe froid de mépris
Que vêt[7] parmi l'exil inutile le Cygne.

Poésies, « Plusieurs sonnets », II.

Pour préparer le commentaire composé

Étudier

1. L'expression de l'impuissance : celle de voler, celle d'écrire et de communiquer, un monde stérile et blanc.
2. Les images de l'inspiration : la déchirure, l'envol, le futur.
3. La création poétique : l'expression de l'espoir, l'acceptation d'une condition, une capacité d'exorcisme.

Pour un groupement de textes

Variations sur les images symboliques du cygne.

Baudelaire, « Le cygne » *(Les Fleurs du mal).*
Sully-Prudhomme, « Le cygne » *(Les solitudes).*
Vigny, « La frégate La sérieuse » *(Poèmes antiques et modernes).*
Mallarmé, « Le vierge, le vivace... ».

1. Emploi explétif et familier du pronom, qui exprime ici l'impatience.
2. Le vers désigne le cygne qui ne s'est pas dégagé de la glace à temps.
3. Qui a été magnifique.
4. Essaie vainement de se délivrer.
5. La région de l'Idéal, de la perfection.
6. Dans le.
7. Revêt.

Sonnet

Ce poème est adressé, le jour des morts, à l'un des amis du poète afin de commémorer la disparition de sa femme. La morte prend la parole et s'adresse à son mari, sur le ton mineur de l'élégie. Renouant avec la tradition littéraire de la consolation, Mallarmé construit un poème sur l'absence ; il crée une atmosphère à la fois fantastique et tendre, qui chante la ferveur amoureuse et apprivoise la mort.

(Pour votre chère morte, son ami.)
2 novembre 1877.

— « Sur les bois oubliés quand passe l'hiver sombre
Tu te plains, ô captif solitaire du seuil,
Que ce sépulcre à deux qui fera notre orgueil
Hélas ! du manque seul des lourds bouquets s'encombre.

Sans écouter Minuit qui jeta son vain nombre,
Une veille t'exalte à ne pas fermer l'œil
Avant que dans les bras de l'ancien fauteuil
Le suprême tison n'ait éclairé mon Ombre.

Qui veut souvent avoir la Visite ne doit
Par trop de fleurs charger la pierre que mon doigt
Soulève avec l'ennui d'une force défunte.

Ame au si clair foyer tremblante de m'asseoir,
Pour revivre il suffit qu'à tes lèvres j'emprunte
Le souffle de mon nom murmuré tout un soir. »

Poésies.

Pour préparer l'étude du texte

1. Analyser ce qui fait de ce sonnet un texte fantastique.
2. Étudier l'expression de l'amour et du souvenir.
3. Montrer comment se manifeste l'alternance de la présence et de l'absence.

Arnold BÖCKLIN (1827-1901), *Le bois sacré* (1882). Bâle, Kunstmuseum.

Divagations

1897

Mallarmé a écrit de nombreuses œuvres en prose qui éclairent son entreprise poétique. Il les a réunies, en 1897, dans un livre appelé *Divagations*. Dans le texte que voici, il expose sa conception de la parole poétique en l'opposant à la parole de tous les jours. Le poète doit purifier le langage pour créer un monde nouveau, fait d'essences.

Un désir indéniable à mon temps est de séparer comme en vue d'attributions différentes le double état de la parole, brut ou immédiat ici, là essentiel.

Narrer, enseigner, même décrire, cela va et encore qu'à chacun suffirait peut-être pour échanger la pensée humaine, de prendre ou de mettre dans la main d'autrui en silence une pièce de monnaie, l'emploi élémentaire du discours dessert l'universel *reportage* dont, la littérature exceptée, participe tout entre les genres d'écrits contemporains.

A quoi bon la merveille de transposer un fait de nature en sa presque disparition vibratoire selon le jeu de la parole, cependant, si ce n'est pour qu'en émane, sans la gêne d'un proche ou concret rappel, la notion pure ?

Je dis : une fleur ! et, hors de l'oubli où ma voix relègue aucun contour, en tant que quelque chose d'autre que les calices sus, musicalement se lève, idée même et suave, l'absente de tous bouquets.

Au contraire d'une fonction de numéraire facile et représentatif, comme le traite d'abord la foule, le dire, avant tout, rêve et chant, retrouve chez le Poète, par nécessité constitutive d'un art consacré aux fictions, sa virtualité.

Le vers qui de plusieurs vocables refait un mot total, neuf, étranger à la langue et comme incantatoire, achève cet isolement de la parole : niant, d'un trait souverain, le hasard demeuré aux termes malgré l'artifice de leur retrempe alternée en le sens et la sonorité, et vous cause cette surprise de n'avoir ouï jamais tel fragment ordinaire, en même temps que la réminiscence de l'objet nommé baigne dans une neuve atmosphère.

Variations sur un sujet, Crise de vers.

Pour préparer l'étude du texte

1. Dégager les mouvements et les idées principales de ce poème en prose.
2. « Langage brut » et « langage essentiel » : préciser ce qui les oppose dans leur nature et dans leurs fonctions.
3. Trouver dans les différents poèmes de Mallarmé des exemples illustrant l'idée du « mot total, neuf, étranger à la langue et comme incantatoire ».

Pour un groupement de textes

Fonctions de la poésie.

Rimbaud, Lettre dite « du Voyant ».
Mallarmé, *Divagations*.
Cocteau, « Par lui-même » *(Opéra)*.
Tardieu, *Une voix sans personne*.
Saint-John Perse, Discours de réception du Prix Nobel de Littérature.

La recherche de l'Absolu

Mallarmé voit dans la poésie l'aventure spirituelle par excellence ; il en fait une recherche de l'Absolu, qui vise à saisir au-delà des apparences la signification de la vie. « La Poésie, déclare-t-il, est l'expression, par le langage humain ramené à son rythme essentiel, du sens mystérieux de l'existence : elle doue d'authenticité notre séjour et constitue la seule tâche spirituelle. » La vie de Mallarmé n'aura été que la suite de ses élans désespérés vers cette connaissance suprême.

Cette quête de l'Absolu est une ascèse où le poète doit consentir à des renoncements. Il doit d'abord fuir le réel, « vil » et décevant. Il lui faut ensuite en finir avec la littérature traditionnelle qui le plus souvent n'est que jeu ou simple représentation du réel. Il doit enfin renoncer aux mots de tous les jours qui, à cause de leur sens univoque, restent à la surface des choses.

Mallarmé pense en effet que nous vivons sur des idées toutes faites et usons d'un langage pauvre qui est seulement une monnaie d'échange et ne peut donc rendre compte de notre vie profonde. Il faut « donner un sens plus pur aux mots de la tribu », c'est-à-dire briser les automatismes de la syntaxe et la signification conventionnelle des mots. Il faut ensuite, devant le plus simple objet, non pas le décrire exactement, mais se demander : qu'est-ce que cela signifie ? La littérature cesse alors d'être un jeu ou un « reportage » ; elle acquiert une ambition métaphysique et devient l'expression d'une pensée tentant de reconstruire la réalité dans son essence ; en dépassant la pauvreté des apparences, elle atteint l'Absolu. Pour Mallarmé, la poésie fait donc l'objet d'un véritable sacerdoce. Mais cela implique l'invention d'un mystère en accord avec le caractère sacré de l'entreprise. « Toute chose sacrée, écrit-il, et qui veut demeurer sacrée s'enveloppe de mystère. » Distinguant donc nettement la langue poétique de la langue de tous les jours, le poète doit, au risque de devenir obscur, créer un langage nouveau. Le poème alors se fait incantation ; il acquiert une force magique et devient un grimoire accessible aux seuls initiés. ➥

La suggestion du symbole

Pour créer le mystère, le poète doit garder le silence sur la réalité concrète et chercher à évoquer par les mots l'essence de cette réalité. Il lui faut « peindre non la chose, mais l'effet qu'elle produit ». C'est la technique de la suggestion du symbole : « Nommer un objet, c'est supprimer les trois quarts de la jouissance du poème qui est faite du bonheur de deviner peu à peu ; le suggérer, voilà le rêve. C'est le parfait usage de ce mystère qui constitue le symbole : évoquer petit à petit un objet pour montrer un état d'âme, ou, inversement, choisir un objet et en dégager un état d'âme, pour une série de déchiffrements. » Dans *Autre éventail*, par exemple, le mouvement de l'éventail suggère d'abord par analogie l'image de l'oiseau et finit par symboliser l'inspiration poétique. Le symbole permet ainsi d'établir entre le monde spirituel et la matière des analogies ; il sert à déchiffrer le sens de l'Univers et à découvrir la Beauté qui se cache sous les apparences.

La création d'un monde d'essences

La poésie a donc pour tâche d'abolir le monde matériel qui déçoit le poète et de créer un monde nouveau, mieux en harmonie avec ses aspirations. Au-delà des apparences, elle doit découvrir les essences, c'est-à-dire le secret des êtres et des choses, invisible au premier abord. Mais cette recherche des essences s'accompagne d'une fascination du néant et d'une hantise de la mort, que le poète essaie d'apprivoiser en les faisant accéder à l'être. C'est pourquoi il s'emploie souvent à exprimer le non-être, à donner une valeur positive à l'absence et à rendre le silence aussi plein que les mots qui le traversent.

Carlos SCHWABE (1866-1926), *La mort et le fossoyeur.* Paris, Musée du Louvre.

Grâce à ce recours au non-être, le poète isole des « notions pures » qui le délivrent à la fois du hasard et de la mort. « Je dis : une fleur ! et, hors de l'oubli où ma voix relègue aucun contour, en tant que quelque chose d'autre que les calices sus, musicalement se lève, idée même et suave, l'absente de tous bouquets. » Selon Mallarmé, l'idée poétique de la fleur doit être indépendante de toutes les formes de fleurs que nous connaissons (« calices sus »). Pour l'évoquer, le poète doit s'adresser au non-être et créer « l'absente de tous bouquets ».

Le rêve du Livre

Cette recherche d'un monde essentiel s'inscrit chez Mallarmé dans le projet ultime d'écrire un livre qui serait le Livre par excellence : « Le monde est fait pour aboutir à un beau livre. » Synthèse impersonnelle de tous les livres possibles, il donnerait d'une façon définitive et totale le sens du monde. Pour une telle entreprise, il ne faudrait rien laisser au hasard : blanc de la page, noir de l'encre, forme des caractères d'imprimerie, pliage de la feuille. Mallarmé recula toujours sa réalisation, mais il est possible de s'en faire une idée avec sa dernière œuvre : *Un coup de dés jamais n'abolira le hasard.* Sur vingt pages, les mots placés de façon irrégulière et savante cherchent à vaincre le temps et à éliminer le hasard. Ce Livre reste inachevé, mais il constitue l'une des ambitions les plus hautes qu'on ait jamais assignée à la littérature.

LA TENTATION DE LA DISSONANCE : VERLAINE, LAFORGUE, CORBIÈRE, CROS

Odilon REDON (1840-1916)
Les yeux clos. Paris, Musée du Louvre.

LE LYRISME POST-BAUDELAIRIEN

Dans ce troisième tiers du XIXe siècle qui voit l'apogée du matérialisme scientiste et le triomphe de la bourgeoisie affairiste, le poète ne peut que s'interroger sur la place et même sur l'utilité de son art. En 1870, le Romantisme optimiste, exaltant la « mission » du poète (cf. p. 60), est depuis longtemps défunt. Le grand Hugo n'est plus que l'imposant témoin d'une époque révolue. Les fulgurantes révoltes de Rimbaud et de Lautréamont sont littérairement marginales et leurs œuvres peu lues : il faudra attendre la fin du siècle et le vacillement du scientisme pour que la violence rimbaldienne féconde un autre grand poète, dont le lyrisme « total » allait marquer le siècle nouveau : Paul Claudel. Et l'itinéraire métaphysico-poétique de Mallarmé, qui le conduit aux confins du silence, est salué de loin, plutôt que suivi, ou même compris.

D'autre part, le dogme parnassien de l'impassibilité (cf. p. 286) devait fatalement être senti comme un carcan par tous ceux qui avaient eu de Baudelaire la révélation d'un lyrisme moderne. *Les Fleurs du mal*, en effet, avaient montré la voie d'un lyrisme lucide et amer, fondé sur l'impitoyable analyse du mal-être du poète face au monde, et sur la discordance douloureuse du réel et de l'idéal dans l'âme moderne. Thèmes d'origine romantique, mais traités avec une acuité si désespérée et une rigueur formelle si accomplie que les épanchements romantiques semblaient soudain complaisants et vieillis. Avec Baudelaire, le lyrisme français, intégrant le Romantisme, mais le dépassant par la perfection formelle, pouvait difficilement être à son tour dépassé.

« Un accord discord »

La leçon de Verlaine

Baudelaire toutefois avait gardé intacte une certaine rhétorique classique, éprise de régularité et de symétrie formelles (cf. pp. 338-339). Le génie de Paul Verlaine sera de trouver une musique qui épouse et traduise au plus juste cette discordance du Moi et du monde héritée poétiquement de Baudelaire. Nul mieux que Verlaine, être à la fois réceptif et ambigu, n'était désigné pour laisser résonner dans le poème des sentiments et des voix contradictoires. Les puissantes antithèses de Baudelaire et de Hugo font place à ce que Verlaine nomme « un accord discord ». Celui-ci se caractérise, quant aux thèmes, par un équilibre toujours instable, et comme miraculeusement maintenu, entre inquiétude et douceur de vivre *(Fêtes galantes)* ou familiarité et mystère (« Mon rêve familier »). Sur le plan formel, toute une série d'innovations marque la rupture avec la rhétorique et l'éloquence à laquelle Verlaine a juré de « tordre son cou »[1] : le mètre, volontiers impair, est soumis à des irrégularités rythmiques savantes, d'autant plus savantes qu'elles ont l'air négligé, et que la poésie s'amuse à frôler la prose... Le jeu des sonorités assure l'unité harmonique de la « chansons grise »[2], cependant que la présence d'interjections étouffées, de parenthèses, de dialogue à mi-voix, rompt ce que la régularité sonore aurait de monotone : la musicalité verlainienne est donc le résultat d'un contrepoint subtil de régularité et d'irrégularité, d'harmonie et de dissonance légère. Il est significatif qu'à la même époque Gabriel Fauré[3] inaugure en musique une voie analogue : dans la mélodie fauréenne comme dans le poème verlainien règnent la même incertitude tonale — à la frange de la dissonance parfois —, la même souplesse sinueuse, qui reprend et efface les motifs.

Cette esthétique de Verlaine fera sentir ses effets jusque chez Apollinaire, notamment dans les ambiguïtés thématiques, rythmiques et métriques des « Colchiques », d'« Automne malade » ou de « Marie » (*Alcools*, 1913).

La recherche de la dissonance

Laforgue et Corbière, si différents par ailleurs, poussent tous deux jusqu'au systématisme l'usage de la dissonance, faisant fi des précautions de Verlaine à cet égard. Chez eux, ce sont de perpétuels changements de ton, et des railleries qui voilent l'émotion. Il s'agit, pour Laforgue en particulier, de faire la guerre à l'expression romantique des sentiments, en reprenant les thèmes de la mélancolie, de l'exil du poète, de l'ennui, thèmes romantiques par excellence, mais désormais décapés par l'acidité de l'auto-dérision. Il y a donc dans cette poésie un jeu, très faussement naïf, avec les clichés du lyrisme romantique ; et si Laforgue est pathétique, il l'est en quelque sorte au second degré, caché qu'il se tient derrière les masques du dandy ou du Pierrot spleenétique...

Poésie « fin-de-siècle », poésie de l'épuisement du Romantisme ? Sans doute, mais n'oublions pas que Laforgue et Corbière sont aussi de grands créateurs verbaux (néologismes fantaisistes), qu'ils font confiance au pouvoir autonome des mots et des images, à leur libre enchaînement ou enchevêtrement : ils annonçaient par-là l'entreprise surréaliste, comme les délicieuses audaces musicales d'Erik Satie frayaient la voie aux formes libérées de Ravel et de Stravinski.

1. « Prends l'éloquence et tords-lui son cou » : vers célèbre de l'« Art poétique » de Paul Verlaine (cf. p. 396).
2. « Rien de plus cher que la chanson grise où l'Indécis au Précis se joint » : autres vers de l'« Art poétique ».
3. Gabriel Fauré composa d'ailleurs des élégies sur le texte des *Romances sans paroles*, et *Cinq mélodies de Venise* à partir des *Fêtes galantes*.

Paul Verlaine
1844-1896

Verlaine, photographié par DORNAC. Paris, Musée Carnavalet.

Sous le signe de Saturne

Dès la préface des *Poèmes saturniens*, Verlaine se place sous l'influence maligne de la planète Saturne qui réserve au poète « bonne part de malheur ». La croyance en cette prédestination éclaire les principales composantes de la personnalité verlainienne : faiblesse de volonté, passivité, refus de l'action. Cette malédiction prend deux formes essentielles : la condamnation à l'errance et le sentiment de l'exil sur terre mais aussi à l'intérieur même de l'être. Faite de contradictions profondes, la personnalité du poète est l'objet d'un continuel conflit intérieur : combat de la folie et de la raison, de l'amour pour sa femme Mathilde Mauté et de la passion pour Rimbaud, de la foi chrétienne et de la vie charnelle. Verlaine aspire à l'ordre (le mariage, la morale) et cède à l'emprise du désordre : rêves, alcool, plaisirs des sens.

Les débuts verlainiens

Verlaine naît à Metz le 30 mars 1844. C'est un enfant attendu, gâté, auquel sa mère sera dévouée toute sa vie. En classe, Verlaine est un élève intelligent, doué pour le dessin et la caricature. Mais dès l'entrée en seconde, il délaisse ses devoirs et passe son temps à lire ses auteurs favoris. En 1862, il réussit à son baccalauréat et devient employé de bureau à l'Hôtel de Ville de Paris. Travail peu astreignant qui lui laisse tout loisir de fréquenter les milieux littéraires et les cafés. Dès 1865, Verlaine, âgé de 21 ans, est critique littéraire dans *L'Art*. Il écrit alors un article important sur Baudelaire. L'année suivante, en 1866, il publie ses *Poèmes saturniens*.

En 1867, Verlaine connaît une première grande souffrance, la perte de sa cousine Élisa dont il était vainement tombé amoureux en 1862. Il s'enivre alors pour oublier, comme il le fera d'ailleurs presque toute sa vie. Deux ans plus tard, Verlaine publie le recueil des *Fêtes galantes* et s'éprend d'une jeune fille de 16 ans, Mathilde Mauté. La pureté de Mathilde représente pour Verlaine le salut et l'innocence retrouvée. La période des fiançailles met momentanément un terme à ses crises d'alcoolisme et de violence. Verlaine exprime dans *La bonne chanson* — recueil qui paraîtra l'année suivante, en 1870 — l'espoir qu'il met en ce bonheur nouveau. Le 11 août 1870, il se marie. Mais il s'est remis à boire et perd son emploi. En septembre 1871, il accueille Rimbaud à Paris. Verlaine est subjugué par le génie iconoclaste de l'adolescent. Avec Rimbaud, les anciennes tentations reprennent : homosexualité, ivresse. En juillet 1872, les deux poètes partent pour la Belgique. La difficile vie commune des deux compagnons, d'abord en Belgique, puis à Londres, s'achève en juillet 1873 à Bruxelles. Verlaine a tiré deux coups de revolver sur Rimbaud pour l'empêcher de partir. Condamné à deux ans de prison pour tentative d'homicide, il est incarcéré à la maison d'arrêt de Mons. En mars 1874, sont publiées les *Romances sans paroles*.

La conversion

En prison, Verlaine éprouve des remords sincères. Solitaire, il cherche désormais son salut en Dieu. Cette conversion est évoquée dans le manuscrit recueillant les poèmes écrits en prison : *Cellulairement.*

Libéré en janvier 1875, Verlaine mène pendant quatre ans une existence exemplaire. Enfin, après dix ans d'absence, il regagne Paris. Mais il ne retrouve pas son poste à l'Hôtel de Ville et Lucien Létinois, le jeune homme auquel il s'était attaché, meurt. Il sombre de nouveau dans l'alcool.

Misère et déchéance

Verlaine connaît dès lors une existence faite de crises d'alcoolisme, de violences exercées sur sa mère et de scandales suscités par son ivresse et sa pédérastie. De retour à Paris, il vit dans un taudis et se retrouve sans ressources à la mort de sa mère.

Paradoxalement, Verlaine va connaître la célébrité au moment de sa déchéance la plus complète, quand le génie créateur s'est tari. En effet, si les recueils *Jadis et naguère* (1884) et *Parallèlement* (1889) contiennent encore de beaux poèmes, l'ensemble de la production verlainienne s'est considérablement dégradé. Mais les jeunes générations symboliste et décadente prennent pour maître l'auteur d'« Art poétique ». Verlaine reçoit dans ses mansardes de nombreux amis écrivains qui se cotiseront pour lui assurer une rente mensuelle. En 1894, il est consacré à la suite de Leconte de Lisle « Prince des poètes ». Le 8 janvier 1896, quand Verlaine meurt d'une congestion pulmonaire, à l'âge de 51 ans, tous ses amis accourent rue Descartes : Barrès, Henri de Régnier, Anatole France, Charles Maurras, Mallarmé. Au cimetière des Batignolles, une foule d'écrivains et d'admirateurs vient rendre un dernier hommage au poète.

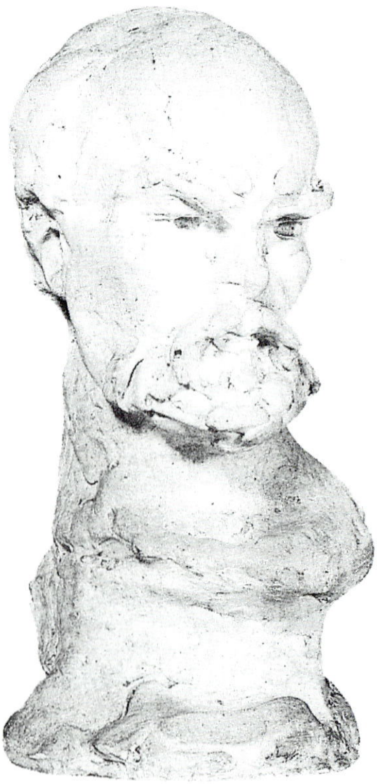

NIEDERHAÜSERN-RODO (1863-1913), *Verlaine*, buste. Paris, Musée Bourdelle.

Poèmes saturniens (1866). → p. 387.
Fêtes galantes (1869). → p. 389.
La bonne chanson (1870).
Romances sans paroles (1874). → p. 392.
Sagesse (1880). → p. 394.
Jadis et naguère (1884). → p. 396.
Parallèlement (1889).

Poèmes saturniens

1866

En novembre 1866, Verlaine, alors âgé de 22 ans, publie son premier recueil poétique sous le titre *Poèmes saturniens.* Verlaine inscrit ainsi sa personnalité et sa poésie sous le signe maléfique de Saturne.

Vers de jeunesse, les *Poèmes saturniens* sont empreints d'influences. On décèle quelques thèmes parnassiens : refus de l'engagement et culte du beau dans le prologue, mépris de l'inspiration et condamnation du lyrisme personnel, faite non sans ironie, dans l'épilogue. L'influence baudelairienne est certes plus profonde, surtout dans les tableaux de Paris de la section *Eaux-fortes* et dans les *Paysages tristes.* Verlaine admire Baudelaire pour sa modernité et l'intensité de sa mélancolie. Il voit en lui celui qui sut faire naître de « ses sens aiguisés et vibrants » toutes « sortes de comparaisons, d'images et de correspondances »[1].

Quatre sections, *Melancholia, Eaux-fortes, Paysages tristes, Caprices,* composent ce recueil. La première, *Melancholia,* rend sensible un état d'âme comme l'indiquent des titres abstraits : « Résignation », « Lassitude », « Angoisse » ou des titres réunis autour du thème du souvenir : « Nevermore », « Après trois ans », « Mon rêve familier ». La section *Eaux-fortes* — il s'agit ici d'un terme de peinture évoquant des croquis fortement contrastés en noir et blanc — rend compte d'une atmosphère nocturne (« Effet de nuit ») et d'un éclairage lunaire (« Croquis parisien », « Marine »). La section des *Paysages tristes* est la plus originale. Rejetant les effusions lyriques d'une part, la pure description pittoresque de l'autre, Verlaine fusionne manifestations de la vie intérieure — les sentiments — et perception du monde extérieur — les sensations — dans une écriture impressionniste.

Mon rêve familier

Dans un rêve, qui est aussi un souvenir, Verlaine se plaît à évoquer une femme idéale qui pourrait le comprendre. Mais l'existence de cette femme est rendue illusoire par l'indétermination du souvenir et le caractère lointain de la femme aimée.

Je fais souvent ce rêve étrange et pénétrant
D'une femme inconnue, et que j'aime, et qui m'aime
Et qui n'est, chaque fois, ni tout à fait la même
Ni tout à fait une autre, et m'aime et me comprend.

Car elle me comprend, et mon cœur, transparent
Pour elle seule, hélas ! cesse d'être un problème
Pour elle seule, et les moiteurs de mon front blême,
Elle seule les sait rafraîchir en pleurant.

Est-elle brune, blonde ou rousse ? — Je l'ignore.
Son nom ? Je me souviens qu'il est doux et sonore
Comme ceux des aimés que la Vie exila.

Son regard est pareil au regard des statues,
Et, pour sa voix, lointaine, et calme, et grave, elle a
L'inflexion des voix chères qui se sont tues.

Poèmes saturniens, « Melancholia », VI.

Pour préparer le commentaire de texte

Mettre en évidence

1. l'existence réconfortante d'une femme aimante et consolatrice.
2. les incertitudes multiples qui entourent cette existence.
3. la signification de cette apparente contradiction.

Pour préparer l'étude du texte

1. Préciser ce qui, dans ce portrait, relève du rêve et ce qui relève de la réalité.
2. Quel rôle le poète attribue-t-il à cette femme ?
3. Qu'est-ce qui fait le charme un peu triste et l'harmonie de ce sonnet ? (Sonorités, rythmes, phénomènes de reprise, ruptures, suggestions...)

Pour un groupement de textes

La femme idéale.

Baudelaire, « Ciel brouillé », « A une passante ».
Nerval, « Une allée du Luxembourg », « Fantaisie ».
Musset, « La chanson de Fortunio ».
Hugo, *Chansons des rues et des bois* (« Pour Jeanne seule »).

1. Article sur Baudelaire écrit par Verlaine le 23 décembre 1865 dans *L'Art.*

Soleils couchants

Poème d'ouverture de la section des *Paysages tristes*, « Soleils couchants » rend parfaitement compte de l'originalité de la poésie verlainienne. Verlaine exploite le pouvoir évocatoire des mots en réduisant leur nombre et en tissant autour de quelques-uns de multiples résonances.

Une aube affaiblie
Verse par les champs
La mélancolie
Des soleils couchants.

La mélancolie
Berce de doux chants
Mon cœur qui s'oublie
Aux soleils couchants.

Et d'étranges rêves
Comme des soleils
Couchants, sur les grèves,
Fantômes vermeils,

Défilent sans trêves,
Défilent, pareils
A de grands soleils
Couchants sur les grèves.

Poèmes saturniens, « Paysages tristes », I.

Pour préparer l'étude du texte

1. Après avoir défini le thème du poème et son évolution, étudier les phénomènes de répétitions, de reprises de termes et de sonorités. Quel effet ces différents procédés concourent-ils à créer ?

2. Dans son « Art poétique », publié plus tard, Verlaine recommande de rechercher la musicalité, et prône l'imprécision. Analyser ce qui fait l'harmonie de ce poème et les procédés qui permettent de suggérer, non des images précises, mais des impressions.

Claude MONET (1840-1926), *Soleil couchant sur Seine à Lavacourt, effet d'hiver* (1880). Paris, Musée du Petit Palais.

Chanson d'automne

Sur un thème pourtant rebattu, l'automne et la sensation de tristesse qui l'accompagne, Verlaine compose une chanson d'une extraordinaire nouveauté par sa facture métrique et syntaxique.

Les sanglots longs
Des violons
De l'automne
Blessent mon cœur
D'une langueur
Monotone.

Tout suffocant
Et blême, quand
Sonne l'heure,
Je me souviens
Des jours anciens
Et je pleure ;

Et je m'en vais
Au vent mauvais
Qui m'emporte
Deçà, delà,
Pareil à la
Feuille morte.

Poèmes saturniens,
« Paysages tristes », V.

Jean-Baptiste Camille COROT (1796-1875), *Le coup de vent.* Reims, Musée Saint-Denis.

Pour préparer l'étude du texte

1. Analyser le champ lexical de la souffrance : les symptômes, les causes et la nature de celle que ressent le poète.
2. En déduire les effets de l'automne sur la sensibilité du poète. En quoi y a-t-il progression d'une strophe à l'autre ?
3. Caractériser le charme de la poésie verlainienne en étudiant les mètres, les rythmes, les figures de style, les répétitions de sonorités, les effets d'harmonie et de rupture.

Pour un groupement de textes

L'automne.

Lamartine, *Méditations poétiques.*
Hugo, *Toute la lyre*, XXXV.
A. Bertrand, *Gaspard de la nuit* (« Silves », « Octobre »).
Baudelaire, *Les Fleurs du mal* (« Chant d'automne »).
Laforgue, *Les complaintes* (« Complainte d'un autre dimanche »), *Imitation de Notre-Dame la Lune* (« Le brave, brave automne »).
Apollinaire, *Alcools* (« Automne malade »).

Fêtes galantes
1869

Ce recueil de 22 poèmes présente une grande unité thématique. Le titre du recueil est une allusion directe à Watteau — peintre du XVIIIe siècle — qui représentait dans un décor naturel les divertissements d'une société raffinée.

Le décor des *Fêtes galantes* n'est qu'un prétexte pour laisser libre cours à un imaginaire personnel. Ce monde de faux-semblants séduit Verlaine par son caractère complexe et ambivalent.

Les *Fêtes galantes* sont d'abord des fêtes amoureuses. Verlaine en aime le climat de légèreté et de libertinage qui représente pour lui un refuge contre l'angoisse. Mais ces fêtes galantes sont aussi des fêtes nocturnes dont l'éclairage lunaire révèle la face cachée des choses. Les personnages légers de la préciosité et de la *commedia dell'arte* n'ont pas de consistance réelle. Leur existence ludique est un leurre et derrière des apparences heureuses se révèlent des souffrances cachées. Les jeux de l'amour dissimulent mal les blessures de la passion ou les déceptions du plaisir. Sur le mode mineur — murmure, souffle, soupir — surgissent toutes sortes de dissonances, de fêlures, de sanglots. L'inquiétude verlainienne réapparaît au fur et à mesure que nous avançons dans les *Fêtes galantes.* Ces tableaux en demi-teintes révèlent une passion pour l'irréel (présence de comédiens, de masques, de spectres) et un goût de la sensation qui, dans son aspect éphémère et superficiel, dévoile en fait les aspects durables et profonds de la vie émotive.

Clair de lune

Le poème d'ouverture des *Fêtes galantes* se présente comme la transposition musicale d'une toile de Watteau. Ce tableau en demi-teintes annonce l'atmosphère du recueil.

Votre âme est un paysage choisi
Que vont charmant masques et bergamasques
Jouant du luth et dansant et quasi
Tristes sous leurs déguisements fantasques.

Tout en chantant sur le mode mineur
L'amour vainqueur et la vie opportune,
Ils n'ont pas l'air de croire à leur bonheur
Et leur chanson se mêle au clair de lune,

Au calme clair de lune triste et beau,
Qui fait rêver les oiseaux dans les arbres
Et sangloter d'extase les jets d'eau,
Les grands jets d'eau sveltes parmi les marbres.

Fêtes galantes.

Pour préparer l'étude du texte

1. Analyser l'évolution du texte d'une strophe à l'autre.
2. Rechercher les dissonances sensibles et affectives qui apparaissent chez les personnages et dans le décor (étudier les oppositions lexicales et thématiques ainsi que les jeux sur les sonorités).
3. En utilisant les réponses des deux premières questions, montrer en quoi ce poème constitue une illustration métaphorique de la vie intérieure et affective.

Pour une étude comparée

Étudier les similitudes et les différences de traitement du thème de la fête dans les deux textes suivants :
Verlaine, « Clair de lune » ;
Hugo, « La fête chez Thérèse », 12 derniers vers (cf. p. 257).

Adolphe J.-T. MONTICELLI (1824-1886), *Scène dans un parc.* Marseille, Musée des Beaux-Arts.

En sourdine

Ce poème est révélateur de l'attitude du poète vis-à-vis du monde et de la création artistique : attente, passivité, réceptivité et confusion de la vie intime et du monde extérieur.

Calmes dans le demi-jour
Que les hautes branches font,
Pénétrons bien notre amour
De ce silence profond.

Fondons nos âmes
Et nos sens extasiés,
Parmi les vagues langueurs
Des pins et des arbousiers.

Ferme tes yeux à demi,
Croise tes bras sur ton sein,
Et de ton cœur endormi
Chasse à jamais tout dessein.

Laissons-nous persuader
Au souffle berceur et doux
Qui vient à tes pieds rider
Les ondes de gazon roux.

Et quand, solennel, le soir
Des chênes noirs tombera,
Voix de notre désespoir,
Le rossignol chantera.

Fêtes galantes.

Edward BURNE-JONES (1833-1898), *Une idylle* (1862).
By permission of the Birmingham Museum and Art Gallery.

Pour préparer l'étude du texte

1. Analyser, par une étude des structures syntaxiques et des associations de mots, comment s'opère une fusion étroite entre les sentiments et le monde extérieur.
2. Définir à partir du texte une conception verlainienne du bonheur.
3. Quel effet la strophe 5 produit-elle ? Pourquoi, cependant, le poème ne se termine-t-il pas sur une note désespérée ?

Colloque sentimental

Le dernier poème du recueil met un terme à l'atmosphère légère des *Fêtes galantes*. Les personnages brillants et animés sont réduits à des spectres et l'amour s'efface dans le souvenir ou l'oubli.

Dans le vieux parc solitaire et glacé,
Deux formes ont tout à l'heure passé.

Leurs yeux sont morts et leurs lèvres sont molles,
Et l'on entend à peine leurs paroles.

Dans le vieux parc solitaire et glacé,
Deux spectres ont évoqué le passé.

— Te souvient-il de notre extase ancienne ?
— Pourquoi voulez-vous donc qu'il m'en souvienne ?

— Ton cœur bat-il toujours à mon seul nom ?
Toujours vois-tu mon âme en rêve ? — Non.

— Ah ! les beaux jours de bonheur indicible
Où nous joignions nos bouches ! — C'est possible.

— Qu'il était bleu, le ciel, et grand, l'espoir !
— L'espoir a fui, vaincu, vers le ciel noir.

Tels ils marchaient dans les avoines folles,
Et la nuit seule entendit leurs paroles.

Fêtes galantes.

Pour préparer l'étude du texte

1. Analyser l'ironie légère du titre dans sa relation avec le texte. Que semble-t-il annoncer ? Quelle est la dissonance ?
2. Faire une analyse précise du dialogue : ton des questions et des réponses, passage de l'interrogation à l'exclamation, reprise des images.
3. Étudier le thème du temps et de ses effets destructeurs à travers l'ensemble du texte (temps verbaux, opposition passé/présent, atténuation et disparition des sentiments, bilan amer et mélancolique).

Pour un groupement de textes

Le temps dans la poésie verlainienne.

« Après trois ans », « Nevermore », « Les faux beaux jours... » (cf. p. 394).

Romances sans paroles

1874

Ce recueil, peut-être le plus représentatif de l'originalité de Verlaine, correspond à une évolution précise de sa poésie sous le double signe de la musique et de l'impression. Le titre du recueil met l'accent sur cette ambition musicale : les romances sont des pièces pour chant et piano caractérisées par leur brièveté, leur simplicité, leur contenu sentimental allant jusqu'à la naïveté et surtout leur trame mélodique ; le complément déterminatif « sans paroles » souligne la primauté des sonorités sur les mots. Le titre de la première section, *Ariettes oubliées*, confirme cette vocation musicale sensible dans les recherches métriques : les neuf ariettes jouent de façon exemplaire avec la variété des mètres (vers impairs de 5, 7, 9 syllabes ; vers pairs de 6, 8 ou 10 syllabes). Notons deux caractéristiques des *Romances sans paroles* : l'emploi d'un mètre court (4 syllabes pour « Walcourt », cf. p. 393) et surtout de l'impair. On constate une même recherche dans le jeu des rimes et de la mélodie par les effets de reprise et de refrains (cf. Ariette VIII).

Les titres des sections II et III, *Paysages belges* et *Aquarelles*, nous révèlent la seconde composante esthétique du recueil : l'impressionnisme pictural. La référence à l'aquarelle marque la prédilection de Verlaine pour les demi-teintes, la nuance, seules capables de peindre des états d'âme complexes et mélancoliques. Les thèmes récurrents du recueil (tristesse, regret, souvenir, exil), issus du lyrisme traditionnel, sont traités d'une façon nouvelle. D'abord, par un refus de toute psychologie : rejetant les causes au profit des impressions, le poète suggère la tristesse mais ne l'explique pas ; mais aussi par le recours à une technique impressionniste : l'évocation du paysage par une série de touches juxtaposées (cf. « Walcourt », « Charleroi ») rend sensibles ses états d'âme. Un tel procédé provoque la fusion de l'extériorité et du Moi.

Ariette I

Les ariettes ne portent pas de titre ; elles sont seulement numérotées. Un tel choix traduit bien cette volonté de créer une poésie « sans paroles ». La première des ariettes est représentative d'une poésie qui repose sur le pur jeu des sensations.

C'est l'extase langoureuse,
C'est la fatigue amoureuse,
C'est tous les frissons des bois
Parmi l'étreinte des brises,
C'est, vers les ramures grises,
Le chœur des petites voix.

O le frêle et frais murmure !
Cela gazouille et susurre,
Cela ressemble au cri doux
Que l'herbe agitée expire...
Tu dirais, sous l'eau qui vire,
Le roulis sourd des cailloux.

Cette âme qui se lamente
En cette plainte dormante,
C'est la nôtre, n'est-ce pas ?
La mienne, dis, et la tienne,
Dont s'exhale l'humble antienne[1]
Par ce tiède soir, tout bas ?

Romances sans paroles, « Ariettes oubliées », I.

Pour préparer le commentaire composé

1. L'art de la définition. Étudier les différentes formulations et figures qui orientent le texte vers une tentative de définition (anaphores, comparaisons, interrogations, création d'analogies).
2. Étudier en quoi il est difficile, à partir de tous les éléments donnés, de définir une réalité unique.
3. Quelle peut être alors la justification de la démarche du poète ? Que cherche-t-il à exprimer ?

Ariette III

L'ariette III, justement célèbre par son caractère purement musical, suggère cette mélancolie indéfinissable à laquelle Verlaine ne pourra jamais se soustraire.

Il pleure dans mon cœur
Comme il pleut sur la ville ;
Quelle est cette langueur
Qui pénètre mon cœur ?

O bruit doux de la pluie
Par terre et sur les toits !
Pour un cœur qui s'ennuie,
O le chant de la pluie !

Il pleure sans raison
Dans ce cœur qui s'écœure.
Quoi ! nulle trahison ?...
Ce deuil est sans raison.

C'est bien la pire peine
De ne savoir pourquoi
Sans amour et sans haine
Mon cœur a tant de peine !

Romances sans paroles, « Ariettes oubliées », III.

1. Mot qui désigne le verset qu'on chante avant et après un psaume et par extension un refrain : ici, la plainte qui se répète.

Pour préparer l'étude du texte

1. Faire une étude des sonorités du texte (rimes, rimes internes, assonances, allitérations) : quel est l'effet produit ?
2. Faire apparaître la correspondance sur laquelle est construit le poème et sa progression.
3. A l'aide des réponses aux questions précédentes, montrer que la mélodie et l'harmonie du texte sont plus importantes, sans doute, que l'analyse psychologique qu'il ébauche.

Les deux premiers poèmes de la section *Paysages belges*, écrite en juillet-août 1872, reflètent deux aspects de la Belgique et surtout deux états d'âme bien différents du poète.

Walcourt

Briques et tuiles,
O les charmants
Petits asiles
Pour les amants !

Houblons et vignes,
Feuilles et fleurs,
Tentes insignes
Des francs buveurs !

Guinguettes claires,
Bières, clameurs,
Servantes chères
A tous fumeurs !

Gares prochaines,
Gais chemins grands...
Quelles aubaines,
Bons juifs-errants !

Charleroi

Dans l'herbe noire
Les kobolds[1] vont.
Le vent profond
Pleure, on veut croire.

Quoi donc se sent ?
L'avoine siffle.
Un buisson gifle
L'œil au passant.

Plutôt des bouges
Que des maisons.
Quels horizons
De forges rouges !

On sent donc quoi ?
Des gares tonnent,
Les yeux s'étonnent,
Où Charleroi ?

Parfums sinistres !
Qu'est-ce que c'est ?
Quoi bruissait
Comme des sistres[2] ?

Sites brutaux !
Oh ! votre haleine,
Sueur humaine,
Cris des métaux !

Dans l'herbe noire
Les kobolds vont.
Le vent profond
Pleure, on veut croire.

Romances sans paroles, « Paysages belges ».

Pour préparer une étude comparée

Étudier simultanément ces deux textes en mettant en évidence
1. Leurs points communs : mètre, ponctuation, syntaxe, figures de style, éléments constitutifs des paysages décrits.
2. Leurs différences : structure du texte et des strophes, impressions suggérées, valeur symbolique et mythologique.

Pour un groupement de textes

Poésie et paysages industriels.

Verlaine, « Charleroi ».
Rimbaud, « Ouvriers », « Ponts », « Villes » *(Illuminations)*.
Verhaeren, extraits des *Villes tentaculaires*.
Apollinaire, extraits de « Zone » *(Alcools)*.

C. MEUNIER (1831-1905), *Les toits rouges*. Bruxelles, Musées Royaux des Beaux-Arts de Belgique.

1. Nom donné, dans les légendes allemandes, à des esprits familiers, considérés comme les gardiens des métaux précieux enfouis sous la terre.
2. Instruments de musique à percussion.

Sagesse

1880

Ce recueil présente en apparence une très forte unité par son thème central, la conversion religieuse de mai-juin 1874, et sa tonalité chrétienne. *Sagesse* peut être considéré en effet comme le mémorial d'une illumination que Verlaine décrira en ces termes, dix-neuf ans plus tard, dans *Mes prisons* : « Je croyais, je voyais ; il me semblait que je savais, j'étais illuminé. » Certes, le repentir, l'ennui, la solitude carcérale ont permis cette conversion. Elle n'en est pas moins sincère, car Verlaine découvre la valeur rédemptrice de la souffrance et communie avec le Christ par la douleur.

Cette rencontre avec Dieu correspond profondément à la sensibilité verlainienne : l'enfance et l'innocence retrouvées par la foi comblent un besoin de pureté, de simplicité, de naïveté constant chez le poète. « Comme j'étais bon, simple, petit, et ignorant ! » dira Verlaine dans *Mes prisons* en songeant à ce moment privilégié.

Mais cette conversion de la folie à la sagesse qui doit mettre un terme aux délires et aux vertiges du cœur et de l'âme ne se déroule pas sans combat intérieur. Celui-ci est d'ailleurs dramatisé par une série d'antithèses entre le bas (le pécheur, le mal) et le haut (Dieu, le bien), entre des éléments purs et transparents (l'eau, le feu) et la matière (terre, chair) dont l'homme est prisonnier.

Dans ce recueil, alternent des épanchements et des dialogues mystiques, des instants d'apaisement et d'enfance retrouvée (« Le ciel est par-dessus le toit », « L'échelonnement des haies », section III) et des complaintes de l'ennui rappelant le mal saturnien (la « Chanson de Gaspard Hauser », « Je ne sais pourquoi »). En fait, *Sagesse* mêle des poèmes d'inspiration diverse et de qualité inégale. Si certains poèmes relèvent encore d'une esthétique impressionniste, la plupart obéissent aux contraintes du lyrisme religieux. Empreints d'un aspect didactique et édifiant, ils trahissent parfois une dévotion suspecte. Le recours à des images convenues (« source », « flamme », « lumière ») pour désigner de manière allégorique la personne de Dieu nuit à l'impression d'authenticité. Verlaine a utilisé toutes les ressources du lyrisme oratoire : interrogations angoissées, exclamations de prière ou d'adoration, impératifs, apostrophes, invocations. Les répétitions en début de vers (anaphores) transforment le poème en incantation. Ce lyrisme traditionnel est néanmoins nuancé par des tours familiers soulignant le caractère oral de cette poésie.

« Les faux beaux jours... »

Ce poème, que Verlaine aurait composé en octobre 1875, intervient dans la première section de *Sagesse*, moment où la conversion est sans cesse menacée par des tentations renaissantes. Verlaine les suggère ici par un monologue intérieur violent et dramatique.

Les faux beaux jours ont lui tout le jour, ma pauvre âme,
Et les voici vibrer aux cuivres du couchant.
Ferme les yeux, pauvre âme, et rentre sur-le-champ :
Une tentation des pires. Fuis l'infâme.

Ils ont lui tout le jour en longs grêlons de flamme,
Battant toute vendange aux collines, couchant
Toute moisson de la vallée, et ravageant
Le ciel tout bleu, le ciel chanteur qui te réclame.

O pâlis, et va-t'en, lente et joignant les mains.
Si ces hiers allaient manger nos beaux demains ?
Si la vieille folie était encore en route ?

Ces souvenirs, va-t-il falloir les retuer ?
Un assaut furieux, le suprême, sans doute !
O, va prier contre l'orage, va prier.

Sagesse, I, VII.

Pour préparer le commentaire composé

1. Mettre en évidence l'opposition suggérée par le titre.
2. Étudier
   — l'image des « beaux jours » : lumière et charme, présence obsédante ;
   — les différentes formulations qui soulignent leur caractère maléfique.
3. En déduire la nature de la lutte que mène le poète. L'issue en est-elle assurée ?

Maurice DENIS (1870-1943), Illustration pour *Sagesse* de Paul Verlaine. Paris, Bibliothèque Nationale.

« Vous, la source de paix que toute soif réclame... »

La section II entame un long dialogue du pécheur avec Dieu. Le premier poème de cette section suggère par une alliance de mots le caractère rédempteur de la blessure : « O, mon Dieu, vous m'avez blessé d'amour. » Suit, dans le poème 4, le commandement de Dieu : « Mon Dieu m'a dit : Mon fils, il faut m'aimer. » Le pécheur répond qu'il n'ose à cause de son indignité.

J'ai répondu : « Seigneur, vous avez dit mon âme.
C'est vrai que je vous cherche et ne vous trouve pas.
Mais vous aimer ! Voyez comme je suis en bas,
Vous dont l'amour toujours monte comme la flamme.

Vous, la source de paix que toute soif réclame,
Hélas ! Voyez un peu tous mes tristes combats !
Oserai-je adorer la trace de vos pas,
Sur ces genoux saignants d'un rampement infâme ?

Et pourtant je vous cherche en longs tâtonnements,
Je voudrais que votre ombre au moins vêtît ma honte,
Mais vous n'avez pas d'ombre, ô vous dont l'amour monte,

O vous, fontaine calme, amère aux seuls amants
De leur damnation, ô vous toute lumière,
Sauf aux yeux dont un lourd baiser tient la paupière ! »

Sagesse, II, IV (2).

Pour préparer le commentaire composé

Étudier

1. L'attitude du croyant telle qu'elle apparaît dans le texte (recherche de Dieu et sentiments envers lui).
2. Le jeu des oppositions qui soulignent les difficultés de cet élan vers Dieu.
3. Les raisons de l'échec : une analyse lucide de la condition humaine.

« Le ciel est par-dessus le toit... »

Le 6ᵉ poème de la dernière section de *Sagesse* suggère un état de plénitude très rare chez le poète.

Le ciel est par-dessus le toit,
Si bleu, si calme !
Un arbre, par-dessus le toit,
Berce sa palme.

La cloche dans le ciel qu'on voit,
Doucement tinte.
Un oiseau sur l'arbre qu'on voit
Chante sa plainte.

Mon Dieu, mon Dieu, la vie est là,
Simple et tranquille.
Cette paisible rumeur-là
Vient de la ville.

— Qu'as-tu fait, ô toi que voilà
Pleurant sans cesse,
Dis, qu'as-tu fait, toi que voilà,
De ta jeunesse ?

Sagesse, III, VI.

Pour préparer l'étude du texte

1. Montrer que le mouvement du texte va de la perception de l'extérieur à la méditation et au regret.
2. Étudier dans les deux premiers quatrains :
— les perceptions visuelles et auditives ;
— l'expression de l'emprisonnement.
3. En quoi le troisième quatrain reprend-il les deux strophes précédentes ?
4. Étudier l'effet de rupture de la dernière strophe : énonciation, ponctuation, tonalité, contenu.

Pour une étude comparée

Verlaine, « Le ciel est par-dessus le toit... ».
Musset, « Tristesse », cf. p. 86.

Jadis et naguère
1884

Art poétique

Ce poème, publié en 1882, fut écrit en 1874 dans la prison de Mons. Les jeunes poètes de 82 virent dans cet « Art poétique » un véritable manifeste, mais Verlaine qui ne voulut jamais faire école prétendit n'avoir écrit « qu'une chanson ». Mais une chanson bien révélatrice de l'impressionnisme musical cher au poète.

De la musique avant toute chose,
Et pour cela préfère l'Impair
Plus vague et plus soluble dans l'air,
Sans rien en lui qui pèse ou pose.

Il faut aussi que tu n'ailles point
Choisir tes mots sans quelque méprise :
Rien de plus cher que la chanson grise
Où l'Indécis au Précis se joint.

C'est des beaux yeux derrière des voiles,
C'est le grand jour tremblant de midi,
C'est par un ciel d'automne attiédi
Le bleu fouillis des claires étoiles !

Car nous voulons la Nuance encor,
Pas la Couleur, rien que la nuance !
Oh ! la nuance seule fiance
Le rêve au rêve et la flûte au cor !

Fuis du plus loin la Pointe assassine,
L'Esprit cruel et le Rire impur,
Qui font pleurer les yeux de l'Azur,
Et tout cet ail de basse cuisine !

Prends l'éloquence et tords-lui son cou !
Tu feras bien, en train d'énergie,
De rendre un peu la Rime assagie.
Si l'on n'y veille, elle ira jusqu'où ?

O qui dira les torts de la Rime !
Quel enfant sourd ou quel nègre fou
Nous a forgé ce bijou d'un sou
Qui sonne creux et faux sous la lime ?

De la musique encore et toujours !
Que ton vers soit la chose envolée
Qu'on sent qui fuit d'une âme en allée
Vers d'autres cieux à d'autres amours.

Que ton vers soit la bonne aventure
Éparse au vent crispé du matin
Qui va fleurant la menthe et le thym...
Et tout le reste est littérature.

Jadis et naguère, « Jadis ».

Pour préparer l'étude du texte

1. Mettre en évidence les trois mouvements du texte en précisant la nature et le thème des recommandations et des exigences poétiques énoncées par Verlaine.
2. Montrer que ce texte théorique contient l'application des théories qu'il énonce.

Pour une étude comparée

Verlaine, « Art poétique ».
Gautier, « L'art » *(Émaux et camées)*, cf. p. 295.

Edvard MUNCH (1863-1944), *Séparation* (1893). Oslo, Munch Museet.

Le temps

Il présente une grande complexité. C'est d'abord un temps linéaire et fatal, un « plan de vie [...] dessiné ligne à ligne / Par la logique d'une influence maligne » (Préface des *Poèmes saturniens*). Le temps verlainien est aussi une succession de revirements, de reniements au nom d'une fidélité à ce qui est instable par nature : l'impression du moment. C'est cette primauté de l'instant et du senti qui explique la poétique impressionniste de Verlaine (cf. p. 398). Pourtant le présent est toujours menacé et investi par le passé. Le thème du souvenir, « des voix anciennes », la présence de fantômes reviennent constamment. Rêve et souvenir sont d'ailleurs très souvent mêlés (voir « Mon rêve familier », p. 387) de même que rêve et réalité :

« Ce sera comme quand on rêve et qu'on s'éveille
Et que l'on se rendort et que l'on rêve encor. »[1]

L'amour

Le thème amoureux est lui aussi complexe et varié. La femme présente en effet de multiples visages : femme maternelle et fraternelle qui par sa disparition laisse le poète « orphelin » (« Vœu », *Poèmes saturniens*), créature idéale seule capable de comprendre le poète (« Mon rêve familier »), symbole de pureté, de joie et de lumière dans *La bonne chanson*, coquette et libertine dans les *Fêtes galantes*, sensuelle et charnelle dans le chapitre intitulé « Filles » de *Parallèlement*.

Les plus beaux poèmes d'amour semblent en fait avoir été inspirés par Rimbaud. Ainsi, dans « Laeti et errabundi », Verlaine se refuse à croire à la mort de Rimbaud et l'évoque en ces termes :

« Je n'y veux rien croire. Mort, vous,
Toi, dieu parmi les demi-dieux !
Ceux qui le disent sont des fous.
Mort, mon grand péché radieux,
[...] Allons donc ! tu vis ma vie ! »

Souffrance et bonheur

La souffrance est certainement le thème central de l'œuvre.

Elle prend des formes diverses selon les recueils : malédiction d'un tempérament et mélancolie du souvenir dans les *Poèmes saturniens*, sentiment d'insatisfaction et de vide dans les *Fêtes galantes*, douleur diffuse et sans cause dans les *Romances sans paroles*, repentir et salut chrétien dans *Sagesse*, mais elle présente toujours ce trait commun : le mode mineur. Elle revêt également plusieurs fonctions. Elle est d'abord l'objet d'une contemplation narcissique — le poète est à l'écoute de sa tristesse dans les ariettes — et d'un plaisir masochiste : la tristesse bercée se change en plaisir, et Verlaine découvre la douceur des larmes lorsqu'il évoque :

« Des larmes *ruisselant douces* le long des joues ».

Dans *Sagesse*, le poète est surtout sensible à la valeur rédemptrice de la souffrance : la blessure d'amour infligée par Dieu est la condition même du salut. Mais la souffrance, faite de tristesse et d'angoisse, joue avant tout un rôle esthétique. Verlaine aime la tristesse comme il aime les paysages du Nord. Tristesse et beauté sont souvent indissociables : le calme « clair de lune » des *Fêtes galantes* est « triste et beau », beau parce que triste et donc propice à la rêverie.

A l'exception de quelques instants d'heureux vertige provoquant la dissolution de l'être, l'oubli de soi et la fusion avec le monde extérieur ou des moments d'apaisement et de plénitude de *Sagesse*, le poète n'aura pas connu le bonheur :

« Le bonheur a marché côte à côte avec moi
Mais la fatalité ne connaît point de trêve :
Le ver est dans le fruit, le réveil dans le rêve
Et le remords est dans l'amour : telle est la loi. »[2]

1. « Kaléidoscope », dans *Jadis et naguère*.

2. « Nevermore II », fin des *Poèmes saturniens*.

La chanson grise

En appelant sa poésie la « chanson grise »[1], Verlaine en définit les deux principaux aspects : sa musicalité et sa tonalité imprécise. Que Verlaine ait privilégié les qualités musicales, tout en témoigne : l'« Art poétique », le titre des recueils, les allusions fréquentes à des instruments de musique. Cette musique répond à deux exigences : douceur et légèreté (« Écoutez la chanson bien douce / Qui ne pleure que pour vous plaire », *Sagesse*, I, 16 ; « Que ton vers soit la chose envolée », « Art poétique »). A cette fin, Verlaine néglige la rime au profit des assonances et des allitérations ; il privilégie aussi des vers courts et impairs. La musique verlainienne se caractérise par ses qualités harmoniques (modulation des voyelles) et mélodiques (reprise de thèmes, de refrains). Pour conjurer cette douceur qui pourrait se muer en fadeur, Verlaine cultive la dissonance. Il affectionne les « accords harmonieusement dissonants »[2] ainsi pastichés par lui-même dans *A la manière de Paul Verlaine*[3] :

> « Des romances sans paroles ont,
> D'un accord discord ensemble et frais,
> Agacé ce cœur fadasse exprès. »

Cette discordance s'obtient par un décalage entre le rythme et la logique de la phrase (le rejet), par des effets de hiatus (« ce sera comme quand »[4]), par le recours fréquent à la diérèse qui souligne le son aigu (« inflexI/ON »).

La chanson grise, c'est aussi une tonalité où « l'indécis au précis se joint », c'est-à-dire le mariage tonal du vague et de l'aigu ainsi qu'un univers en demi-teintes. La lumière se fait lueur, reflet : les couleurs verlainiennes sont en fait des nuances, le « blême », le « laiteux », le « gris ». On retrouve la même tonalité affaiblie dans les sons et les voix (« chœur des petites voix », « frêle et frais murmure »[5]). Un air séduit Verlaine quand il est « Bien vieux, bien faible, et bien charmant »[6]. Les sensations olfactives sont aussi prises à leur déclin (« odeur fade du réséda »[7], « faible des roses »). Il n'est alors pas étonnant que Verlaine affectionne les moments intermédiaires, « crépuscule » ou « aube affaiblie », et qu'il se montre sensible aux manifestations les plus ténues de la vie lorsque celle-ci vacille entre l'être et le néant : palpitation des roses, tremblement des arbres. Cette existence sur le mode mineur est rendue par divers procédés stylistiques : fréquence des adjectifs d'atténuation (« petit », « frêle », « grêle »), recours à des diminutifs (« tremblote », « seulette »). Enfin, l'indécision à travers laquelle sont perçus les objets, est rendue par une série de tours approximatifs : retour de certains adverbes (« vaguement », « quasiment », « un peu »), des interrogations (« quoi ? », « qu'est-ce ? »), méprise (légère impropriété voulue dans l'emploi du lexique).

L'impressionnisme verlainien

Cet impressionnisme trouve son origine dans la convergence d'une sensibilité et d'un courant artistique : l'aptitude du poète à recevoir toutes les impressions du dehors le prédispose à cette esthétique ainsi que le contexte artistique de l'époque. C'est en 1874, date de parution des *Romances sans paroles*, que le célèbre tableau de Monet : « Impression, soleil levant » est exposé pour la première fois.

L'impressionnisme verlainien repose sur une double fusion : fusion d'un état d'âme et d'un paysage mais aussi entre les diverses sensations. Ainsi, l'image, la couleur deviennent son :

> « Les faux beaux jours ont lui tout le jour, ma pauvre âme,
> Et les voici vibrer aux cuivres du couchant »[8],

tandis que le son se convertit en mouvement, en vibration dans l'espace et se matérialise en frisson. D'autres synesthésies mêlent impressions auditive et gustative (« Aigres guitares », « Grotesques »). Comme les peintres, Verlaine se plaît à fractionner le champ visuel, à privilégier le détail aux dépens de la composition (« le ciel », « un arbre », « la cloche », « un oiseau »[9]). Il cherche à rendre la sensation pure en substituant à la présentation logique (mots de liaison) de simples présentatifs (« c'est », « voici »). Un tel parti pris ne peut qu'aboutir à une écriture impersonnelle (c'est-à-dire caractérisée par l'absence de marques de personne) : tours impersonnels (« Il pleure... Comme il pleut »), phrases nominales (« O bruit doux de la pluie »), infinitifs (« O mourir »).

1. « Art poétique », cf. p. 396.
2. *Poèmes saturniens*, « Nuit du Walpurgis classique ».
3. *Parallèlement*, « Lunes, II ».
4. *Jadis et naguère*, « Kaléidoscope ».
5. « Ariette I ».
6. « Ariette V ».
7. « Après trois ans ».
8. *Sagesse*, I, 7, cf. p. 394.
9. *Sagesse*, III, 6, cf. p. 395.

Le symbolisme

Un mouvement né d'influences convergentes

Ce que l'on appellera bientôt le symbolisme[1] naît et se développe en réaction contre les certitudes scientifiques du positivisme. Ce dernier tentait de tout expliquer rationnellement. Baudelaire, le premier, lui oppose la suprématie de la sensibilité, privilégiant l'art de voir au-delà des apparences et le plaisir des sensations rares. A sa suite, Verlaine, Rimbaud, Mallarmé, Corbière, Cros, Laforgue s'intéressent à ce qui, dans le monde, reste mystérieux, incertain et fascinant. Au certain, ils préfèrent l'imprécis, à la réalité concrète, les états de conscience, à la clarté d'une pseudo-vérité, la pénombre floue des rêves.

Cette tendance est favorisée par le développement parallèle de la peinture et de la musique, et par l'exploration toute nouvelle du monde de l'inconscient.

La peinture est alors illustrée par le mouvement impressionniste. Celui-ci, s'attachant à représenter des impressions, s'efforce de rendre sur la toile la fluidité éphémère et fluctuante des paysages, dont la lumière changeante modifie les contours et les couleurs. Le symbolisme, lui aussi, tentera de cerner l'éphémère et le fugace.

Les théories wagnériennes, que publie la *Revue wagnérienne*, une des plus importantes du mouvement symboliste naissant, mettent en relief l'importance de la musicalité et de l'harmonie des textes poétiques. C'est sur l'idée que « l'œuvre la plus complète du poète doit être celle qui, dans son dernier achèvement, serait une parfaite musique »[2] que se fondent bien des recherches symbolistes. L'harmonie, prônée par Verlaine dans son « Art poétique » (« De la musique avant toute chose »), est un des mots clefs de la poétique symboliste.

Enfin, l'influence de la philosophie allemande, représentée par Schopenhauer[3] et Hartmann[4], et celle de l'école freudienne contribuent à la valorisation de l'inconscient. Elles accréditent l'idée que le monde n'est qu'une représentation et qu'il existe entre les choses de multiples analogies. Ainsi ce qui est perçu apparaît comme l'image symbolique d'une réalité difficile à saisir, réalité de la vie intérieure complexe, réalité d'un monde secret dont les secrets échappent aux perceptions directes.

Une nouvelle façon de percevoir et d'exprimer le monde

Le terme « symbolisme » apparaît pour la première fois le 18 septembre 1886 dans un article du *Figaro*. Le texte, signé du poète Jean Moréas, devient aussitôt un véritable manifeste. Voici comment son auteur explique le symbolisme :

« Ainsi dans cet art les tableaux de la nature, les actions des humains, tous les phénomènes concrets ne sauraient se manifester eux-mêmes. Ce sont là de simples apparences sensibles destinées à représenter leurs affinités ésotériques avec les idées primordiales. »

Dans un texte de la même époque, Brunetière[5] affirme qu'« entre la nature et nous il y a des "correspondances", des affinités latentes, des "identités" mystérieuses, et que ce n'est qu'autant que nous les saisissons que, pénétrant à l'intérieur des choses, nous en pouvons vraiment approcher l'âme ». C'est là, dit-il, « le principe du symbolisme ».

Le symbolisme ne se limite donc pas à quelques thèmes privilégiés. Son champ d'investigation est l'univers entier : paysages, villes, moments du jour ou de l'année pris comme la représentation immédiate d'une réalité complexe, ou la

Jean DELVILLE (1867-1953), *Tristan et Yseult* (1887). Bruxelles, Musées Royaux des Beaux-Arts de Belgique.

1. Le terme « symbolisme » est utilisé pour la première fois en 1886, mais le mouvement existe déjà sous le nom de « décadentisme ».
2. Wagner, *Correspondance.*
3. Schopenhauer (1788-1860) : auteur de *Le monde comme volonté et comme représentation.*
4. Hartmann (1842-1906) : auteur de *La philosophie de l'inconscient.*
5. *Symbolistes et Décadents.*

preuve insolite d'une perception originale. Certains titres comme « Inscription », « Hiéroglyphe », « Phantasma »[1], que l'on trouve chez Charles Cros, soulignent à quel point cette poésie se veut riche d'interprétations et mystérieuse. Elle repose en effet sur l'utilisation constante de symboles.

Or, qu'est-ce que le symbole ? H. de Régnier le définit comme « le couronnement d'une série d'opérations intellectuelles qui commencent au mot même, passent par l'image et la métaphore, comprennent l'emblème et l'allégorie »[2]. Le symbole est en effet l'expression verbale, suggestive d'images elles-mêmes génératrices d'impressions, de rapprochements et d'analogies. Le mot, sa sonorité, la musique que fait naître sa place dans le vers, ou son rapprochement avec d'autres mots, le sens qu'il suggère et que modifient peut-être les termes voisins, tout cela constitue une « symphonie ». La musique verlainienne, les rythmes brisés ou languissants des complaintes laforguiennes, les analogies sonores de Cros (la mer, l'amour, la mort dans « Hiéroglyphe »[1]) sont autant d'exemples de cette harmonie des sons et des sens.

On comprend alors que dans leur recherche d'expressivité, les symbolistes aient poussé à l'extrême les possibilités du vers, jusqu'à faire de sa libération la condition même de la musicalité et de l'harmonie.

La création du vers libre

Verlaine avait ouvert la voie d'une libération progressive des carcans de la versification : assouplissement de la rime (« O qui dira les torts de la rime »), utilisation d'assonances, prédominance du vers impair, refus de l'alternance classique des rimes féminines et masculines, modification des rythmes et de la place des coupes traditionnelles. Les symbolistes prolongent cette métamorphose en éliminant toutes les contraintes : c'est ainsi que naît le vers libre. Non rimé, non rythmé selon les mesures habituelles, il trouve son originalité dans une musique et un rythme que créent les mots qui le composent. Cette musique et ce rythme sont étroitement liés aux sinuosités et à l'intensité des émotions que le poème exprime et fait naître. L'unité du vers correspond à celle de la pensée, de l'image ou de l'impression, ce qui explique les alternances de vers de longueur et de rythme irréguliers. On peut citer comme illustration ces quelques vers libres de Laforgue. Les ruptures des faux départs et l'image d'une vie sans cesse en porte à faux sont rendues par cette succession de mots générateurs d'échos et d'harmonie brisée :

> « J'aurai passé ma vie le long des quais
> A faillir m'embarquer
> Dans de bien funestes histoires,
> Tout cela pour l'amour
> De mon cœur fou de la gloire d'amour. »[3]

Ainsi le vers libre est l'aboutissement de recherches qui tendent à rendre aux mots leur valeur sonore, à leur agencement une valeur rythmique, à leur son une valeur musicale.

Le symbolisme apparaît alors comme la synthèse du double pouvoir de suggestion des mots : suggestion d'un ou plusieurs sens, suggestion d'une sonorité. L'alliance de ces deux pouvoirs à l'intérieur du vers libéré confère à la poésie symboliste un très riche pouvoir de création sensorielle.

Léon SPILLIAERT (1881-1946), *Femme sur la digue*. Bruxelles, Musées Royaux des Beaux-Arts de Belgique.

1. *Le collier de griffes.*
2. H. de Régnier, « Poètes d'aujourd'hui », dans *Figures et caractères.*
3. Laforgue, *Derniers vers*, texte X.

Jules Laforgue
1860-1887

Portrait de Jules Laforgue, Frontispice des *Moralités légendaires* (1865). Paris, Bibliothèque Nationale.

« Il avait trop froid au cœur ; il s'en est allé. »

Ces mots de Remy de Gourmont[1] résument avec force la fugitive existence de J. Laforgue, qui mourut à vingt-sept ans, aussi discrètement qu'il avait (mal) vécu.

A l'image du Pierrot qu'il affectionnait tant, Laforgue fut, dès sa naissance, un exilé. Il naît en 1860 à Montevideo[2], où sa famille pyrénéenne a émigré, dans l'espoir de faire fortune. Mais cet espoir est déçu : la situation familiale reste médiocre.

A dix ans, l'enfant est envoyé en France, chez des cousins à Tarbes. Le pays, la famille et le lycée où il est mis pensionnaire (1868-1875) constituent le cadre d'un nouvel exil. A quinze ans, il retrouve les siens, rentrés en France. Tout le monde s'installe à Paris. Mais la tendresse chaleureuse des retrouvailles[3] est de courte durée : sa mère meurt en 1877, son père retourne à Tarbes ; l'adolescent de dix-sept ans se retrouve seul dans la capitale. Timide et craintif, il ne se sent à sa place nulle part, et un triple échec au baccalauréat ne contribue pas à lui donner de l'assurance.

Il se réfugie alors dans la littérature : il lit, il écrit et recueille même quelques encouragements des poètes du cercle des Hydropathes[4]. Il se sent néanmoins très seul, malheureux et pauvre, et l'on comprend son exclamation amère :

« Ah que la Vie est quotidienne... »[5]

Pourtant, en 1881, Laforgue obtient, grâce à quelques appuis, le poste envié de lecteur auprès de l'impératrice d'Allemagne Augusta. Sa fonction consiste à lire à cette princesse, deux heures par jour, de belles pages de journaux ou de romans français. Avec un salaire régulier, Laforgue voit s'éloigner la hantise de la pauvreté. Il fait éditer à compte d'auteur *Les complaintes* en 1885. L'année suivante, paraît *L'imitation de Notre-Dame la lune*. Mais les années passées à Berlin (1881-1886) ne lui apportent pas le bonheur. Il s'ennuie et promène, dans ses voyages européens, un mal de vivre proche du spleen.

En septembre 1886, il rentre à Paris avec une jeune Anglaise qu'il vient d'épouser ; les soucis financiers reviennent, aggravés par la maladie. Atteint de phtisie galopante, Laforgue meurt en 1887, dans l'indifférence. Sa jeune veuve, tuberculeuse elle aussi, ne lui survit que six mois.

1. Remy de Gourmont (1858-1915), auteur du *Livre des masques* (1896).
2. Trois grands poètes français sont nés dans cette ville : Laforgue, Lautréamont (cf. p. 365) et Supervielle (1884-1960).
3. Jules est le second d'une famille de onze enfants.
4. Groupe littéraire pittoresque dont les activités poétiques annoncent le Symbolisme.
5. *Les complaintes*, « Complainte sur certains ennuis ».

Les complaintes

1885

Sous la plume du pudique Laforgue, le mot *complainte* n'a pas son sens banal de *gémissement*, de *jérémiade*. Il revêt une acception bien précise : la *complainte* dont il est ici question est une chanson des rues qui, sur le mode mi-gouailleur mi-pathétique, raconte quelque histoire triste. Et, en effet, *Les complaintes* de Laforgue sont des chansons populaires, de ces rengaines qu'égrenaient jadis les orgues de Barbarie[1] : le rythme est souplement inventif, les mots sont heureux d'être ensemble, mais derrière ce bonheur apparent s'entend une voix qui grince, faute de vouloir ouvertement pleurer.

Complainte du pauvre jeune homme

Sur l'air populaire :
« Quand le bonhomm' revint du bois. »

Quand ce jeune homm' rentra chez lui,
Quand ce jeune homm' rentra chez lui,
Il prit à deux mains son vieux crâne,
Qui de science était un puits !
Crâne
Riche crâne,
Entends-tu la Folie qui plane ?
Et qui demande le cordon[2],
Digue dondaine, digue dondaine,
Et qui demande le cordon,
Digue dondaine, digue dondon ?

Quand ce jeune homm' rentra chez lui,
Quand ce jeune homm' rentra chez lui,
Il entendit de tristes gammes,
Qu'un piano pleurait dans la nuit !
Gammes,
Vieilles gammes,
Ensemble, enfants, nous vous cherchâmes ;
Son mari m'a fermé sa maison,
Digue dondaine, digue dondaine,
Son mari m'a fermé sa maison,
Digue dondaine, digue dondon !

Quand ce jeune homm' rentra chez lui,
Quand ce jeune homm' rentra chez lui,
Il mit le nez dans sa belle âme,
Où fermentaient des tas d'ennuis !
Ame,
Ma belle âme,
Leur huile est trop sal' pour ta flamme !
Puis, nuit partout ! lors, à quoi bon ?
Digue dondaine, digue dondaine,
Puis, nuit partout ! lors, à quoi bon ?
Digue dondaine, digue dondon !

Quand ce jeune homm' rentra chez lui,
Quand ce jeune homm' rentra chez lui,
Il vit que sa charmante femme
Avait déménagé sans lui !
Dame,
Notre-Dame,
Je n'aurai pas un mot de blâme !
Mais t'aurais pu m'laisser l'charbon,
Digue dondaine, digue dondaine,
Mais t'aurais pu m'laisser l'charbon,
Digue dondaine, digue dondon !

1. Deux des *Complaintes* sont explicitement consacrées à cet instrument de musique.
2. Allusion à un fait très caractéristique des immeubles d'autrefois : quand on voulait rentrer chez soi le soir, on sonnait à la porte extérieure pour « demander le cordon », cordelette grâce à laquelle le/la concierge ouvrait ladite porte.

Eugène ATGET, *Joueur d'orgue* (vers 1910). Paris, Bibliothèque Nationale.

Lors, ce jeune homme aux tels ennuis,
Lors, ce jeune homme aux tels ennuis,
Alla décrocher une lame,
Qu'on lui avait fait cadeau avec l'étui !
Lame,
Fine lame,
Soyez plus droite que la femme !
Et vous, mon Dieu, pardon ! pardon !
Digue dondaine, digue dondaine,
Et vous, mon Dieu, pardon ! pardon !
Digue dondaine, digue dondon !

Quand les croq' morts vinrent chez lui,
Quand les croq' morts vinrent chez lui,
Ils virent qu' c'était un' belle âme,
Comme on n'en fait plus aujourd'hui.
Âme,
Dors, belle âme !
Quand on est mort c'est pour de bon,
Digue dondaine, digue dondaine,
Quand on est mort c'est pour de bon,
Digue dondaine, digue dondon !

Les complaintes.

Pour préparer l'étude du texte

Mettre en évidence dans ce texte les caractéristiques d'une complainte :

— une chanson construite de façon régulière : nature des rimes, disposition des vers, organisation des refrains ;
— une histoire triste qui provoque la compassion : analyser l'accumulation des malheurs, leur nature, leur aggravation progressive ;
— un style familier : repérer le mélange des tons et les procédés de style qui soulignent la familiarité.

L'imitation de Notre-Dame la lune

1886

Le personnage mythique de Pierrot, ce gentil rêveur de la *Commedia dell'arte*, était déjà très présent dans *Les complaintes*.

Dans le recueil *L'imitation de Notre-Dame la lune*, Pierrot devient une figure proliférante, au point que toute une série de poèmes s'intitule « Pierrots » — pluriel significatif.

Pour Laforgue, en effet, Pierrot est un frère en nostalgie. Pierrot, c'est celui qui souffre de ne pas être « là-haut », qui a « le cœur à la Lune »[1] dans un monde trop crûment éclairé par un soleil impitoyable[2]. La lune est ainsi une « Notre-Dame », symbole d'un absolu inaccessible pour tous les *Pierrots* que meurtrit la banalité du quotidien.

1. C'est ce qu'on lit dans l'un des poèmes de *L'imitation*, « États » :
« Ah ! ce soir, j'ai le cœur mal, le cœur à la Lune. »
2. *L'imitation de Notre-Dame la lune* s'ouvre sur une invective lancée contre le soleil. Le poème, titré « Un mot au soleil pour commencer », a ce mot sans appel : « Eh ! va donc, Phoebus ! »

Pierrots

C'est, sur un cou qui, raide, émerge
D'une fraise empesée *idem*,
Une face imberbe au cold-cream,
Un air d'hydrocéphale asperge.

Les yeux sont noyés de l'opium
De l'indulgence universelle,
La bouche clownesque ensorcelle
Comme un singulier géranium.

Bouche qui va du trou sans bonde
Glacialement désopilé,
Au transcendantal en-allé
Du souris vain de la Joconde.

Campant leur cône enfariné
Sur le noir serre-tête en soie,
Ils font rire leur patte d'oie
Et froncent en trèfle leur nez.

Ils ont comme chaton de bague
Le scarabée égyptien[1],
A leur boutonnière fait bien
Le pissenlit des terrains vagues.

Ils vont, se sustentant d'azur,
Et parfois aussi de légumes,
De riz plus blanc que leur costume,
De mandarines et d'œufs durs.

Ils sont de la secte du Blême,
Ils n'ont rien à voir avec Dieu,
Et sifflent : « Tout est pour le mieux
Dans la meilleur' des mi-carême ! »

L'imitation de Notre-Dame la lune, « Pierrots », I.

Pour préparer le commentaire composé

1. Un portrait traditionnel : faire apparaître les éléments du portrait qui relèvent de l'image traditionnelle du pierrot (costume, physionomie, caractère).
2. Le pierrot laforguien : chercher quels sont les éléments originaux introduits dans ce portrait (outrance des caractéristiques et des images, allusions mythologiques, mystère et magie).
3. Les raisons de ce portrait : comment expliquer « l'adaptation » que le poète a fait subir au personnage ?

Odilon REDON (1840-1916), *Fleur de marécage* (1885). Paris, Bibliothèque Nationale.

1. Dans l'ancienne Égypte, le scarabée symbolisait l'éternel retour des êtres et des choses. Ne croyait-on pas que ce coléoptère renaissait de lui-même ? Le poète veut ici suggérer que les Pierrots constituent une espèce éternelle, qui se reproduit par génération spontanée, qu'il y en a toujours eu et qu'il y en aura toujours.

Des fleurs de bonne volonté
1890

Albums

On m'a dit la vie au Far West et les Prairies,
Et mon sang a gémi : « Que voilà ma patrie !... »
Déclassé du vieux monde, être sans foi ni loi,
Desperado ! là-bas, là-bas, je serai roi !...
Oh là-bas, m'y scalper de mon cerveau d'Europe !
Piaffer, redevenir une vierge antilope,
Sans littérature, un gars de proie, citoyen
Du hasard et sifflant l'argot californien !
Un colon vague et pur, éleveur, architecte,
Chasseur, pêcheur, joueur, au-dessus des Pandectes !
Entre la mer et les États Mormons ! Des venaisons
Et du whisky ! vêtu de cuir, et le gazon
Des prairies pour lit, et des ciels des premiers âges
Riches comme des corbeilles de mariage !...
Et puis quoi ? De bivouac en bivouac, et la Loi
De Lynch ; et aujourd'hui des diamants bruts aux doigts.
Et ce soir nuit de jeu, et demain la refuite
Par la Prairie et vers la folie des pépites !...
Et, devenu vieux, la ferme au soleil levant,
Une vache laitière et des petits-enfants...
Et, comme je dessine au besoin, à l'entrée
Je mettrais : « Tatoueur des bras de la contrée ! »
Et voilà. Et puis si mon grand cœur de Paris
Me revenait, chantant : « Oh ! pas encor guéri !
Et ta postérité, pas pour longtemps coureuse !... »
Et si ton vol, Condor des Montagnes Rocheuses,
Me montrait l'Infini ennemi du confort,
Eh bien, j'inventerais un culte d'Age d'or,
Un code social, empirique et mystique,
Pour des Peuples Pasteurs modernes et védiques !...

Oh ! qu'ils sont beaux les feux de paille ! qu'ils sont fous
Les albums ! et non incassables, mes joujoux !...

Des fleurs de bonne volonté, XIX.

Pour préparer le commentaire composé

1. Un texte cahotique et mouvementé. Repérer et classer les phénomènes de ponctuation et les phénomènes stylistiques qui créent une double impression de mouvement et de rupture.
2. La légende du Far West. Établir une classification précise de tous les aspects traditionnels du Far West qui apparaissent dans ce texte (lieux, coutumes, comportements).
3. Une volonté d'évasion. Définir, à partir des réponses précédentes, ce que cherche et ce que fuit Laforgue.

Le brave, brave automne

Quand reviendra l'automne,
Cette saison si triste,
Je vais m'la passer bonne,
Au point de vue artiste.

Car le vent, je l'connais,
Il est de mes amis !
Depuis que je suis né
Il fait que j'en gémis...

Et je connais la neige,
Autant que ma chair même,
Son froment me protège
Contre les chairs que j'aime...

Et comme je comprends
Que l'automnal soleil
Ne m'a l'air si souffrant
Qu'à titre de conseil !...

Puis rien ne saurait faire
Que mon spleen ne chemine
Sous les spleens insulaires
Des petites pluies fines...

Ah ! l'automne est à moi,
Et moi je suis à lui,
Comme tout à « pourquoi ? »
Et ce monde à « et puis ? »

Quand reviendra l'automne,
Cette saison si triste,
Je vais m'la passer bonne,
Au point de vue artiste.

Des fleurs de bonne volonté, XXIX.

Pour une étude comparée

Faire une étude comparée de ce texte et du poème de Baudelaire, « Chant d'automne » (cf. p. 327), en cherchant simultanément les analogies et les différences entre les deux textes sur les plans suivants : titre, structure, tonalité, images de l'automne, impressions suggérées. (Il est possible de construire cette étude sous forme de tableau.)

Derniers vers

1890

Dans ces douze textes, composés à l'extrême fin de sa courte vie, Laforgue libère encore son vers : le poème fredonne et converse en toute simplicité, cependant que les pauvres mots du quotidien font à mi-voix le bilan d'une existence grise. On croirait déjà entendre Apollinaire, Éluard ou Brel...

« J'aurai passé ma vie... »

L'extrait qui suit est la conclusion du dixième texte du recueil. Ce poème n'est pas titré.

J'aurai passé ma vie le long des quais
A faillir m'embarquer
Dans de bien funestes histoires,
Tout cela pour l'amour
De mon cœur fou de la gloire d'amour.

Oh, qu'ils sont pittoresques les trains manqués !...
Oh, qu'ils sont « A bientôt ! à bientôt ! »
Les bateaux
Du bout de la jetée !...
De la jetée charpentée
Contre la mer,
Contre ma chair,
Contre l'amour.

Derniers vers, X.

Pour préparer l'étude du texte

1. Présenter rapidement le contenu et la structure du texte.
2. Étudier comment s'exprime l'opposition entre la volonté de partir et l'échec du départ.

Gustave CAILLEBOTTE (1848-1894), *Le pont de l'Europe* (1876-1877). Kimbell Art Museum, Fort Worth, Texas.

Une vie malheureuse, faite d'échecs successifs, ne peut conduire à une inspiration optimiste. L'œuvre de Laforgue, pourtant diversifiée, est marquée par un mal de vivre né de l'ennui, par l'irrémédiable sentiment du malheur, et par le désir, jamais comblé, d'une évasion libératrice.

L'ennui

C'est celui d'un monde monotone et uniforme qui fait s'écrier au poète : « Ah ! que la vie est quotidienne ! »[1] C'est aussi celui des dimanches inoccupés et des automnes pluvieux dont la répétition l'obsède tout au long des *Complaintes*. Pour le rendre moins pesant, Laforgue l'exprime de façon fantaisiste : les rythmes cahotiques, la familiarité du ton, la diversité des mètres (« Complainte du pauvre jeune homme ») créent un ton de moquerie gouailleuse :

> « Ah ! tout le long du cœur
> Un vieil ennui m'effleure.
> M'est avis qu'il est l'heure
> De renaître moqueur. »[2]

Mais le rire sonne toujours faux.

Le sentiment du malheur

L'image du poète est celle d'un être malheureux « comme les pierres »[3], qui a « le cœur triste comme un lampion forain ». L'incertitude de l'avenir, le sentiment de l'échec, la vie vécue comme une souffrance sont des refrains lancinants. Faute de partager un amour heureux :

> « Nous nous aimions comme deux fous
> On s'est quittés sans en parler »[4]

ou de trouver une consolation dans la nature, Laforgue tourne le monde et l'amour en dérision. Il les dépeint avec les couleurs âpres et cruelles du désespoir, inventant des mots nouveaux (les « spleenuosités », l' « éternullité » « crépusculâtre »...) pour cerner une réalité décourageante.

La volonté de s'évader

Comme il se sent « exisolé » sur la terre, il pense trouver une compensation dans l'univers fantomatique et blafard de la lune *(Imitation de Notre-Dame la lune)*. Son frère de malheur est le Pierrot, dont la maladresse et le sourire figé masquent le désarroi. Mais qu'elle prenne pour objectif la lune ou le Nouveau Monde (« Albums »), cette évasion est toujours un échec. Elle laisse le poète sur le quai d'un éternel départ :

> « J'aurai passé ma vie le long des quais
> A faillir m'embarquer... »[5]

A l'image de ces constants espoirs déçus, la poésie de Laforgue se fait heurtée, brisée par une ponctuation révélatrice. Les points de suspension marquent l'inachèvement, les points d'exclamation, l'exaltation :

> « Oh ! qu'ils sont beaux les feux de paille ! qu'ils sont fous
> Les albums ! et non incassables, mes joujoux !... »[6]

Son langage, déconcertant, fait d'inventions, de surprises et de ruptures, correspond à sa sensibilité de dandy « malhûreux » et désenchanté.

1. « Complainte sur certains ennuis ».
2. « Locution des Pierrots » *(Imitation de Notre-Dame la lune)*.
3. « Complainte de Lord Pierrot ».
4. « Arabesques du malheur » *(Des fleurs de bonne volonté)*.
5. Poème X des *Derniers vers*.
6. « Albums » *(Des fleurs de bonne volonté)*.

Tristan Corbière
1845-1875

L.-A. MOREAU, *Tristan Corbière*, Illustration pour *Les Poètes maudits* de Verlaine (Édition de 1938). Paris, Bibliothèque nationale. © ADAGP, Paris 1988.

En 1883, Verlaine inaugurait sa série des *Poètes maudits* par une étude consacrée à un poète mort huit ans plus tôt. Cet inconnu est Tristan Corbière, l'auteur des *Amours jaunes.*

Si l'on veut comprendre le désastre que fut la vie de Corbière, on ne peut laisser dans l'ombre l'existence brillante et obsédante de son père : Édouard Corbière représentait en effet tout ce que son fils ne put jamais être.

A cinquante-deux ans, c'était un homme « arrivé » et heureux. Fortuné, grâce à une longue carrière sur les mers et à la possession d'une compagnie maritime, il vivait luxueusement dans un manoir proche de Morlaix. C'était aussi un écrivain célèbre : son roman d'aventures, *Le négrier* (1832), ne cessait d'être réédité. Enfin, il connaissait de nombreux succès féminins.

C'est à cet homme déjà comblé que sa jeune femme de dix-huit ans donne, le 18 juillet 1845, un fils nommé Édouard, comme lui. Mais l'enfant ne lui ressemble en rien. Il est laid, rachitique, presque difforme, atteint de rhumatismes et de tuberculose. Il vit à Roscoff une adolescence vagabonde, comblant sa solitude par les lectures : Villon, Musset, Hugo, Baudelaire. Puis il se met à fréquenter un groupe de peintres venus de Paris, avec qui il scandalise la ville par ses déguisements et ses tapages.

En 1871, il fait une rencontre décisive, celle d'une actrice italienne, Armida-Joséphina, compagne d'un aristocrate. Amoureux fou, il se décide, au bout de six mois, à rejoindre le couple à Paris, et vit non loin d'eux, admirateur sans espoir, car elle ne s'intéresse guère à lui. Corbière mène alors la vie de la bohème dorée, grâce aux subsides paternels, qui lui permettent aussi de faire publier *Les amours jaunes* en 1873. Mais le livre est un échec.

En 1875, très malade, il est ramené par sa mère à Morlaix. Il y meurt le 1er mars au milieu des bruyères apportées de la lande voisine.

Les amours jaunes

1873

Le titre énigmatique du recueil unique de Corbière renvoie à l'expression « rire jaune ». Comme ceux qui rient en grimaçant pour cacher leurs larmes, Corbière « écrit jaune ». Son œuvre, violente, est remplie de sarcasmes, de dérision et d'ironie envers lui-même. C'est celle d'un être à qui tout a manqué : l'amour, la beauté, l'équilibre, et qui dissimule sa souffrance d'exister sous un cynisme ricanant. Hostile à toute forme d'apitoiement, il affecte de nier les valeurs et les sentiments auxquels pourtant le rattache une profonde nostalgie : la tendresse, l'affection, l'admiration.

Son écriture, cahotique, ponctuée de néologismes et de jeux de mots, est à l'image de cette sensibilité déchirée et douloureuse.

A une camarade

Que me veux-tu donc, femme trois fois fille ?...
Moi qui te croyais un si bon enfant !
— De l'amour ?... — Allons : cherche, apporte, pille !
M'aimer aussi, toi !... moi qui t'aimais tant.

Oh ! je t'aimais comme... un lézard qui pèle
Aime le rayon qui cuit son sommeil...
L'Amour entre nous vient battre de l'aile :
— Eh ! qu'il s'ôte de devant mon soleil !

Mon amour, à moi, n'aime pas qu'on l'aime ;
Mendiant, il a peur d'être écouté...
C'est un lazzarone[1] enfin, un bohème,
Déjeunant de jeûne et de liberté.

— Curiosité, bibelot, bricole ?...
C'est possible : il est rare — et c'est son bien —
Mais un bibelot cassé se recolle ;
Et lui, décollé, ne vaudra plus rien !...

Va, n'enfonçons pas la porte entrouverte
Sur un paradis déjà trop rendu !
Et gardons à la pomme, jadis verte,
Sa peau, sous son fard de fruit défendu.

Que nous sommes-nous donc fait l'un à l'autre ?...
— Rien... — Peut-être alors que c'est pour cela,
— Quel a commencé ? — Pas moi, bon apôtre !
Après, quel dira : c'est donc tout — voilà !

— Tous les deux, sans doute... — Et toi, sois bien sûre
Que c'est encor moi le plus attrapé :
Car si, par erreur, ou par aventure,
Tu ne me trompais... je serais trompé !

Appelons cela : *l'amitié calmée* ;
Puisque l'amour veut mettre son holà.
N'y croyons pas trop, chère mal-aimée...
— C'est toujours trop vrai ces mensonges-là ! —

Nous pourrons, au moins, ne pas nous maudire
— Si ça t'est égal — le quart-d'heure après.
Si nous en mourons — ce sera de rire...
Moi qui l'aimais tant ton rire si frais !

Les amours jaunes.

Pour préparer l'étude du texte

1. Définir les deux conceptions de l'amour contenues dans les quatre premières strophes.
2. Sous quelle autre forme de relation l'amour apparaît-il dans les strophes 5 à 9 ? En définir la dérision et le pessimisme.
3. Analyser la ponctuation du texte : signification des tirets et des points de suspension.

1. Terme napolitain : pauvre hère, mendiant.

Litanie du sommeil

Ce long poème comporte 163 vers. En voici le final.

SOMMEIL ! Drame hagard ! Sommeil, molle Langueur !
Bouche d'or du silence et Bâillon du blagueur !
Berceuse des vaincus ! Perchoir des coqs vainqueurs !
Alinéa du livre où dorment les longueurs !

Du jeune homme rêveur Singulier Féminin !
De la femme rêvant pluriel masculin !

SOMMEIL ! — Râtelier du Pégase fringant !
SOMMEIL ! — Petite pluie abattant l'ouragan !
SOMMEIL ! — Dédale vague où vient le revenant !
SOMMEIL ! — Long corridor où plangore[1] le vent !

NÉANT du fainéant ! Lazzarone[2] infini !
Aurore boréale au sein du jour terni !

SOMMEIL ! — Autant de pris sur notre éternité !
Tour du cadran *à blanc* ! Clou du Mont-de-Piété !
Héritage en Espagne à tout déshérité !
Coup de rapière dans l'eau du fleuve Léthé !
Génie au nimbe d'or des grands hallucinés !
Nid des petits hiboux ! Aile des déplumés !

IMMENSE vache à lait dont nous sommes les veaux !
Arche où le hère et le boa changent de peaux !
Arc-en-ciel miroitant ! Faux du vrai ! Vrai du faux !
Ivresse que la brute appelle le repos !
Sorcière de Bohême à sayon[3] d'oripeaux !
Tityre[4] sous l'ombrage essayant des pipeaux !
Temps qui porte un chibouck[5] à la place de faux !
Parque qui met un peu d'huile à ses ciseaux !
Parque qui met un peu de chanvre à ses fuseaux !
Chat qui joue avec le peloton d'Atropos !

SOMMEIL ! — Manne de grâce au cœur disgracié !

— —
LE SOMMEIL S'ÉVEILLANT ME DIT : TU M'AS SCIÉ[6].
— —

TOI qui souffles dessus une épouse enrayée,
RUMINANT ! dilatant ta pupille éraillée ;
Sais-tu ?... Ne sais-tu pas ce soupir — LE RÉVEIL ! —
Qui bâille au ciel, parmi les crins d'or du soleil
Et les crins fous de ta déesse ardente et blonde ?...
— Non ?... — Sais-tu le réveil du philosophe immonde
— Le Porc — rognonnant sa prière du matin ;
Ou le réveil, extrait-d'âge de la catin ?...
As-tu jamais sonné le réveil de la meute ;
As-tu jamais senti l'éveil sourd de l'émeute,
Ou le réveil de plomb du malade fini ?...
As-tu vu s'étirer l'œil des Lazzaroni ?...
Sais-tu ?... ne sais-tu pas le chant de l'alouette ?
— Non — Gluants sont tes cils, pâteuse est ta luette,
Ruminant ! Tu n'as pas L'INSOMNIE, éveillé,
Tu n'as pas le SOMMEIL, ô Sac ensommeillé !

Les amours jaunes (Lits divers — Une nuit de jour), « Raccrocs ».

Pour préparer l'étude du texte

1. Définir rapidement le contenu de chacune des deux parties du texte. En préciser les caractéristiques (structure, ponctuation, originalité stylistique).

2. Trouver, pour les images du sommeil, un principe de classification tenant compte à la fois de la signification de l'image et des éléments sur lesquels elle repose (comparaison avec des objets, des animaux, des personnages...). Faire le même travail pour les images du réveil.

3. Expliquer l'indication « Lits divers - Une nuit de jour ».

1. Verbe créé par Corbière sur le latin *plangere*, qui a donné *(se) plaindre*.
2. Cf. note 1 de la page 409.
3. Sorte de blouse autrefois portée par les paysans.
4. Nom de berger dans les poèmes bucoliques de Théocrite et de Virgile.
5. *Chibouck* (on écrit aussi *chibouque* ou *chibouk*) : longue pipe turque.
6. En épigraphe à son texte, Corbière a mis le mot du *Macbeth* shakespearien : « J'ai scié le sommeil ! »

Petit mort pour rire

Va vite, léger peigneur de comètes !
Les herbes au vent seront tes cheveux ;
De ton œil béant jailliront les feux
Follets, prisonniers dans les pauvres têtes...

Les fleurs de tombeau qu'on nomme Amourettes
Foisonneront plein ton rire terreux...
Et les myosotis, ces fleurs d'oubliettes...

Ne fais pas le lourd : cercueils de poètes
Pour les croque-morts sont de simples jeux,
Boîtes à violon qui sonnent le creux...
Ils te croiront mort — Les bourgeois sont bêtes —
Va vite, léger peigneur de comètes !

Les amours jaunes, « Rondels pour après ».

Pour préparer l'étude du texte

1. Donner le thème et les caractéristiques de ce poème.
2. Étudier tout au long du texte l'opposition entre la légèreté fantaisiste et tendre de l'enfant poète et le poids douloureux de la mort.
3. Expliquer et justifier le titre.

Par son titre inattendu, *Les amours jaunes*, l'œuvre unique de Corbière est placée sous le signe de la dérision, du rire grinçant et de la mystification.

Les poèmes qui la composent sont en effet caractérisés par un ton constamment désespéré et ironique, par une versification cahotique, par un langage violent, cru, parfois argotique.

Cette œuvre pessimiste, marquée par le dégoût de soi, l'horreur et la souffrance, est dominée par la présence obsessionnelle de trois thèmes :

La mer : consolatrice et meurtrière, elle est présentée comme le cadre de vie des pêcheurs et des habitants de la côte bretonne (« Gens de mer », « Armor »). Les textes caractérisés par cette inspiration célèbrent avec une brutalité admirative l'héroïsme quotidien de ceux qui n'ont que l'océan comme raison de vivre.

« Un grain... est-ce la mort, ça ? la basse voilure
Battant à travers l'eau ! — Ça se dit encombrer...
Un coup de mer plombe, puis la haute mâture
Fouettant les flots ras — et ça se dit sombrer. »[1]

L'amour : le titre de l'œuvre souligne son omniprésence. C'est une constante qui prend les formes les plus diversifiées : passion brutale ou « amitié calmée » (« A une camarade »), soumission haineuse à la femme dont il ne peut se passer, amours vénales de celui à qui sa laideur interdit toute séduction. Selon l'image, le ton se fait cynique ou découragé, mais il n'est jamais tendre :

« Double femme, va [...]
Si tu n'étais fausse, eh serais-tu vraie ? »
(« Fleur d'art »)

La mort : tantôt redoutée, tantôt souhaitée, toujours présente dans la maladie du poète, c'est elle qui a inspiré l' « Épitaphe », le « Portrait du décourageux », « Le convoi du pauvre ». Elle est une compagne dont il cherche à exorciser le pouvoir par les mots, comme le montre le titre d'un rondel, « Petit mort pour rire ».

C'est cette dérision, et la manière qu'il a de disloquer le langage qui pousseront les surréalistes à voir dans Corbière un de leurs précurseurs.

1. « Gens de mer », « La fin ».

Charles Cros
1842-1888

NADAR (1820-1910), Portrait de Charles Cros. Paris, Bibliothèque Nationale.

La vie de Charles Cros fut marquée, d'un bout à l'autre, par la malchance : poète et inventeur, il ne fut, ni en poésie, ni dans le domaine scientifique, reconnu à sa véritable valeur. Il est l'homme des malentendus.

Charles Cros échappe aux parcours scolaires habituels par une formation hétéroclite : hébreu, allemand, latin, grec, sanscrit, italien, sciences physiques, médecine. A dix-huit ans, il enseigne la chimie à l'institution des Sourds-Muets. Mais il perd son poste au bout de trois ans : il est trop original.

Une double carrière littéraire et scientifique connaît le même insuccès. Ses inventions, le télégraphe automatique[1], la photographie en couleurs, le phonographe, font sourire. En littérature, il fréquente les milieux à la mode et il se lie avec les noms connus de l'époque : Verlaine, Rimbaud, Villiers de L'Isle-Adam, Manet. On le voit dans les différents cercles littéraires : les Hydropathes, les Vilains Bonshommes, les Zutistes, au Chat noir. Il y joue un rôle d'amuseur. Mais son premier recueil, *Le coffret de santal*, publié en 1873, passe tout à fait inaperçu.

Des problèmes familiaux, la maladie de sa femme, le manque d'argent, l'incompréhension de ses amis, qui le prennent pour un fantaisiste, le poussent à boire. Comme tant d'autres, il recherche dans l'absinthe le remède à ses soucis.

Il meurt en 1888, à quarante-six ans, misérable et méconnu. C'est seulement après 1920 qu'il sera réhabilité par les surréalistes et que son œuvre, *Le coffret de santal* et *Le collier de griffes* (publié en 1908), connaîtra une plus large diffusion.

1. En avril 1877, Cros envoie à l'Académie des Sciences un premier mémoire sur cet appareil révolutionnaire. Les académiciens n'y prêtent pas attention. Huit mois plus tard, l'Américain Edison sera mieux écouté. L'Académie Charles Cros essaie de réparer cette injustice en couronnant les meilleurs disques de l'année.

Le coffret de santal

1873

Le seul recueil publié du vivant de Charles Cros frappe par l'extrême diversité des formes et des tons. Le poète souligne ce caractère dominant dès sa « Préface » :

Quel encombrement dans ce coffre !
Je vends tout. Accepte mon offre,
Lecteur. Peut-être quelque émoi,

Pleurs ou rire, à ces vieilles choses
Te prendra. Tu paieras, et moi
J'achèterai de fraîches roses.

On y trouve des « chansons » (cf. ci-dessous), des sonnets, des « grains de sel » (cf. p. 414), des « fantaisies en prose » (cf. p. 414). L'humour y côtoie l'amertume ; le charme précieux des senteurs surannées[1] y voisine avec un imaginaire conquérant.

Lendemain

Ce poème figure dans la première section du recueil, « Chansons perpétuelles ».

Avec les fleurs, avec les femmes,
Avec l'absinthe, avec le feu,
On peut se divertir un peu,
Jouer son rôle en quelque drame.

L'absinthe bue un soir d'hiver
Éclaire en vert l'âme enfumée,
Et les fleurs, sur la bien-aimée,
Embaument devant le feu clair.

Puis les baisers perdent leurs charmes,
Ayant duré quelques saisons.
Les réciproques trahisons
Font qu'on se quitte un jour, sans larmes.

On brûle lettres et bouquets
Et le feu se met à l'alcôve,
Et, si la triste vie est sauve,
Restent l'absinthe et ses hoquets.

Les portraits sont mangés des flammes ;
Les doigts crispés sont tremblotants...
On meurt d'avoir dormi longtemps
Avec les fleurs, avec les femmes.

Le coffret de santal, « Chansons perpétuelles ».

Pour préparer l'étude du texte

1. Faire apparaître les jeux de symétries et de correspondances qui relient entre eux les quatre motifs du texte : fleurs, femmes, absinthe, feu.
2. Préciser le rôle de ces quatre éléments.
3. A l'aide des réponses aux questions 1 et 2, montrer que ce texte, construit de façon très rigoureuse, suit une évolution précise qui l'apparente à un genre littéraire différent.

1. C'est ce que suggère le titre : le santal est un arbuste dont le bois parfumé servait, entre autres, à faire des boîtes à bijoux.

Le hareng saur

Voici le texte le plus connu de Charles Cros, celui qui fit les beaux soirs des cabarets parisiens pendant le dernier quart du siècle dernier. Il s'agit d'un monologue qui permet au « diseur » de révéler ses talents de mime.

Il était un grand mur blanc — nu, nu, nu,
Contre le mur une échelle — haute, haute, haute,
Et, par terre, un hareng saur — sec, sec, sec.

Il vient, tenant dans ses mains — sales, sales, sales,
Un marteau lourd, un grand clou — pointu, pointu, pointu,
Un peloton de ficelle — gros, gros, gros.

Alors il monte à l'échelle — haute, haute, haute,
Et plante le clou pointu — toc, toc, toc,
Tout en haut du grand mur blanc — nu, nu, nu.

Il laisse aller le marteau — qui tombe, qui tombe, qui tombe,
Attache au clou la ficelle — longue, longue, longue,
Et, au bout, le hareng saur — sec, sec, sec.

Il redescend de l'échelle — haute, haute, haute.
L'emporte avec le marteau — lourd, lourd, lourd ;
Et puis, il s'en va ailleurs — loin, loin, loin.

Et, depuis, le hareng saur — sec, sec, sec,
Au bout de cette ficelle — longue, longue, longue,
Très lentement se balance — toujours, toujours, toujours.

J'ai composé cette histoire — simple, simple, simple,
Pour mettre en fureur les gens — graves, graves, graves,
Et amuser les enfants — petits, petits, petits.

Le coffret de santal, « Grains de sel ».

Pour préparer l'étude du texte

1. L'histoire. Définir ses étapes successives en précisant ses caractéristiques stylistiques et sa « logique ». A quoi sert la conclusion ?
2. Le refrain. Analyser sa composition, ce qu'il a d'inattendu (et d'attendu), son efficacité.
3. Quel sens peut-on donner à ce poème ? Quel sérieux peut-on lui accorder ?

Le vaisseau-piano

Le coffret de santal se ferme sur une série de huit « fantaisies en prose », dont ce « Vaisseau-piano ».

Le vaisseau file avec une vitesse éblouissante sur l'océan de la fantaisie,

Entraîné par les vigoureux efforts des rameurs, esclaves de diverses races imaginaires.

Imaginaires, puisque leurs profils sont tous inattendus, puisque leurs torses nus sont de couleurs rares ou impossibles chez les races réelles.

Il y en a de verts, de bleus, de rouge-carmin, d'orangés, de jaunes, de vermillons, comme sur les peintures murales égyptiennes.

Au milieu du vaisseau est une estrade surélevée et sur l'estrade un très long piano à queue.

Une femme, la Reine des fictions, est assise devant le clavier. Sous ses doigts roses, l'instrument rend des sons veloutés et puissants qui couvrent le chuchotement des vagues et les soupirs de force des rameurs.

L'océan de la fantaisie est dompté, aucune vague n'en sera assez audacieuse pour gâter le dehors du piano, chef-d'œuvre d'ébénisterie en palissandre miroitant, ni pour mouiller le feutre des marteaux et rouiller l'acier des cordes.

La symphonie dit la route aux rameurs et au timonier.

Quelle route ? et à quel port conduit-elle ? Les rameurs n'en savent trop rien, ni le timonier. Mais ils vont, sur l'océan de la fantaisie, toujours en avant, toujours plus courageux.

Voguer, en avant, en avant ! la Reine des fictions le dit en sa symphonie sans fin. Chaque mille parcouru est du bonheur conquis, puisque c'est s'approcher du but suprême et ineffable, fût-il à l'infini inaccessible.

En avant, en avant, en avant !

Le coffret de santal, « Fantaisies en prose ».

Salvador DALI (né en 1904), *Fontaine nécrophilique coulant d'un piano à queue* (1933). Paris, Collection Prince J.-L. de Faucigny-Lucinge. Ph. Béatrice Hatala, Musée National d'Art Moderne, centre Georges Pompidou, Paris, by ADAGP 1988, © Demart Pro Arte B.V.

Pour préparer l'étude du texte

1. Analyser dans le texte le développement du champ lexical de l'imagination.
2. Étudier par quel cheminement se fait l'assimilation vaisseau/piano (transformation des objets, des personnages). Quelle expression essentielle favorise particulièrement la métamorphose ?
3. Que symbolise le voyage décrit ? Quel rôle le poète accorde-t-il à l'imagination ?

Le collier de griffes

1908 (posthume)

Le second recueil de Charles Cros ne fut publié que vingt ans après sa mort, par les soins de son fils. S'y retrouve la variété si caractéristique du *Coffret de santal* : quelques « bijoux » plaisants, certes, mais aussi des « griffes », des poèmes du mal de vivre...

Hiéroglyphe

J'ai trois fenêtres à ma chambre :
  L'amour, la mer, la mort,
Sang vif, vert calme, violet.

Ô femme, doux et lourd trésor !

Froids vitraux, cloches, odeurs d'ambre.
  La mer, la mort, l'amour,
Ne sentir que ce qui me plaît...

Femme, plus claire que le jour !

Par ce soir doré de septembre,
  La mort, l'amour, la mer,
Me noyer dans l'oubli complet.

Femme ! femme ! cercueil de chair !

Le collier de griffes, « Visions ».

Pour préparer le commentaire composé

1. Une structure originale. Étudier précisément la structure du texte (organisation des strophes et du refrain, organisation des trois motifs, organisation des rimes).
2. Les trois motifs. Comment sont-ils à la fois repris par des jeux de correspondances entre les strophes et mêlés de manière ambiguë ?
3. Comment justifier le titre ?

Sonnet

Moi, je vis la vie à côté,
Pleurant alors que c'est la fête.
Les gens disent : « Comme il est bête ! »
En somme, je suis mal coté.

J'allume le feu dans l'été,
Dans l'usine je suis poète ;
Pour les pitres je fais la quête.
Qu'importe ! J'aime la beauté.

Beauté des pays et des femmes,
Beauté des vers, beauté des flammes,
Beauté du bien, beauté du mal.

J'ai trop étudié les choses ;
Le temps marche d'un pas normal :
Des roses, des roses, des roses !

Le collier de griffes, « Tendresse ».

Pour préparer le commentaire composé

1. Étudier l'expression de l'inadaptation (contradictions, oppositions, incohérences apparentes).
2. Comment l'auteur compense-t-il ce sentiment d'être « à côté » ?
3. Définir, à partir des questions 1 et 2, le statut à la fois douloureux et privilégié du poète.

Les titres des deux recueils[1] de Cros suggèrent que les poèmes sont semblables à des bijoux. Cette poésie très travaillée, marquée à la fois par l'art pour l'art[2], l'hermétisme[3] et le Parnasse[4], établit une synthèse entre les obsessions personnelles du poète et les thèmes contemporains.

La nostalgie s'y exprime avec douleur ou de façon irrévérencieuse ; les larmes de l'amour malheureux voisinent avec le rire des « Grains de sel », la dérision avec la fantaisie, la fraîcheur naïve avec l'amertume des trahisons.

Les thèmes essentiels peuvent se définir ainsi :

La vie rêvée : c'est celle des chansons, romances et rondes dont l'inspiration rappelle la simplicité spontanée des textes du Moyen Age : une nature paisible, des fleurs aux significations symboliques, de belles châtelaines et leurs amoureux. Tout y paraît beau, mais le dénouement n'est pas toujours heureux (« Nocturne »)[5]. Déjà pointe l'amertume de la vie.

La femme : elle est aimée, rêvée, crainte. Elle apparaît très souvent sous une forme féline et perverse qui rappelle les images féminines de Baudelaire. Le motif de la femme panthère revient fréquemment dans le premier recueil et justifie partiellement le titre du second :

« Comme hier vous avez les souplesses étranges
Des tigresses et des jaguars. »[6]

A travers ces images, Cros fait de l'amour une relation ambiguë, dans laquelle la tendresse rêvée se transforme en violence et en trahison.

L'exotisme : il est suggéré par le santal du coffret. Les images sont proches de celles de Leconte de Lisle : savanes écrasées de soleil, grands fauves, climats lourds et parfums insistants :

« J'ai rêvé l'archipel parfumé, montagneux,
Perdu dans une mer inconnue et profonde. »[7]

La douleur d'être : incompris et solitaire comme Laforgue, Cros illustre ce spleen par l'expression d'un constant sentiment de décalage. Il est « à côté » et ne trouve ni dans l'alcool, ni dans l'amour, ni dans ses rêves une consolation qui lui permette d'affronter les vicissitudes de l'existence (échecs poétiques, échecs de ses inventions, maladie, soucis financiers).

Seule reste la poésie, remède suprême :

« Quand j'aurai fait ces vers, quand tous les auront lus,
Mon mal vulgarisé ne me poursuivra plus. »[8]

Fernand KHNOPFF (1858-1922), *Des caresses* (1896). Bruxelles, Musées Royaux des Beaux-Arts de Belgique.

1. *Le coffret de santal*, *Le collier de griffes*.
2. Gautier.
3. Mallarmé.
4. Leconte de Lisle.
5. *Le coffret de santal*.
6. *Le coffret de santal* : « A une attristée d'ambition ».
7. *Le collier de griffes* : « Phantasma ».
8. *Le coffret de santal* : « Lento ».

AMBIGUÏTÉS DU RÉALISME
FLAUBERT, MAUPASSANT

LA « BATAILLE RÉALISTE »

La secousse politique et sociale de 1848 connaît des prolongements idéologiques dans l'art et la littérature. Courbet, en peinture, rejette, comme conventions bourgeoises, l'idéalisme et l'académisme régnant, et puise ses sujets dans la réalité provinciale, banale et humble *(L'après-dîner à Ornans*, 1849 — *L'enterrement à Ornans*, 1850). Ses toiles, exposées dans les très officiels Salons, suscitent de violentes polémiques : c'est la « bataille réaliste ». Le parti pris de Courbet consiste à représenter, sans l'embellir, le réel dans ses détails (visages burinés, expressifs, mais sans grâce) et à refuser les conventions de la « scène de genre » propres jusqu'alors à ce type de représentation dite pittoresque.

Autour de Courbet, un cénacle d'artistes et d'hommes de lettres s'est formé. L'histoire littéraire retient les noms des romanciers Champfleury et Duranty, qui se feront les théoriciens du mouvement (revue *Réalisme* fondée par Duranty en 1856). Ils demandent que le romancier s'intéresse à ce que l'on appelle alors « les basses classes » (petite bourgeoisie, artisans, monde ouvrier), s'attache à des <u>études de mœurs</u>, présente, à travers les personnages de la fiction, des types sociaux contemporains. Le milieu peint avec prédilection est la petite bourgeoisie commerçante, ravagée par des drames mesquins et cachés, dont un Duranty aperçoit la profondeur (*Le malheur d'Henriette Gérard*, 1860). On assiste donc à une réaction de rejet à l'endroit du roman idéaliste, produit affadi du Romantisme, dont Flaubert a raillé les invraisemblances et les clichés dans *Madame Bovary* (cf. les lectures de la jeune Emma Bovary, p. 425).

Gustave COURBET (1819-1877), *Un après-dîner à Ornans* (1848). Lille, Musée des Beaux-Arts.

« RÉALISME » : UNE BANNIÈRE AMBIGUË

Aimé-Jules DALOU (1838-1902), *Le grand paysan*.
Paris, Musée du Louvre.

Champfleury exigeait du romancier « la sincérité dans l'art » : formule vague, qui ne permet pas de préciser quelle part il faut attribuer au travail de stylisation de la réalité, qu'opère tout romancier. La « bataille réaliste » semblait écarter comme secondaires les problèmes formels, accréditant sans le vouloir l'idée trompeuse que la représentation littéraire pouvait être comparée à un « daguerréotype » (ancêtre de la photographie).

Or, s'il est une préoccupation centrale chez les grands romanciers dits « réalistes », c'est bien celle de l'expression, de la structure, du travail formel, en un mot de la stylisation. Maupassant, dans la célèbre *Préface* de *Pierre et Jean* (1888), observera que « faire vrai » consistant à donner « l'illusion complète du vrai », « les Réalistes de talent devraient s'appeler plutôt des Illusionnistes ». Le malentendu ainsi dissipé, on pourrait considérer qu'il y a quelque équivoque à perpétuer une tradition scolaire, qui range sous la bannière du réalisme des écrivains fort différents et dont l'originalité même réside, toujours selon Maupassant, « dans une vision personnelle du monde » et une véritable recréation stylistique du réel (comme Flaubert).

Toutefois, si l'on considère le réalisme non plus en tant qu'école au sens étroit, mais comme un grand courant qui parcourt le roman du XIXe siècle, on voit se dégager des facteurs d'unité. Stendhal fait figure d'initiateur dans *Le Rouge et le Noir*, en liant étroitement, jusque dans les détails (« les petits faits vrais »), le destin d'un héros plébéien et la réalité politique et sociale de l'époque. Plus puissamment, un Balzac est peut-être le père du réalisme (cf. p. 176), dans l'interaction constante du milieu et de l'individu qui caractérise *La comédie humaine*. A partir de 1850 et jusqu'en 1890 (réaction contre le naturalisme), c'est le triomphe du réalisme, au sens large, dont on peut dégager quelques traits généraux : l'intrigue se subordonne à l'étude du milieu ; la psychologie prend volontiers la forme de l'observation clinique de phénomènes, eux-mêmes déterminés par la physiologie. Ces deux caractéristiques témoignent de l'influence du positivisme sur la représentation romanesque (cf. p. 467). Le romancier, qui dépeint avec prédilection les milieux populaires, considère sa tâche comme le dévoilement d'un domaine de la réalité sociale aussi bien qu'humaine (hérédité et influence du milieu étant conjuguées chez Zola). Enfin les écrivains, dans leur correspondance ou leur journal, ouvrent le laboratoire de leur création, et promeuvent la valeur du travail littéraire.

LES ROMANCIERS AU TRAVAIL

UN REGARD MÉDICAL

A la suite de Flaubert, les romanciers réalistes vouent un culte à la documentation : les « notes » de Flaubert, le *Journal* des Goncourt, les « fiches » de Zola consignent toutes les choses vues, toutes les informations lues pour préparer et nourrir le roman futur dans le souci de l'exactitude : « La littérature, affirme Flaubert, prendra de plus en plus les allures de la science, elle sera surtout exposante. » C'est particulièrement la science médicale (et ses disciplines associées : anatomie, physiologie) dont les romanciers se proposent d'adopter l'esprit : obéissant au dogme de l'objectivité scientifique, ils seront les observateurs des déterminismes psychologiques, et des maladies psychosociales. Les Goncourt, associant à ce principe leur goût pour les singularités morbides, écrivent des études romanesques sur les névroses. Maupassant, qui a assisté aux leçons du neurologue Charcot[1], s'intéresse aux phénomènes psychopathologiques (cf. *Le horla*, « Lui ? »).

STYLISER LE RÉEL

La fidélité au réel, qui ne peut être reproduction, impose la nécessité d'une stylisation. Maupassant travaille surtout la structure de la nouvelle, qui épure la réalité avec une netteté classique, d'autant plus frappante qu'elle laisse habilement entrevoir des abîmes psychologiques (pulsions destructrices ou autodestructrices). Les Goncourt ramènent la stylisation au souci du style, au sens étroit, pour compenser la laideur du sujet par la joliesse, parfois affectée, de l'écriture. La réflexion sur le style est capitale chez Flaubert : comment écrire de beaux livres sur la médiocrité quotidienne, exprimer l'ennui sans ennuyer ? Pour entrer dans le roman, la réalité, justement parce qu'elle est médiocre, doit être intériorisée, comprise intimement, rendue parfaitement, c'est-à-dire en parfaite conformité avec l'impression qu'elle produit ; telle est la « chimie » du style : ni embellissement, ni occultation, mais restitution littéraire du réel par le moyen de l'expression juste. Les fameux « détails » flaubertiens, tant vantés, reçoivent de l'observation leur caution de vérité, mais ils doivent aussi s'intégrer invisiblement dans la structure romanesque : le roman, totalité autonome, crée sa propre réalité, parallèle à la vraie, qu'il donne l'illusion de simplement refléter.

Flaubert nous conduit ainsi loin des ambitions initiales du réalisme, frayant la voie aux réflexions contemporaines sur le roman, qui s'interrogent sur « l'effet de réel »[2] proprement littéraire, produit par le texte dit « réaliste ».

P.-A. BROUILLET (1857-1920), *La leçon de Charcot.* Centres Médicaux Techniques de l'Assistance Publique.

1. Médecin et professeur à l'hôpital de la Salpêtrière, connu pour ses recherches sur l'hypnose et l'hystérie.

2. Roland Barthes, *L'effet de réel*, dans *Littérature et réalité*, Éd. du Seuil, Coll. Points.

Gustave Flaubert
1821-1880

Eugène GIRAUD (1806-1881), *Portrait de Gustave Flaubert.* Versailles, Musée National du Château.

Une vocation et un sujet : la bêtise

Gustave Flaubert, né à Rouen en 1821, est issu d'une famille de médecins. Le père, grand bourgeois sévère, est chirurgien-chef à l'Hôtel-Dieu. La critique n'a pas manqué de rapporter à l'imposant modèle paternel le regard « médical » de Flaubert romancier, le « scalpel »[1] de son écriture, qui dissèque êtres et passions.

Très jeune, l'enfant a décidé d'écrire. Il a trouvé un sujet, qu'une vie d'écrivain ne suffira pas à épuiser : la bêtise. A neuf ans, il confie ainsi à un camarade : « Comme il y a une dame qui vient chez Papa et qui nous contes toujours des bêtises, je les écrirait » (orthographe de l'auteur). Lycéen, il imagine le personnage du Garçon, caricature du bourgeois satisfait à idées reçues, ancêtre de M. Homais. Ainsi se manifeste déjà le goût du sarcasme, de l'ironie, de la dénonciation : la littérature servira à faire éclater la stupidité du langage de l'Autre avec ses idées reçues. A quinze ans, Flaubert a dans ses tiroirs une production considérable, qui révèle l'autre pôle de sa vocation littéraire : le déchaînement romantique d'images violentes, la fascination de la mort, l'attrait des thèmes irrationnels, tels que la folie, l'orgie, le monstre. Ces contes et récits n'ont aujourd'hui encore pas tous été publiés[2].

1. L'image est déjà chez Sainte-Beuve, critique contemporain de Flaubert.

2. Le plus abouti, « Smarh » (1839), annonce *La tentation de saint Antoine.*

« Mon époque nerveuse, mon époque sentimentale »

Durant l'été 1836, il rencontre, sur la plage de Trouville, Élisa Schlésinger, épouse d'un éditeur de musique : début d'une longue passion impossible, nourrie d'exaltations littéraires entrecoupées de désespoirs « spleenétiques ». Cette expérience retentira dans l'ensemble de l'œuvre. Dans un premier temps, c'est la simple transposition autobiographique, lyrique, violemment sentimentale, dans *Mémoires d'un fou* (1838) et *Novembre* (1842) ; plus tard, le grand amour platonique, intégré au roman et placé sous l'éclairage de l'ironie, réapparaîtra dans *L'éducation sentimentale* de 1867, sous les traits de l'inaccessible Mme Arnoux.

Son baccalauréat une fois obtenu, le jeune homme entame sans enthousiasme des études de droit à Paris : il fréquente surtout les milieux artistiques (salon du sculpteur Pradier) et se lie d'amitié avec Maxime Du Camp, homme de lettres mondain qui prétend le patronner.

Tout cela pourtant lui demeure extérieur : son idéalisme blessé tourne au dégoût de la vie, au refus de l'action, à la dérision générale du réel, si celui-ci n'est pas transfiguré et comme racheté par l'art : tels sont les thèmes de la première *Éducation sentimentale* de 1845. Il faut donc parler, chez Flaubert, de neurasthénie profonde (Sartre analyse une névrose[1]) : celle-ci éclate en crise épileptique, un jour de juin 1844, alors que Flaubert se rend en voiture à Pont-Lévêque. Pour quelque temps, il est un demi-invalide. Il renonce définitivement à toute activité sociale : après la mort du docteur Flaubert, il se retire à Croisset, près de Rouen, dans une belle propriété familiale, en bord de Seine. Il dispose désormais de rentes, de temps, d'une absolue liberté qui lui permettent d'écrire.

Maxime DU CAMP, *Abou Simbel* (1850). Paris, Bibliothèque Nationale.

Flaubert et Maxime Du Camp sont partis pour l'Égypte en 1849. Maxime Du Camp publia à son retour (en 1852) un album intitulé *Égypte, Nubie, Palestine et Syrie. Dessins photographiques recueillis pendant les années 1849, 1850 et 1851*, qui est le premier livre à être illustré par la photographie.

1. J.-P. Sartre, *Flaubert, l'Idiot de la famille*, NRF, Éd. Gallimard, 1971.

Georges ROCHEGROSSE, *Le cabinet de travail de Flaubert* (1874), Aquarelle. Croisset, Pavillon Flaubert.

L'ermite de Croisset

Dès lors la vie de Flaubert se confond totalement avec celle de l'écrivain qui ne pense, ne souffre et n'espère qu'en fonction de l'œuvre qu'il a sur le métier. Certes, il y a en 1849-50 le grand voyage d'Orient (Égypte, Palestine, Grèce) avec Maxime Du Camp, puis le séjour de 1858 sur les ruines de l'ancienne Carthage, en Tunisie. Certes, à partir de la cinquantaine, l'écrivain célèbre connaîtra la tentation de la mondanité, reçu à plusieurs reprises chez le prince Napoléon et la princesse Mathilde. Mais sa vérité n'est pas là : Flaubert se veut, se rêve ermite, écrivain-ascète, reclus voué à l'écriture, comme un moine s'est donné à Dieu. Mais c'est d'un moine souffrant qu'il s'agit, car l'Art, comme la foi, exige des martyrs : pour Flaubert, les grands écrivains sont de ceux-là.

Cette mystique de l'art s'élabore dans les années (1851-1856) où il travaille à *Madame Bovary* : sur ce point, nous possédons le témoignage de sa correspondance avec Louise Colet[1], saisissant document sur les joies et les souffrances de l'écrivain, jour après jour. Son roman lui coûte d'énormes peines non seulement en raison des impitoyables exigences stylistiques qu'il s'impose, mais surtout parce que le sujet choisi (la mesquinerie du quotidien) est aux antipodes de ses grandes aspirations lyriques et épiques ! Comme les mystiques traversant des nuits de doute, Flaubert passe par des phases d'accablement et d'ennui : « Ma *Bovary* m'assomme... » revient comme un refrain triste. La vocation d'écrivain de Flaubert est donc fondée sur une perpétuelle tension. L'appel du sublime, du grandiose, de l'exotique somptueux (l'ailleurs, l'autrefois) est combattu par la volonté de faire malgré tout de la belle littérature avec les médiocres sujets tirés du quotidien.

Ainsi les trois versions de *La tentation de saint Antoine* (1849, 1856, 1873) marquent chez Flaubert la permanence du courant souterrain qui le porte à l'expression du fantasme le moins retenu : ce roman-poème fait défiler les visions hallucinées et sensuelles qui éblouissent un saint ermite. Dans *Salammbô* (1862), Flaubert prétend reconstituer fidèlement l'ancienne Carthage : mais les images violentes, érotiques ou sanglantes, débordent le propos et font du livre un grand poème antique et barbare.

En revanche, *L'éducation sentimentale* de 1867 est le roman des illusions perdues d'un jeune homme sans caractère et d'une génération sans idéal : la Révolution de 1848 n'y est qu'une caricature d'épopée et la destinée du héros une suite de compromis anti-héroïques.

Après l'intermède des *Trois contes* (1877), *Bouvard et Pécuchet* (1880, inachevé) pousse à l'extrême l'entreprise de démystification : c'est le savoir humain tout entier qui y apparaît vain, contradictoire et sot. L'évolution vers le pessimisme radical reflète le caractère dépressif des dernières années de Flaubert : il est nerveusement atteint, a de graves ennuis d'argent ; plus que jamais la vie lui paraît chose triste et oiseuse. En dehors de son affection dévouée pour sa nièce Caroline, ce fut probablement son amitié avec George Sand qui lui permit de ne pas sombrer : leur correspondance, une des plus belles du XIXe siècle, révèle l'étonnante affinité de ces deux esprits, vieux romantiques (« vieux troubadours », disaient-ils) isolés au milieu de l'époque scientiste...

1. Louise Colet, femme de lettres exaltée et sentimentale, fut, de 1846 à 1854, la maîtresse de Flaubert.

Madame Bovary

1857

I - Charles Bovary, officier de santé besogneux (il n'a pas le titre de médecin), épouse en secondes noces Emma Rouault, fille d'un riche fermier normand. Le couple s'installe à Tostes : Mme Bovary est insatisfaite de sa vie « plate comme un trottoir de rue », si différente de la vie rêvée à travers les lectures romanesques de son adolescence. Un bal à la Vaubyessard, chez des châtelains du voisinage, lui entrouvre les portes d'un monde merveilleux, avant de la replonger, plus amère, dans l'ennui et le dépérissement.

II - Pour changer les idées et le cadre de vie d'Emma, Charles déménage à Yonville, gros bourg à l'esprit aussi mesquin que Tostes. Les Bovary fréquentent M. Homais, le pharmacien, caricature du petit-bourgeois libre penseur, qui n'opine que par idées reçues. Emma se laisse courtiser par Léon, jeune clerc de notaire assez fade, malgré ses allures romantiques : il se lasse bientôt d'aimer sans résultat. Apparaît alors Rodolphe, gentilhomme fermier et bellâtre habitué à séduire et à quitter promptement les femmes : Mme Bovary succombe, et va vivre cette passion avec exaltation et frénésie. Rodolphe, effrayé et déjà las d'une liaison aussi encombrante, rompt lâchement. Emma, atterrée, tombe gravement malade. Charles l'emmène, une fois rétablie, à Rouen pour un spectacle : elle y revoit Léon.

III - Elle se laisse séduire par lui, et, sous le prétexte de leçons de piano, se rend de plus en plus souvent à Rouen pour l'y retrouver. Elle commet des imprudences, ses dépenses deviennent exorbitantes. Elle s'endette auprès de l'usurier Lheureux. Les Bovary sont menacés de saisie et de ruine. Emma, après avoir fait appel en vain à la générosité de Rodolphe, se suicide en absorbant de l'arsenic dérobé dans l'officine d'Homais. Charles, malade de chagrin, perd goût à la vie quand il apprend les infidélités de son épouse : il dépérit et s'éteint. M. Homais prospère insolemment.

Origine et réception du roman

En septembre 1849, Flaubert, sur les conseils de ses amis Louis Bouilhet et Maxime Du Camp, renonce à publier *La tentation de saint Antoine* et décide de tourner le dos au lyrisme foisonnant qui a été jusque-là, précisément, sa « tentation » d'écrivain. Il admet qu'une cure de « désinflation » sentimentale et verbale s'impose.

Reste à trouver un sujet. Louis Bouilhet propose alors à son ami de s'inspirer d'un fait divers de l'époque : Delphine Delamare, épouse d'un officier de santé de Ry, en Normandie, s'était peu auparavant suicidée après avoir perdu ses illusions romanesques et la fortune de son ménage dans des liaisons exaltées avec un châtelain, puis un clerc de notaire. Au retour de son voyage d'Orient, Flaubert se mit à la tâche : « la *Bovary* » (comme il disait) allait l'occuper cinq ans, faisant alterner en lui les crises de découragement avec les moments d'enthousiasme (cf. extraits de la *Correspondance*, pp. 426, 428, 444 et 445). En janvier 1857, le roman, paru en revue, vaut à son auteur un procès pour atteinte à la morale et à la religion : Flaubert, grâce à la remarquable plaidoirie de son avocat, est acquitté et l'ouvrage connaît un succès immédiat. Succès de scandale, qui déplaît à Flaubert ; mais admiration des plus lucides (Sainte-Beuve, Baudelaire). L'école naturaliste va reconnaître sa dette envers cette œuvre fondatrice : « Quand *Madame Bovary* parut, il y eut toute une révolution littéraire », écrira Zola (*Les romanciers réalistes*, 1881). Flaubert toutefois ne cessera de déplorer cette annexion de son œuvre à la seule idéologie « réaliste ».

Étude de mœurs et étude de femme

Comme l'indique son sous-titre, *Mœurs de province*, le roman s'inscrit dans la tradition balzacienne de l'étude sociale : le gros bon sens et l'âpreté du paysan riche (le père Rouault), la vanité désœuvrée de l'aristocratie terrienne (Rodolphe) et surtout la mesquinerie et la bêtise de la toute petite bourgeoisie (M. Homais) sont observés et révélés par mille détails ou traits de langage. Le romancier, à la différence d'un Balzac cependant, ne commente pas, ne théorise pas : il montre le geste ou l'objet significatifs, il laisse se dévider le langage de la bêtise. Tel est le fondement de l'objectivité flaubertienne.

Madame Bovary est aussi une étude de femme et, à travers le personnage, l'étude d'une maladie psychologique à laquelle on donnera désormais le nom de « bovarysme » : « bovaryse » tout sujet maladivement porté à se nourrir d'illusions sur lui-même, sur ses talents et capacités, qu'il s'imagine étouffés par la platitude de sa vie. Cette forme dégradée du « mal du siècle » préexistait à la création d'Emma Bovary, mais l'héroïne lui a prêté tout d'un coup une incarnation qui a pris force de modèle. Flaubert a donc créé un type (on parle d'« *une* Bovary »), rêve balzacien, issu lui-même de la tradition classique (Molière).

L'ironie et le tragique

L'ironie du romancier à l'égard des rêves et des clichés sentimentaux dont se berce l'héroïne ne peut manquer de frapper le lecteur. Le rapport du créateur à son personnage est toutefois complexe : car Emma porte en elle une tendance de Flaubert lui-même, poussée jusqu'à la caricature[1]. Elle incarne l'idéal de jeunesse de l'écrivain, prisonnier des rêves romantiques, mais un idéal dégradé dans le banal, et privé de toute distance réflexive. Aussi est-elle à la fois ridicule et pathétique, comme tout être qui s'aveugle, fût-ce par sottise. On peut même parler, comme le fait Charles à la fin du roman, de fatalité à l'œuvre dans cette déchéance : fatalité au visage certes dérisoire, qui par exemple pousse Charles à favoriser sans le vouloir les adultères d'Emma, mais qui permet de mesurer la dimension tragique du roman.

Madame Bovary est donc riche d'une continuelle ambiguïté, qui procure un plaisir de lecture très particulier : le pathétique y est mis à distance par l'ironie, le lyrisme par la dénonciation de ses excès, le tragique par la médiocrité des êtres que la tragédie choisit pour victimes et le comique involontaire des agents qu'elle utilise.

1. C'est en ce sens, non étroitement autobiographique, qu'il faut entendre le mot fameux de Flaubert : « Madame Bovary, c'est moi ! »

L'obsession de la forme

Le style a coûté au romancier des efforts et des souffrances rares : une heure parfois pour écrire une phrase ! Flaubert a pourchassé les répétitions, les épithètes trop attendues, les métaphores rendues banales par l'usage ; il a recherché l'effet rythmique à l'intérieur de la phrase ou du paragraphe, l'harmonie phonique. Tout commentateur du texte se doit de repérer et de peser chacun de ces éléments : pas un mot n'a été laissé au hasard et tout effet est intentionnel !

Le souci de la forme se manifeste aussi dans l'équilibre entre la part de la description et celle de la narration, dans le passage insensible de l'une à l'autre, qui crée un effet de fondu enchaîné très habile. Signalons aussi l'emploi fréquent du style indirect libre, grâce auquel le point de vue d'Emma et celui du narrateur se confondent : les rêveries de l'héroïne sont ainsi prolongées, amplifiées et simultanément minées par une ironie sourde dans le mouvement même de leur expansion.

« Elle aurait voulu vivre dans quelque vieux manoir... »

Dans le couvent de Rouen où elle a été élevée, Emma s'est grisée de lectures romanesques, s'identifiant sans réserve avec les héros d'un univers fictionnel pétri de conventions idéalistes.

Il y avait au couvent une vieille fille qui venait tous les mois, pendant huit jours, travailler à la lingerie. [...] Elle contait des histoires, vous apprenait des nouvelles, faisait en ville vos commissions, et prêtait aux grandes, en cachette, quelque roman qu'elle avait toujours dans les poches de son tablier, et dont la bonne demoiselle elle-même avalait de longs chapitres, dans les intervalles de sa besogne. Ce n'étaient qu'amours, amants, amantes, dames persécutées s'évanouissant dans des pavillons solitaires, postillons qu'on tue à tous les relais, chevaux qu'on crève à toutes les pages, forêts sombres, troubles du cœur, serments, sanglots, larmes et baisers, nacelles[1] au clair de lune, rossignols dans les bosquets, *messieurs* braves comme des lions, doux comme des agneaux, vertueux comme on ne l'est pas, toujours bien mis, et qui pleurent comme des urnes. Pendant six mois, à quinze ans, Emma se graissa donc les mains à cette poussière des vieux cabinets de lecture. Avec Walter Scott[2], plus tard, elle s'éprit de choses historiques, rêva bahuts, salle des gardes et ménestrels. Elle aurait voulu vivre dans quelque vieux manoir, comme ces châtelaines au long corsage, qui, sous le trèfle des ogives, passaient leurs jours, le coude sur la pierre et le menton dans la main, à regarder venir du fond de la campagne un cavalier à plume blanche qui galope sur un cheval noir. Elle eut dans ce temps-là le culte de Marie Stuart et des vénérations enthousiastes à l'endroit des femmes illustres ou infortunées. Jeanne d'Arc, Héloïse, Agnès Sorel, la belle Ferronnière et Clémence Isaure[3], pour elle, se détachaient comme des comètes sur l'immensité ténébreuse de l'histoire, où saillissaient encore çà et là, mais plus perdus dans l'ombre et sans aucun rapport entre eux, saint Louis avec son chêne, Bayard mourant, quelques férocités de Louis XI, un peu de Saint-Barthélemy, le panache du Béarnais, et toujours le souvenir des assiettes[4] peintes où Louis XIV était vanté.

[...] Quelques-unes de ses camarades apportaient au couvent les keepsakes[5] qu'elles avaient reçus en étrennes. Il les fallait cacher, c'était une affaire ; on les lisait au dortoir. Maniant délicatement leurs belles reliures de satin, Emma fixait ses regards éblouis sur le nom des auteurs inconnus qui avaient signé, le plus souvent, comtes ou vicomtes, au bas de leurs pièces.

MAURIN, *Scène d'« Ivanhoé »* (1836), Lithographie. Paris, Bibliothèque Nationale.

1. Petits bateaux ; terme poétique vieilli.
2. Auteur écossais de romans historiques (1771-1832), très populaire à l'époque romantique.
3. Femmes célèbres pour leur beauté, leurs amours, leurs malheurs.
4. Elle a vu ces assiettes dans une auberge ; elles représentaient l'histoire de Mlle de La Vallière, favorite de Louis XIV.
5. Albums illustrés offerts en souvenir.

Elle frémissait, en soulevant de son haleine le papier de soie des gravures, qui se levait à demi plié et retombait doucement contre la page. C'était, derrière la balustrade d'un balcon, un jeune homme en court manteau qui serrait dans ses bras une jeune fille en robe blanche, portant une aumônière[1] à sa ceinture ; ou bien les portraits anonymes des ladies anglaises à boucles blondes qui, sous leur chapeau de paille rond, vous regardent avec leurs grands yeux clairs. On en voyait d'étalées dans des voitures, glissant au milieu des parcs, où un lévrier sautait devant l'attelage que conduisaient au trot deux petits postillons en culotte blanche. D'autres, rêvant sur des sofas près d'un billet décacheté, contemplaient la lune, par la fenêtre entr'ouverte, à demi drapée d'un rideau noir. Les naïves, une larme sur la joue, becquetaient une tourterelle à travers les barreaux d'une cage gothique, ou, souriant la tête sur l'épaule, effeuillaient une marguerite de leurs doigts pointus, retroussés comme des souliers à la poulaine[2]. Et vous y étiez aussi, sultans à longues pipes, pâmés sous des tonnelles aux bras des bayadères[3], djiaours[4], sabres turcs, bonnets grecs, et vous surtout, paysages blafards des contrées dithyrambiques[5], qui souvent nous montrez à la fois des palmiers, des sapins, des tigres à droite, un lion à gauche, des minarets tartares à l'horizon, au premier plan des ruines romaines, puis des chameaux accroupis ; — le tout encadré d'une forêt vierge bien nettoyée, et avec un grand rayon de soleil perpendiculaire tremblotant dans l'eau, où se détachent en écorchures blanches, sur un fond d'acier gris, de loin en loin, des cygnes qui nagent.

Madame Bovary, I, 6.

Pour préparer l'étude du texte

1. Récapituler et classer les différents thèmes d'inspiration des romans et des gravures cités dans le texte. Préciser leur origine : spécifiquement romanesque, spécifiquement romantique.
2. L'expression de l'ironie. Rechercher et analyser les formulations qui soulignent une distanciation ironique de l'auteur, vis-à-vis d'Emma, vis-à-vis du Romantisme.
3. En utilisant les réponses des questions 1 et 2 essayer de justifier ce passage :
— par rapport à la vie d'Emma ;
— par rapport aux choix littéraires de Flaubert.

La correspondance de Flaubert avec Louise Colet constitue un véritable journal de l'écrivain au travail, entre 1852 et 1856 : ici témoignage sur les efforts pour « entrer dans des rêves de jeunes filles », qui seront ceux d'Emma.

Je viens de lire pour mon roman plusieurs livres d'enfant. Je suis à moitié fou, ce soir, de tout ce qui a passé aujourd'hui devant mes yeux, depuis de vieux keepsakes *jusqu'à des récits de naufrages et de flibustiers. J'ai retrouvé des vieilles gravures que j'avais coloriées à sept et huit ans et que je n'avais [pas] revues depuis. Il y a des rochers peints en bleu et des arbres en vert. J'ai rééprouvé devant quelques-unes (un hiverbanage* (sic) *dans les glaces entre autres) des terreurs que j'avais eues étant petit. Je voudrais je ne sais quoi pour me distraire ; j'ai presque peur de me coucher. Il y a une histoire de matelots hollandais dans la mer glaciale, avec des ours qui les assaillent dans leur cabane (cette image m'empêchait de dormir autrefois), et des pirates chinois qui pillent un temple à idoles d'or. Mes voyages, mes souvenirs d'enfant, tout se colore l'un de l'autre, se met bout à bout, danse avec de prodigieux flamboiements et monte en spirale.*

[...] Voilà deux jours que je tâche d'entrer dans des rêves de jeunes filles *et que je navigue pour cela dans les océans laiteux de la littérature à castels troubadours à toques de velours à plumes blanches.*

Lettre à Louise Colet du 3 mars 1852.

A travers l'évocation de ces « contrées dithyrambiques » que ses livres d'enfant lui ont sûrement fait connaître, Flaubert exprime une fois de plus la part incurable de sa nostalgie, première cause de son impossibilité de vivre ; et il le fait comme si souvent par le moyen de l'énumération, signe impuissant d'une totalité qu'aucune addition, fût-elle indéfiniment prolongée, ne permettra jamais de solder. A cet égard Emma est bien de sa chair et de son sang : elle ne meurt en fin de compte ni de la muflerie de Rodolphe, ni de la lâcheté de Léon [...] ; elle est perdue par cette aspiration donquichottesque à absorber « tous les tableaux du monde » qui la conduit à choisir le néant, plutôt que les choses transitoires et morcelées dont les vivants doivent s'accommoder.

Marthe Robert, En haine du roman, Étude sur Flaubert, *Éd. Balland, 1982.*

1. Bourse que l'on porte à la ceinture.
2. Longs et recourbés du bout, portés au Moyen Age.
3. Danseuses hindoues.
4. Chrétiens, terme employé par les Turcs.
5. Dont on fait un éloge enthousiaste.

« Oh ! j'adore la mer, dit M. Léon »

Charles et Emma arrivent avec la diligence, l'*Hirondelle*, à Yonville-l'Abbaye ; ils sont accueillis par le pharmacien M. Homais. A l'inanité pédante du monologue pseudo-scientifique d'Homais succède le dialogue Léon-Emma, tissu de clichés romantiques : les personnages sont peints par leur langage.

Emma descendit la première, puis Félicité, M. Lheureux, une nourrice, et l'on fut obligé de réveiller Charles dans son coin, où il s'était endormi complètement, dès que la nuit était venue.

Homais se présenta ; il offrit ses hommages à Madame, ses civilités à Monsieur, dit qu'il était charmé d'avoir pu leur rendre quelque service, et ajouta d'un air cordial qu'il avait osé s'inviter lui-même, sa femme d'ailleurs étant absente.

Madame Bovary, quand elle fut dans la cuisine, s'approcha de la cheminée. Du bout de ses deux doigts elle prit sa robe à la hauteur du genou, et, l'ayant ainsi remontée jusqu'aux chevilles, elle tendit à la flamme, par-dessus le gigot qui tournait, son pied chaussé d'une bottine noire. Le feu l'éclairait en entier, pénétrant d'une lumière crue la trame de sa robe, les pores égaux de sa peau blanche et même les paupières de ses yeux qu'elle clignait de temps à autre. Une grande couleur rouge passait sur elle selon le souffle du vent qui venait par la porte entr'ouverte.

De l'autre côté de la cheminée, un jeune homme[1] à chevelure blonde la regardait silencieusement. [...]

Homais demanda la permission de garder son bonnet grec, de peur des coryzas[2].
Puis, se tournant vers sa voisine :
— Madame, sans doute, est un peu lasse ? on est si épouvantablement cahoté dans notre *Hirondelle* !
— Il est vrai, répondit Emma ; mais le dérangement m'amuse toujours : j'aime à changer de place.
— C'est une chose si maussade, soupira le clerc, que de vivre cloué aux mêmes endroits !
— Si vous étiez comme moi, dit Charles, sans cesse obligé d'être à cheval...
— Mais, reprit Léon s'adressant à madame Bovary, rien n'est plus agréable, il me semble ; quand on le peut, ajouta-t-il.
— Du reste, disait l'apothicaire, l'exercice de la médecine n'est pas fort pénible en nos contrées ; car l'état de nos routes permet l'usage du cabriolet, et, généralement, l'on paye assez bien, les cultivateurs étant aisés. Nous avons, sous le rapport médical, à part les cas ordinaires d'entérite, bronchite, affections bilieuses, etc., de temps à autre quelques fièvres intermittentes à la moisson, mais, en somme, peu de choses graves, rien de spécial à noter, si ce n'est beaucoup d'humeurs froides, et qui tiennent sans doute aux déplorables conditions hygiéniques de nos logements de paysans. Ah ! vous trouverez bien des préjugés à combattre, monsieur Bovary ; bien des entêtements de routine, où se heurteront quotidiennement tous les efforts de votre science ; car on a recours encore aux neuvaines, aux reliques, au curé, plutôt que de venir naturellement chez le médecin ou chez le pharmacien. Le climat, pourtant, n'est point, à vrai dire, mauvais, et même nous comptons dans la commune quelques nonagénaires. [...]
— Avez-vous du moins quelques promenades dans les environs ? continuait madame Bovary parlant au jeune homme.
— Oh ! fort peu, répondit-il. Il y a un endroit que l'on nomme la Pâture, sur le haut de la côte, à la lisière de la forêt. Quelquefois, le dimanche, je vais là, et j'y reste avec un livre, à regarder le soleil couchant.
— Je ne trouve rien d'admirable comme les soleils couchants, reprit-elle, mais au bord de la mer, surtout.
— Oh ! j'adore la mer, dit M. Léon.
— Et puis, ne vous semble-t-il pas, répliqua madame Bovary, que l'esprit vogue plus librement sur cette étendue sans limites, dont la contemplation vous élève l'âme et donne des idées d'infini, d'idéal ?
— Il en est de même des paysages de montagnes, reprit Léon. J'ai un cousin qui a voyagé en Suisse l'année dernière, et qui me disait qu'on ne peut se figurer la poésie des lacs, le charme des cascades, l'effet gigantesque des glaciers. On voit des pins d'une grandeur incroyable, en travers des torrents, des cabanes suspendues sur des précipices, et, à mille pieds sous vous, des vallées entières quand les nuages s'entr'ouvrent. Ces spectacles doivent enthousiasmer, disposer à la prière, à l'extase ! Aussi je ne m'étonne plus de ce musicien célèbre qui, pour exciter mieux son imagination, avait coutume d'aller jouer du piano devant quelque site imposant.
— Vous faites de la musique ? demanda-t-elle.
— Non, mais je l'aime beaucoup, répondit-il.
— Ah ! ne l'écoutez pas, madame Bovary, interrompit Homais en se penchant sur son assiette, c'est modestie pure. — Comment, mon cher ! Eh ! l'autre jour, dans votre chambre vous chantiez *l'Ange gardien* à ravir. Je vous entendais du laboratoire ; vous détachiez cela comme un acteur.

Madame Bovary, II, 2.

Pour préparer l'étude du texte

1. Différencier ce qui dans le texte relève du récit, de la description, du dialogue.
2. Étudier précisément les différents types de dialogues en mettant en évidence : la manière dont interviennent les interlocuteurs ; leur nombre ; le caractère simultané des conversations et leur parallélisme.
3. Que révèle cette structure originale des dialogues ?

1. Il s'agit de Léon, clerc de notaire, un habitué de l'auberge.

2. Nom savant pour le rhume de cerveau.

La scène de l'arrivée à Yonville à travers la *Correspondance* : conscience aiguë de la difficulté technique.

Que ma Bovary *m'embête ! Je commence à m'y débrouiller pourtant un peu. Je n'ai jamais de ma vie rien écrit de plus difficile que ce que je fais maintenant, du dialogue trivial ! Cette scène d'auberge va peut-être me demander trois mois, je n'en sais rien. J'en ai envie de pleurer par moments, tant je sens mon impuissance. Mais je crèverai plutôt dessus que de l'escamoter. J'ai à poser à la fois dans la même conversation cinq ou six personnages (qui parlent), plusieurs autres (dont on parle), le lieu où l'on est, tout le pays, en faisant des descriptions physiques de gens et d'objets, et à montrer au milieu de tout cela un monsieur et une dame qui commencent (par sympathie de goûts) à s'éprendre un peu l'un de l'autre. Si j'avais de la place encore ! Mais il faut que tout cela soit rapide sans être sec, et développé sans être épaté, tout en me ménageant, pour la suite, d'autres détails qui là seraient plus frappants. Je m'en vais faire tout rapidement et procéder par grandes esquisses d'ensemble successives ; à force de revenir dessus, cela se serrera peut-être.*

Lettre à Louise Colet du 19 septembre 1852.

« C'était sous la tonnelle... »

Banc sous la tonnelle, nuit étoilée forment le cadre idéalement conventionnel de la complicité amoureuse. Mais n'oublions pas qu'Emma et son amant Rodolphe profitent ici du sommeil du naïf Charles Bovary ... On oscille entre l'élévation lyrique et la platitude de l'adultère bourgeois !

C'était sous la tonnelle, sur ce même banc de bâtons pourris où autrefois Léon la regardait si amoureusement, durant les soirs d'été. Elle ne pensait guère à lui maintenant.

Les étoiles brillaient à travers les branches de jasmin sans feuilles. Ils entendaient derrière eux la rivière qui coulait, et, de temps à autre, sur la berge, le claquement des roseaux secs. Des massifs d'ombre, çà et là, se bombaient dans l'obscurité, et parfois, frissonnant tous d'un seul mouvement, ils se dressaient et se penchaient comme d'immenses vagues noires qui se fussent avancées pour les recouvrir. Le froid de la nuit les faisait s'étreindre davantage ; les soupirs de leurs lèvres leur semblaient plus forts ; leurs yeux, qu'ils entrevoyaient à peine, leur paraissaient plus grands, et, au milieu du silence, il y avait des paroles dites tout bas qui tombaient sur leur âme avec une sonorité cristalline et qui s'y répercutaient en vibrations multipliées.

Lorsque la nuit était pluvieuse, ils s'allaient réfugier dans le cabinet aux consultations, entre le hangar et l'écurie. Elle allumait un des flambeaux de la cuisine, qu'elle avait caché derrière les livres. Rodolphe s'installait là comme chez lui. La vue de la bibliothèque et du bureau, de tout l'appartement enfin, excitait sa gaieté ; et il ne pouvait se retenir de faire sur Charles quantité de plaisanteries qui embarrassaient Emma. Elle eût désiré le voir plus sérieux, et même plus dramatique à l'occasion, comme cette fois où elle crut entendre dans l'allée un bruit de pas qui s'approchaient.

— On vient ! dit-elle.

Il souffla la lumière.

— As-tu tes pistolets ?

— Pourquoi ?

— Mais... pour te défendre, reprit Emma.

— Est-ce de ton mari ? Ah ! le pauvre garçon !

Et Rodolphe acheva sa phrase avec un geste qui signifiait : « Je l'écraserais d'une chiquenaude. »

Elle fut ébahie de sa bravoure, bien qu'elle y sentît une sorte d'indélicatesse et de grossièreté naïve qui la scandalisa.

Rodolphe réfléchit beaucoup à cette histoire de pistolets. Si elle avait parlé sérieusement, cela était fort ridicule, pensait-il, odieux même, car il n'avait, lui, aucune raison de haïr ce bon Charles, n'étant pas ce qui s'appelle dévoré de jalousie ; — et, à ce propos, Emma lui avait fait un grand serment qu'il ne trouvait pas non plus du meilleur goût.

D'ailleurs, elle devenait bien sentimentale. Il avait fallu échanger des miniatures, on s'était coupé des poignées de cheveux, et elle demandait à présent une bague, un véritable anneau de mariage, en signe d'alliance éternelle. Souvent elle lui parlait des cloches du soir ou des *voix de la nature* ; puis elle l'entretenait de sa mère, à elle, et de sa mère, à lui.

Madame Bovary, II, 10.

Pour préparer l'étude du texte

1. Montrer que le texte évolue du récit d'une scène présentée comme habituelle à un épisode présenté comme unique.
2. En quoi cet épisode est-il particulièrement révélateur :
— des goûts romanesques d'Emma ?
— du caractère et des sentiments de Rodolphe ?
3. Étudier la diversité des points de vue dans le texte.

Jean-Baptiste Camille COROT (1796-1875), *Paysage de Canteleu près de Rouen.* Paris, Musée du Petit Palais.

« Alors sa situation, telle qu'un abîme, se représenta. »

Conduite à la ruine par ses dettes auprès de l'usurier Lheureux, Emma vient de supplier vainement Rodolphe de lui avancer les 3 000 francs qui pourraient la sauver.

L'avenir lui apparaît comme un cauchemar : c'est le dernier rêve d'Emma...

Elle resta perdue de stupeur, et n'ayant plus conscience d'elle-même que par le battement de ses artères, qu'elle croyait entendre s'échapper comme une assourdissante musique qui emplissait la campagne. Le sol sous ses pieds était plus mou qu'une onde, et les sillons lui parurent d'immenses vagues brunes, qui déferlaient. Tout ce qu'il y avait dans sa tête de réminiscences, d'idées, s'échappait à la fois, d'un seul bond, comme les mille pièces d'un feu d'artifice. Elle vit son père, le cabinet de Lheureux, leur chambre là-bas, un autre paysage. La folie la prenait, elle eut peur, et parvint à se ressaisir, d'une manière confuse, il est vrai ; car elle ne se rappelait point la cause de son horrible état, c'est-à-dire la question d'argent. Elle ne souffrait que de son amour, et sentait son âme l'abandonner par ce souvenir, comme les blessés, en agonisant, sentent l'existence qui s'en va par leur plaie qui saigne.

La nuit tombait, des corneilles volaient.

Il lui sembla tout à coup que des globules couleur de feu éclataient dans l'air comme des balles fulminantes en s'aplatissant, et tournaient, tournaient, pour aller se fondre dans la neige, entre les branches des arbres. Au milieu de chacun d'eux, la figure de Rodolphe apparaissait. Ils se multiplièrent, et ils se rapprochaient, la pénétraient ; tout disparut. Elle reconnut les lumières des maisons, qui rayonnaient de loin dans le brouillard.

Alors sa situation, telle qu'un abîme, se représenta. Elle haletait à se rompre la poitrine. Puis, dans un transport d'héroïsme qui la rendait presque joyeuse, elle descendit la côte en courant, traversa la planche aux vaches, le sentier, l'allée, les halles, et arriva devant la boutique du pharmacien.

Il n'y avait personne. Elle allait entrer ; mais, au bruit de la sonnette, on pouvait venir ; et, se glissant par la barrière, retenant son haleine, tâtant les murs, elle s'avança jusqu'au seuil de la cuisine, où brûlait une chandelle posée sur le fourneau. Justin[1], en manches de chemise, emportait un plat.

1. Un jeune employé de la famille Homais, amoureux de Madame Bovary.

— Ah ! ils dînent. Attendons.

Il revint. Elle frappa contre la vitre. Il sortit.

— La clef ! celle d'en haut, où sont les...

— Comment !

Et il la regardait, tout étonné par la pâleur de son visage, qui tranchait en blanc sur le fond noir de la nuit. Elle lui apparut extraordinairement belle, et majestueuse comme un fantôme ; sans comprendre ce qu'elle voulait, il pressentait quelque chose de terrible.

Mais elle reprit vivement, à voix basse, d'une voix douce, dissolvante :

— Je la veux ! donne-la-moi.

Comme la cloison était mince, on entendait le cliquetis des fourchettes sur les assiettes dans la salle à manger. Elle prétendit avoir besoin de tuer les rats qui l'empêchaient de dormir.

— Il faudrait que j'avertisse monsieur.

— Non ! reste !

Puis d'un air indifférent :

— Eh ! ce n'est pas la peine, je lui dirai tantôt. Allons, éclaire-moi !

Elle entra dans le corridor où s'ouvrait la porte du laboratoire. Il y avait contre la muraille une clef étiquetée *capharnaüm*[1].

— Justin ! cria l'apothicaire, qui s'impatientait.

— Montons !

Et il la suivit.

La clef tourna dans la serrure, et elle alla droit vers la troisième tablette, tant son souvenir la guidait bien[2], saisit le bocal bleu, en arracha le bouchon, y fourra sa main, et, la retirant pleine d'une poudre blanche, elle se mit à manger à même.

— Arrêtez ! s'écria-t-il en se jetant sur elle.

— Tais-toi ! on viendrait...

Il se désespérait, voulait appeler.

— N'en dis rien, tout retomberait sur ton maître !

Puis elle s'en retourna subitement apaisée, et presque dans la sérénité d'un devoir accompli.

Madame Bovary, III, 8.

Pour préparer l'étude du texte

1. Le texte se compose de deux grandes parties. Préciser ce qui les rapproche et ce qui les oppose.
2. Faire apparaître les manifestations successives du bouleversement d'Emma, et montrer avec quelle précision Flaubert les présente (jeu des temps verbaux, valeur des comparaisons, expression des troubles de la perception).
3. Étudier, dans la deuxième partie, l'alternance dialogue/récit, et le contrepoint établi entre la scène paisible de la salle à manger et la scène dramatique du « capharnaüm ».

« Charles suffoquait comme un adolescent »

Après la mort d'Emma, Charles demeure inconsolable. Il apprend les dissipations de sa femme, mais refuse d'y lire autre chose que « la faute de la fatalité ». Aussi le personnage se charge-t-il d'un pathétique inattendu : sentimental « comme un adolescent », le voici qui (par contagion ?) « bovaryse » à son tour.

Le lendemain, Charles alla s'asseoir sur le banc, dans la tonnelle. Des jours passaient par le treillis ; les feuilles de vigne dessinaient leurs ombres sur le sable, le jasmin embaumait, le ciel était bleu, des cantharides[3] bourdonnaient autour des lis en fleur, et Charles suffoquait comme un adolescent sous les vagues effluves amoureux qui gonflaient son cœur chagrin.

A sept heures, la petite Berthe[4], qui ne l'avait pas vu de toute l'après-midi, vint le chercher pour dîner.

Il avait la tête renversée contre le mur, les yeux clos, la bouche ouverte, et tenait dans ses mains une longue mèche de cheveux noirs.

— Papa, viens donc ! dit-elle.

Et, croyant qu'il voulait jouer, elle le poussa doucement. Il tomba par terre. Il était mort.

1. Homais enferme les produits toxiques dans une petite pièce qu'il appelle « capharnaüm ».
2. Elle est déjà venue dans cette pièce et a pu voir le bocal bleu qui contient de l'arsenic.
3. Insectes d'un vert doré.
4. La fille d'Emma et de Charles.

Trente-six heures après, sur la demande de l'apothicaire[1], M. Canivet[2] accourut. Il l'ouvrit et ne trouva rien.

Quand tout fut vendu, il resta douze francs soixante et quinze centimes qui servirent à payer le voyage de mademoiselle Bovary chez sa grand-mère. La bonne femme mourut dans l'année même ; le père Rouault étant paralysé, ce fut une tante qui s'en chargea. Elle est pauvre et l'envoie, pour gagner sa vie, dans une filature de coton.

Depuis la mort de Bovary, trois médecins se sont succédés à Yonville sans pouvoir y réussir, tant M. Homais les a tout de suite battus en brèche. Il fait une clientèle d'enfer ; l'autorité le ménage et l'opinion publique le protège.

Il vient de recevoir la croix d'honneur.

Madame Bovary, III, 11.

Pour préparer le commentaire composé

Étudier

1. La fonction informative du texte : nombre et nature des informations données, manière dont elles sont données.
2. La manière dont transparaît le pessimisme profond de l'auteur : objectivité froide, constat administratif révélateurs d'une ironie et d'une amertume douloureuses.

Pour un groupement de textes

Le dénouement dans le roman, ouverture et fermeture.

Flaubert, *Madame Bovary*, *L'éducation sentimentale*.
Maupassant, *Bel-Ami*, *Pierre et Jean*.

Salammbô

1862

Carthage, à la fin de la première guerre punique (IIIe siècle avant J.-C.) : la révolte gronde parmi les mercenaires barbares, auxquels la cité a fait appel pour combattre les Romains, et qui n'ont pas reçu leur solde. Le Libyen Mâtho s'unit à eux et s'impose comme leur chef ; il réussit à dérober le voile de la déesse Tanit, talisman de Carthage.

Mais Mâtho aime follement Salammbô, la fille du grand Carthaginois Hamilcar : fidèle aux siens, elle obtient que Mâtho lui remette le voile, après s'être donnée à lui. Hamilcar parvient à enfermer l'armée des rebelles dans le défilé de la Hache, où elle mourra de faim et de soif. Mâtho, capturé et supplicié, périra aux pieds de Salammbô : la fille d'Hamilcar, révélant son amour, expire elle aussi, par la volonté de la déesse Tanit.

Ce bref résumé à travers lequel se dessine une histoire d'amour violente (héritage romantique) sur fond de reconstitution historique, ne peut donner idée de la somptuosité minutieuse et colorée des descriptions, qui font de l'œuvre une suite de tableaux plutôt qu'un roman. Batailles, scènes de supplices, d'orgies, de triomphes, mouvements de foules exaltées ou exaspérées, tableaux de la nuit africaine, pleine de menaces : *Salammbô*, comme *La tentation de saint Antoine*, donne carrière aux rêves flaubertiens d'exotisme, de volupté cruelle, de cultes antiques et barbares.

Flaubert, dans un mouvement qui annonce le Parnasse (cf. p. 284-286), fuit la mesquinerie contemporaine dans la sauvage grandeur païenne ; ce sentiment magique d'évasion, l'écrivain voudrait le communiquer à son lecteur en le faisant goûter à une sorte de « hachisch historique ». Toutefois, conformément à la dualité flaubertienne, *Salammbô* est autant le produit de l'érudition (le romancier a rédigé des milliers de fiches) que du rêve ou du fantasme : tous les détails archéologiques ont été maniaquement vérifiés.

Œuvre étrange qui laisse au lecteur contemporain une impression mêlée : la perfection descriptive paraît tantôt pesante, figée (Flaubert avouait un jour : « *Salammbô* est embêtante à crever »), tantôt, à force même d'exactitude, quasi hallucinée. Par-delà la minutie du détail, prend corps un « mirage » couleur « pourpre » (feu et sang) : Flaubert voulait en effet opérer la résurrection d'une époque en conjuguant l'exactitude historique, la séduction picturale de la couleur et la capacité poétique de faire rêver.

« C'était à Mégara, faubourg de Carthage, dans les jardins d'Hamilcar. »

Carthage n'a plus d'argent pour payer les mercenaires qu'elle a employés au cours de la première guerre punique. Pour calmer leur ressentiment, elle leur offre un festin dans les jardins d'Hamilcar, alors absent : c'est l'ouverture du livre.

C'était à Mégara, faubourg de Carthage, dans les jardins d'Hamilcar.

Les soldats qu'il avait commandés en Sicile se donnaient un grand festin pour célébrer le jour anniversaire de la bataille d'Eryx[3], et comme le maître était absent et qu'ils se trouvaient nombreux, ils mangeaient et ils buvaient en pleine liberté.

1. Homais.
2. Un médecin.
3. Ville de Sicile que se disputaient les Syracusains et les Carthaginois qui la détruisirent en 260 avant J.-C.

J.-P. JAZET, *Judith et Holopherne* (1836), Gravure d'après Horace VERNET. Pau, Musée des Beaux-Arts.
Judith et Holopherne sont deux personnages fictifs de l'Ancien Testament (Livre de Judith) ; Judith séduisit, enivra et décapita Holopherne qui avait assiégé la ville imaginaire de Béthulie.
Le tableau de Vernet inspira sans doute Flaubert pour *Salammbô*.

Les capitaines, portant des cothurnes de bronze, s'étaient placés dans le chemin du milieu, sous un voile de pourpre à franges d'or, qui s'étendait depuis le mur des écuries jusqu'à la première terrasse du palais ; le commun des soldats était répandu sous les arbres, où l'on distinguait quantité de bâtiments à toit plat, pressoirs, celliers, magasins, boulangeries et arsenaux, avec une cour pour les éléphants, des fosses pour les bêtes féroces, une prison pour les esclaves.

Des figuiers entouraient les cuisines ; un bois de sycomores se prolongeait jusqu'à des masses de verdure, où des grenades resplendissaient parmi les touffes blanches des cotonniers : des vignes, chargées de grappes, montaient dans le branchage des pins : un champ de roses s'épanouissait sous des platanes ; de place en place sur des gazons, se balançaient des lis ; un sable noir, mêlé à de la poudre de corail, parsemait les sentiers, et, au milieu, l'avenue des cyprès faisait d'un bout à l'autre comme une double colonnade d'obélisques verts.

Le palais, bâti en marbre numidique[1] tacheté de jaune, superposait tout au fond, sur de larges assises, ses quatre étages en terrasses. Avec son grand escalier droit en bois d'ébène, portant aux angles de chaque marche la proue d'une galère vaincue, avec ses portes rouges écartelées d'une croix noire, ses grillages d'airain qui le défendaient en bas des scorpions, et ses treillis de baguettes dorées qui bouchaient en haut ses ouvertures, il semblait aux soldats, dans son opulence farouche, aussi solennel et impénétrable que le visage d'Hamilcar.

Le Conseil leur avait désigné sa maison pour y tenir ce festin ; les convalescents qui couchaient dans le temple d'Eschmoûn[2], se mettant en marche dès l'aurore, s'y étaient traînés sur leurs béquilles. A chaque minute, d'autres arrivaient. Par tous les sentiers, il en débouchait incessamment, comme des torrents qui se précipitent dans un lac. On voyait entre les arbres courir les esclaves des cuisines, effarés et à demi nus ; les gazelles sur les pelouses s'enfuyaient en bêlant, le soleil se couchait, et le parfum des citronniers rendait encore plus lourde l'exhalaison de cette foule en sueur.

Il y avait là des hommes de toutes les nations, des Ligures, des Lusitaniens, des Baléares, des Nègres et des fugitifs de Rome. On entendait, à côté du lourd patois dorien, retentir les syllabes celtiques bruissantes comme des chars de bataille, et les terminaisons ioniennes se heurtaient aux consonnes du désert, âpres comme des cris de chacal. Le Grec se reconnaissait à sa taille mince, l'Égyptien à ses épaules remontées, le Cantabre à ses larges mollets. Des Cariens balançaient orgueilleusement les plumes de leur casque, des archers de Cappadoce s'étaient peint avec des jus d'herbes de larges fleurs sur le corps, et quelques Lydiens portant des robes de femmes dînaient en pantoufles et avec des boucles d'oreilles. D'autres, qui s'étaient par pompe[3] barbouillés de vermillon, ressemblaient à des statues de corail.

Ils s'allongeaient sur les coussins, ils mangeaient accroupis autour de grands plateaux, ou bien, couchés sur le ventre, ils tiraient à eux les morceaux de viande, et se rassasiaient appuyés sur les coudes, dans la pose pacifique des lions lorsqu'ils dépècent leur proie. Les derniers venus, debout contre les arbres, regardaient les tables basses disparaissant à moitié sous des tapis d'écarlate, et attendaient leur tour.

Salammbô, ch. 1.

1. Numidique : de Numidie, c'est-à-dire d'Afrique du Nord, selon la terminologie romaine.
2. Divinité phénicienne pendant d'Esculape, dieu médecin des Grecs.
3. Faste, splendeur.

Pour préparer l'étude du texte

1. Mettre en évidence la structure du texte en faisant apparaître les liens entre les différents paragraphes : montrer qu'il s'agit là d'une véritable mise en scène théâtrale.

2. Étudier les phénomènes d'énumération d'éléments et montrer qu'ils sont construits selon une progression dont l'apogée met en relief (paragraphes 3, 4, 5) un trait spécifique des lieux ou des personnages.

3. Sur quelles techniques d'écriture Flaubert s'appuie-t-il pour suggérer : le foisonnement des gens et des plantes, la diversité des origines et des comportements, les mouvements, tout en créant un tableau ?

Pour un groupement de textes

L'exotisme et l'orientalisme au XIXe siècle.

Chateaubriand, *Itinéraire de Paris à Jérusalem* (description de Jérusalem, description de Constantinople).
Hugo, *Les Orientales* (« Le feu du ciel », « Les djinns », « Marche turque »).
Nerval, *Voyage en Orient* (cf. p. 137).
Leconte de Lisle, *Poèmes barbares* (« Le cœur de Hialmar », « Le rêve du jaguar »).

L'éducation sentimentale

1869

I - Jeune homme rêveur et velléitaire, Frédéric Moreau, originaire de Nogent-sur-Seine, s'éprend soudainement de Marie Arnoux, épouse de Jacques Arnoux, marchand d'art parisien assez vulgaire.

Venu à Paris pour des études de droit, vite abandonnées, Frédéric fréquente le couple Arnoux et s'insinue dans leur familiarité, tout en s'introduisant, sur les conseils de son camarade Deslauriers, chez les Dambreuse, banquiers à prétentions aristocratiques. Ses dépenses inconsidérées le contraignent à revenir séjourner deux ans à Nogent ; l'héritage providentiel d'un oncle lui permet de reprendre sa vie parisienne désœuvrée.

II - Apparition de Rosanette Bron, jeune femme légère et gaie, que Frédéric a rencontrée par l'intermédiaire de Jacques Arnoux et qu'il courtise d'abord par jeu, en continuant à soupirer après un bonheur profond et impossible avec Mme Arnoux. Le jour où éclatent les émeutes de février 1848, Mme Arnoux, qui a promis de céder à Frédéric, se dérobe au dernier moment : il devient aussitôt l'amant de Rosanette.

III - Frédéric assiste, en témoin mi-effaré mi-désabusé, au sac des Tuileries et à la fermentation des clubs révolutionnaires. Il a un enfant de Rosanette, mais est devenu entre-temps l'amant de Mme Dambreuse, qui, une fois veuve, lui propose de l'épouser.

Empêtré dans ces liaisons nées de sa faiblesse plutôt que de sa passion, Frédéric rompt avec les deux femmes, choqué par leur attitude arrogante à l'égard de Mme Arnoux, dont le ménage a été conduit à la ruine par l'imprévoyance du mari.

Frédéric assiste à la réaction de 1851, qui éteint les derniers espoirs de 1848.

Seize ans plus tard : Frédéric revoit Mme Arnoux, et mesure la profondeur de son amour muet, qui a moins changé que le sien. Une dernière conversation entre Frédéric et son ami Deslauriers tire le constat d'échec de leurs vies manquées.

Histoire particulière et histoire collective

La part autobiographique est importante dans *L'éducation* : Flaubert y a transposé son grand amour manqué pour Élisa Schlésinger, jusque dans l'épisode mélancolique des retrouvailles tardives, qu'il a aussi vécu.

Le roman est aussi une étude de milieu : il s'agit de la bourgeoisie parisienne sous Louis-Philippe, qui mêle lourdement art et affairisme, médiocrité intellectuelle et consommation (nourritures, objets de luxe ou de faux luxe). Seule Mme Arnoux, symbole d'une spiritualité romantique révolue, échappe par sa pureté à ce matérialisme mesquin. Flaubert inclut aussi dans *L'éducation* la dimension proprement historique : il s'est minutieusement documenté sur les journées de février 1848 et sur l'activité des clubs révolutionnaires.

La réussite du roman réside dans la similitude d'évolution, qui n'a rien de forcé, entre la destinée individuelle de Frédéric et l'aventure morale d'une génération qui a vingt ans en 1848 : à cet égard, l'« Histoire d'un jeune homme » (sous-titre de *L'éducation*) contient, comme le voulait Flaubert, « le portrait moral d'une génération ». A l'illusion lyrique de la jeunesse (Amour ou Révolution) succèdent l'enlisement dans les routines bourgeoises, l'acceptation des compromis avec le pouvoir (l'ordre et l'argent) ou des solutions fausses de l'amour médiocre (Rosanette, et surtout Mme Dambreuse).

Le « roman de la facticité »

Frédéric, velléitaire et faible, fait figure d'anti-héros : il s'oppose à l'individu balzacien (Rastignac, par exemple) consumé d'énergie désirante. Ce qui noue et dénoue les intrigues, c'est ici le hasard des rencontres et des circonstances. Aussi les personnages apparaissent-ils moins les acteurs que les spectateurs de leur destinée. De même, le monde extérieur (paysages du bord de Seine, p. 434 ; agitation parisienne, ou émeute révolutionnaire, p. 436) est appréhendé dans une contemplation passive ou désabusée. L'absence ou l'effilochement de tout désir authentique fait de *L'éducation*, selon le mot de Michel Raimond, « le roman de la facticité »[1].

La composition par épisodes successifs, sans dénouement véritable, sans culmination tragique, ouvre la voie au roman du XXe siècle : les faits comptent moins que leur mise en perspective, disloquée et incertaine, à travers la conscience des personnages.

1. Michel Raimond, *Le roman depuis la Révolution*, Éd. Armand Colin, Coll. U, 1967.

« Ce fut comme une apparition »

Sur le bateau à vapeur qui fait le service de Paris à Nogent, Frédéric fait la rencontre de celle qui deviendra l'objet de sa grande passion. Variation sur le thème romanesque de la rencontre, qui est aussi une scène emblématique du roman : Frédéric est destiné à vivre la réalité sur le mode du rêve, à se satisfaire passivement de cette insidieuse confusion...

Ce fut comme une apparition :

Elle était assise, au milieu du banc, toute seule ; ou du moins il ne distingua personne dans l'éblouissement que lui envoyèrent ses yeux. En même temps qu'il passait, elle leva la tête ; il fléchit involontairement les épaules ; et, quand il se fut mis plus loin, du même côté, il la regarda.

Elle avait un large chapeau de paille, avec des rubans roses qui palpitaient au vent, derrière elle. Ses bandeaux noirs, contournant la pointe de ses grands sourcils, descendaient très bas et semblaient presser amoureusement l'ovale de sa figure. Sa robe de mousseline claire, tachetée de petits pois, se répandait à plis nombreux. Elle était en train de broder quelque chose ; et son nez droit, son menton, toute sa personne se découpait sur le fond de l'air bleu.

Comme elle gardait la même attitude, il fit plusieurs tours de droite et de gauche pour dissimuler sa manœuvre ; puis il se planta tout près de son ombrelle, posée contre le banc, et il affectait d'observer une chaloupe sur la rivière.

Jamais il n'avait vu cette splendeur de sa peau brune, la séduction de sa taille, ni cette finesse des doigts que la lumière traversait. Il considérait son panier à ouvrage avec ébahissement, comme une chose extraordinaire. Quels étaient son nom, sa demeure, sa vie, son passé ? Il souhaitait connaître les meubles de sa chambre, toutes les robes qu'elle avait portées, les gens qu'elle fréquentait ; et le désir de la possession physique même disparaissait sous une envie plus profonde, dans une curiosité douloureuse qui n'avait pas de limites.

Une négresse, coiffée d'un foulard, se présenta, en tenant par la main une petite fille, déjà grande. L'enfant, dont les yeux roulaient des larmes, venait de s'éveiller. Elle la prit sur ses genoux. « Mademoiselle n'était pas sage, quoiqu'elle eût sept ans bientôt ; sa mère ne l'aimerait plus ; on lui pardonnait trop ses caprices. » Et Frédéric se réjouissait d'entendre ces choses, comme s'il eût fait une découverte, une acquisition.

Il la supposait d'origine andalouse, créole peut-être ; elle avait ramené des îles cette négresse avec elle ?

Cependant, un long châle à bandes violettes était placé derrière son dos, sur le bordage de cuivre. Elle avait dû, bien des fois, au milieu de la mer, durant les soirs humides, en envelopper sa taille, s'en couvrir les pieds, dormir dedans ! Mais, entraîné par les franges, il glissait peu à peu, il allait tomber dans l'eau ; Frédéric fit un bond et le rattrapa. Elle lui dit :

« Je vous remercie, monsieur. »

Leurs yeux se rencontrèrent.

« Ma femme, es-tu prête ? » cria le sieur Arnoux, apparaissant dans le capot de l'escalier.

L'éducation sentimentale, I, 1.

V. ADAM, *Nogent-sur-Seine* (1829), Lithographie. Paris, Bibliothèque Nationale.

Pour préparer l'étude du texte

1. A quoi remarque-t-on que la vision de Madame Arnoux est perçue par le regard de Frédéric ? Quels sont les avantages de cette présentation unilatérale ?

2. La rencontre et ses conséquences. Étudier le choc visuel, et les réactions de Frédéric.

3. Montrer que le romancier présente la scène selon plusieurs modalités. Les préciser et analyser leur efficacité (point de vue du héros, vision de l'extérieur et de l'intérieur, vision détachée et ironique).

« Ils voyageaient ensemble, au dos des dromadaires... »

Frédéric, devenu un familier de la maison Arnoux, n'ose se déclarer à la jeune femme. Timidité, ou impuissance à vivre la passion autrement qu'en des rêves qui rappellent étrangement ceux d'Emma Bovary (cf. p. 425)...

Elle se leva, ayant une course à faire, puis reparut avec une capote de velours, et une mante noire, bordée de petit-gris. Il osa offrir de l'accompagner.

On n'y voyait plus ; le temps était froid, et un lourd brouillard, estompant la façade des maisons, puait dans l'air. Frédéric le humait avec délices ; car il sentait à travers la ouate du vêtement la forme de son bras ; et sa main, prise dans un gant chamois à deux boutons, sa petite main qu'il aurait voulu couvrir de baisers, s'appuyait sur sa manche. A cause du pavé glissant, ils oscillaient un peu ; il lui semblait qu'ils étaient tous les deux comme bercés par le vent, au milieu d'un nuage.

L'éclat des lumières, sur le boulevard, le remit dans la réalité. L'occasion était bonne, le temps pressait. Il se donna jusqu'à la rue de Richelieu pour déclarer son amour. Mais, presque aussitôt, devant un magasin de porcelaines, elle s'arrêta net, en lui disant :

« Nous y sommes, je vous remercie ! A jeudi, n'est-ce pas, comme d'habitude ? »

Les dîners recommencèrent ; et plus il fréquentait Mme Arnoux, plus ses langueurs augmentaient.

La contemplation de cette femme l'énervait, comme l'usage d'un parfum trop fort. Cela descendit dans les profondeurs de son tempérament, et devenait presque une manière générale de sentir, un mode nouveau d'exister.

Les prostituées qu'il rencontrait aux feux du gaz, les cantatrices poussant leurs roulades, les écuyères sur leurs chevaux au galop, les bourgeoises à pied, les grisettes[1] à leur fenêtre, toutes les femmes lui rappelaient celle-là, par des similitudes ou par des contrastes violents. Il regardait, le long des boutiques, les cachemires, les dentelles et les pendeloques de pierreries, en les imaginant drapés autour de ses reins, cousues à son corsage, faisant des feux dans sa chevelure noire. A l'éventaire des marchandes, les fleurs s'épanouissaient pour qu'elle les choisît en passant ; dans la montre des cordonniers, les petites pantoufles de satin à bordure de cygne semblaient attendre son pied ; toutes les rues conduisaient vers sa maison : les voitures ne stationnaient sur les places que pour y mener plus vite ; Paris se rapportait à sa personne, et la grande ville avec toutes ses voix bruissait, comme un immense orchestre, autour d'elle.

Quand il allait au Jardin des Plantes, la vue d'un palmier l'entraînait vers des pays lointains. Ils voyageaient ensemble, au dos des dromadaires, sous le tendelet des éléphants, dans la cabine d'un yacht parmi des archipels bleus, ou côte à côte sur deux mulets à clochettes, qui trébuchaient dans les herbes contre des colonnes brisées. Quelquefois, il s'arrêtait au Louvre devant de vieux tableaux ; et son amour l'embrassant jusque dans les siècles disparus, il la substituait aux personnages des peintures. Coiffée d'un hennin, elle priait à deux genoux derrière un vitrage de plomb. Seigneuresse des Castilles ou des Flandres, elle se tenait assise, avec une fraise empesée et un corps de baleines à gros bouillons. Puis elle descendait quelque grand escalier de porphyre, au milieu des sénateurs, sous un dais de plumes d'autruche, dans une robe de brocart. D'autres fois, il la rêvait en pantalon de soie jaune, sur les coussins d'un harem ; — et tout ce qui était beau, le scintillement des étoiles, certains airs de musique, l'allure d'une phrase, un contour l'amenaient à sa pensée d'une façon brusque et insensible.

Quant à essayer d'en faire sa maîtresse, il était sûr que toute tentative serait vaine. [...]

Il enviait le talent des pianistes, les balafres des soldats. Il souhaitait une maladie dangereuse, espérant de cette façon l'intéresser.

Une chose l'étonnait, c'est qu'il n'était pas jaloux d'Arnoux ; et il ne pouvait se la figurer autrement que vêtue, — tant sa pudeur semblait naturelle, et reculait son sexe dans une ombre mystérieuse.

Cependant, il songeait au bonheur de vivre avec elle, de la tutoyer, de lui passer la main sur les bandeaux longuement, ou de se tenir par terre, à genoux, les deux bras autour de sa taille, à boire son âme dans ses yeux ! Il aurait fallu, pour cela, subvertir[2] la destinée ; et, incapable d'action, maudissant Dieu et s'accusant d'être lâche, il tournait dans son désir, comme un prisonnier dans son cachot. Une angoisse permanente l'étouffait. Il restait pendant des heures immobile, ou bien il éclatait en larmes ; et, un jour qu'il n'avait pas eu la force de se contenir, Deslauriers lui dit :

« Mais, saprelotte ! qu'est-ce que tu as ? »

1. Jeunes ouvrières de mœurs faciles. 2. Inverser les lois de la destinée.

Frédéric souffrait des nerfs. Deslauriers n'en crut rien. Devant une pareille douleur, il avait senti se réveiller sa tendresse, et il le réconforta. Un homme comme lui se laisser abattre, quelle sottise ! Passe encore dans la jeunesse, mais plus tard, c'est perdre son temps.

« Tu me gâtes mon Frédéric ! Je redemande l'ancien. Garçon, toujours du même ! Il me plaisait ! Voyons, fume une pipe, animal ! Secoue-toi un peu, tu me désoles !

— C'est vrai, dit Frédéric, je suis fou ! »

Le clerc reprit :

« Ah ! vieux troubadour, je sais bien ce qui t'afflige ! Le petit cœur ? Avoue-le ! Bah ! une de perdue, quatre de trouvées ! On se console des femmes vertueuses avec les autres. Veux-tu que je t'en fasse connaître, des femmes ? Tu n'as qu'à venir à l'Alhambra[1]. »

L'éducation sentimentale, I, 5.

Pour préparer l'étude du texte

1. Faire le plan du texte en montrant qu'il souligne une aggravation dans l'état de Frédéric.
2. Comment se manifeste, dans cet extrait, la présence obsédante et modificatrice de la femme aimée ?
3. Analyser la passivité de Frédéric et son abandon à un rêve inefficace et douloureux.

L'éducation sentimentale, *roman de l'absence*

L'éducation sentimentale *est [...] d'abord le roman de l'absence, d'une réalité qui se dérobe et dont le héros finit par accepter qu'elle doive toujours lui échapper. Autant Emma Bovary « était là », autant Marie Arnoux reste lointaine. Frédéric passe sa vie à l'« espérer » et à l'attendre, à la chercher, à essayer de la rejoindre à travers des objets ou des personnages qui jouent pour lui le rôle d'intermédiaires, d'intercesseurs. Cette poursuite devient parfois hallucinée : ainsi dans l'épisode où, de retour à Paris, il pourchasse de café en café le citoyen Regimbart pour lui demander la nouvelle adresse des Arnoux [...] s'il finit par découvrir Regimbart, jamais il n'atteindra Marie Arnoux. Personne, pas même le lecteur, ne peut directement saisir ce qui fait son essence. On l'entend bouger derrière une cloison, on regarde son profil derrière une tenture : on ne peut jamais posséder que son écho ou que son ombre. Paravents, éventails, abat-jour, sa maison est pleine d'objets qui s'interposent [...] Des portes se closent, des rideaux tombent, on voit glisser un bout de jupe, on sent la trace d'un parfum [...] On dirait qu'elle protège un secret. Et le coffret toujours fermé qui passe d'elle à Rosanette, puis que Madame Dambreuse veut acheter à la vente aux enchères, figure admirablement cette part interdite, ce trésor que nul n'est jamais admis à contempler au grand jour. Ouvrir le coffret équivaudrait dès lors à un viol, une profanation ; et c'est bien la raison pour laquelle Madame Dambreuse veut se le procurer, la raison aussi pour laquelle Frédéric rompt avec elle. Il ne peut consentir à la destruction, même symbolique, de ce vide sur lequel sa vie tout entière s'est fondée.*

Jean-Pierre Richard, Littérature et sensation,
« La création de la forme chez Flaubert », Éd. du Seuil, 1954.

« Quel mythe ! [...] Voilà le peuple souverain ! »

Frédéric, attiré par le bruit des fusillades, s'est rendu dans les rues de Paris et, poussé par la foule, assiste au sac des Tuileries, d'où le roi Louis-Philippe vient de s'enfuir. L'Histoire comme spectacle : 1848 semble répéter 1789, mais sur le mode vulgaire. L'épopée impossible, car l'horreur contrebalance la fascination chez le spectateur bourgeois.

Tout à coup *la Marseillaise* retentit. Hussonnet[2] et Frédéric se penchèrent sur la rampe. C'était le peuple. Il se précipita dans l'escalier, en secouant à flots vertigineux des têtes nues, des casques, des bonnets rouges, des baïonnettes et des épaules, si impétueusement que des gens disparaissaient dans cette masse grouillante qui montait toujours, comme un fleuve refoulé par une marée d'équinoxe, avec un long mugissement, sous une impulsion irrésistible. En haut, elle se répandit, et le chant tomba.

On n'entendait plus que les piétinements de tous les souliers, avec le clapotement des voix. La foule inoffensive se contentait de regarder. Mais, de temps à autre, un coude trop à l'étroit enfonçait une vitre ; ou bien un vase, une statuette déroulait d'une console, par terre. Les boiseries pressées craquaient. Tous les visages étaient rouges, la sueur en coulait à larges gouttes ; Hussonnet fit cette remarque :

« Les héros ne sentent pas bon !

— Ah ! vous êtes agaçant », reprit Frédéric.

1. Bal public sur les Champs-Élysées.

2. Un journaliste, ami de Frédéric.

Et poussés malgré eux, ils entrèrent dans un appartement où s'étendait, au plafond, un dais de velours rouge. Sur le trône, en dessous, était assis un prolétaire à barbe noire, la chemise entr'ouverte, l'air hilare et stupide comme un magot[1]. D'autres gravissaient l'estrade pour s'asseoir à sa place.

« Quel mythe ! dit Hussonnet. Voilà le peuple souverain ! »

Le fauteuil fut enlevé à bout de bras, et traversa toute la salle en se balançant.

« Saprelotte ! comme il chaloupe ! le vaisseau de l'État est ballotté sur une mer orageuse ! Cancane-t-il[2] ! cancane-t-il ! »

On l'avait approché d'une fenêtre, et, au milieu des sifflets, on le lança.

« Pauvre vieux ! » dit Hussonnet en le voyant tomber dans le jardin, où il fut repris vivement pour être promené ensuite jusqu'à la Bastille, et brûlé.

Alors, une joie frénétique éclata, comme si, à la place du trône, un avenir de bonheur illimité avait paru ; et le peuple, moins par vengeance que pour affirmer sa possession, brisa, lacéra les glaces et les rideaux, les lustres, les flambeaux, les tables, les chaises, les tabourets, tous les meubles, jusqu'à des albums de dessins, jusqu'à des corbeilles de tapisserie. Puisqu'on était victorieux, ne fallait-il pas s'amuser ? La canaille s'affubla ironiquement de dentelles et de cachemires. Des crépines[3] d'or s'enroulèrent aux manches des blouses, des chapeaux à plumes d'autruche ornaient la tête des forgerons, des rubans de la Légion d'honneur firent des ceintures aux prostituées. Chacun satisfaisait son caprice ; les uns dansaient, d'autres buvaient. Dans la chambre de la reine, une femme lustrait ses bandeaux avec de la pommade ; derrière un paravent, deux amateurs jouaient aux cartes ; Hussonnet montra à Frédéric un individu qui fumait son brûle-gueule accoudé sur un balcon ; et le délire redoublait au tintamarre continu des porcelaines brisées et des morceaux de cristal qui sonnaient, en rebondissant, comme des lames d'harmonica.

Puis la fureur s'assombrit. Une curiosité obscène fit fouiller tous les cabinets, tous les recoins, ouvrir tous les tiroirs. Des galériens enfoncèrent leurs bras dans la couche des princesses, et se roulaient dessus par consolation de ne pouvoir les violer. D'autres, à figures plus sinistres, erraient silencieusement, cherchant à voler quelque chose ; mais la multitude était trop nombreuse. Par les baies des portes, on n'apercevait dans l'enfilade des appartements que la sombre masse du peuple entre les dorures, sous un nuage de poussière. Toutes les poitrines haletaient ; la chaleur de plus en plus devenait suffocante ; les deux amis, craignant d'être étouffés, sortirent.

Dans l'antichambre, debout sur un tas de vêtements, se tenait une fille publique, en statue de la Liberté — immobile, les yeux grands ouverts, effrayante.

Ils avaient fait trois pas dehors, quand un peloton de gardes municipaux en capotes s'avança vers eux, et qui, retirant leurs bonnets de police, et découvrant à la fois leurs crânes un peu chauves, saluèrent le peuple très bas. A ce témoignage de respect, les vainqueurs déguenillés se rengorgèrent. Hussonnet et Frédéric ne furent pas, non plus, sans en éprouver un certain plaisir.

V. ADAM et J. ARNOUT, *La salle du Trône aux Tuileries* (1848), Lithographie. Paris, Bibliothèque Nationale.

1. Figure chinoise de porcelaine, grotesque.
2. Cancane : danse le cancan, danse excentrique.
3. Franges.

Une ardeur les animait. Ils s'en retournèrent au Palais-Royal. Devant la rue Fromanteau, des cadavres de soldats étaient entassés sur de la paille. Ils passèrent auprès impassiblement, étant même fiers de sentir qu'ils faisaient bonne contenance.

Le palais regorgeait de monde. Dans la cour intérieure, sept bûchers flambaient. On lançait par les fenêtres des pianos, des commodes et des pendules. Des pompes à incendie crachaient de l'eau jusqu'aux toits. Des chenapans tâchaient de couper des tuyaux avec leurs sabres. Frédéric engagea un polytechnicien à s'interposer. Le polytechnicien ne comprit pas, semblait imbécile, d'ailleurs. Tout autour, dans les deux galeries, la populace, maîtresse des caves, se livrait à une horrible godaille[1]. Le vin coulait en ruisseaux, mouillait les pieds, les voyous buvaient dans des culs de bouteille, et vociféraient en titubant.

« Sortons de là, dit Hussonnet, ce peuple me dégoûte. »

Tout le long de la galerie d'Orléans, des blessés gisaient par terre sur des matelas, ayant pour couvertures des rideaux de pourpre ; et de petites bourgeoises du quartier leur apportaient des bouillons, du linge.

« N'importe ! dit Frédéric, moi, je trouve le peuple sublime. »

L'éducation sentimentale, III, 1.

Pour préparer l'étude du texte

1. Rechercher les différentes caractéristiques de la description (son organisation, les procédés stylistiques, sa capacité de « faire voir » la scène).
2. Montrer que la même description peut entraîner deux jugements contradictoires sur le peuple. En quoi peut-on dire alors que Flaubert est « objectif » ?
3. Comment peut-on expliquer l'opinion de Frédéric et celle d'Hussonnet ?

L'éducation *[...] est bien l'œuvre la plus pessimiste et la plus révolutionnaire que Flaubert ait écrite à cette date. Il a définitivement abandonné les tentations tragiques de* Madame Bovary *et les mouvements épiques de* Salammbô. *A la place, s'instaurent la monotonie des faits, l'ineffable fadeur des personnages et la dislocation des perspectives.*

[...] Ainsi, nous avons affaire à un texte où la réalité n'existe que dans la conscience des personnages (qui, eux, n'existent pleinement que dans le texte). Dans ce roman, le document historique, social, technique s'efface devant la subjectivité. D'autre part, toute causalité supérieure est exclue. Il ne reste plus, pour régir la progression de l'intrigue, que des structures temporelles très flexibles. La seule vraie cohérence est alors celle du texte lui-même. C'est cette primauté formelle qui fait de L'éducation sentimentale *un grand roman moderne.*

P.-M. Wetherill, Préface de L'éducation sentimentale, *Éd. Garnier, 1984.*

« Il y a un moment, dans les séparations, où la personne aimée n'est déjà plus avec nous. »

Seize années ont passé depuis que Frédéric a abandonné Rosanette et refusé le mariage avec Mme Dambreuse. Mme Arnoux, ruinée, est depuis longtemps partie vivre en province avec sa famille. Dernière « apparition » (cf. p. 434) de Mme Arnoux : face à cette femme sincère et désintéressée, comment interpréter la prudence calculatrice de Frédéric ?

Il voyagea.

Il connut la mélancolie des paquebots, les froids réveils sous la tente, l'étourdissement des paysages et des ruines, l'amertume des sympathies interrompues.

Il revint.

Il fréquenta le monde, et il eut d'autres amours encore. Mais le souvenir continuel du premier les lui rendait insipides ; et puis la véhémence du désir, la fleur même de la sensation était perdue. Ses ambitions d'esprit avaient également diminué. Des années passèrent ; et il supportait le désœuvrement de son intelligence et l'inertie de son cœur.

Vers la fin de mars 1867, à la nuit tombante, comme il était seul dans son cabinet, une femme entra :

« Madame Arnoux !

— Frédéric ! »

Elle le saisit par les mains, l'attira doucement vers la fenêtre, et elle le considérait tout en répétant :

« C'est lui ! C'est donc lui ! »

Dans la pénombre du crépuscule, il n'apercevait que ses yeux sous la voilette de dentelle noire qui masquait sa figure.

Quand elle eut déposé au bord de la cheminée un petit portefeuille de velours grenat, elle s'assit. Tous deux restèrent sans pouvoir parler, se souriant l'un à l'autre.

1. Beuverie.

Enfin, il lui adressa quantité de questions sur elle et son mari. [...]

Ils poursuivent leur conversation, puis vont faire un tour dans les rues, évoquant le temps passé, leurs sentiments réciproques.

Quand ils rentrèrent, Mme Arnoux ôta son chapeau. La lampe, posée sur une console, éclaira ses cheveux blancs. Ce fut comme un heurt en pleine poitrine.

Pour lui cacher cette déception, il se posa par terre à ses genoux, et, prenant ses mains, se mit à lui dire des tendresses.

« Votre personne, vos moindres mouvements me semblaient avoir dans le monde une importance extra-humaine. Mon cœur, comme de la poussière, se soulevait derrière vos pas. Vous me faisiez l'effet d'un clair de lune par une nuit d'été, quand tout est parfums, ombres douces, blancheurs, infini ; et les délices de la chair et de l'âme étaient contenues pour moi dans votre nom que je me répétais, en tâchant de le baiser sur mes lèvres. Je n'imaginais rien au-delà. C'était Mme Arnoux telle que vous étiez, avec ses deux enfants, tendre, sérieuse, belle à éblouir, et si bonne ! Cette image-là effaçait toutes les autres. Est-ce que j'y pensais, seulement ! puisque j'avais toujours au fond de moi-même la musique de votre voix et la splendeur de vos yeux. »

Elle acceptait avec ravissement ces adorations pour la femme qu'elle n'était plus. Frédéric, se grisant par ses paroles, arrivait à croire ce qu'il disait. Mme Arnoux, le dos tourné à la lumière, se penchait vers lui. Il sentait sur son front la caresse de son haleine, à travers ses vêtements le contact indécis de tout son corps. Leurs mains se serrèrent ; la pointe de sa bottine s'avançait un peu sous sa robe, et il lui dit presque défaillant :

« La vue de votre pied me trouble. »

Un mouvement de pudeur la fit se lever. Puis, immobile, et avec l'intonation singulière des somnambules :

« A mon âge ! lui ! Frédéric !... Aucune n'a jamais été aimée comme moi ! Non, non, à quoi sert d'être jeune ? Je m'en moque bien ! je les méprise, toutes celles qui viennent ici !

— Oh ! il n'en vient guère ! » reprit-il complaisamment.

Son visage s'épanouit, et elle voulut savoir s'il se marierait.

Il jura que non.

« Bien sûr ? pourquoi ?

— A cause de vous », dit Frédéric en la serrant dans ses bras.

Elle y restait, la taille en arrière, la bouche entr'ouverte, les yeux levés. Tout à coup, elle le repoussa avec un air de désespoir ; et, comme il la suppliait de lui répondre, elle dit en baissant la tête :

« J'aurais voulu vous rendre heureux. »

Frédéric soupçonna Mme Arnoux d'être venue pour s'offrir ; et il était repris par une convoitise plus forte que jamais, furieuse, enragée. Cependant, il sentait quelque chose d'inexprimable, une répulsion, et comme l'effroi d'un inceste. Une autre crainte l'arrêta, celle d'en avoir dégoût plus tard. D'ailleurs, quel embarras ce serait ! — et tout à la fois par prudence et pour ne pas dégrader son idéal, il tourna sur ses talons et se mit à faire une cigarette.

Elle le contemplait, tout émerveillée.

« Comme vous êtes délicat ! Il n'y a que vous ! Il n'y a que vous ! »

Onze heures sonnèrent.

« Déjà ! dit-elle ; au quart, je m'en irai. »

Elle se rassit ; mais elle observait la pendule, et il continuait à marcher en fumant. Tous les deux ne trouvaient plus rien à se dire. Il y a un moment, dans les séparations, où la personne aimée n'est déjà plus avec nous.

Enfin, l'aiguille ayant dépassé les vingt-cinq minutes, elle prit son chapeau par les brides, lentement.

« Adieu, mon ami, mon cher ami. Je ne vous reverrai jamais ! C'était ma dernière démarche de femme. Mon âme ne vous quittera pas. Que toutes les bénédictions du ciel soient sur vous ! »

Et elle le baisa au front comme une mère.

Mais elle parut chercher quelque chose, et lui demanda des ciseaux.

Elle défit son peigne ; tous ses cheveux blancs tombèrent.

Elle s'en coupa, brutalement, à la racine, une longue mèche.

« Gardez-les ! adieu ! »

Quand elle fut sortie, Frédéric ouvrit sa fenêtre. Mme Arnoux, sur le trottoir, fit signe d'avancer à un fiacre qui passait. Elle monta dedans. La voiture disparut.

Et ce fut tout.

L'éducation sentimentale, III, 6.

Pour préparer l'étude du texte

1. Comment peut-on caractériser les différents comportements de Frédéric dans ce passage ?
2. Faire une analyse comparée des sentiments de Madame Arnoux et de ceux de Frédéric.
3. Que ressent le lecteur à la lecture de ce passage ? Montrer qu'il se trouve dans une situation privilégiée par rapport au déroulement de la scène.

Le héros flaubertien

Il faut souligner à gros traits la singularité du personnage typique de Flaubert en face du héros de roman actif, *lequel, indépendamment de ses réussites ou de ses déboires, reste bien pris dans son histoire et dans son temps. Tandis que le personnage de Balzac ou de Stendhal, par exemple, agit, intrigue, aime, brasse des affaires, et « fait » ainsi son roman directement sous les yeux du lecteur, celui de Flaubert rêve d'amour et d'action, mais de telle sorte que, constamment coincé entre l'imparfait du souvenir et le conditionnel d'un futur improbable, l'instant présent ne cesse de lui échapper. Rastignac et Julien Sorel jouent leur destin sur une scène sociale agitée, où de nombreux acteurs se lient ou entrent en conflit, et si leur histoire antérieure est abondamment évoquée, pour éclairer leur comportement du moment, ils ne s'en imposent pas moins par leur immédiateté. Le destin d'Emma et de Frédéric Moreau s'accomplit dans une zone intermédiaire entre ce qui a été et un possible qui n'aura jamais lieu, il se prépare et se conclut non pas ici et maintenant, mais dans un monde perpétuellement décalé, un monde de reflets dans lequel les événements les plus lourds de sens ne sont finalement que des songeries. Vivant à contretemps tout ce qui les concerne de plus près, ni Emma ni Frédéric ne* font *leur vie, ils se contentent de subir les conséquences désastreuses d'une existence intérieure désaccordée, de sorte que leur roman est moins une suite de péripéties ordonnées selon le temps commun qu'une continuelle oscillation entre le « j'étais » et le « j'aurais pu » qui les suspendent indéfiniment, à mi-chemin du rêve et de la décision.*

Marthe Robert, En haine du roman, Étude sur Flaubert, *Éd. Balland, 1982.*

Un cœur simple

1877

Déçu par l'accueil fait à *L'éducation sentimentale*, Flaubert publie en 1874 l'œuvre philosophique et baroque à laquelle il a travaillé toute sa vie : *La tentation de saint Antoine*. Le livre demeure incompris. Sa vie traverse alors une phase critique, marquée par les déceptions, les deuils et les difficultés financières. C'est à la fois pour se distraire de ses chagrins et gagner un peu d'argent qu'il écrit, en 1875 et 1876, *La légende de saint Julien l'Hospitalier*, *Un cœur simple* et *Hérodias*. Recueillis en un seul volume, les *Trois contes* paraissent en librairie en 1877 et connaissent un succès certain.

Flaubert a lui-même résumé, pour l'une de ses correspondantes, l'histoire d'*Un cœur simple* :

« [c'est] tout bonnement le récit d'une vie obscure, celle d'une pauvre fille de la campagne, dévote mais mystique, dévouée sans exaltation et tendre comme du pain frais. Elle aime successivement un homme, les enfants de sa maîtresse, un neveu, un vieillard qu'elle soigne, puis son perroquet ; quand le perroquet est mort, elle le fait empailler, et en mourant à son tour elle confond le perroquet avec le Saint-Esprit. »

Et l'écrivain ajoute, pour prévenir les erreurs d'interprétation de ceux qui ramèneraient toujours sa manière à l'ironie :

« Cela n'est nullement ironique [...] mais au contraire très sérieux et très triste. Je veux apitoyer, faire pleurer les âmes sensibles, en étant une moi-même. »

Si l'amitié de George Sand et la mélancolie de l'âge ont parfois désarmé l'agressivité de Flaubert, il n'a pas versé pour autant dans l'épanchement pathétique : l'écriture d'*Un cœur simple* est plus retenue que jamais. Et Félicité — l'héroïne du récit — n'est pas plus intelligente que les autres héros de Flaubert : mais son incapacité face aux mots, qui lui interdit la formulation de ses émotions les plus fortes, lui permet d'échapper à la dénaturation du langage, à l'aliénation dans le lieu commun. Cette âme est simple, et presque sainte, parce qu'elle ne parle pas : c'est sur ce fond de pessimisme absolu, où la stupidité constitue presque une forme de salut, que se détache la destinée triste de celle dont le nom, Félicité, symbolise le mystérieux paradoxe.

Félicité travaille chez Mme Aubain depuis de nombreuses années quand elle retrouve par hasard une de ses sœurs mariée et mère de famille. Elle se prend d'affection pour son neveu Victor. Engagé comme mousse, il est parti pour un voyage au long cours et Félicité s'inquiète à son sujet.

Le pharmacien lui apprit que le bateau de Victor était arrivé à la Havane. Il avait lu ce renseignement dans une gazette[1].

A cause des cigares, elle imaginait la Havane un pays où l'on ne fait pas autre chose que de fumer, et Victor circulait parmi des nègres dans un nuage de tabac. Pouvait-on « en cas de besoin » s'en retourner par terre ? A quelle distance était-ce de Pont-l'Évêque ? Pour le savoir, elle interrogea M. Bourais[2].

Il atteignit son atlas, puis commença des explications sur les longitudes, et il avait un beau sourire de cuistre[3] devant l'ahurissement de Félicité. Enfin, avec son porte-crayon, il indiqua dans les découpures d'une tache ovale un point noir, imperceptible, en ajoutant : « Voici. » Elle se pencha sur la carte ; ce réseau de lignes coloriées fatiguait sa vue, sans lui rien apprendre ; et Bourais l'invitant à dire ce qui l'embarrassait, elle le pria de lui montrer la maison où demeurait Victor. Bourais leva les bras, il éternua, rit énormément ; une candeur pareille excitait sa joie ; et Félicité n'en comprenait pas le motif, — elle qui s'attendait peut-être à voir jusqu'au portrait de son neveu, tant son intelligence était bornée !

1. Journal.
2. Avoué qui passe pour un savant.
3. Pédant, prétentieux.

Ce fut quinze jours après que Liébard[1], à l'heure du marché comme d'habitude, entra dans la cuisine —, et lui remit une lettre qu'envoyait son beau-frère. Ne sachant lire aucun des deux, elle eut recours à sa maîtresse.

Mme Aubain, qui comptait les mailles d'un tricot, le posa près d'elle, décacheta la lettre, tressaillit, et, d'une voix basse, avec un regard profond :

— C'est un malheur... qu'on vous annonce. Votre neveu...

Il était mort. On n'en disait pas davantage.

Félicité tomba sur une chaise, en s'appuyant la tête à la cloison, et ferma ses paupières, qui devinrent roses tout à coup. Puis, le front baissé, les mains pendantes, l'œil fixe, elle répétait par intervalles :

— Pauvre petit gars ! pauvre petit gars !

Liébard la considérait en exhalant des soupirs. Mme Aubain tremblait un peu.

Elle lui proposa d'aller voir sa sœur, à Trouville.

Félicité répondit, par un geste, qu'elle n'en avait pas besoin.

Il y eut un silence. Le bonhomme Liébard jugea convenable de se retirer.

Alors elle dit :

— Ça ne leur fait rien, à eux !

Sa tête retomba ; et machinalement elle soulevait, de temps à autre, les longues aiguilles sur la table à ouvrage.

Des femmes passèrent dans la cour avec un bard[2] d'où dégouttelait du linge.

En les apercevant par les carreaux, elle se rappela sa lessive ; l'ayant coulée[3] la veille, il fallait aujourd'hui la rincer ; et elle sortit de l'appartement.

Sa planche et son tonneau étaient au bord de la Toucques. Elle jeta sur la berge un tas de chemises, retroussa ses manches, prit son battoir ; et les coups forts qu'elle donnait s'entendaient dans les autres jardins à côté. Les prairies étaient vides, le vent agitait la rivière ; au fond, de grandes herbes s'y penchaient, comme des chevelures de cadavres flottant dans l'eau. Elle retenait sa douleur, jusqu'au soir fut très brave ; mais, dans sa chambre, elle s'y abandonna, à plat ventre sur son matelas, le visage dans l'oreiller, et les deux poings contre les tempes.

Un cœur simple, ch. 3.

Pour préparer le commentaire composé

1. Montrer en quoi les deux situations auxquelles est confrontée Félicité (absence puis mort de son neveu) sont révélatrices de son caractère.
2. Étudier les différentes modalités du texte (vision extérieure, intérieure, point de vue de Félicité).
3. Qu'est-ce qui rend ce texte particulièrement émouvant ?

BOULARD, *L'Amérique*. Paris, Bibliothèque Nationale.

1. Un fermier de Mme Aubain.
2. Sorte de brancard qui permet de porter des fardeaux.
3. Préparée en versant des cendres sur le linge.

Bouvard et Pécuchet

1881

Bouvard et Pécuchet, deux braves camarades parvenus à l'âge de la retraite, décident d'aller vivre paisiblement dans une ferme de Normandie. Ils se consacrent d'abord à une série d'expérimentations dans le domaine de l'agriculture, qui tournent immanquablement au désastre.

Poussés alors par une soif naïve de connaissances théoriques, ils se livrent à un véritable inventaire du savoir humain : c'est une succession d'enquêtes encyclopédiques sur la science, la morale, la religion, la philosophie, l'éducation, qui va les laisser épuisés et désorientés par la complexité et les contradictions des opinions humaines. Ils renoncent alors à comprendre ou à trancher, et revenant à leur ancien métier de copiste, s'apprêtent à consigner par écrit citations et résumés.

Tâche évidemment dérisoire, et à tous égards *in-finie* : la mort empêche Flaubert de publier le second volume de *Bouvard et Pécuchet*, qui devait être essentiellement composé des citations accumulées par les deux amis — c'est-à-dire de tout ce que l'écrivain avait pu relever d'incertain, d'inconséquent ou de sot à travers ses innombrables lectures. Comme il le confiait à Du Camp, ce serait là « le livre des vengeances ».

Plutôt qu'un roman, *Bouvard et Pécuchet* est un conte philosophique qui relève de ce « grotesque triste » qu'aimait tant Flaubert. Grotesque, parce que sont ici raillées la tentation encyclopédiste, la prétention scientiste (le « scientisme » est à son apogée en 1880) de pouvoir fournir explications et catégorisations dans tous les domaines. Triste, parce que cette satire exprime aussi la difficulté, pour un homme moderne de bonne volonté, de penser par soi-même, de n'être pas aliéné à des langages d'incertain savoir, comme le seront les pitoyables héros de Beckett ou Ionesco.

A cet égard, « les deux bonshommes » (comme disait Flaubert), plus naïfs que sots, offrent le reflet dérisoire de leur créateur : lui aussi gorgé d'érudition, de science, de « faits vrais », a souvent craint que l'écriture ne parvienne à absorber et à digérer ce trop-plein de réalité, qu'elle se noie dans le vain — mais combien reposant — recopiage.

« Mme Bordin surtout admira les paons. »

Les deux amis viennent de terminer l'aménagement de leur jardin et, pour fêter cet événement, invitent les notables du pays. Fête de la solennité petite-bourgeoise et de la bêtise...

Presque aussitôt on déboucha le champagne, dont les détonations amenèrent un redoublement de joie. Pécuchet fit un signe, les rideaux s'ouvrirent, et le jardin apparut.

C'était, dans le crépuscule, quelque chose d'effrayant. Le rocher[1], comme une montagne, occupait le gazon, le tombeau faisait un cube au milieu des épinards, le pont vénitien un accent circonflexe par-dessus les haricots, et la cabane, au-delà, une grande tache noire, car ils avaient incendié son toit de paille pour la rendre plus poétique. Les ifs, en forme de cerfs ou de fauteuils, se suivaient jusqu'à l'arbre foudroyé, qui s'étendait transversalement de la charmille à la tonnelle, où des pommes d'amour pendaient comme des stalactites. Un tournesol, çà et là, étalait son disque jaune. La pagode chinoise, peinte en rouge, semblait un phare sur le vigneau[2]. Les becs des paons[3], frappés par le soleil, se renvoyaient des feux, et derrière la claire-voie, débarrassée de ses planches, la campagne toute plate terminait l'horizon.

Devant l'étonnement de leurs convives, Bouvard et Pécuchet ressentirent une véritable jouissance.

Mme Bordin surtout admira les paons. Mais le tombeau ne fut pas compris, ni la cabane incendiée, ni le mur en ruines. Puis chacun, à tour de rôle, passa sur le pont. Pour emplir le bassin, Bouvard et Pécuchet avaient charrié de l'eau pendant toute la matinée. Elle avait fui entre les pierres du fond, mal jointes, et de la vase les recouvrait.

Tout en se promenant on se permit des critiques : « A votre place j'aurais fait cela. Les petits pois sont en retard. Ce coin, franchement, n'est pas propre. Avec une taille pareille, jamais vous n'obtiendrez de fruits. »

Bouvard fut obligé de répondre qu'il se moquait des fruits.

Comme on longeait la charmille, il dit d'un air finaud :

« Ah ! voilà une personne que nous dérangeons ; mille excuses ! »

La plaisanterie ne fut pas relevée. Tout le monde connaissait la dame en plâtre[4] !

Après plusieurs détours dans le labyrinthe, on arriva devant la porte aux pipes[5]. Des regards de stupéfaction s'échangèrent. Bouvard observait le visage de ses hôtes, et, impatient de connaître leur opinion :

« Qu'en dites-vous ? »

Mme Bordin éclata de rire. Tous firent comme elle. Le curé poussait une sorte de gloussement, Hurel toussait, le docteur en pleurait, sa femme fut prise d'un spasme nerveux, et Foureau, homme sans gêne, cassa un Abdel-Kader qu'il mit dans sa poche, comme souvenir.

Quand on fut sortit de la charmille, Bouvard, pour étonner son monde avec l'écho, cria de toutes ses forces :

« Serviteur ! Mesdames ! »

Rien ! pas d'écho. Cela tenait à des réparations faites à la grange, le pignon et la toiture étant démolis.

Le café fut servi sur le vigneau, et les messieurs allaient commencer une partie de boules, quand ils virent en face, derrière la claire-voie, un homme qui les regardait.

1. Faux rocher et, plus loin, faux tombeau étrusque pour décorer le jardin.
2. Tertre surmonté d'une treille — ici transformée en pagode chinoise grâce à un chapeau de fer-blanc.
3. Ce sont des ifs taillés agrémentés d'un faux bec et d'yeux en porcelaine.
4. Une statue de femme d'assez mauvais goût.
5. Sur la porte s'alignent 500 fourneaux de pipes représentant des personnages divers — dont l'émir Abd el-Kader.

Il était maigre et hâlé, avec un pantalon rouge en lambeaux, une veste bleue, sans chemise, la barbe noire taillée en brosse ; et il articula d'une voix rauque :

« Donnez-moi un verre de vin ! »

Le maire et l'abbé Jeufroy l'avaient tout de suite reconnu. C'était un ancien menuisier de Chavignolles.

« Allons, Gorgu ! éloignez-vous, dit M. Foureau. On ne demande pas l'aumône.

— Moi ! l'aumône ! s'écria l'homme exaspéré. J'ai fait sept ans la guerre en Afrique. Je relève de l'hôpital. Pas d'ouvrage ! Faut-il que j'assassine ? nom d'un nom ! »

Sa colère d'elle-même tomba — et les deux poings sur les hanches, il considérait les bourgeois d'un air mélancolique et gouailleur. La fatigue des bivouacs, l'absinthe et les fièvres, toute une existence de misère et de crapule se révélait dans ses yeux troubles. Ses lèvres pâles tremblaient en lui découvrant les gencives. Le grand ciel empourpré l'enveloppait d'une lueur sanglante, et son obstination à rester là causait une sorte d'effroi.

Bouvard, pour en finir, alla chercher le fond d'une bouteille. Le vagabond l'absorba gloutonnement, puis disparut dans les avoines, en gesticulant.

Ensuite on blâma M. Bouvard. De telles complaisances favorisaient le désordre. Mais Bouvard irrité par l'insuccès de son jardin prit la défense du peuple ; tous parlèrent à la fois.

Bouvard et Pécuchet, ch. 2.

Pour préparer l'étude du texte

1. Déterminer la structure du texte en faisant apparaître l'alternance des réactions (celle des invités, celle des maîtres de maison). Montrer les relations de cause à effet.
2. Montrer que, d'un bout à l'autre du passage, il y a une différence entre les effets attendus et les réactions obtenues.
3. Comment Flaubert s'y prend-il pour dénoncer la bêtise et le conformisme dans ce passage ?

Honoré DAUMIER (1808-1879), Lithographie parue dans *Le Charivari* du 20 octobre 1844. Paris, Bibliothèque Nationale.

En haine du « réalisme »

Vers la fin de sa vie, Flaubert tient à se désolidariser des écrivains réalistes qui se réclament de lui. Il affirme ici à George Sand que son seul culte aura été celui du Beau.

Je pense comme vous, mon maître, que l'Art n'est pas seulement de la critique et de la satire ; aussi n'ai-je jamais essayé de faire, intentionnellement, ni de l'un ni de l'autre. Je me suis toujours efforcé d'aller dans l'âme des choses et de m'arrêter aux généralités les plus grandes, et je me suis détourné exprès de l'accidentel et du dramatique. Pas de monstres et pas de héros !

Vous me dites : « Je n'ai pas de conseils littéraires à te donner, je n'ai pas de jugement à formuler sur les écrivains, tes amis, etc. » Ah ! par exemple ! mais je réclame des conseils, et j'attends vos jugements. Qui donc en donnerait ! qui donc en formulerait, si ce n'est vous ?

A propos de mes amis, vous ajoutez « mon école ». Mais je m'abîme le tempérament à tâcher de n'avoir pas d'école ! A priori, *je les repousse toutes. Ceux que je vois souvent et que vous désignez recherchent tout ce que je méprise et s'inquiètent médiocrement de ce qui me tourmente. Je regarde comme très secondaire le détail technique, le renseignement local, enfin le côté historique et exact des choses. Je recherche par-dessus tout la* beauté, *dont mes compagnons sont médiocrement en quête. Je les vois insensibles, quand je suis ravagé d'admiration ou d'horreur. Des phrases me font pâmer, qui leur paraissent fort ordinaires. Goncourt est très heureux quand il a saisi dans la rue un mot qu'il peut coller dans un livre, et moi très satisfait quand j'ai écrit une page sans assonances ni répétitions. Je donnerais toutes les légendes de Gavarni[1] pour certaines expressions et coupes des maîtres comme « l'ombre était* nuptiale, *auguste et solennelle », de Victor Hugo, ou ceci du président de Montesquieu : « Les vices d'Alexandre étaient extrêmes comme ses vertus. Il était terrible dans sa colère. Elle le rendait cruel. »*

Enfin je tâche de bien penser pour *bien écrire. Mais c'est bien écrire qui est mon but, je ne le cache pas.*

Lettre à George Sand, fin décembre 1875.

Louise Colet, Crayon anonyme. Collection privée.

1. Dessinateur, peintre et caricaturiste (1804-1866) ; « légendes » est à entendre au sens de « sous-titres de tableaux ».

« ... il n'y a ni beaux ni vilains sujets... »

Lettre à Louise Colet, écrite pendant la rédaction de *Madame Bovary*, et qui peut être considérée comme une profession de foi littéraire de Flaubert.

Pas si rêveur encore que l'on pense, je sais voir et voir comme voient les myopes, jusque dans les pores des choses, parce qu'ils se fourrent le nez dessus. Il y a en moi, littérairement parlant, deux bonshommes distincts : un qui est épris de gueulades, *de lyrisme, de grands vols d'aigle, de toutes les sonorités de la phrase et des sommets de l'idée ; un autre qui fouille et creuse le vrai tant qu'il peut, qui aime à accuser le petit fait aussi puissamment que le grand, qui voudrait vous faire sentir presque* matériellement *les choses qu'il reproduit ; celui-là aime à rire et se plaît dans les animalités de l'homme.* L'éducation sentimentale[1] *a été, à mon insu, un effort de fusion entre ces deux tendances de mon esprit (il eût été plus facile de faire de l'humain dans un livre et du lyrisme dans un autre). J'ai échoué. [...]*

*Je t'ai dit que l'*Éducation *avait été un essai.* Saint Antoine *en est un autre. Prenant un sujet où j'étais entièrement libre comme lyrisme, mouvements, désordonnements[2], je me trouvais alors bien dans ma nature et je n'avais qu'à aller. Jamais je ne retrouverai des éperdument[2] de style comme je m'en suis donné là pendant dix-huit grands mois. Comme je taillais avec cœur les perles de mon collier ! Je n'y ai oublié qu'une chose, c'est le fil. Seconde tentative et pis encore que la première. Maintenant j'en suis à ma troisième. Il est pourtant temps de réussir ou de se jeter par la fenêtre.*

Ce qui me semble beau, ce que je voudrais faire, c'est un livre sur rien, un livre sans attache extérieure, qui se tiendrait de lui-même par la force interne de son style, comme la terre sans être soutenue se tient en l'air, un livre qui n'aurait presque pas de sujet ou du moins où le sujet serait presque invisible, si cela se peut. Les œuvres les plus belles sont celles où il y a le moins de matière ; plus l'expression se rapproche de la pensée, plus le mot colle dessus et disparaît, plus c'est beau. Je crois que l'avenir de l'Art est dans ces voies. Je le vois à mesure qu'il grandit, s'éthérisant tant qu'il peut, depuis les pylônes égyptiens jusqu'aux lancettes gothiques, et depuis les poèmes de 20 000 vers des Indiens jusqu'aux jets de Byron. La forme, en devenant habile, s'atténue ; elle quitte toute liturgie, toute règle, toute mesure ; elle abandonne l'épique pour le roman, le vers pour la prose, elle ne se connaît plus d'orthodoxie et est libre comme chaque volonté qui la produit. Cet affranchissement de la matérialité se retrouve en tout et les gouvernements l'ont suivi, depuis les despotismes orientaux jusqu'aux socialismes futurs.

C'est pour cela qu'il n'y a ni beaux ni vilains sujets et qu'on pourra presque établir comme axiome, en se posant au point de vue de l'Art pur, qu'il n'y en a aucun, le style étant à lui tout seul une manière absolue de voir les choses.

Il me faudrait tout un livre pour développer ce que je veux dire. J'écrirai sur tout cela dans ma vieillesse, quand je n'aurai rien de mieux à barbouiller. En attendant, je travaille à mon roman[3] avec cœur. Les beaux temps de Saint Antoine *vont-ils revenir ? Que le résultat soit autre, Seigneur de Dieu ! Je vais lentement : en quatre jours j'ai fait cinq pages, mais jusqu'à présent je m'amuse. J'ai retrouvé ici la sérénité. Il fait un temps affreux, la rivière a des allures d'océan, pas un chat ne passe sous mes fenêtres. Je fais grand feu.*

[...] Oui, je t'aime, ma pauvre Louise [...] Si je suis dur pour toi, pense que c'est le contrecoup des tristesses, des nervosités âcres et des langueurs mortuaires qui me harcèlent ou me submergent. J'ai toujours au fond de moi comme l'arrière-saveur des mélancolies moyen âge de mon pays. Ça sent le brouillard, la peste rapportée d'Orient, et ça tombe de côté avec ses ciselures, ses vitraux et ses pignons de plomb, comme les vieilles maisons de bois de Rouen.

Lettre à Louise Colet du 16 janvier 1852.

L'empreinte du Romantisme

Flaubert reconnaît volontiers qu'il est « épris de lyrisme ». Quand il compose *Madame Bovary*, il déclare : « Toute la valeur de mon livre sera d'avoir su marcher droit sur un cheveu, suspendu entre le double abîme du lyrisme et du vulgaire. »[4]

Un autre trait qu'on peut qualifier de romantique est un goût certain pour la violence, voire la cruauté, les états morbides de l'âme, le sang et la mort : étrange cruauté de certaines scènes de batailles ou de famine dans *Salammbô*, de chasse et de carnage dans *La légende de saint Julien l'Hospitalier* ; et même dans *L'éducation sentimentale*, l'épisode du sac des Tuileries est écrit dans un mouvement emporté qui traduit la frénésie du peuple vainqueur.

1. Il s'agit de la première *Éducation sentimentale* (cf. p. 422).
2. Néologismes créés par Flaubert.
3. Le roman dont il s'agit est *Madame Bovary*.
4. Correspondance.

D'ailleurs Flaubert aime ce qui est « hénaurme », à la manière de Rabelais, l'accumulation, l'amoncellement, les nourritures abondantes, les repas interminables. On mange souvent dans les romans de Flaubert et qu'il se tienne à Carthage ou au fond de la Normandie, le repas a toujours une valeur significative. Joignons à cela l'amour du grotesque, qui est un élément fondamental du credo romantique tel que l'énonce Victor Hugo, et dont les personnages d'Homais, de Bouvard et de Pécuchet — entre autres — sont des illustrations évidentes.

L'exotisme n'est pas sans attrait pour l'auteur de *Salammbô*. Il s'emploie à ressusciter le passé dans ce qu'il a de grandiose et de flamboyant. Il a pour l'Orient une attirance durable, et c'est à l'Orient — un Orient de convention — que se réfèrent Emma Bovary et Frédéric Moreau quand ils rêvent amours et aventures.

Car ses héros rêvent beaucoup et l'importance de la rêverie est un point capital dans les romans de Flaubert. On rêve plus qu'on n'agit. Aux yeux de Frédéric, Mme Arnoux est « une apparition » plutôt qu'une femme réelle, et quand, devenue vieille, elle accepte enfin de rester dans ses bras, il se détourne d'elle à la fois « par prudence et pour ne pas dégrader son idéal ». C'est que dans l'univers flaubertien, « ici » s'oppose à « ailleurs » d'une manière irréductible.

Romans de l'échec : l'ironie flaubertienne

L'ambition vague et illimitée, privée d'intelligence, venant se briser sur la réalité décevante : tel est le thème central des romans de Flaubert, romans de l'échec. Mais il peut y avoir, chez un Balzac par exemple, une grandeur de l'échec (cf. *La peau de chagrin*, p. 187) : rien de tel chez Flaubert, car l'échec est comme inscrit dans la médiocrité ou la facticité de l'entreprise. C'est l'ironie du romancier qui permet la mise à distance du processus désirant chez le personnage : chose tout à fait nouvelle dans le roman du XIXe siècle.

Diverses sont les modalités de cette ironie : dans *Madame Bovary*, malgré la vanité des rêves d'Emma sans arrêt soulignée, il y a quelque chose de pathétique dans l'échec, et de tragique dans l'acheminement fatal vers le suicide (cf. p. 429). Comme le dira Flaubert : « L'ironie n'enlève rien au pathétique, elle l'outre au contraire. » Dans *L'éducation sentimentale*, l'échec est inscrit dans la trame de la vie elle-même, qui équivaut à un effritement permanent des illusions. Nous avons là une espèce de tragique négatif, puisque rien, ni l'amour ni le désespoir de n'avoir pas aimé, ne parvient finalement à saisir Frédéric.

Dans *Bouvard et Pécuchet*, l'ironie conduit au comique triste : l'échec de l'ambition encyclopédique s'accompagne d'un retour à la situation initiale (le travail de copiage), conclusion bouffonne et dérisoire. On notera qu'au fil de la production de Flaubert, l'importance de l'intrigue s'amenuise, au profit de la dénonciation de la bêtise et de la vanité de l'ambition humaine (politique, sentimentale, intellectuelle) : *L'éducation* s'inscrit dans une structure linéaire, épousant le mouvement hasardeux de l'existence, *Bouvard* ne procède plus que par juxtaposition cumulative. La tentation de l'informel guette le romancier autant que ses personnages : d'où l'importance capitale du style qui permettrait, précisément, d'écrire ce « livre sur rien » (cf. p. 445) qui hantait l'esprit de Flaubert.

« Le style [...] une manière absolue de voir les choses »

L'obsession flaubertienne du style comporte plusieurs degrés de signification.

Il s'agit d'abord d'une volonté de perfection formelle, d'autant plus nécessaire, aux yeux de l'écrivain, que le sujet de l'œuvre est dépourvu de beauté intrinsèque : c'est pourquoi cette préoccupation est dominante chez Flaubert à l'époque de *Madame Bovary*, roman de la médiocrité : « Comment faire du dialogue trivial qui soit bien écrit ? » se demande le romancier. S'obligeant à chasser le mot impropre, à fuir les assonances intempestives, à travailler la couleur et le rythme, il va pousser le souci du style à un degré jusqu'alors inconnu dans l'ordre du roman. On reconnaît ici l'influence de la doctrine de l'Art pour l'Art (cf. p. 287) dont Flaubert transpose les exigences de la poésie au discours romanesque, dont il inaugure la poétique. Celle-ci inclut le travail sur la composition, capitale pour Flaubert : il s'attache notamment à ménager entre les épisodes descriptifs et les épisodes dramatiques des transitions insensibles, pour obtenir un effet de mouvement uniforme et de coulée : « La continuité constitue le style comme la constance fait la vertu. » L'emploi si caractéristique du discours indirect libre relève aussi de cette préoccupation : le texte donne accès à la conscience d'Emma ou à celle de Frédéric, sans qu'il y ait rupture avec la description de leur être intérieur, par glissement du point de vue externe au point de vue interne.

Dans un sens plus large, le « style » selon Flaubert n'est pas moins que l'expression d'une vision du monde particulière à l'artiste — comme Proust le démontrera dans *Le temps retrouvé*. L'ambition flaubertienne est en effet totalisante : « Il faut peindre le dessus et le dessous des choses », note-t-il. Réalisme n'est donc pas ici synonyme de littérature d'observation et de notation. Il faut, pour peindre justement les choses, se laisser habiter par « l'amour de la contemplation », par la « sympathie universelle » pour le réel, grandiose ou mesquin : c'est une tâche quasi mystique. Le travail de l'écriture intervient dans la formulation la plus exacte de l'impression profonde, impression laissée par la réalité intériorisée : « Il faut que la réalité entre en nous, jusqu'à nous faire crier, pour la bien reproduire. » L'importance du style acquiert dès lors une dimension métaphysique ; il devient « à lui seul une manière absolue de voir les choses » parce qu'il apparaît à Flaubert le seul moyen de structurer le monde, ce chaos des apparences, dont le sens hasardeux risque à tout moment de se dissoudre pour la conscience. Comme pour Mallarmé, la littérature est seule capable, pour Flaubert, de répondre à la question suscitée par tout objet : « Qu'est-ce que cela veut dire ? ». Flaubert, à travers ses fameuses descriptions (la casquette de Charles Bovary, Rouen vu par Emma, la forêt de Fontainebleau dans *L'éducation*), charge les objets d'un poids symbolique (quelquefois double ou triple), crée entre eux un système d'appels et d'échos (par exemple, les fenêtres[1] dans *Madame Bovary*, liées au spectacle de la rue et à l'évasion de la pensée) : tous les points de l'univers fictionnel, saturés de signification, font l'extraordinaire richesse des romans de Flaubert que tant de romanciers du XXe siècle (Marcel Proust, James Joyce, Nathalie Sarraute, Milan Kundera) considéreront comme le Maître.

Objets ayant appartenu à Flaubert : montre, encrier crapaud et pot à tabac. Croisset, Pavillon Flaubert.

1. Étudiées par Jean Rousset, *Forme et signification*, Éd. Corti, 1962.

Guy de Maupassant
1850-1893

NADAR (1820-1910), Portrait de Maupassant. Paris, Bibliothèque Nationale.

Conteur réaliste, peintre coloré et cruel de la société de son temps, Maupassant est aussi celui qui sait le mieux rendre les hantises, les abîmes de la vie intérieure. Contradiction fondamentale qu'expliquent en partie sa vie et son caractère.

Les années d'enfance et d'apprentissage

Le 5 août 1850, Guy de Maupassant naît à Fécamp, dans le pays de Caux, chez ses grands-parents maternels. Sa mère, Laure Le Poittevin, entichée de sa noblesse récente, s'arrange pour faire croire qu'il est né au château de Miromesnil, qu'elle a loué. Ainsi, dès sa naissance, Maupassant, être double, est placé sous le signe de la mystification.

Son père et sa mère ne s'entendent pas et se séparent après quelques scènes abominables auxquelles assiste le jeune garçon et qu'il n'oubliera jamais[1]. Laure élève seule ses deux fils, Guy et Hervé, dans la campagne normande, où elle les laisse vagabonder en compagnie des paysans : l'enfant apprend à connaître leurs réactions rusées, leurs passions, leur patois.

Lorsqu'il a douze ans, sa mère l'envoie étudier le latin et les mathématiques dans une pension religieuse à Yvetot. Il s'y ennuie ; heureusement, il y a les vacances à Étretat, les parties de pêche au petit matin, les belles baigneuses sur les galets, les plaisirs de la natation, la mer, surtout, qu'il aime tant et dont il a du mal à se passer.

Il termine ses études au lycée, à Rouen où le poète Louis Bouilhet lui sert de correspondant. Il a vingt ans quand la guerre de 1870 éclate ; mobilisé, il assiste à des scènes de déroute et de résistance qui nourriront longtemps ses premiers contes.

1. Dans *Garçon, un bock*, un conte écrit en 1884, le narrateur relate une violente dispute entre ses parents, à laquelle il a assisté malgré lui : « J'avais vu l'autre face des choses, la mauvaise ; je n'ai plus aperçu la bonne depuis ce jour-là. »

Il commence ensuite à Paris des études de droit, mais, pour gagner sa vie, il entre au ministère de la Marine, puis à celui de l'Instruction publique, où il demeure huit longues années. Pendant la semaine, il mène une existence étriquée de petit fonctionnaire ; le dimanche, il dépense ses forces accumulées en canotant sur la Seine, le long des guinguettes fourmillantes, où se pressent ces filles aux chignons ébouriffés, si bien peintes par Renoir et Monet ; ou bien il se rend à Croisset[1], dans la demeure de Flaubert, ami d'enfance de sa mère. Flaubert joue auprès de Maupassant le rôle du père qui lui manque. Ils ont en commun un pessimisme profond, l'amour de l'écriture, le goût de la farce. Le jeune homme soumet à l'écrivain ses premiers essais, poèmes ou contes. Flaubert le dirige, le corrige, lui donne des exercices à faire : observer son concierge. « Tu t'en pénétreras et tu consigneras fidèlement les sensations de tout ordre qu'il aura suggérées à ton imagination. [...] Et que je le reconnaisse si je le rencontre. »[2]

Grâce à Flaubert, il entre en relation avec les principaux écrivains de son temps, l'auteur russe Tourgueniev, et un groupe de romanciers français, liés par un esprit commun : Zola, Huysmans, Daudet, les frères Goncourt. C'est ainsi qu'il participe à l'élaboration des *Soirées de Médan*, un recueil de nouvelles publié en 1880, qui passera pour le manifeste de l'école naturaliste. En tête de ce recueil, une longue nouvelle de Maupassant, *Boule de suif.* Elle obtient un succès éclatant. Flaubert est content de son disciple.

J.-K. Huysmans, Henri Céard, Paul Alexis, Léon Hennique, Octave Mirbeau.
Collection Docteur François-Émile Zola et Bibliothèque Nationale.

Une carrière fulgurante

Voilà Maupassant lancé. Il abandonne son travail terne au ministère et devient journaliste[3], conteur, romancier, essayiste. En dix ans, il publie quinze recueils de contes, six romans, trois récits de voyages et d'innombrables chroniques dans différents journaux.

Il parvient à vivre de sa plume, et à bien vivre. Il gâte ses nombreuses maîtresses, loue à Paris des appartements de plus en plus luxueux, possède une villa sur la côte normande, un yacht en Méditerranée, le « Bel-Ami », acheté grâce aux droits d'auteur du roman qui porte ce nom. Il fait de longs séjours dans les villes d'eaux, ainsi que des croisières en mer, en particulier sur la Côte d'Azur dont il apprécie la douceur.

Ses succès lui ouvrent les portes des salons parisiens, notamment ceux de la haute finance juive et cosmopolite. Il est choyé par les femmes, redouté par les hommes, cachant sous des dehors rustres, sous un esprit caustique, une sensibilité à vif.

Ses modèles ne sont plus les paysans cauchois, les petits employés des ministères, les filles, mais les gens du monde dont il traque les passions souterraines, les méandres sentimentaux. Car son œuvre évolue. Délaissant le genre du conte, pittoresque ou piquant, qui a fait sa fortune, il se veut avant tout analyste du cœur humain, écrit surtout de longues nouvelles ou des romans.

1. Propriété de Flaubert au bord de la Seine, près de Rouen.
2. A. Lumbroso, *Souvenirs sur Maupassant*, Éd. Slatkine.
3. *Le Gaulois*, le *Gil Blas*, *Le Figaro* recueillent ses chroniques.

La maladie et la mort

Depuis longtemps, Maupassant souffre des conséquences d'une syphilis contractée dans sa jeunesse, aggravée par les excès d'une vie déréglée et par une lourde hérédité. Sa mère est sujette à des crises nerveuses, son frère meurt fou en 1889. Migraines atroces, maux d'estomac, troubles oculaires, hallucinations, insomnies, anxiété... il essaie d'y remédier par des drogues variées et abuse de l'éther. Aussi fidèle observateur de lui-même que des autres, il utilise le résultat de ses investigations dans ses contes fantastiques ou cruels, qui plongent le lecteur dans l'angoisse et lui laissent une sensation de malaise, une fois le livre refermé.

Cependant, gardons-nous de confondre ces œuvres, d'une technique achevée, avec les productions floues des malades mentaux : lorsqu'il les écrit, Maupassant est lucide et totalement maître de son art.

C'est justement quand cette maîtrise lui échappe, quand il se sent menacé par la stérilité, que Maupassant devient réellement fou. En 1892, sa maladie le conduit à la paralysie générale et à la démence. Il tente de se suicider, son valet l'en empêche. On l'enferme à Passy, dans la clinique du docteur Blanche, où il meurt le 6 juillet 1893, sans avoir pu vaincre la nuit qui a submergé son esprit.

Boule de suif (1880).
La maison Tellier (1881), contes.
Mademoiselle Fifi (1882), contes.
Les contes de la Bécasse (1883), contes.
Miss Harriet (1883), contes. → p. 450.
Une vie (1883), roman.
Les contes du jour et de la nuit (1885), contes.
Bel-Ami (1885), roman. → p. 456.
La petite Roque (1886), contes.
La vie d'un paysagiste (1886). → p. 460.
Le Horla (1887), contes.
Mont-Oriol (1887), roman.
Pierre et Jean (1888), roman. → p. 459.
Le roman (1888), essai.
Sur l'eau (1888), récit de voyage.
Fort comme la mort (1889), roman. → p. 458.

La ficelle

1883

Voici de larges extraits de ce conte[1] qui permettent d'en apprécier l'intérêt dramatique et de cerner l'évolution du personnage jusqu'au terme du récit.

C'est jour de marché à Goderville, gros bourg du pays de Caux.

Sur la place de Goderville, c'était une foule, une cohue d'humains et de bêtes mélangés. Les cornes des bœufs, les hauts chapeaux à longs poils des paysans riches et les coiffes des paysannes émergeaient à la surface de l'assemblée. Et les voix criardes, aiguës, glapissantes, formaient une clameur continue et sauvage que dominait parfois un grand éclat poussé par la robuste poitrine d'un campagnard en gaîté, ou le long meuglement d'une vache attachée au mur d'une maison.

Tout cela sentait l'étable, le lait et le fumier, le foin et la sueur, dégageait cette saveur aigre, affreuse, humaine et bestiale, particulière aux gens des champs.

Maître Hauchecorne[2], de Bréauté, venait d'arriver à Goderville, et il se dirigeait vers la place, quand il aperçut par terre un petit bout de ficelle. Maître Hauchecorne, économe en vrai Normand, pensa que tout était bon à ramasser qui peut servir ; et il se baissa péniblement, car il souffrait de rhumatismes. Il prit, par terre, le morceau de corde mince, et il se disposait à le rouler avec soin, quand il remarqua, sur le seuil de sa porte, maître Malandain, le bourrelier, qui le regardait. Ils avaient eu des affaires ensemble au sujet d'un licol[3], autrefois, et ils étaient restés fâchés, étant rancuniers tous deux. Maître Hauchecorne fut pris d'une sorte de honte d'être vu ainsi, par son ennemi, cherchant dans la crotte un bout de ficelle. Il cacha brusquement sa trouvaille sous sa blouse, puis dans la poche de sa culotte ; puis il fit semblant de chercher encore par terre quelque chose qu'il ne trouvait point, et il s'en alla vers le marché, la tête en avant, courbé en deux par ses douleurs. [...]

Il est midi. Chez Jourdain l'aubergiste, où s'est rendu maître Hauchecorne, tout le monde est en train de manger, quand on apprend, par le crieur public, qu'il a été perdu, le matin même, un portefeuille contenant 500 francs, appartenant à Maître Houlbrèque. Une récompense est promise à qui le rapportera à la mairie.

Le repas s'achève. Un brigadier de gendarmerie entre et demande maître Hauchecorne.

1. Publié dans le volume intitulé *Miss Harriet.*
2. Tout paysan normand de quelque importance se fait appeler « Maître ».
3. Pièce de harnais qu'on passe autour du cou des bêtes de somme.

— Maître Hauchecorne, voulez-vous avoir la complaisance de m'accompagner à la mairie ? M. le maire voudrait vous parler.

Le paysan, surpris, inquiet, avala d'un coup son petit verre, se leva et, plus courbé encore que le matin, car les premiers pas après chaque repas étaient particulièrement difficiles, il se mit en route en répétant :

— Me v'là, me v'là.

Et il suivit le brigadier.

Le maire l'attendait, assis dans un fauteuil. C'était le notaire de l'endroit, homme gros, grave, à phrases pompeuses.

— Maître Hauchecorne, dit-il, on vous a vu ce matin ramasser, sur la route de Beuzeville[1], le portefeuille perdu par maître Houlbrèque, de Manneville.

Le campagnard, interdit, regardait le maire, apeuré déjà par ce soupçon qui pesait sur lui, sans qu'il comprît pourquoi.

— Mé, mé, j'ai ramassé çu portafeuille ?

— Oui, vous-même.

— Parole d'honneur, je n'en ai seulement point eu connaissance.

— On vous a vu.

— On m'a vu, mé ? Qui ça qui m'a vu ?

— M. Malandain, le bourrelier.

Alors le vieux se rappela, comprit et, rougissant de colère :

— Ah ! i m'a vu, çu manant[2] ! I m'a vu ramasser c'te ficelle-là, tenez, m'sieur le maire.

Et, fouillant au fond de sa poche, il en retira le petit bout de corde.

Mais le maire, incrédule, remuait la tête.

— Vous ne me ferez pas accroire, maître Hauchecorne, que M. Malandain, qui est un homme digne de foi, a pris ce fil pour un portefeuille.

Anne-Xavier LEPRINCE, *Marché à bestiaux à Honfleur* (1823), Détail. Paris, Musée du Louvre.

1. L'endroit précis où a été perdu le portefeuille.

2. « Ce paysan », en patois normand, ici péjoratif.

Le paysan, furieux, leva la main, cracha de côté pour attester son honneur, répétant :

— C'est pourtant la vérité du bon Dieu, la sainte vérité, m'sieur le maire. Là, sur mon âme et mon salut, je l'répète.

Le maire reprit :

— Après avoir ramassé l'objet, vous avez même encore cherché longtemps dans la boue, si quelque pièce de monnaie ne s'en était pas échappée.

Le bonhomme suffoquait d'indignation et de peur.

— Si on peut dire !... si on peut dire... des menteries comme ça pour dénaturer un honnête homme ! Si on peut dire !...

Il eut beau protester, on ne le crut pas. [...]

Le maire, n'ayant rien trouvé sur maître Hauchecorne, après l'avoir fouillé, le renvoie, mais demeure perplexe. Le paysan, atterré, indigné, raconte son histoire à tout le monde ; personne ne le croit. On le traite de « vieux malin ». Le lendemain, le portefeuille est retrouvé sur la route par un valet de ferme et rapporté à son propriétaire, avec l'argent qu'il contient.

La nouvelle se répandit aux environs. Maître Hauchecorne en fut informé. Il se mit aussitôt en tournée et commença à narrer son histoire complétée du dénouement. Il triomphait.

« C'qui m'faisait deuil, disait-il, c'est point tant la chose, comprenez-vous ; mais c'est la menterie. Y a rien qui vous nuit comme d'être en réprobation pour une menterie. »

Tout le jour il parlait de son aventure, il la contait sur les routes aux gens qui passaient, au cabaret aux gens qui buvaient, à la sortie de l'église le dimanche suivant. Il arrêtait des inconnus pour la leur dire. Maintenant, il était tranquille, et pourtant quelque chose le gênait sans qu'il sût au juste ce que c'était. On avait l'air de plaisanter en l'écoutant. On ne paraissait pas convaincu. Il lui semblait sentir des propos derrière son dos.

Le mardi de l'autre semaine, il se rendit au marché de Goderville, uniquement poussé par le besoin de conter son cas.

Malandain, debout sur sa porte, se mit à rire en le voyant passer. Pourquoi ?

Il aborda un fermier de Criquetot, qui ne le laissa pas achever et, lui jetant une tape dans le creux de son ventre, lui cria par la figure : « Gros malin, va ! » Puis il tourna les talons.

Maître Hauchecorne demeura interdit et de plus en plus inquiet. Pourquoi l'avait-on appelé « gros malin » ?

Quand il fut assis à table, dans l'auberge de Jourdain, il se remit à expliquer l'affaire.

Un maquignon de Montivilliers lui cria :

— Allons, allons, vieille pratique, je la connais, ta ficelle !

Hauchecorne balbutia :

— Puisqu'on l'a retrouvé, çu portafeuille !

Mais l'autre reprit :

— Tais-té, mon pé, y en a un qui trouve, et y en a un qui r'porte. Ni vu ni connu, je t'embrouille.

Le paysan resta suffoqué. Il comprenait enfin. On l'accusait d'avoir fait reporter le portefeuille par un compère, par un complice.

Il voulut protester. Toute la table se mit à rire.

Il ne put achever son dîner et s'en alla, au milieu des moqueries.

Il rentra chez lui, honteux et indigné, étranglé par la colère, par la confusion, d'autant plus atterré qu'il était capable, avec sa finauderie de Normand, de faire ce dont on l'accusait, et même de s'en vanter comme d'un bon tour. Son innocence lui apparaissait confusément comme impossible à prouver, sa malice étant connue. Et il se sentait frappé au cœur par l'injustice du soupçon.

Alors il recommença à conter l'aventure, en allongeant chaque jour son récit, ajoutant chaque fois des raisons nouvelles, des protestations plus énergiques, des serments plus solennels qu'il imaginait, qu'il préparait dans ses heures de solitude, l'esprit uniquement occupé de l'histoire de la ficelle. On le croyait d'autant moins que sa défense était plus compliquée et son argumentation plus subtile.

« Ça, c'est des raisons d'menteux », disait-on derrière son dos.

Il le sentait, se rongeait les sangs, s'épuisait en efforts inutiles.

Il dépérissait à vue d'œil.

Les plaisants maintenant lui faisaient conter « La Ficelle » pour s'amuser, comme on fait conter sa bataille au soldat qui a fait campagne. Son esprit, atteint à fond, s'affaiblissait.

Vers la fin de décembre, il s'alita.

Il mourut dans les premiers jours de janvier, et, dans le délire de l'agonie, il attestait son innocence, répétant : « Une 'tite ficelle... une 'tite ficelle... t'nez, la voilà, m'sieu le maire. »

Miss Harriet, « La ficelle ».

Pour préparer l'étude du texte

1. Déterminer le contenu de chaque extrait du conte en précisant à chaque fois :
— le lien logique ou temporel qui existe entre les différentes étapes ;
— le rôle précis joué par maître Hauchecorne et sa situation par rapport aux autres personnages.

2. Si l'on considère comme tragique « la situation où l'homme prend douloureusement conscience d'un destin ou d'une fatalité qui pèse sur sa vie, sa nature ou sa condition » (dictionnaire Robert), peut-on qualifier de tragique le sort de maître Hauchecorne ?

Ambroise TARDIEU, Gravures pour *Des maladies mentales*, du Dr J.-E. Esquirol (1838). Paris, Bibliothèque Nationale.

L'objet thématique

Devient thématique tout objet qui cache en lui un danger [...] à l'origine d'une situation semblable à celle des deux contes La parure *et* La ficelle, *[... l'objet] détermine une structure dramatique qui reproduit le mécanisme du piège [...]. L'action fait du protagoniste une victime, et l'enferme dans une situation qu'il ne peut modifier. La vie du personnage après l'événement n'est en réalité qu'une agonie.*

M. Besnard-Coursodon, Étude thématique et structurale de l'œuvre de Maupassant, Le piège, *ch. 6, Éd. Nizet, 1973.*

Maléfice des objets

Toutes les dimensions du temps traquent l'homme, de même que celles de l'espace. Dans l'un comme dans l'autre cas, Maupassant est particulièrement frappé par la présence animée et haineuse des objets — derniers recours du solitaire — qui finissent par l'abuser comme font les hommes [...]. Le monde est plein d'hostilités menues, auxquelles il serait vain d'espérer échapper. Aussi les objets tiennent-ils dans l'œuvre de Maupassant une place aussi grande que dans le roman policier : ce sont des indices. La différence avec le roman policier, c'est qu'on n'arrive jamais à les déchiffrer tout à fait.

M.-C. Bancquart, Maupassant, conteur fantastique, *ch. 3, Archives des Lettres modernes, 1976.*

Lui ?

1883

Au point de départ de ce conte[1], il y a probablement un fait authentique de la vie de Maupassant : à cette date, il commence à avoir des hallucinations dues à la maladie. Il croit voir son double.

Le narrateur confie à un ami son intention de se marier pour échapper à une solitude qu'il ne peut plus supporter : il a peur.

L'année précédente, un soir pluvieux d'automne, se sentant plein d'une tristesse vague, il sortit de chez lui, erra sur le boulevard, sans rencontrer un ami...

J'errai longtemps ainsi, et vers minuit, je me mis en route pour rentrer chez moi. J'étais fort calme, mais fort las. Mon concierge, qui se couche avant onze heures, m'ouvrit tout de suite, contrairement à son habitude ; et je pensai : « Tiens, un autre locataire vient sans doute de remonter. »

Quand je sors de chez moi, je donne toujours à ma porte deux tours de clef. Je la trouvai simplement tirée, et cela me frappa. Je supposai qu'on m'avait monté des lettres dans la soirée.

J'entrai. Mon feu brûlait encore et éclairait même un peu l'appartement. Je pris une bougie pour aller l'allumer au foyer, lorsque en jetant les yeux devant moi, j'aperçus quelqu'un assis dans mon fauteuil, et qui se chauffait les pieds en me tournant le dos.

Je n'eus pas peur, oh ! non, pas le moins du monde. Une supposition très vraisemblable me traversa l'esprit ; celle qu'un de mes amis était venu pour me voir. La concierge, prévenue par moi à ma sortie, avait dit que j'allais rentrer, avait prêté sa clef. Et toutes les circonstances de mon retour, en une seconde, me revinrent à la pensée : le cordon tiré tout de suite, ma porte seulement poussée.

Mon ami, dont je ne voyais que les cheveux, s'était endormi devant mon feu en m'attendant, et je m'avançai pour le réveiller. Je le voyais parfaitement, un de ses bras pendant à droite ; ses pieds étaient croisés l'un sur l'autre ; sa tête, penchée un peu sur le côté gauche du fauteuil, indiquait bien le sommeil. Je me demandais : « Qui est-ce ? » On y voyait peu d'ailleurs dans la pièce. J'avançai la main pour lui toucher l'épaule !...

Je rencontrai le bois du siège ! Il n'y avait plus personne.

Le fauteuil était vide !

Quel sursaut, miséricorde !

Je reculai d'abord comme si un danger terrible eût apparu devant moi.

Puis je me retournai, sentant quelqu'un derrière mon dos ; puis, aussitôt, un impérieux besoin de revoir le fauteuil me fit pivoter encore une fois. Et je demeurai debout, haletant d'épouvante, tellement éperdu que je n'avais plus une pensée, prêt à tomber.

Mais je suis un homme de sang-froid, et tout de suite la raison me revint. Je songeai : « Je viens d'avoir une hallucination, voilà tout. » Et je réfléchis immédiatement sur ce phénomène. La pensée va vite dans ces moments-là.

J'avais une hallucination — c'était là un fait incontestable. Or, mon esprit était demeuré tout le temps lucide, fonctionnant régulièrement et logiquement. Il n'y avait donc aucun trouble du côté du cerveau. Les yeux seuls s'étaient trompés, avaient trompé ma pensée. Les yeux avaient eu une vision, une de ces visions qui font croire aux miracles les gens naïfs. C'était là un accident nerveux de l'appareil optique, rien de plus, un peu de congestion peut-être.

Et j'allumai ma bougie. Je m'aperçus, en me baissant vers le feu, que je tremblais, et je me relevai d'une secousse, comme si on m'eût touché par derrière.

Je n'étais point tranquille, assurément.

Je fis quelques pas ; je parlai haut. Je chantai à mi-voix quelques refrains.

Puis je fermai la porte de ma chambre à double tour, et je me sentis un peu rassuré. Personne ne pouvait entrer, au moins.

Je m'assis encore et je réfléchis longtemps à mon aventure ; puis je me couchai, et je soufflai ma lumière.

Pendant quelques minutes, tout alla bien. Je restai sur le dos, assez paisiblement. Puis le besoin me vint de regarder dans ma chambre ; et je me mis sur le côté.

Mon feu n'avait plus que deux ou trois tisons rouges qui éclairaient juste les pieds du fauteuil ; et je crus revoir l'homme assis dessus.

J'enflammai une allumette d'un mouvement rapide. Je m'étais trompé, je ne voyais plus rien.

Je me levai, cependant, et j'allai cacher le fauteuil derrière mon lit.

Puis je refis l'obscurité et je tâchai de m'endormir. Je n'avais pas perdu connaissance depuis plus de cinq minutes, quand j'aperçus, en songe, et nettement comme dans la réalité, toute la scène de la soirée. Je me réveillai éperdument, et, ayant éclairé mon logis, je demeurai assis dans mon lit, sans oser même essayer de redormir.

Deux fois cependant le sommeil m'envahit, malgré moi, pendant quelques secondes. Deux fois je revis la chose.

Je me croyais devenu fou.

1. Recueilli, comme le précédent, dans *Miss Harriet.*

Quand le jour parut, je me sentis guéri et je sommeillai paisiblement jusqu'à midi.
C'était fini, bien fini.

Mais le narrateur se trompe : depuis ce jour-là, la peur a envahi sa vie, et contre elle il est impuissant.

Miss Harriet, « Lui ? ».

G. LEMOINE, Gravure pour *Le Horla*. Paris, Bibliothèque Nationale.

Pour préparer l'étude du texte

1. Faire apparaître les étapes progressives du déséquilibre qui atteint le narrateur.
2. Montrer que ce déséquilibre, physique et mental, est lié à l'affaiblissement des explications rationnelles que peut trouver le narrateur.
3. Faire l'explication précise du passage compris entre les lignes 24 et 31, et définir clairement son importance.
4. Justifier le titre.

Qu'est-ce que le fantastique ?

Quand l'homme croyait sans hésitation, les écrivains fantastiques ne prenaient point de précautions pour dérouler leurs surprenantes histoires. [...] Mais quand le doute eut pénétré enfin dans les esprits, l'art est devenu plus subtil. L'écrivain a cherché les nuances, a rôdé autour du surnaturel plutôt que d'y pénétrer. Il a trouvé des effets terribles en demeurant sur la limite du possible, en jetant les âmes dans l'hésitation, dans l'effarement. Le lecteur indécis ne savait plus, perdait pied comme en une eau dont le fond manque à tout instant, se raccrochait brusquement au réel pour s'enfoncer tout aussitôt, et se débattre de nouveau dans une confusion pénible et enfiévrante comme un cauchemar.

Maupassant, Chronique : le fantastique, *1883*.

Bel-Ami

1885

Georges Duroy, fils de paysans normands, ancien sous-officier de hussards, se désespère de mener une vie misérable de petit employé, lorsqu'il rencontre par hasard un camarade de régiment, Forestier. Celui-ci le fait entrer au journal *La Vie française*, dans lequel il est rédacteur politique.

Grâce à son talent sans scrupules et à son désir forcené d'arriver, Duroy, d'abord reporter, puis chef des échos, sera ensuite chroniqueur politique, avant de triompher comme rédacteur en chef, futur député, futur ministre, devenu le baron Georges Du Roy de Cantel.

Bel-Ami, c'est l'histoire d'une irrésistible ascension sociale, celle d'un homme qui conquiert Paris « en se servant de la Presse comme un voleur d'une échelle »[1], et en utilisant les femmes séduites par sa prestance de beau garçon : ce sont elles qui l'ont surnommé « Bel-Ami ».

Bel-Ami, c'est aussi l'histoire d'un journal. *La Vie française* n'est d'abord qu'une feuille suspecte, un « journal d'argent » que dirigent en secret les banquiers et les hommes politiques. A force de manœuvres habiles, grâce à des rédacteurs de la trempe de Duroy, elle devient le porte-parole du gouvernement, lance ou anéantit les campagnes coloniales, fait et défait les ministères ; bref, c'est un journal que l'on respecte et que l'on consulte dans la France entière.

Maupassant connaît bien l'univers du journalisme. Chroniqueur en vogue, il n'hésite pas, à l'inverse de son héros, à fustiger l'alliance de la presse, de l'argent et du pouvoir, et à dénoncer les pratiques des colons en Algérie et en Tunisie où il a été envoyé spécial en 1881.

L'extrait ci-dessous est situé au milieu du roman. Duroy, chef des échos à *La Vie française*, vient d'épouser Madeleine Forestier, devenue veuve. Un soir, après dîner, elle s'adresse à son mari :

— Tu ne sais pas, nous avons à travailler, ce soir, avant de nous coucher. Je n'ai pas eu le temps de te parler de ça avant dîner, parce que Vaudrec[2] est arrivé tout de suite. On m'a apporté des nouvelles graves, tantôt, des nouvelles du Maroc[3]. C'est Laroche-Mathieu[4], le député, le futur ministre, qui me les a données. Il faut que nous fassions un grand article, un article à sensation. J'ai des faits et des chiffres. Nous allons nous mettre à la besogne immédiatement. Tiens, prends la lampe.

Il la prit et ils passèrent dans le cabinet de travail. [...]

Madeleine s'appuya à la cheminée, et ayant allumé une cigarette, elle raconta ses nouvelles, puis exposa ses idées, et le plan de l'article qu'elle rêvait.

Il l'écoutait avec attention, tout en griffonnant des notes ; et quand il eut fini, il souleva des objections, reprit la question, l'agrandit, développa à son tour non plus un plan d'article, mais un plan de campagne contre le ministère actuel. Cette attaque serait le début. Sa femme avait cessé de fumer, tant son intérêt s'éveillait, tant elle voyait large et loin en suivant la pensée de Georges.

Elle murmurait de temps en temps : « Oui... oui... C'est très bon... C'est excellent... C'est très fort... »

Et quand il eut achevé, à son tour, de parler :

« Maintenant écrivons », dit-elle.

Mais il avait toujours le début difficile et il cherchait ses mots avec peine. Alors elle vint doucement se pencher sur son épaule et elle se mit à lui souffler ses phrases tout bas, dans l'oreille.

De temps en temps elle hésitait et demandait :

— Est-ce bien ça que tu veux dire ?

Il répondait :

— Oui, parfaitement.

Elle avait des traits piquants, des traits venimeux de femme pour blesser le chef du conseil ; et elle mêlait des railleries sur son visage à celles sur sa politique, d'une façon drôle qui faisait rire et saisissait en même temps par la justesse de l'observation.

Du Roy, parfois, ajoutait quelques lignes qui rendaient plus profonde et plus puissante la portée d'une attaque. Il savait en outre l'art des sous-entendus perfides, qu'il avait appris en aiguisant des échos[5], et quand un fait donné pour certain par Madeleine lui paraissait douteux ou compromettant, il excellait à le faire deviner et à l'imposer à l'esprit avec plus de force que s'il l'eût affirmé.

Quand leur article fut terminé, Georges le relut tout haut, en le déclamant. Ils le jugèrent admirable d'un commun accord et ils se souriaient, enchantés et surpris, comme s'ils venaient de se révéler l'un à l'autre. Ils se regardaient au fond des yeux, émus d'admiration et d'attendrissement ; et ils s'embrassèrent avec élan, avec une ardeur d'amour communiquée de leurs esprits à leurs corps. [...]

1. Maupassant, *Aux critiques de « Bel-Ami »*, 1885.
2. Un ami de Madeleine, venu dîner chez les Duroy.
3. L'expédition française projetée au Maroc dans le roman figure en réalité l'expédition de Tunisie.
4. Un ami de Madeleine, un député sans envergure, qui brigue le portefeuille des Affaires étrangères.
5. Les échos : dans un journal, rubrique consacrée aux petites nouvelles mondaines ou locales. Selon Walter, c'est « la moelle du journal », car c'est par eux que l'on agit sur le public.

L'article parut sous la signature de Georges Du Roy de Cantel, et fit grand bruit. On s'en émut à la Chambre. Le père Walter[1] en félicita l'auteur et le chargea de la rédaction politique de *La Vie française*. Les échos revinrent à Boisrenard[2].

Alors commença, dans le journal, une campagne habile et violente contre le ministère qui dirigeait les affaires. L'attaque, toujours adroite et nourrie de faits, tantôt ironique, tantôt sérieuse, parfois plaisante, parfois virulente, frappait avec une sûreté et une continuité dont tout le monde s'étonnait. Les autres feuilles citaient sans cesse *La Vie française*, y coupaient des passages entiers, et les hommes du pouvoir s'informèrent si on ne pouvait pas bâillonner avec une préfecture cet ennemi inconnu et acharné.

Du Roy devenait célèbre dans les groupes politiques. Il sentait grandir son influence à la pression des poignées de main et à l'allure des coups de chapeau. Sa femme d'ailleurs l'emplissait de stupeur et d'admiration par l'ingéniosité de son esprit, l'habileté de ses informations et le nombre de ses connaissances[3].

Bel-Ami, II, 2.

Pour préparer l'étude du texte

1. Par une étude précise de l'alternance des pronoms personnels « elle » et « il », faire apparaître clairement le rôle que joue chaque personnage séparément et l'un par rapport à l'autre ; cette question peut être traitée sous forme de tableau.
2. Établir, en les classant, les liens qui existent, d'après cet extrait, entre le journalisme et la politique.

James TISSOT (1836-1902), *Le bal*. Paris, Musée d'Orsay.

1. Le directeur du journal.
2. Un vieux journaliste qui dirigeait les échos avant l'arrivée de Duroy.
3. Ses relations mondaines.

Fort comme la mort

1889

Fort comme la mort marque une étape dans l'évolution du romancier. Cette fois, le monde qu'il décrit n'est plus soumis au despotisme de l'argent ou de la politique. Ses personnages, aristocrates ou grands bourgeois, jouissant d'une belle fortune, peuvent s'abandonner en toute quiétude à l'analyse de leurs passions. Bien sûr, au passage, Maupassant ne se prive pas d'égratigner cette société qu'il fréquente dans les salons parisiens. Mais les mondains ne lui en veulent pas : le livre a un énorme succès.

Olivier Bertin, peintre en renom, homme vieillissant, aime depuis longtemps, d'un amour tranquille, la comtesse de Guilleroy. Soudain, il se prend de passion pour la fille de sa maîtresse qui lui renvoie l'image adorable, insupportable, de ce que fut autrefois pour lui Any de Guilleroy. Cette passion le condamne à l'ennui, à la stérilité dans son art, au désespoir et à la mort.

La comtesse de Guilleroy se trouve à la campagne, loin de Bertin, avec son mari et sa fille. Elle qui vivait jusqu'à présent heureuse d'être belle et aimée, sans trop se soucier de son âge, vient de perdre sa mère. Frappée au cœur, elle s'est abandonnée à son chagrin.

La domestique, qui tenait le plateau portant le thé, regarda sa maîtresse, et émue de la voir si pâle dans la blancheur du lit, elle balbutia avec un accent triste et sincère :

— En effet, Madame a très mauvaise mine. Madame fera bien de se soigner.

Le ton dont cela fut dit enfonça au cœur de la comtesse une petite piqûre comme d'une pointe d'aiguille, et dès que la bonne fut partie, elle se leva pour aller voir sa figure dans sa grande armoire à glace.

Elle demeura stupéfaite en face d'elle-même, effrayée de ses joues creuses, de ses yeux rouges, du ravage produit sur elle par ces quelques jours de souffrance. Son visage qu'elle connaissait si bien, qu'elle avait si souvent regardé en tant de miroirs divers, dont elle savait toutes les expressions, toutes les gentillesses, tous les sourires, dont elle avait déjà bien des fois corrigé la pâleur, réparé les petites fatigues, détruit les rides légères apparues au trop grand jour, au coin des yeux, lui sembla tout à coup celui d'une autre femme, un visage nouveau qui se décomposait, irréparablement malade.

Pour se mieux voir, pour mieux constater ce mal inattendu, elle s'approcha jusqu'à toucher la glace du front, si bien que son haleine, répandant une buée sur le verre, obscurcit, effaça presque l'image blême qu'elle contemplait. Elle dut alors prendre un mouchoir pour essuyer la brume de son souffle, et frissonnante d'une émotion bizarre, elle fit un long et patient examen des altérations de son visage. D'un doigt léger elle tendit la peau des joues, lissa celle du front, releva les cheveux, retourna les paupières pour regarder le blanc de l'œil. Puis elle ouvrit la bouche, inspecta ses dents un peu ternies où des points d'or brillaient, s'inquiéta des gencives livides et de la teinte jaune de la chair au-dessus des joues et sur les tempes.

Elle mettait à cette revue de la beauté défaillante tant d'attention, qu'elle n'entendit pas ouvrir la porte, et qu'elle tressaillit jusqu'au cœur quand sa femme de chambre, debout derrière elle, lui dit :

— Madame a oublié de prendre son thé.

La comtesse se retourna, confuse, surprise, honteuse, et la domestique, devinant sa pensée, reprit :

— Madame a trop pleuré, il n'y a rien de pire que les larmes pour vider la peau. C'est le sang qui tourne en eau.

Comme la comtesse ajoutait tristement :

— Il y a aussi l'âge.

La bonne se récria :

— Oh ! oh ! Madame n'en est pas là ! En quelques jours de repos il n'y paraîtra plus. Mais il faut que Madame se promène et prenne bien garde de ne pas pleurer.

Aussitôt qu'elle fut habillée, la comtesse descendit au parc et, pour la première fois depuis la mort de sa mère, elle alla visiter le petit verger où elle aimait autrefois soigner et cueillir des fleurs, puis elle gagna la rivière et marcha le long de l'eau jusqu'à l'heure du déjeuner.

En s'asseyant à la table en face de son mari, à côté de sa fille, elle demanda pour savoir leur pensée :

— Je me sens mieux aujourd'hui. Je dois être moins pâle.

Le comte répondit :

— Oh ! vous avez encore bien mauvaise mine.

Son cœur se crispa, et une envie de pleurer lui mouilla les yeux, car elle avait pris l'habitude des larmes.

Fort comme la mort, II, 2.

Pour préparer l'étude du texte

1. Faire le plan détaillé du texte, en mettant en évidence les grands mouvements et leurs subdivisions.
2. Quel peut être le sens de la reprise, à la fin du texte (« encore bien mauvaise mine »), de l'expression similaire, située au début du texte (« très mauvaise mine ») ?

Ph. © Photocolor Hans Hinz

Gustave COURBET (1819-1877), *Femme au miroir* (1860). Collection particulière. Déposé au Kunstmuseum de Bâle.

Les passages des romans de Maupassant, qui méritent les plus grands éloges pour leur maîtrise et leur originalité, sont ceux où l'on voit des créatures humaines, qu'une sourde angoisse travaille, prendre soudain conscience de ce qui les inquiète, de ce qui risque de les perdre si elles n'observent pas une exacte vigilance.

Elles suivent une route obscure vers une zone de lumière dont l'éclat cruel peut les désemparer. [...] Les sites qu'elles contemplent, les passants qu'elles rencontrent, les pensées qu'elles forment, leur délivrent des indications qu'elles enregistrent, [...] et qui, s'accumulant en elles, les chargent d'une énergie qui les pousse, qui les promeut vers une vérité momentanée où se manifeste enfin l'un des mystères fugaces de leur personne.

A.-M. Schmidt, Maupassant par lui-même, *« Maupassant romancier de la prise de conscience », Éd. du Seuil, 1962.*

Préface de « Pierre et Jean »

1888

Pierre et Jean est une œuvre courte, le quatrième roman de Maupassant, précédée d'une étude intitulée « Le Roman » — improprement appelée « Préface ». C'est une étude théorique sur l'art du romancier.

Après avoir parlé du rôle de la critique et montré que chaque écrivain doit être libre de défendre sa conception personnelle de l'art, Maupassant en vient à définir le romancier actuel dit « réaliste ou naturaliste ».

Le romancier, [...] qui prétend nous donner une image exacte de la vie, doit éviter avec soin tout enchaînement d'événements qui paraîtrait exceptionnel. Son but n'est point de nous raconter une histoire, de nous amuser ou de nous attendrir, mais de nous forcer à penser, à comprendre le sens profond et caché des événements. A force d'avoir vu et médité, il regarde l'univers, les choses, les faits et les hommes d'une certaine façon qui lui est propre et qui résulte de l'ensemble de ses observations réfléchies. C'est cette vision personnelle du monde qu'il cherche à nous communiquer en la reproduisant dans un livre. [...]

L'habileté de son plan ne consistera donc point dans l'émotion ou dans le charme, dans un début attachant ou dans une catastrophe émouvante, mais dans le groupement adroit de petits faits constants d'où se dégagera le sens définitif de l'œuvre. S'il fait tenir dans trois cents pages dix ans d'une vie pour montrer quelle a été, au milieu de tous les êtres qui l'ont entourée, sa signification particulière et bien caractéristique, il devra savoir éliminer, parmi les menus événements innombrables et quotidiens, tous ceux qui lui sont inutiles, et mettre en lumière, d'une façon spéciale, tous ceux qui seraient demeurés inaperçus pour des observateurs peu clairvoyants et qui donnent au livre sa portée, sa valeur d'ensemble. [...]

Suit un développement sur les romanciers réalistes[1] dont Maupassant ne partage pas intégralement les théories.

[...] en se plaçant au point de vue même de ces artistes réalistes, on doit discuter et contester leur théorie qui semble pouvoir être résumée par ces mots : « Rien que la vérité et toute la vérité. »

Leur intention étant de dégager la philosophie de certains faits constants et courants, ils devront souvent corriger les événements au profit de la vraisemblance et au détriment de la vérité, car

Le vrai peut quelquefois n'être pas vraisemblable.[2]

Le réaliste, s'il est un artiste, cherchera, non pas à nous montrer la photographie banale de la vie, mais à nous en donner la vision plus complète, plus saisissante, plus probante que la réalité même.

Raconter tout serait impossible, car il faudrait alors un volume au moins par journée, pour énumérer les multitudes d'incidents insignifiants qui emplissent notre existence.

Un choix s'impose donc, ce qui est une première atteinte à la théorie de toute la vérité. [...]

Faire vrai consiste donc à donner l'illusion complète du vrai, suivant la logique ordinaire des faits, et non à les transcrire servilement dans le pêle-mêle de leur succession.

J'en conclus que les réalistes de talent devraient s'appeler plutôt des illusionnistes.

Quel enfantillage, d'ailleurs, de croire à la réalité puisque nous portons chacun la nôtre dans notre pensée et dans nos organes. Nos yeux, nos oreilles, notre odorat, notre goût différents créent autant de vérités qu'il y a d'hommes sur la terre. Et nos esprits qui reçoivent les instructions de ces organes, diversement impressionnés, comprennent, analysent et jugent comme si chacun de nous appartenait à une autre race.

Chacun de nous se fait donc simplement une illusion du monde, illusion poétique, sentimentale, joyeuse, mélancolique, sale ou lugubre suivant sa nature. Et l'écrivain n'a d'autre mission que de reproduire fidèlement cette illusion avec tous les procédés d'art qu'il a appris et dont il peut disposer.

Le Roman, Préface de *Pierre et Jean*.

Pour préparer l'explication de texte

1. Par une « lecture sélective » du texte, faire apparaître, à l'aide de citations précises, la reprise constante des quatre thèmes suivants : le souci de l'exactitude et de la vérité, la finalité du roman, le contenu du roman, le rôle du romancier (cette question peut être traitée sous forme de tableau).
2. La juxtaposition des deux formules « donner une image exacte de la vie » et « reproduire fidèlement cette illusion » constituerait un paradoxe ; dans le texte, l'une se trouve au début et l'autre à la fin. Montrer comment l'évolution logique des idées du texte (soulignée par des articulations nettes) permet de passer de l'une à l'autre et de résoudre le paradoxe.

La vie d'un paysagiste

1886

Comme c'est souvent le cas dans ses chroniques, Maupassant endosse une personnalité d'emprunt ; ici, celle d'un peintre, à Étretat, au mois de septembre.

En ce moment, je vis, moi, dans la peinture à la façon des poissons dans l'eau. Comme cela étonnerait la plupart des hommes, que de savoir ce qu'est pour nous la couleur, et de pénétrer la joie profonde qu'elle donne à ceux qui ont des yeux pour voir !

Vrai, je ne vis que par les yeux ; je vais, du matin au soir, par les plaines et par les bois, par les rochers et par les ajoncs, cherchant les tons vrais, les nuances inobservées, tout ce que l'école, tout ce que l'appris, tout ce que l'éducation aveuglante et classique empêche de connaître et de pénétrer.

Mes yeux ouverts, à la façon d'une bouche affamée, dévorent la terre et le ciel. Oui, j'ai la sensation nette et profonde de manger le monde avec mon regard, et de digérer les couleurs comme on digère les viandes et les fruits.

Et cela est nouveau pour moi. Jusqu'ici je travaillais avec sécurité. Et maintenant je cherche !... Ah ! mon vieux, tu ne sais pas, tu ne sauras jamais ce que c'est qu'une motte de terre et ce qu'il y a dans l'ombre courte qu'elle jette sur le sol à côté d'elle. Une feuille, un petit caillou, un rayon, une touffe d'herbe m'arrêtent des temps infinis ; et je les contemple avidement, plus ému qu'un chercheur d'or qui trouve un lingot, savourant un bonheur mystérieux et délicieux à décomposer leurs imperceptibles tons et leurs insaisissables reflets.

1. Voir p. 419.
2. Boileau, *Art poétique*. Vers célèbre de celui qui fut le grand théoricien littéraire du XVIIe siècle classique.

Et je m'aperçois que je n'avais jamais rien regardé, jamais. Va, c'est bon, cela, c'est meilleur et plus utile que les bavardages esthétiques devant des piles de soucoupes représentant des bocks.

Parfois, je m'arrête, stupéfait d'observer tout à coup des choses éclatantes dont je ne m'étais jamais douté ! Regarde les arbres et l'herbe en plein soleil, et essaie de les peindre. Tu essaieras. Tout le monde a fait du paysage au soleil, parce que tout le monde est aveugle. Mon cher, les feuilles, l'herbe, tout ce que le soleil frappe en plein n'est plus coloré, mais luisant, et d'un luisant tel que rien ne le peut rendre. Or on ne saurait peindre ce qui brille ; on ne saurait même en donner l'illusion. L'an dernier, en ce même pays, j'ai souvent suivi Claude Monet à la recherche d'impressions. Ce n'était plus un peintre, en vérité, mais un chasseur. Il allait, suivi d'enfants qui portaient ses toiles, cinq ou six toiles représentant le même sujet à des heures diverses et avec des effets différents.

Il les prenait et les quittait tour à tour, suivant les changements du ciel. Et le peintre, en face du sujet, attendait, guettait le soleil et les ombres, cueillait en quelques coups de pinceau le rayon qui tombe ou le nuage qui passe, et, dédaigneux du faux et du convenu, les posait sur sa toile avec rapidité.

Je l'ai vu saisir ainsi une tombée étincelante de lumière sur la falaise blanche et la fixer à une coulée de tons jaunes qui rendaient étrangement le surprenant et fugitif effet de cet insaisissable et aveuglant éblouissement.

Une autre fois, il prit à pleines mains une averse abattue sur la mer, et la jeta sur sa toile. Et c'était bien de la pluie qu'il avait peinte ainsi, rien que de la pluie voilant les vagues, les roches et le ciel, à peine distincts sous ce déluge.

La vie d'un paysagiste.

Pour préparer l'explication de texte

1. Faire le plan précis du texte (deux grandes parties séparées par une transition) en montrant la spécificité de chacune et son rôle par rapport aux deux autres.
2. Expliquer en détail les lignes 24 à 31 en analysant par quels procédés l'art de l'écriture traduit l'originalité de la technique picturale de Monet.

Claude MONET (1840-1926), *Étretat : la plage et la porte d'Amont* (1883). Paris, Musée d'Orsay.

Un monde cruel

Suivant les leçons de Flaubert et de Zola, Maupassant s'attache à décrire seulement ce qu'il connaît. Pour créer ses personnages, il n'a qu'à puiser dans les souvenirs accumulés par une mémoire étonnante : paysans cauchois fréquentés dans sa jeunesse, soldats français ou prussiens aperçus pendant la guerre de 70, petits employés côtoyés dans les ministères, bourgeois, aristocrates, affairistes, viveurs, tout un monde âpre au gain ou à la jouissance, qu'il observe d'un œil froid, non dépourvu d'ironie. Même les femmes, qu'il aime pourtant et dont il ne saurait se passer dans la vie, n'échappent pas à son regard lucide, prompt à découvrir les machinations mesquines, les failles secrètes, aussi impitoyable que le miroir révélateur de *Fort comme la mort.*

L'univers de Maupassant est cruel et d'un pessimisme absolu. Pessimisme enraciné dès l'enfance, étayé par l'enseignement de Flaubert et la doctrine de Schopenhauer[1], fort répandue à cette époque. L'homme, créature bornée, ne peut avoir du monde qui l'entoure qu'une connaissance illusoire. « Machine animale, en proie aux maladies, aux déformations, aux putréfactions, poussive, mal réglée, naïve et bizarre »[2], il est condamné à la solitude et à l'ennui. La vie est un piège, l'amour un leurre, et Dieu, s'il existait, aurait les traits d'un bourreau.

Cependant une lueur adoucit cet univers désespéré : celle de la pitié qu'éprouve Maupassant envers certaines victimes du sort, animaux innocents, vieilles filles oubliées, enfants sans défense, fous pitoyables.

Les thèmes obsessionnels

Il a une prédilection pour les fous ; une puissante galerie de portraits traverse son œuvre : demeurés mentaux, dangereux déments, êtres en proie à l'hallucination, tel le héros du *Horla* ou celui de *La petite Roque*, ou voués à l'obsession morbide, ainsi maître Hauchecorne, à la fin de sa vie, ressassant son histoire de ficelle. Par leur truchement, Maupassant peut exprimer ses propres fantasmes ; l'un des plus persistants chez lui est de se sentir double.

Le thème du double hante toute l'œuvre de Maupassant. La plupart de ses personnages possèdent une duplicité fondamentale, paysans rusés, politiciens véreux, femmes de fausse vertu ; mais il arrive que l'être maléfique que l'homme abrite en lui-même, le monstre inavoué, se matérialise, devienne l'Autre. Dans *Lui ?,* il a l'apparence d'un ami, mais laisse le héros en proie à une peur indélébile ; dans *Le Horla*, il s'empare des objets chers au narrateur, de sa maison, de sa chambre, de sa vie... Toute ressemblance excessive entre deux êtres est maléfique ; et la jeune fille de *Fort comme la mort*, en toute innocence, conduit Olivier Bertin au suicide, parce qu'elle est le portrait rajeuni de sa mère.

L'homme qui se regarde dans la glace ne reconnaît pas son image, double menteur. En effet, le miroir est l'un des objets les plus fréquemment utilisés par les protagonistes des contes ou des romans, mais il n'est pas le seul. Les personnages de Maupassant aiment à s'entourer d'objets, révélateurs insidieux de leur caractère. Mais est-ce bien le héros qui possède l'objet, ou l'objet qui possède le héros ? « On regarde un objet et peu à peu il vous séduit, vous trouble, vous envahit comme ferait un visage de femme. »[3] Il devient alors l'instrument de la fatalité, conduisant, dans *La chevelure*, l'être humain à la folie, ou à la mort dans *La ficelle.*

De là à transformer l'homme en objet, il n'y a qu'un pas que Maupassant franchit parfois, habile à capter dans les humains la part du mécanique. Dans ses premiers contes surtout, ses personnages ont volontiers des allures de marionnettes : au marché de Goderville, « la blouse bleue [des paysans] semblait un ballon prêt à s'envoler, d'où sortaient une tête, deux bras et deux pieds »[4].

Si les thèmes de la folie, du double, de l'objet sont particulièrement significatifs, d'autres thèmes ne le sont pas moins, que nous ne pouvons analyser ici : la peur, la solitude, la mort, la nuit, l'eau...

L'art du conteur

Bien que ses longues nouvelles et ses romans témoignent d'une technique éprouvée, c'est surtout grâce à sa maîtrise du récit court que Maupassant est un auteur à la fois populaire et original. Ses œuvres offrent une grande variété de structures : récit à la première ou à la troisième personne, lettre, journal, cauchemar, rêve, dialogue. Elles séduisent aussi par la multiplicité des points de vue. Dans les contes les plus pittoresques et les plus narquois, il utilise en général le point de vue du

1. Arthur Schopenhauer (1788-1860) : philosophe allemand dont les théories pessimistes eurent une grande influence sur de nombreux écrivains de la fin du XIXe siècle.

2. Maupassant, *Le Horla.*
3. Maupassant, *La chevelure.*
4. Maupassant, *La ficelle*, début.

Édouard MANET (1832-1883), *En bateau* (1874). Oil on canvas (38.1/4 in × 51.1/4 in). New York, The Metropolitan Museum of Art. Bequest of Mrs H.O. Havemeyer, 1929. The H.O. Havemeyer Collection.

narrateur omniscient — à la manière d'un romancier traditionnel tel que Balzac. Il arrive aussi qu'un premier narrateur passe le relais à un second, voire un troisième[1], ce qui ajoute au récit un relief supplémentaire. Dans les nouvelles ou les romans, la vision qui est proposée est presque toujours celle du héros ou de l'héroïne. C'est par les yeux d'Any de Guilleroy que nous contemplons son visage défait dans le miroir ; c'est par ceux du narrateur de *Lui ?* que nous apercevons la silhouette qui l'attend, le dos tourné dans son fauteuil.

L'art de Maupassant annonce la technique des romanciers modernes par son habileté à rendre le « dedans » par le « dehors », les sentiments par les dialogues ou par les gestes. Ainsi, remplaçant une longue analyse par un raccourci saisissant, il montre Duroy, chroniqueur à la mode, sentant « grandir son influence à la pression des poignées de main et à l'allure des coups de chapeau »[2].

Le goût pour le concret qui caractérise Maupassant lui permet de passer sans difficulté de la caricature au portrait nuancé, du vaste tableau coloré et scintillant, à la manière des peintres impressionnistes — foules paysannes, promenades bourgeoises, bals populaires ou mondains — aux évocations en demi-teintes des intérieurs modestes, des paysages estompés par la brume ou par le brouillard.

Un vocabulaire simple, une syntaxe souple l'autorisent aussi bien à fustiger les vices d'une société qu'il réprouve — mais dont il profite — qu'à traquer les sentiments et les hantises cachés dans les replis de la conscience.

Et s'il demeure classique par sa langue, son goût pour l'exploration des gouffres intimes en fait déjà un auteur moderne.

1. Ainsi dans le conte intitulé *Sur l'eau*.

2. Maupassant, *Bel-Ami*.

Le conte et la nouvelle

Le récit bref est florissant au XIXe siècle. Il offre un panorama riche et varié : la plupart des grands romanciers cultivent le genre[1] ; des spécialistes tels que Nodier, Mérimée ou Maupassant lui doivent l'essentiel de leur renommée.

Une définition impossible

Le XIXe siècle n'a créé ni le conte ni la nouvelle, qui existaient déjà au Moyen Age, et n'a pas su établir entre les deux une frontière précise. Sans doute le terme de « conte » convient mieux aux récits merveilleux ou fantastiques, aux histoires brèves dont la chute surprend et dont le caractère oral est affirmé ; mais il semble impossible de donner de la « nouvelle » — plus réaliste, plus longue en général — une définition satisfaisante. Les écrivains du XIXe siècle emploient indifféremment l'un ou l'autre terme ; les critiques d'aujourd'hui demeurent embarrassés.

Une structure bien précise

Cependant le récit bref offre une structure qui le différencie nettement du roman : un nombre de pages limité, un cadre plus étroit, peu de personnages, peu d'événements, parfois un seul épisode marquant le tournant d'une vie, un dénouement inattendu, tout étant agencé en vue de l'effet à produire sur le lecteur, surprise, indignation, effroi, tendre émotion... Le récit est fermé sur lui-même, bien souvent encadré dans un premier récit qui met en scène le narrateur en veine de confidence.

Contes merveilleux, contes folkloriques

S'inspirant du folklore, le pastichant au besoin, les écrivains composent des recueils qui conviennent aussi bien aux enfants qu'aux adultes. Si George Sand et la comtesse de Ségur[2] s'adressent expressément à leurs petits-enfants, Balzac, Nerval, Daudet, Erckmann-Chatrian[3] puisent dans le patrimoine de leurs provinces respectives, à l'instar des frères Grimm en Allemagne[4]. Flaubert s'inspire d'un vitrail normand pour écrire *La légende de saint Julien l'Hospitalier* ; Mérimée reprend le mythe espagnol de Don Juan dans *Les âmes du purgatoire* ; Nodier place son lutin *Trilby* dans les brumes de l'Écosse, où il a séjourné, et Victor Hugo, voyageant sur le Rhin, ressuscite — ou invente — *La légende du beau Pécopin et de la belle Bauldour.*

Contes fantastiques

Mais c'est surtout dans le domaine du fantastique que les conteurs français déploient la variété de leurs talents : de Nodier à Villiers de L'Isle-Adam, en passant par Balzac, Gautier, Mérimée, Maupassant, sans parler de leurs nombreux émules. Ils obéissent à l'engouement d'une mode venue de l'étranger, sous l'influence d'Hoffmann, puis d'Edgar Poe. Mais s'ils savent trousser un conte propre à déclencher chez le lecteur l'angoisse ou la curiosité voulues, c'est pour mieux exorciser leurs propres fantasmes et poser les questions qui, de tout temps, ont préoccupé l'homme : la mort, la vie dans l'au-delà, l'avenir de la science.

Parmi eux, certains explorent déjà les thèmes qui seront, au siècle suivant, ceux de la science-fiction : Maupassant dans *Le Horla* et *L'homme de Mars* évoque l'être venu d'ailleurs ; Villiers de L'Isle-Adam, par le biais de la dérision, s'inquiète du pouvoir de la machine — *La machine à gloire, L'appareil pour l'analyse chimique du dernier soupir*[5].

Quant à Nerval, poète et visionnaire, il occupe une place à part : il traque « l'épanchement du songe dans la vie réelle » dans son recueil des *Filles du feu*, et surtout dans *Aurélia*, œuvre unique dans la littérature française, qui allie à une haute valeur poétique l'intérêt d'un document clinique.

L'évolution de la nouvelle réaliste

La nouvelle qui puise son inspiration dans les faits de la vie réelle suit l'évolution des grands mouvements littéraires du siècle, du Romantisme au Réalisme, avec un certain décalage. Ainsi *Mosaïque* de Mérimée en 1833, les *Chroniques italiennes* de Stendhal réunies en volume en 1855, par leurs figures exceptionnelles et la forte tension dramatique de leurs récits, portent l'empreinte du Romantisme ; mais il en est de même des *Diaboliques* que Barbey d'Aurevilly publie beaucoup plus tard, en 1874.

Du Romantisme également vient le goût pour les époques révolues et les pays lointains. Ressusciter l'Antiquité égyptienne *(Le pied de momie)* ou romaine *(Arria Marcella)*, la Renaissance italienne *(Chroniques italiennes)*, la Judée au Ier siècle avant Jésus-Christ *(Hérodias)*, ou plus près de nous la période du Directoire ou l'épopée napoléonienne *(Servitude et grandeur militaires)*, telle est l'ambition d'auteurs aussi différents que Gautier, Stendhal, Flaubert, Vigny. Au dépaysement dans le temps s'associe le dépaysement dans l'espace quand il s'agit d'évoquer l'Espagne ou la Corse, l'Algérie, ou la Perse lointaine[6]. Cependant l'intention n'est pas toujours la même : reconstitution érudite ou pittoresque, la nouvelle peut aussi permettre de dénoncer certains aspects de la société. Vigny souligne les méfaits de la guerre, les inconvénients de la vie militaire[7] ; Maupassant dans *Mohammed-Fripouille* montre les excès du colonialisme.

Mais loin des évocations fracassantes, la nouvelle s'intéresse aussi aux humbles destinées, aux intrigues de la vie de province, aux tracas de la vie quotidienne. Balzac, en pleine époque romantique, agit en précurseur en faisant d'un ecclésiastique médiocre le personnage principal de son récit[8]. Maupassant écrit l'*Histoire d'une fille de ferme*, évoque dans

1. Balzac, *Contes drolatiques* (1832-1843), *Le curé de Tours, La femme abandonnée* (1832) ; Stendhal, *Chroniques italiennes* (1829-1842) ; Zola, *Contes à Ninon* (1864) ; Flaubert, *Trois contes* (1877) ; Huysmans, *A vau-l'eau* (1882).
2. *Contes d'une grand-mère. Nouveaux contes de fées.*
3. Balzac : la Touraine dans les *Contes drolatiques* ; Nerval, *Chansons et légendes du Valois* ; Daudet : la Provence dans *Les lettres de mon moulin* ; Erckmann-Chatrian, *Contes des bords du Rhin.*
4. Mais d'une manière moins scientifique !
5. *Contes cruels* (1883).
6. Mérimée, *Carmen, Mateo Falcone* ; Daudet, *Les sauterelles* ; Maupassant, *Marroca* ; Gobineau, *Nouvelles asiatiques.*
7. Dans *Servitude et grandeur militaires.*
8. Dans *Le curé de Tours* (1832).

Miss Harriet, Mademoiselle Perle, le destin des vieilles filles, sans amour et sans grâce. Flaubert, dans *Un cœur simple*, conte la vie d'une servante pauvre et bornée. *A vau-l'eau* de Huysmans est l'épopée grotesque d'un vieux garçon pour qui la quête d'un restaurant décent est la grande préoccupation.

La structure de la nouvelle se modifie, l'intrigue s'amenuise, le temps stagne, le personnage se délite, l'intérêt se déplace de l'homme à l'objet, devenu l'instrument de la fatalité[1]. Bref, la voie est préparée pour les entreprises novatrices des auteurs du XXe siècle.

Édouard MANET (1832-1883), Illustration pour *Le corbeau* d'E.A. Poe. Paris, Bibliothèque Nationale.

1. Ainsi dans les contes de Maupassant : *La parure, La ficelle.*

L'ENTREPRISE NATURALISTE : LES GONCOURT, ZOLA

Zola et le triomphe du Naturalisme, Caricature d'Albert ROBIDA (1880). Paris, Bibliothèque des Arts Décoratifs.

Lorsqu'en 1881 Zola publie *Les romanciers naturalistes*, il n'hésite pas à inclure dans ce groupe Balzac et Stendhal, qui voisinent ainsi avec Flaubert, les Goncourt et Daudet. Il met de cette façon en évidence une indéniable filiation. Les qualités d'observation de Balzac, et son souci de mettre en scène des types sociaux, de même que les tendances réalistes de Flaubert ou de Maupassant annoncent le projet naturaliste. En germe pendant la première moitié du siècle, celui-ci se développe de 1865 à 1885 et atteint son apogée lors de la publication des deux ouvrages qui le codifient : *Le roman expérimental* (1880) et *Les romanciers naturalistes* (1881).

LES ORIGINES DU MOUVEMENT NATURALISTE

Il faut les chercher dans un double phénomène caractéristique du XIXe siècle : le remarquable progrès des sciences et les interférences entre leur domaine et celui de la littérature.

Progrès scientifique et positivisme : les progrès des sciences naturelles, les conquêtes de la biologie dans la première moitié du siècle déterminent la naissance et le développement de l'esprit positiviste. On définit ainsi une manière de raisonner qui se réclame de la seule connaissance des faits et de l'expérience scientifique. Ce mouvement se veut rationaliste et matérialiste.

Positivisme et critique littéraire : après 1840, le succès de l'esprit positiviste déborde rapidement le domaine scientifique pour atteindre celui de la création littéraire. Celle-ci s'inspire de ses principes, notamment sur le plan de la critique. Taine[1] enseigne ainsi que le caractère et le comportement sont étroitement dépendants de la physiologie, et que l'histoire des individus est soumise au déterminisme[2]. Il en vient même à réduire les problèmes de morale à de simples analyses chimiques : « Le vice et la vertu sont des produits comme le vitriol et le sucre. »[3]

Une démarche commune : l'admiration pour la science, la confiance accordée à ses analyses conduisent ainsi à rapprocher la méthode de l'homme de lettres de celle du naturaliste. Il tend à devenir un observateur et un expérimentateur. C'est pourquoi, dès 1859, Hugo propose « d'essayer de faire sur les faits sociaux ce que le naturaliste essaie sur les faits zoologiques »[4]. En 1880, Zola définit le naturalisme comme « la formule de la science moderne appliquée à la littérature »[5].

Le naturalisme de Zola

Le roman documentaire : puisque l'homme de science étudie des faits réels, le romancier fera de même. Son rôle n'est plus d'imaginer, mais de travailler sur des documents : « Le roman actuel se fait avec des documents racontés ou relevés d'après nature, comme l'histoire se fait avec des documents écrits. » Le romancier s'applique donc à tracer le tableau des différents compartiments de la société. Ce tableau nécessite de nombreuses et minutieuses enquêtes. A l'intérieur de chaque enquête, un cas précis concentre sur lui l'intérêt. Ainsi *Thérèse Raquin*[6] est l'étude d'une déchéance morale traitée comme une observation physiologique.

Le roman expérimental : l'étape du roman documentaire est dépassée lorsque Zola entreprend d'appliquer à la littérature les théories de C. Bernard[7]. Il se propose de suivre la même démarche d'expérimentation en remplaçant le mot « médecin » par le mot « romancier ». Le principe est le suivant : à partir d'une observation faite sur un fait social (violence, paupérisme, alcoolisme), le romancier invente une situation pour contrôler cette observation. C'est l'hypothèse. Le rôle du récit est de vérifier cette hypothèse. Le dénouement apparaît comme le résultat de l'expérimentation. Ainsi, affirme Zola, doivent se comprendre le pourquoi et le comment de nos actions.

Cette théorie se trouve appliquée dans l'ensemble des *Rougon-Macquart* : Zola y observe les manifestations de l'hérédité (alcoolisme et folie) sur un certain nombre de « sujets » placés dans des conditions préalablement définies. L'objectif du romancier est scientifique : il s'inspire à la fois des principes du docteur Lucas[8] et de ceux de Darwin. Sa démarche, qui se veut objective, se détache de toute considération morale. Il est « un greffier qui (se) défend de conclure »[9].

Les limites du naturalisme

Les principes très stricts auxquels Zola a soumis le roman expérimental créent des limites. Celles-ci concernent le choix de la matière romanesque, la démarche suivie, la personnalité du romancier.

Le choix de la matière romanesque : la nécessité de l'expérimentation fait de chaque personnage un cas pathologique et de chaque situation une application de réactions physiologiques. Or ces cas pathologiques (déchéance, alcoolisme, folie meurtrière) situent presque nécessairement l'action romanesque dans un contexte de corruption morale. Il y a là une première limite imposée par ce que l'on pourrait appeler un souci de bienséance. Zola et les Goncourt ont choqué le public, et l'on a pu parler, à leur sujet, de « littérature putride »[10]. On peut ajouter que les situations décrites se limitent à quelques cas et que le roman, dans ces conditions, peut manquer à la fois d'intrigue solide et d'épaisseur psychologique. « Procès-verbal de l'expérience que le romancier répète sous les yeux du public »[11], le roman a la sécheresse scientifique d'un compte rendu objectif.

1. Hippolyte Taine (1828-1893).
2. Théorie philosophique selon laquelle les événements découlent logiquement de ce qui les a précédés.
3. Introduction à l'*Histoire de la littérature anglaise* (1864).
4. Préface de *La légende des siècles.*
5. *Le roman expérimental.*
6. Roman de Zola.
7. Physiologiste (1813-1878) : l'*Introduction à l'étude de la médecine expérimentale* définit les principes de la recherche scientifique (1865).
8. Le docteur Lucas était un spécialiste de l'hérédité.
9. Citation extraite d'un manuscrit de Zola relatif à *Nana*.
10. Point de vue de L. Ulbath.
11. *Le roman expérimental.*

Et comme le souligne Maupassant[1], la nécessité, pour le romancier, d'adapter son choix (faits et personnages) à l'objectif de sa démonstration s'oppose au principe de la vérité scientifique pure.

La démarche suivie : l'écueil le plus sérieux auquel se heurtent les théories naturalistes est celui du raisonnement scientifique appliqué à un domaine qui ne l'est pas. C'est ce que souligne avec beaucoup de lucidité H. Céard dans une lettre adressée à Zola en 1878 :

« Il y a un sophisme capital dans votre étude sur le roman expérimental. Claude Bernard, quand il institue son expérience, sait parfaitement dans quelles conditions elle se produira, et sous l'influence exacte de quelles lois déterminées. A chaque instant, il opère sur la modification du corps qu'il traite un contrôle scrupuleux et toujours il arrive à un résultat mathématiquement indispensable [...] En est-il identiquement de même pour le romancier ? » Il paraît en effet difficile de considérer que des êtres humains réagiront exactement de la même façon, selon des lois strictes, à des situations données.

La personnalité du romancier : il faut souligner enfin que, par tempérament, Zola ne respecte pas rigoureusement les principes de l'objectivité naturaliste. Même si sa « grande affaire est d'être purement physiologiste »[2], il se laisse aller, par enthousiasme, à un lyrisme visionnaire incompatible avec la rigueur scientifique. Sa propre sensibilité le pousse à laisser transparaître une pitié réelle pour les malheureux qu'il met en scène, une compassion pour les défavorisés dont il fait ses héros. La fin de *Germinal* est un hymne à la renaissance et à l'espoir. *Le docteur Pascal* se termine sur l'image optimiste de la vie. Quant à la langue utilisée, elle n'a ni la précision rigoureuse des formulations scientifiques, ni la spontanéité du langage populaire. C'est, comme le dit Zola lui-même, une langue très travaillée, image littéraire d'un mode d'expression naturel[3].

Faire de la littérature une exacte reproduction de la nature semble donc être une entreprise partiellement vouée à l'échec. Entre la nature, les sciences et l'art existent des différences que le naturalisme n'est pas parvenu à surmonter.

Léon-Augustin LHERMITTE (1844-1925), *Claude Bernard opérant au milieu de ses élèves.* Paris, Sorbonne.

1. Maupassant : *Le roman* (préface de *Pierre et Jean*).
2. Zola, préface de *Thérèse Raquin.*
3. Dans la préface de *L'assommoir.*

Edmond et Jules de Goncourt

Paul GAVARNI (1804-1866), *Les frères Goncourt.*

Cas exceptionnel que ces deux frères, Edmond (1822-1896) et Jules de Goncourt (1830-1870), qui vécurent ensemble et partagèrent les mêmes goûts. Leurs caractères s'opposent : l'aîné, Edmond, est secret, sauvage, taciturne, cassant et caustique en société. Le cadet, Jules, se montre souriant, séduisant, débordant de vitalité. Mais ces différences ne sauraient masquer leur profonde similitude : hautains, sûrs d'eux-mêmes, tous deux se sentent des êtres exceptionnels, « des espèces d'êtres impressionnables, d'une délicatesse infinie, des vibrants doués d'une manière supérieure »[1]. Une seule carrière possible pour ces deux âmes sensibles : celle de l'homme de lettres.

Deux chroniqueurs

Le *Journal* est peut-être la partie la plus intéressante de leur œuvre. Les deux frères l'écrivirent avec constance de 1851 à 1870 puis Edmond, à la mort de son frère, le poursuivit jusqu'à la fin de sa vie. On peut lire cette œuvre immense (dix-huit volumes) comme un tableau piquant de la vie littéraire de 1851 à 1896, où se mêlent portraits incisifs et croquis de la vie parisienne. Mais le *Journal* est surtout le tremplin de la création romanesque. Les Goncourt y consignent impressions sensuelles et esthétiques suscitées par les objets et les paysages ; on trouve aussi dans le *Journal* de multiples documents : échos des débats en cours d'assises pour *La fille Élisa*[2], études de cas médicaux sur l'hystérie et l'érotomanie[3], utilisées dans *Germinie Lacerteux.*

Ces deux esthètes se plaisent enfin à dessiner, à collectionner bibelots et œuvres d'art et à cultiver une élégance de dandy.

1. Extrait du *Journal* des Goncourt.
2. Par Edmond de Goncourt : histoire d'une prostituée condamnée à mort.
3. Obsession sexuelle.

L'entrée en littérature

Les Goncourt commencent leur carrière littéraire en écrivant dans les journaux des comptes rendus de Salons et des chroniques de théâtre. En 1859, ils publient un essai sur l'art du XVIIIe siècle ; en 1860, ils dénoncent dans un roman, *Les hommes de lettres* (ensuite intitulé *Charles Demailly*), la corruption du milieu journalistique et du monde littéraire. Les hommes de lettres sont présentés comme des arrivistes marchant à la fortune : le livre devient une marchandise, l'écrivain un commerçant. Dans leur *Journal*, les Goncourt écrivent : « Pour arriver, il faut être médiocre et domestique. » En fait, les deux frères souffrent de ne pas être reconnus à leur juste valeur. La célébrité ne vient pas.

Abandonnant le journalisme, ils se consacrent désormais à la création littéraire. Ils trouvent leur inspiration dans le choix de sujets réalistes dont *Germinie Lacerteux* est l'exemple le plus représentatif. Les deux frères écrivent ensemble cinq romans (*Sœur Philomène*, 1861 ; *Renée Mauperin*, 1864 ; *Germinie Lacerteux*, 1865 ; *Manette Salomon*, 1867 ; *Madame Gervaisais*, 1869). Lorsque Jules meurt, en 1870, à l'âge de quarante ans, des suites d'une syphilis, Edmond ne se confie plus qu'à son journal. Il retrouvera son inspiration avec *La fille Élisa* (1877) et *La Faustin* (1882) qui connut un vif succès. La vie du romancier est inséparable de la création littéraire : Edmond reçoit dans son « grenier » d'Auteuil de jeunes auteurs qui le considèrent comme un maître ; en 1882, il lègue une partie de sa fortune pour fonder une « société littéraire », constituée de dix écrivains chargés de décerner chaque année un prix aux jeunes talents. En 1903, l'Académie Goncourt est officiellement fondée.

L'art du XVIIIe siècle (1859), essai.
Sœur Philomène (1861), roman.
Renée Mauperin (1864), roman.
Germinie Lacerteux (1865), roman. → p. 470.
Madame Gervaisais (1869), roman.
La fille Élisa (1877), roman (parution de *L'assommoir* la même année).
La Faustin (1882), roman.
Journal (sa publication commence en 1885 ; neuf tomes seront publiés jusqu'à la mort d'Edmond en 1896).
Outamaro (1891), premier tome de l'essai sur l'art japonais.
Hokusai (1896), deuxième tome de l'essai sur l'art japonais.

Germinie Lacerteux

1865

Quinze ans avant que Zola n'expose dans *Le roman expérimental* (1880) la théorie du roman naturaliste, la préface de *Germinie Lacerteux* énonce plusieurs principes qui seront repris et développés par le naturalisme : le souci du vrai, le choix de milieux populaires ou plus précisément de « cas » issus des basses classes, l'observation et l'analyse clinique de la réalité.

Il nous faut demander pardon au public de lui donner ce livre et l'avertir de ce qu'il y trouvera.

Le public aime les romans faux : ce roman est un roman vrai.

Il aime les livres qui font semblant d'aller dans le monde : ce livre vient de la rue.

Il aime les petites œuvres polissonnes, les mémoires de filles, les confessions d'alcôves, les saletés érotiques, le scandale qui se retrousse dans une image aux devantures des librairies ; ce qu'il va lire est sévère et pur. Qu'il ne s'attende point à la photographie décolletée du plaisir : l'étude qui suit est la clinique de l'Amour.

Le public aime encore les lectures anodines et consolantes, les aventures qui finissent bien, les imaginations qui ne dérangent ni sa digestion, ni sa sérénité : ce livre avec sa triste et violente distraction est fait pour contrarier ses habitudes et nuire à son hygiène.

Pourquoi donc l'avons-nous écrit ? Est-ce simplement pour choquer le public et scandaliser ses goûts ?

Non.

Vivant au XIXe siècle, dans un temps de suffrage universel, de démocratie, de libéralisme, nous nous sommes demandé si ce qu'on appelle les « basses classes » n'avait pas droit au Roman ; si ce monde sous un monde, le peuple, devait rester sous le coup de l'interdit littéraire et des dédains d'auteurs qui ont fait jusqu'ici le silence sur l'âme et le cœur qu'il peut avoir. Nous nous sommes demandé s'il y avait encore pour l'écrivain et pour le lecteur, en ces années d'égalité où nous sommes, des classes indignes, des malheurs trop bas, des drames trop mal embouchés, des catastrophes d'une terreur trop peu noble. Il nous est venu la curiosité de savoir si cette forme conventionnelle d'une littérature oubliée et d'une société disparue, la Tragédie, était définitivement morte ; si, dans un pays sans caste et sans aristocratie légale, les misères des petits et des pauvres parleraient à l'intérêt, à l'émotion, à la pitié, aussi haut que les misères des grands et des riches ; si en un mot, les larmes qu'on pleure en bas pourraient faire pleurer comme celles qu'on pleure en haut.

Ces pensées nous avaient fait oser l'humble roman de *Sœur Philomène,* en 1861 ; elles nous font publier aujourd'hui *Germinie Lacerteux.*

Maintenant, que ce livre soit calomnié : peu lui importe. Aujourd'hui que le Roman s'élargit et grandit, qu'il commence à être la grande forme sérieuse, passionnée, vivante de l'étude littéraire et de l'enquête sociale, qu'il devient, par l'analyse et par la recherche psychologique, l'Histoire morale contemporaine, aujourd'hui que le Roman s'est imposé les études et les devoirs de la science, il peut en revendiquer les libertés et les franchises. Et qu'il cherche l'Art et la Vérité ; qu'il montre des misères bonnes à ne pas laisser oublier aux heureux de Paris ; qu'il fasse voir aux gens du monde ce que les dames de charité ont le courage de voir, ce que les reines d'autrefois faisaient toucher de l'œil à leurs enfants dans les hospices : la souffrance humaine, présente et toute vive, qui apprend la charité ; que le Roman ait cette religion que le siècle passé appelait de ce large et vaste nom : *Humanité* ; — il lui suffit de cette conscience : son droit est là.

Préface de *Germinie Lacerteux.*

Pour préparer l'étude du texte

1. Mettre en relief les trois parties du texte et leur contenu : présentation du roman, énoncé des motivations, démarche romanesque nouvelle.
2. Le roman et le public : montrer que les auteurs insistent sur le refus d'une mode littéraire. Définir le ton de ce refus.
3. Les motivations : comment s'exprime, pour les auteurs, la nécessité d'une inspiration populaire ?
4. Étudier en quoi consiste la nouvelle vocation du roman.

Pour un groupement de textes

Les préfaces, contenu et fonctions.

Cf. groupement de textes : Préfaces et avant-propos, p. 177.

Théophile A. STEINLEN (1859-1923), *Rentrée du soir* (1897). Genève, Musée du Petit Palais.

L'histoire de *Germinie Lacerteux* s'inspire d'un cas réel, celui de la bonne des Goncourt, Rose Malingre, qui mena une double vie : servante irréprochable le jour, débauchée la nuit. Le livre retrace la déchéance progressive de Germinie qui vole sa maîtresse pour entretenir un amant intéressé. Prisonnière de sa passion sensuelle, Germinie connaîtra l'ivresse, la débauche, la maladie et la mort dans la fosse commune.

« Étrange campagne où tout se mêlait... »

Dans cet extrait, on voit Germinie se promener à la campagne (en fait, la proche banlieue) avec son amant Jupillon.

Ils arrivaient derrière Montmartre à ces espèces de grands fossés, à ces carrés en contre-bas où se croisent de petits sentiers foulés et gris. Un peu d'herbe était là, frisée, jaunie et veloutée par le soleil, qu'on apercevait tout en feu dans les entre-deux des maisons. Et Germinie aimait à y retrouver les cardeuses de matelas au travail, les chevaux d'équarrissage[1] pâturant la terre pelée, les pantalons garance[2] des soldats, jouant aux boules, les enfants enlevant un cerf-volant noir dans le ciel clair. Au bout de cela, l'on tournait, pour aller traverser le pont du chemin de fer, par ce mauvais campement de chiffonniers, le quartier des Limousins du bas Clignancourt. Ils passaient vite contre ces maisons bâties de démolitions[3] volées, et suant les horreurs qu'elles cachent ; ces huttes, tenant de la cabane et du terrier, effrayaient vaguement Germinie : elle y sentait tapis tous les crimes de la Nuit.

[...]

Ils descendaient, passaient la porte[4], longeaient les débits de saucisson de Lorraine, les marchands de gaufres, les cabarets en planches, les tonnelles sans verdure et au bois encore blanc où un pêle-mêle d'hommes, de femmes, d'enfants, mangeaient des pommes de terre frites, des moules et des crevettes, et ils arrivaient au premier champ, à la première herbe vivante : sur le bord de l'herbe, il y avait une voiture à bras chargée de pain d'épice et de pastilles de menthe, et une marchande de coco vendait à boire sur une table dans le sillon... Étrange campagne où tout se mêlait, la fumée de la friture à la vapeur du soir, le bruit des palets d'un jeu de tonneau au silence versé du ciel, l'odeur de la poudrette[5] à la senteur des blés verts, la barrière à l'idylle, et la Foire à la Nature ! Germinie en jouissait pourtant ; et poussant Jupillon plus loin, marchant juste au bord du chemin, elle se mettait à passer, en marchant, ses jambes dans les blés, pour sentir sur ses bas leur fraîcheur et leur chatouillement.

Quand ils revenaient, elle voulait remonter sur le talus. Il n'y avait plus de soleil. Le ciel était gris en bas, rose au milieu, bleuâtre en haut. Les horizons s'assombrissaient ; les verdures se fonçaient, s'assourdissaient, les toits de zinc des cabarets prenaient des lumières de lune, des feux commençaient à piquer l'ombre, la foule devenait grisâtre, les blancs de linge devenaient bleus. Tout peu à peu s'effaçait, s'estompait, se perdait dans un reste mourant de jour sans couleur, et, de l'ombre qui s'épaississait, commençait à monter, avec le tapage des crécelles, le bruit d'un peuple qui s'anime à la nuit, et du vin qui commence à chanter. Sur le talus, le haut des grandes herbes se balançait sous la brise qui les inclinait. Germinie se décidait à partir. Elle revenait, toute remplie de la nuit tombante, s'abandonnant à l'incertaine vision des choses entrevues, passant les maisons sans lumière, revoyant tout sur son chemin comme pâli, lassée par la route dure à ses pieds et contente d'être lasse, lente, fatiguée, défaillante à demi, et se trouvant bien. Aux premiers réverbères allumés de la rue du Château elle tombait d'un rêve sur le pavé.

Germinie Lacerteux, ch. 12.

Pour préparer l'étude du texte

1. Montrer que la description des lieux correspond aux étapes d'un itinéraire spatial et à une durée. Étudier les modifications dues aux lieux et au temps en insistant sur le caractère hybride du paysage.
2. Étudier les points de vue à partir desquels ce texte est écrit (perceptions et sentiments de Germinie, impressions et notations relevant de la sensibilité des auteurs).
3. Montrer que l'écriture diffère selon le point de vue adopté : réalisme ou recherche esthétique.

Pour un groupement de textes

La description dans le roman.

Cf. groupement de textes : Fonctions de la description dans le roman, p. 183.

1. Destinés à être abattus.
2. Teinte rouge extraite de la racine d'une plante.
3. Matériaux de démolition.
4. La porte de Clignancourt.
5. Poussière fine provenant d'excréments desséchés.

« L'air avait une lourdeur morte... »

Germinie a perdu l'enfant qu'elle avait eu de son amant Jupillon, puis elle a été abandonnée par ce dernier. Longtemps malade, Germinie semble avoir renoncé aux plaisirs charnels jusqu'au moment où ses désirs sensuels renaissent violemment. Cet extrait fait écho au texte précédent : il s'agit encore d'une promenade hors de la ville, dans le bois de Vincennes. Mais la liesse populaire se trouve ici dégradée par l'image d'une nature souillée, corrompue, reflétant la misère et la vulgarité du peuple qui s'y promène. C'est dans ce cadre déprécié que les Goncourt vont suggérer la fièvre sensuelle de Germinie.

Et bientôt l'on fut en plein bois de Vincennes.

D'étroits sentiers, à la terre piétinée, talée et durcie, pleins de traces, se croisaient dans tous les sens. Dans l'intervalle de tous ces petits chemins, il s'étendait, par places, de l'herbe, mais une herbe écrasée, desséchée, jaunie et morte, éparpillée comme une litière, et dont les brins, couleur de paille, s'emmêlaient de tous côtés aux broussailles, entre le vert triste des orties. On reconnaissait là un de ces lieux champêtres où vont se vautrer les dimanches des grands faubourgs, et qui restent comme un gazon piétiné par une foule après un feu d'artifice. Des arbres s'espaçaient, tordus et mal venus, de petits ormes au tronc gris, tachés d'une lèpre jaune, ébranchés jusqu'à hauteur d'homme, des chênes malingres, mangés de chenilles et n'ayant plus que la dentelle de leurs feuilles. La verdure était pauvre, souffrante, et toute à jour, le feuillage en l'air se voyait tout mince ; les frondaisons rabougries, fripées et brûlées, ne faisaient que persiller le ciel. De volantes poussières de grandes routes enveloppaient de gris les fonds. Tout avait la misère et la maigreur d'une végétation foulée et qui ne respire pas, la tristesse de la verdure à la barrière : la Nature semblait y sortir des pavés. Point de chant dans les branches, point d'insecte sur le sol battu ; le bruit des tapissières étourdissait l'oiseau ; l'orgue faisait taire le silence et le frisson du bois ; la rue passait et chantait dans le paysage. Aux arbres pendaient des chapeaux de femmes attachés dans un mouchoir avec quatre épingles ; le pompon d'un artilleur éclatait de rouge à chaque instant entre les découpures de feuilles ; des marchands de gaufres se levaient des fourrés ; sur les pelouses pelées, des enfants en blouse taillaient des branches, des ménages d'ouvriers baguenaudaient en mangeant du *plaisir*, des casquettes de voyou attrapaient des papillons. C'était un de ces bois à la façon de l'ancien bois de Boulogne, poudreux et grillé, une promenade banale et violée, un de ces endroits d'ombre avare où le peuple va se balader à la porte des capitales, parodies de forêts, pleines de bouchons, où l'on trouve dans les taillis des côtes de melon et des pendus !

La chaleur, ce jour-là, était étouffante ; il faisait un soleil lourd et roulant dans les nuages, une lumière orageuse, voilée et diffuse, qui aveuglait presque le regard. L'air avait une lourdeur morte ; rien ne remuait ; les verdures avec leurs petites ombres sèches ne bougeaient pas, le bois était las et comme accablé sous le ciel pesant. Par moments seulement un souffle se levait, qui traînait et rasait le sol. Un vent du midi passait, un de ces vents d'énervement, fauves et fades, qui soufflent sur les sens et roulent dans du feu l'haleine du désir. Sans savoir d'où cela venait, Germinie sentait alors passer sur tout son corps quelque chose de pareil au chatouillement du duvet d'une pêche mûre contre la peau.

On allait toujours gaiement, avec cette activité un peu enivrée que donne la campagne aux gens du peuple. Les hommes couraient, les femmes les rattrapaient en sautillant. On jouait à se rouler. Il y avait dans la société des impatiences de danser, des envies de grimper aux arbres ; et de loin, le peintre s'amusait à jeter dans les meurtrières des portes du fort des cailloux qu'il y faisait toujours entrer.

A la fin, tout le monde s'assit dans une espèce de clairière, au pied d'un bouquet de chênes dont le soleil couchant allongeait l'ombre. Les hommes, allumant une allumette sur le coutil de leur pantalon, se mirent à fumer. Les femmes bavardaient, riaient, se renversaient à chaque minute dans de gros accès d'hilarité bête, et dans de criards éclats de joie. Seule, Germinie restait sans parler et sans rire. Elle n'écoutait pas, elle ne regardait pas. Ses yeux, sous ses paupières baissées, étaient fixement attachés au bout de ses bottines. Abîmée en elle-même, on l'eût dit absente du lieu et du moment où elle se trouvait. Allongée, étendue tout de son long sur l'herbe, la tête un peu relevée par une motte de terre, elle ne faisait d'autre mouvement que de poser à plat, à côté d'elle, sur l'herbe, la paume de ses mains ; puis, au bout d'un peu de temps, elle les retournait sur le dos et les reposait de même, recommençant toujours à chercher la fraîcheur de la terre pour éteindre le brûlement de sa peau.

Germinie Lacerteux, ch. 48.

Pour préparer l'étude du texte

1. La description des lieux. Récapituler et analyser tous les procédés stylistiques qui permettent de faire une description très dépréciative des lieux, et de souligner la vulgarité des gens qui s'y trouvent.
2. Un personnage à part. Par quels moyens les auteurs font-ils comprendre que la situation de Germinie est différente ?
3. En quoi ce texte illustre-t-il le contenu de la préface (cf. p. 470) ?

La vocation réaliste

Les Goncourt se veulent les « raconteurs du présent » de la même façon que les historiens sont les « raconteurs du passé ». Aussi cherchent-ils à décrire les mœurs de leur époque sous divers aspects : monde journalistique et littéraire dans *Charles Demailly*, médiocrité de la bourgeoisie dans *Renée Mauperin*, milieu des artistes peintres et de la vie de bohème dans *Manette Salomon*. Mais le sujet réaliste par excellence, c'est l'évocation des personnages et des milieux populaires : tout y semble vrai car les sentiments sont moins voilés, les mœurs plus tranchées. Ainsi, dans *Germinie Lacerteux* ou *La fille Élisa*, sont mis à nu les tares sociales et les vices de la nature. Le réalisme des Goncourt se définit donc par le choix des sujets : peinture de l'homme et de son étroite correspondance avec le milieu, création de personnages d'après nature, et par une méthode : l'observation et l'expérimentation. « La composition, l'affabulation, l'écriture d'un roman, belle affaire. Le dur, le pénible, c'est le métier d'agent de police et de mouchard qu'il faut faire pour ramasser — et cela la plupart du temps dans des milieux répugnants — la vérité vraie, avec laquelle se compose le roman contemporain », écrit Edmond dans son *Journal* en 1871.

Une prédilection pour les cas pathologiques

Le réalisme des Goncourt trouve son expression extrême dans l'observation clinique, scientifique de cas pathologiques. En raison de leur grande sensibilité, les artistes et les femmes représentent pour les Goncourt des sujets d'étude privilégiés : impressionnabilité maladive de l'écrivain Charles Demailly, obsession sexuelle de Germinie, folie mystique de madame Gervaisais, crises hystériques d'une comédienne, la Faustin. Pour les Goncourt, les grands artistes ne sont que d'admirables névrosés. L'attirance morbide des deux frères pour le bizarre, l'anormal, le laid, le malsain, est aussi bien le reflet d'un tempérament que d'une époque. Dans le *Journal*, Edmond fait allusion à son goût pour les choses altérées, pour « le faisandage », pour les chrysanthèmes, par exemple, avec « des tons brisés, des tons rompus, [...] des coloriages d'intérieurs de civilisations décadentes » ; de même, apprécie-t-il « une rose névrosée, la rose décadente des vieux siècles ». Les Goncourt annoncent le courant décadent représenté par Huysmans dans *A rebours*.

La recherche esthétique : « l'écriture artiste »

Curieusement, ces auteurs qui se veulent réalistes et qui font du roman le miroir de la réalité ont en horreur « ce qui est ». Ne déclarent-ils pas préférer sincèrement les tableaux aux paysages ? Ce culte de l'art et particulièrement de la peinture (les Goncourt écrivent un livre sur *L'art du XVIIIe siècle* en 1859 et Edmond publie deux tomes sur l'art japonais du XVIIIe siècle, *Outamaro* en 1891 et *Hokusai* en 1896) influence profondément leur perception du réel.

Le monde ne leur apparaît qu'à travers le prisme transfigurateur de l'art. Leur sensibilité visuelle et picturale, perceptible dans l'ensemble de leur œuvre, fait dire à Remy de Gourmont : « Les Goncourt ne sont pas des écrivains mais des peintres qui écrivent. » Ils aiment en effet rendre leurs sensations délicates par une écriture recherchée, « l'écriture artiste ». Celle-ci se caractérise par un lexique original : termes rares, néologismes, fréquence des épithètes, des adverbes et des compléments de détermination, substantivation des adjectifs (« le bleu d'une blouse »). On remarque aussi une syntaxe spécifique : emploi constant de l'imparfait qui immobilise la description en tableau, recours à une écriture fragmentée qui rend de façon impressionniste une série d'instantanés et de notations fugaces. L'ambition d'Edmond de Goncourt n'est-elle pas de « trouver des touches de phrases semblables à des touches de peintre dans une esquisse, des effleurements, des caresses et, pour ainsi dire, le glacis de la chose écrite qui échapperait à la lourde, massive, bêtasse syntaxe des grammairiens » ?

Émile Zola
1840-1902

Édouard MANET (1832-1883), *Portrait d'Emile Zola.* Paris, Musée du Jeu de Paume.

L'inventeur du naturalisme possède une personnalité d'homme et d'écrivain complexe, généreuse, marquée par l'image d'un père trop tôt disparu et par une extrême volonté de puissance. Volonté de puissance qui résulte peut-être de difficiles débuts dans la vie mais qui nous intéresse surtout comme le caractère essentiel d'un tempérament artistique porté vers les grandes constructions romanesques et la vigueur épique de l'écriture.

Les débuts difficiles

Émile Zola connaît à Aix-en-Provence une enfance plutôt sombre.

En 1847, il perd son père, ingénieur d'origine italienne qui dirigeait la construction d'un canal. Le jeune garçon n'a alors que sept ans et il voit bientôt sa mère confrontée aux ennuis d'argent tandis qu'une gêne proche de la misère envahit le foyer. Lui-même ne peut continuer, au collège d'Aix, des études, d'ailleurs inégales, que grâce à une bourse.

En 1858, Madame Zola et son fils s'installent à Paris où le jeune homme ne parvient pas à obtenir son baccalauréat. Émile Zola est alors âgé de dix-huit ans. Il a un esprit tourmenté, révolté, car il brûle de prendre la revanche d'une enfance douloureuse et de se montrer digne du souvenir idéalisé d'un père mort prématurément, qu'il considère comme une sorte de savant méconnu par une société injuste. Et le seul désir de ce « jeune homme en colère » est précisément de s'imposer à la société — pour lui-même et pour la mémoire de son père.

Cependant, les débuts de Zola dans la vie d'adulte ne sont pas à la hauteur de ses ambitions. Après avoir occupé pendant quelques mois une modeste charge de commis des Douanes dont il ne tarde pas à démissionner, Zola connaît plusieurs années incertaines d'une vie de bohème pénible quoique enrichissante. Plus tard, il utilisera les souvenirs de ces moments difficiles pour peindre les quartiers populaires de la capitale dans *Le ventre de Paris* ou *L'assommoir.*

Un écrivain à la recherche de lui-même

C'est à partir de 1862 que l'existence de Zola commence à changer. Cette année-là, il est engagé comme manutentionnaire aux éditions Hachette. On y remarque son intelligence et on le nomme chef de publicité. Il a vingt-deux ans et ses nouvelles fonctions le mettent en rapport avec certains des écrivains les plus connus du temps : Sainte-Beuve, Taine, Littré, Lamartine, Michelet... Dans ce contexte, Émile Zola choisit définitivement la carrière littéraire.

Le jeune écrivain est alors un admirateur des grands Romantiques, notamment de Victor Hugo. Et sa première œuvre, publiée en 1864, les *Contes à Ninon*, est un recueil de nouvelles d'un sentimentalisme parfois outré. Dès cette époque pourtant, Zola cherche à dépasser un lyrisme étroitement personnel : il s'intéresse à la politique, adoptant par réaction à l'hypocrite société du Second Empire des opinions républicaines ; il lit Taine et Renan, il s'initie aux sciences physiologique et chimique qui sont alors en pleine évolution. Bientôt, il rejette son inspiration romantique, se donne Balzac et Flaubert pour nouveaux modèles littéraires et fait paraître deux grands romans réalistes : *Thérèse Raquin*, en 1867, *Madeleine Férat*, en 1868.

Cependant, toujours animé de son ambition quasi névrotique, Zola cherche un thème original, un fil conducteur inédit pour un ouvrage magistral qui l'assurerait définitivement du succès et le délivrerait de tout souci matériel. Finalement lui vient l'idée, simple et géniale, de bâtir son œuvre sur les nouvelles notions scientifiques qui se répandent à l'époque et en particulier sur la thèse selon laquelle les comportements humains sont entièrement déterminés par l'hérédité et l'influence du milieu. Dans cette perspective, il conçoit un ensemble de romans, mettant en scène une même famille.

A partir de février 1869, Zola commence à rédiger cette fresque, qu'il intitule *Les Rougon-Macquart, Histoire naturelle et sociale d'une famille sous le Second Empire.* Il a vingt-neuf ans, et la réalisation de son projet, lequel s'amplifiera en cours de route, va lui demander quelque vingt-quatre années de sa vie.

Vingt romans en vingt-quatre ans

La première œuvre du cycle, *La fortune des Rougon*, paraît en 1871, après deux années de travail. Et c'est en 1893 que s'achève la série avec *Le docteur Pascal.* En un peu moins d'un quart de siècle, Zola a ainsi écrit vingt romans où évoluent plus de douze cents personnages.

Les premiers titres des *Rougon-Macquart* rencontrèrent auprès du public un accueil médiocre. Le succès ne vint qu'avec *L'assommoir* en 1877 ; mais il fut énorme et il s'amplifia encore avec *Nana* (1880) puis avec *Germinal* (1885). Toutefois ce succès s'est vite nuancé de scandale, la partie la plus traditionnelle du public étant choquée par le réalisme radical d'œuvres où s'affirmait la volonté de ne rien dissimuler dans la description des mœurs.

En même temps qu'il écrivait *Les Rougon-Macquart*, Zola produisait de surcroît une œuvre théorique abondante, fixait sa doctrine littéraire, le naturalisme, dans des textes tels que *Le roman expérimental* — ce qui a contribué à faire de lui un véritable chef d'école dont l'influence fut considérable sur des écrivains comme Maupassant et Huysmans.

Vers 1890, toutefois, il semble que Zola se soit lassé de l'interminable travail qu'exigeait l'achèvement des *Rougon-Macquart.* Les trois derniers romans de la série, publiés de 1891 à 1893 *(L'argent, La débâcle, Le docteur Pascal)*, se ressentiraient de cette lassitude selon certains critiques[1] qui leur reprochent de manquer de rythme, de souffle...

Un prophète dans son siècle

En fait, la perspective d'œuvres nouvelles commence alors à hanter l'écrivain. Fatigué d'être souvent considéré comme un auteur purement critique, comme une sorte de fossoyeur de la société, Zola veut montrer qu'il est capable aussi de trouver des remèdes aux maux qu'il dénonce. Et, devenu progressivement très proche des idées socialistes, il souhaite proposer à partir de ces dernières la vision d'un monde différent, plus harmonieux et plus juste.

A partir de 1893, à cinquante-trois ans, il entreprend donc de rédiger de nouveaux cycles d'œuvres. Il s'agit d'abord d'une trilogie romanesque, *Les trois villes (Lourdes, Rome, Paris)*, puis d'une série de quatre autres romans, *Les quatre Évangiles* (*Fécondité, Travail, Vérité, Justice* — ce dernier Évangile demeurant inachevé à la mort de l'auteur). En réalité, les deux groupes

1. Notamment Marc Bernard, dans *Zola par lui-même*, Éd. du Seuil, 1956.

d'œuvres sont liés. Dans *Les trois villes*, Zola décrit l'itinéraire d'un héros, Pierre Froment, qui évolue du séminaire à l'athéisme pacifié et finit par trouver le bonheur dans l'amour, le mariage, la vie saine et féconde. Dans *Les quatre Évangiles*, l'écrivain évoque les quatre fils de Pierre Froment qui luttent tous, chacun à leur manière, pour une société meilleure.

Ces textes sont, comme l'indiquent leurs titres, hautement symboliques, de véritables hymnes au futur de l'humanité : Zola y dénonce les illusions de la foi religieuse pour mieux affirmer sa foi matérialiste dans l'homme, le progrès, la science.

Durant les dernières années de sa vie, Zola apparaît comme une sorte de prophète de l'avenir et, en même temps, comme une conscience du siècle finissant. Son engagement en faveur du capitaine Dreyfus, avec la publication le 13 janvier 1898 de la fameuse lettre *J'accuse* dans le journal *L'Aurore*, achève de lui conférer, au-delà de sa gloire littéraire, une stature de personnage historique, d'avocat exemplaire des droits de l'homme. Quand il meurt, le 29 septembre 1902, d'une asphyxie accidentelle due à une cheminée mal entretenue, Zola est devenu une « figure » comparable à celle de Victor Hugo. Ses funérailles voient défiler jusqu'au cimetière Montmartre une foule de plusieurs dizaines de milliers de personnes. Parmi elles, une imposante délégation de mineurs du Nord qui couvrent la tombe de fleurs rouges en scandant « Germinal ! » — le titre du roman que l'écrivain avait consacré au monde de la mine.

Jeudi 4 novembre 1976 — L'AURORE — 13

Cinq Centimes

ERNEST VAUGHAN

L'AURORE

Littéraire, Artistique, Sociale

J'Accuse...!

LETTRE AU PRÉSIDENT DE LA RÉPUBLIQUE

Par ÉMILE ZOLA

LETTRE A M. FÉLIX FAURE

Président de la République

Une ambition théorique

Le roman expérimental

1880

Une des grandes ambitions de Zola est de donner à la littérature un statut scientifique. Et on sait que, dans cette perspective, il assigne au roman la double tâche d'être documentaire et expérimental[1], de constater les phénomènes et d'en vérifier les mécanismes.

Zola est parvenu sans conteste à rendre la plupart de ses œuvres parfaitement documentaires : les informations contenues dans les meilleurs titres des *Rougon-Macquart* en font presque d'authentiques ouvrages de sociologie, étayés sur des enquêtes préalables parfois très poussées. La dimension expérimentale de ces romans paraît, en revanche, bien dérisoire. De l'aveu même de l'auteur, « l'expérience » consiste à « fai(re) mouvoir les personnages dans une histoire particulière, pour y montrer que la succession des faits y sera telle que l'exige le déterminisme des phénomènes mis à l'étude » : il est clair qu'une telle « expérience » n'a guère de sens dans la mesure où l'écrivain a toujours la possibilité de plier situations et personnages à ce qu'il entend « démontrer ».

Mais la volonté d'annexer le roman au domaine scientifique est surtout intéressante par ses incidences littéraires. Dans *Les Rougon-Macquart*, la science devient un ressort dramatique, un facteur d'unité pour une œuvre aux dimensions considérables, un thème, voire un mythe.

Les conceptions de Zola en matière théorique sont fixées dès 1867, avant la rédaction des *Rougon-Macquart*. Mais il ne les présente au public qu'en 1880, avec *Le roman expérimental*. C'est pour l'essentiel dans cet ouvrage que Zola définit l'observation et l'expérimentation comme la double méthode du romancier moderne.

Eh bien ! en revenant au roman, nous voyons également que le romancier est fait d'un observateur et d'un expérimentateur. L'observateur chez lui donne les faits tels qu'il les a observés, pose le point de départ, établit le terrain solide sur lequel vont marcher les personnages et se développer les phénomènes. Puis, l'expérimentateur paraît et institue l'expérience, je veux dire fait mouvoir les personnages dans une histoire particulière, pour y montrer que la succession des faits y sera telle que l'exige le déterminisme des phénomènes mis à l'étude. C'est presque toujours ici une expérience « pour voir », comme l'appelle Claude Bernard. Le romancier part à la recherche d'une vérité. Je prendrai comme exemple la figure du baron Hulot, dans *La cousine Bette*, de Balzac. Le fait général observé par Balzac est le ravage que le tempérament amoureux d'un homme amène chez lui, dans sa famille et dans la société. Dès qu'il a eu choisi son sujet, il est parti des faits observés, puis il a institué son expérience en soumettant Hulot à une série d'épreuves, en le faisant passer par certains milieux, pour montrer le fonctionnement du mécanisme de sa passion. Il est donc évident qu'il n'y a pas seulement là observation, mais qu'il y a aussi expérimentation, puisque Balzac ne s'en tient pas strictement en photographe aux faits recueillis par lui, puisqu'il intervient d'une façon directe pour placer son personnage dans des conditions dont il reste le maître. [...] En somme, toute l'opération consiste à prendre les faits dans la nature, puis à étudier le mécanisme des faits, en agissant sur eux par les modifications des circonstances et des milieux, sans jamais s'écarter des lois de la nature. Au bout, il y a la connaissance de l'homme, la connaissance scientifique, dans son action individuelle et sociale.

Sans doute, nous sommes loin ici des certitudes de la chimie et même de la physiologie. Nous ne connaissons point encore les réactifs qui décomposent les passions et qui permettent de les analyser. Souvent, dans cette étude, je rappellerai ainsi que le roman expérimental est plus jeune que la médecine expérimentale, laquelle pourtant est à peine née. Mais je n'entends pas constater les résultats acquis, je désire simplement exposer clairement une méthode. Si le romancier expérimental marche encore à tâtons dans la plus obscure et la plus complexe des sciences, cela n'empêche pas cette science d'exister. Il est indéniable que le roman naturaliste, tel que nous le comprenons à cette heure, est une expérience véritable que le romancier fait sur l'homme, en s'aidant de l'observation.

Le roman expérimental, I.

Pour préparer l'étude du texte

1. Montrer que ce texte est construit comme une véritable démonstration : énoncé de la thèse, développement, illustration, limites.
2. Préciser quelle est exactement la part de l'observateur et celle de l'expérimentateur.
3. En quoi la méthode analysée est-elle scientifique ? Pourquoi le romancier ne peut-il avoir, cependant, une démarche exactement semblable à celle de l'homme de science ?

Pour une étude comparée

Théories du roman.

Zola, extraits du *Roman expérimental*.
Maupassant, extrait de la préface de *Pierre et Jean*, « Le roman » (cf. p. 459).

1. Cf. L'entreprise naturaliste (p. 466).

Si la méthode du romancier naturaliste repose sur l'observation et sur l'expérimentation, son objectif est la connaissance de l'homme, en tant qu'être purement matériel, et des interactions entre celui-ci et son milieu social.

Nous venons de voir l'importance décisive donnée par Claude Bernard à l'étude du milieu intra-organique, dont on doit tenir compte, si l'on veut trouver le déterminisme des phénomènes chez les êtres vivants. Eh bien ! dans l'étude d'une famille, d'un groupe d'êtres vivants, je crois que le milieu social a également une importance capitale. Un jour, la physiologie nous expliquera sans doute le mécanisme de la pensée et des passions : nous saurons comment fonctionne la machine individuelle de l'homme, comment il pense, comment il aime, comment il va de la raison à la passion et à la folie ; mais ces phénomènes, ces faits du mécanisme des organes agissant sous l'influence du milieu intérieur, ne se produisent pas au-dehors isolément et dans le vide. L'homme n'est pas seul, il vit dans une société, dans un milieu social, et dès lors pour nous, romanciers, ce milieu social modifie sans cesse les phénomènes. Même notre grande étude est là, dans le travail réciproque de la société sur l'individu et de l'individu sur la société. Pour le physiologiste, le milieu extérieur et le milieu intérieur sont purement chimiques et physiques, ce qui lui permet d'en trouver les lois aisément. Nous n'en sommes pas à pouvoir prouver que le milieu social n'est, lui aussi, que chimique et physique. Il l'est à coup sûr, ou plutôt il est le produit variable d'un groupe d'êtres vivants, qui, eux, sont absolument soumis aux lois physiques et chimiques qui régissent aussi bien les corps vivants que les corps bruts. Dès lors, nous verrons qu'on peut agir sur le milieu social, en agissant sur les phénomènes dont on se sera rendu maître chez l'homme. Et c'est là ce qui constitue le roman expérimental : posséder le mécanisme des phénomènes chez l'homme, montrer les rouages des manifestations intellectuelles et sensuelles telles que la physiologie nous les expliquera, sous les influences de l'hérédité et des circonstances ambiantes, puis montrer l'homme vivant dans le milieu social qu'il a produit lui-même, qu'il modifie tous les jours, et au sein duquel il éprouve à son tour une transformation continue. Ainsi donc, nous nous appuyons sur la physiologie, nous prenons l'homme isolé des mains du physiologiste, pour continuer la solution du problème et résoudre scientifiquement la question de savoir comment se comportent les hommes, dès qu'ils sont en société.

Le roman expérimental, II.

Pour préparer le commentaire composé

Étudier

1. L'importance accordée à la science : la référence scientifique, le vocabulaire scientifique, une démarche rationnelle.
2. L'importance du milieu social : l'existence d'une communauté, une interaction constante.
3. La situation et la fonction du romancier : un homme de science et de lettres à la fois lucide et rempli d'espoir.

L'univers des Rougon-Macquart

Hérédité et milieu

C'est à la fin de 1868 que Zola conçoit l'idée de rédiger en dix romans l'histoire d'une famille sur plusieurs générations. L'écrivain a lu le *Traité philosophique et physiologique de l'hérédité naturelle* du docteur Lucas ; et il souhaite illustrer la thèse, développée dans cet ouvrage, de l'origine héréditaire des comportements humains en composant une vaste chronique familiale. Le projet initial de ce qui deviendra *Les Rougon-Macquart* s'attache donc presque exclusivement à la question de l'hérédité.

Dans ses notes préparatoires, Zola souligne même qu'il n'entend pas écrire une « histoire des mœurs » mais seulement celle d'une lignée ; il ajoute que la peinture d'ensemble de la société ne l'intéresse pas et que l'œuvre qu'il projette sera, de ce fait, très différente de *La comédie humaine* de Balzac.

« Je ne veux pas peindre la société contemporaine, mais une seule famille, en montrant le jeu de la race modifiée par les milieux. Si j'accepte un cadre historique, c'est uniquement pour avoir un milieu qui réagisse ; de même le métier, le lieu de résidence sont des milieux. Ma grande affaire est d'être purement naturaliste, purement physiologiste. »[1]

Cependant les milieux, auxquels Zola n'accordait au départ qu'un rôle utilitaire de révélateurs de l'hérédité, vont au bout de quelques mois s'imposer à l'écrivain comme un objet d'étude à part entière. Sans cesser d'y voir les terrains où s'inscrit l'hérédité, et qui parfois la modifient, Zola souhaite bientôt les analyser pour eux-mêmes. Son projet s'élargit alors à la peinture de « tout un âge social », celui du Second Empire (1852-1870), à travers « les mille détails des mœurs et des événements »[1]. Cette volonté de dresser la fresque d'une époque entière explique sans doute l'extension, par la suite, du cycle romanesque, lequel comptera vingt titres, une fois achevé, au lieu des dix initialement prévus.

1. Documents et plans préparatoires (Éd. de la Pléiade, T. 5).

Généalogie des *Rougon-Macquart*

Toujours en 1869, Zola finit par attribuer, après de longues hésitations, le nom de Rougon-Macquart à la famille dont il va conter l'histoire et il met au point le premier arbre généalogique de la lignée. Même si cette généalogie initiale sera un peu modifiée (surtout étendue, en fait) au fur et à mesure que l'écrivain donnera plus d'ampleur au cycle, les principaux traits héréditaires de la famille sont d'ores et déjà fixés.

Tout remonte à l'aïeule Adélaïde Fouque, dite Tante Dide, bizarre, nerveuse, et qui sombrera dans la folie. Adélaïde s'est mariée avec Rougon, paysan solide, équilibré, puis à la mort de celui-ci elle a pris pour amant un contrebandier, Macquart, alcoolique au caractère sauvage, instable et impulsif : la famille se scinde donc en deux branches, l'une légitime, l'autre illégitime. Mais de manière générale la descendance qu'Adélaïde a eue soit avec Rougon soit avec Macquart sera plus ou moins marquée par ce que Zola appelle la « névrose originelle » de l'aïeule Fouque.

A partir de cette « névrose originelle », Zola, grâce au jeu des générations et des alliances, illustre les diverses formes de transmission des traits héréditaires répertoriées par la science du temps. Nous présentons ci-contre l'arbre généalogique définitif des Rougon-Macquart, que l'écrivain a établi en 1893, après l'achèvement du cycle.

Daguerréotype montrant Zola à six ans prenant appui sur la pile des *Rougon-Macquart*, paru dans *L'Illustration* du 11 octobre 1902. Collection Docteur François-Émile Zola.

Arbre généalogique des Rougon-Macquart[1]

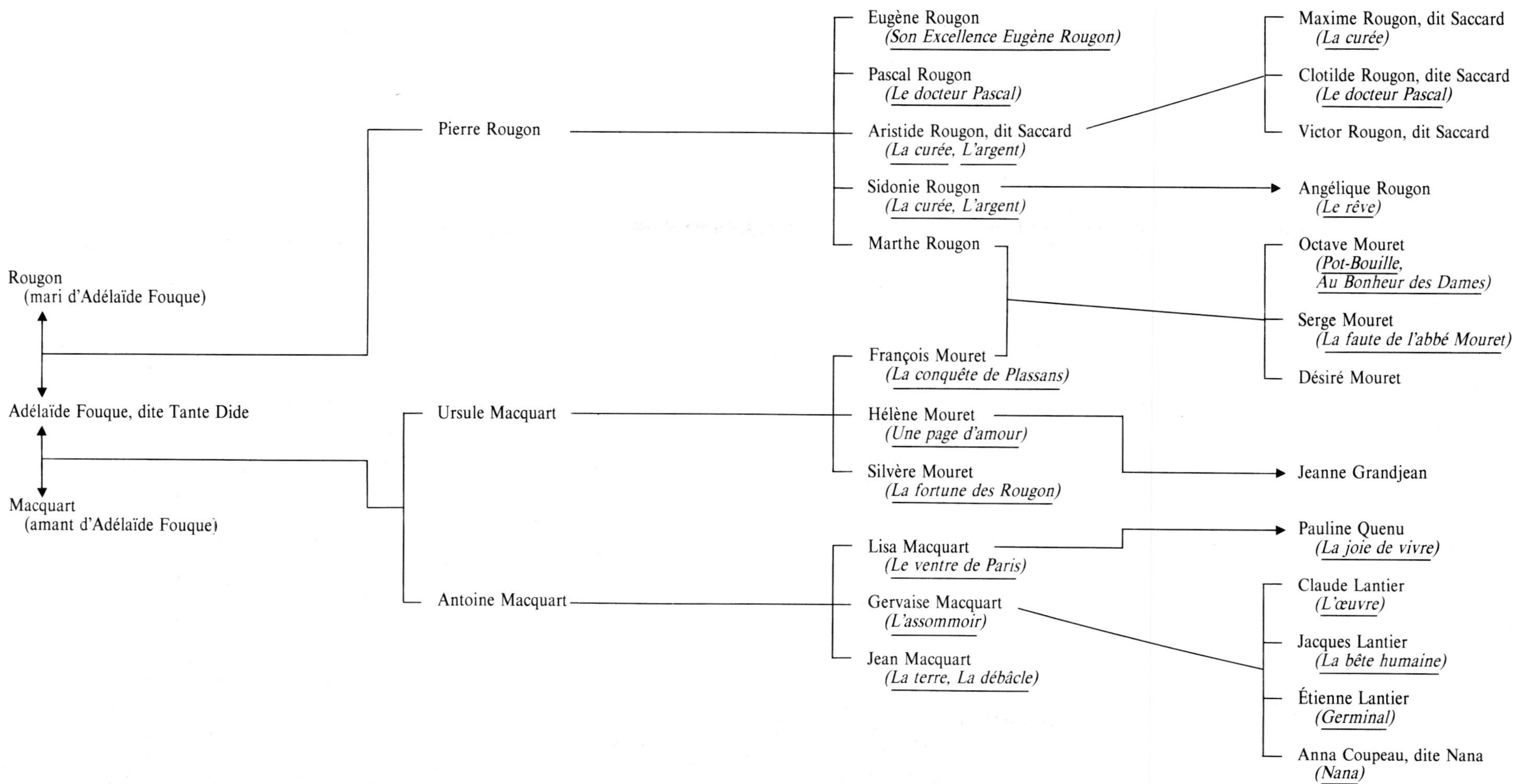

1. Ce tableau présente une version un peu simplifiée de l'arbre généalogique des Rougon-Macquart. Ainsi n'y ont pas été notés les enfants de la dernière génération — en particulier, l'enfant de Clotilde Rougon, dernier descendant de la famille, dont la naissance est annoncée à la fin du *Docteur Pascal*. En revanche, chaque roman a été rattaché à son personnage principal.
Soulignons enfin qu'ont été indiqués seulement les mariages entre Adélaïde Fouque et Rougon, Marthe Rougon et François Mouret — ainsi que la liaison entre Adélaïde Fouque et Macquart.

Structure du cycle des *Rougon-Macquart*

Certains romans de la série, en particulier le premier, *La fortune des Rougon*, présentent la famille Rougon-Macquart dans son ensemble et donnent une vue générale de la période, des principaux événements du Second Empire (1852-1870) : ce sont des œuvres d'exposition ou de soudure. Mais dans la plupart des textes qui composent *Les Rougon-Macquart*, Zola s'attache à raconter l'histoire d'un membre de la lignée qu'il fait évoluer dans un milieu social précis, l'écrivain montrant ainsi la manière dont se combinent les influences de l'hérédité et du milieu.

Les œuvres qui mettent en scène l'ensemble de la famille se situent, bien sûr, plutôt au début et à la fin du cycle romanesque : elles en constituent l'ouverture et la nécessaire conclusion où l'auteur fait le point, au terme de la chronique, sur le destin de la lignée. Les œuvres qui sont construites, de façon plus autonome, autour d'un seul membre de la famille, occupent le centre de la série. Il convient de noter par ailleurs que Zola, avec un grand soin de la composition, a su ménager dans l'harmonie du cycle des repos, des temps faibles : entre des textes de violence et de mort au naturalisme brutal, il a glissé quelques récits plus discrets, en demi-teintes comme *Une page d'amour*, *Au Bonheur des Dames* ou *Le rêve*.

Dates de parution des romans	Titres	Sujets, thèmes	Milieux sociaux décrits
1871	**La fortune des Rougon**	Les répercussions du coup d'État bonapartiste de 1851 dans une ville moyenne du Midi de la France, Plassans[1]. La manière dont la famille Rougon se mêle au coup d'État pour assurer son ascension sociale.	La paysannerie enrichie se transformant en grande bourgeoisie provinciale.
1872	**La curée**	Les manœuvres d'un grand spéculateur : Aristide Rougon, dit Saccard. Les amours incestueuses.	La bourgeoisie d'affaires et, en particulier, le monde de la spéculation immobilière.
1873	**Le ventre de Paris**	L'égoïsme tranquille d'un groupe de commerçants, notamment du charcutier Quenu et de son épouse Lisa, née Macquart. La triste destinée d'un républicain livré par ces derniers à la police impériale.	L'univers des Halles : maraîchers, boutiquiers et gros commerçants.
1874	**La conquête de Plassans**	Les agissements d'un prêtre aventurier pour gagner, aux élections de 1863, une ville d'opposition à l'Empire. Les manœuvres des parents de ce prêtre pour s'emparer des biens d'un couple bourgeois, François Mouret et son épouse Marthe, née Rougon.	Le clergé et la bourgeoisie en province.
1875	**La faute de l'abbé Mouret**	L'amour impossible entre le prêtre Serge Mouret et une jeune femme. La grande lutte de la nature et de la religion ; le rôle « néfaste » de cette dernière.	Le clergé « de base ».
1876	**Son Excellence Eugène Rougon**	La vie d'un politicien de haut vol.	Le monde de la grande politique et de l'entourage impérial.
1877	**L'assommoir**	La vie d'un ménage ouvrier : Gervaise Macquart et son époux Coupeau. La déchéance des travailleurs sous l'influence du milieu (emploi instable, logements insalubres, promiscuité, alcoolisme surtout...).	Les milieux d'ouvriers et d'artisans à Paris.
1878	**Une page d'amour**	La liaison entre une jeune veuve, Hélène Mouret, et son médecin.	La moyenne bourgeoisie. Les médecins.

1. Nom d'une ville « imaginaire » — mais à travers laquelle Zola a, de toute évidence, fait le tableau d'Aix-en-Provence, la cité de sa jeunesse.

Dates de parution des romans	Titres	Sujets, thèmes	Milieux sociaux décrits
1880	**Nana**	La vie de la prostituée de luxe Anna Coupeau, dite Nana : issue du peuple, elle venge ce dernier en ruinant et pourrissant les hommes des classes privilégiées.	L'univers de la haute prostitution, des demi-mondaines et du spectacle.
1882	**Pot-Bouille**	La vie dans un immeuble bourgeois. Les débuts d'un jeune provincial, Octave Mouret, dans la capitale.	La moyenne bourgeoisie parisienne.
1883	**Au Bonheur des Dames**	La réussite d'Octave Mouret, devenu un des inventeurs du commerce moderne. Le passage de la boutique artisanale au grand magasin.	Les gros commerçants en confection.
1884	**La joie de vivre**	La peinture d'un névrosé hanté par l'idée de la mort. Le dévouement aux autres d'une jeune femme saine et généreuse, Pauline Quenu.	Petits notables campagnards.
1885	**Germinal**	Une grande grève dans le Nord, dirigée par un jeune ouvrier autodidacte : Étienne Lantier. La lutte du travail et du capital. La naissance des organisations ouvrières.	L'univers de la mine.
1886	**L'œuvre**	Les problèmes de la création artistique. Les angoisses et la solitude de Claude Lantier, peintre génial, frère d'Étienne *(Germinal)* et de Jacques *(La bête humaine).*	Le monde des artistes, des peintres notamment.
1887	**La terre**	Rivalités, déchirements et crimes pour la possession de la terre. La cupidité des paysans.	Le monde agricole.
1888	**Le rêve**	Une idylle amoureuse entre une enfant trouvée, Angélique Rougon[1], et le fils d'un aristocrate devenu, après la mort de sa femme, prêtre, puis évêque.	Les milieux traditionalistes et ultra-religieux d'une petite cité demeurée à l'écart des activités modernes.
1890	**La bête humaine**	L'histoire d'un criminel par hérédité, Jacques Lantier, dont tous les désirs amoureux se tournent en pulsion de meurtre. L'homme et la machine.	Le monde judiciaire et celui des chemins de fer.
1891	**L'argent**	La reconversion du spéculateur immobilier Aristide Rougon en banquier.	Le monde de la spéculation boursière et de la grande banque.
1892	**La débâcle**	La guerre de 1870 et ses conséquences, la chute de l'Empire et la Commune, vues à travers le destin d'un petit gradé, Jean Macquart.	Milieux de soldats et d'officiers.
1893	**Le docteur Pascal**	Vie et mort de Pascal Rougon, figure du savant comme prophète. La conclusion scientifique et philosophique du cycle.	La bourgeoisie de Plassans.

1. Angélique Rougon : fille illégitime de Sidonie Rougon qui l'a abandonnée. Sidonie est la sœur d'Eugène, Pascal, Aristide et Marthe Rougon (cf. arbre généalogique, p. 481).

Pessimisme et optimisme

La généalogie des Rougon-Macquart comme l'intrigue de la plupart des romans du cycle semblent dénoter chez Zola une vision profondément pessimiste de l'homme et de la vie. Le choix, pour constituer la trame de l'ensemble, d'une hérédité négative, voire catastrophique, est en soi révélateur. Et la proportion parmi les Rougon-Macquart de tarés (au sens génétique du terme) ne peut s'expliquer uniquement par la nécessité pour l'auteur de dramatiser. En outre, l'hérédité, selon Zola, fonctionne comme une véritable malédiction ; les personnages qu'elle marque sont presque tous, malgré leurs efforts, dans l'impossibilité de lui échapper ou de la surmonter.

C'est que, pour Zola, « le libre arbitre n'existe pas »[1]. L'homme n'a aucune liberté : il n'est que de la matière vivante et, comme tel, entièrement déterminé par l'hérédité, bien sûr, et par le milieu — mais aussi, au-delà, par les lois générales, physiques et chimiques, de la matière.

Pourtant, malgré ces conceptions d'un matérialisme fataliste, Zola a confiance dans l'avenir : il croit à son siècle, au progrès, aux bienfaits de la science ; il pense que l'humanité est capable de s'améliorer moralement. Et son « socialisme » humaniste prône la conquête par les plus défavorisés de leur propre destin. Il y a là évidemment une contradiction. Contradiction entre pessimisme et optimisme, entre croyance en un strict déterminisme et certitude que l'espèce humaine s'émancipera de tout ce qui l'opprime, déterminisme y compris.

D'un point de vue littéraire, cette contradiction donne au cycle des *Rougon-Macquart* une tension particulière, une sorte de dynamique résultant du conflit entre ces deux pôles opposés que sont l'optimisme et le pessimisme. D'un point de vue idéologique, il faut souligner que, Zola évoluant au cours de la rédaction du cycle, l'optimisme finira par l'emporter : dans le dernier roman de la série, *Le docteur Pascal*, Zola suggère que l'homme peut gagner par l'exercice de son intelligence une certaine marge de liberté sur le déterminisme. Et surtout l'écrivain passe d'une conception négative à une définition positive de l'hérédité : il ne la définit plus avant tout comme la force de dégénérescence qui transmet les tares, mais comme la puissance créatrice qui les efface, produit de nouveaux caractères et assure le triomphe de la vie en témoignant de « l'invention constante de la nature »[2].

Ainsi, sans renier l'essentiel de ses convictions matérialistes, Zola, dans la conclusion des *Rougon-Macquart*, les dépasse par l'affirmation d'une foi quasi panthéiste en la « Vie ».

Vincent VAN GOGH (1853-1890), *Les lauriers roses.* Huile sur toile ; New York, The Metropolitan Museum of Art, Gift of Mr and Mrs John L. Loeb, 1962.

Extrait du dossier préparatoire du Docteur Pascal.

Je voudrais, avec Le docteur Pascal, *résumer toute la signification philosophique de la série. Je crois y avoir mis, malgré le noir pessimisme qui s'y trouve, un grand amour de la vie, en en exaltant continuellement les forces. J'ai aimé la vie, j'en ai montré l'effort continu avec passion, malgré tout le mal, tout l'écœurement qu'elle peut contenir. Et c'est de cela que je voudrais tirer peut-être cette conclusion : je ne me suis pas plu à ces tableaux, je ne les ai pas étalés par perversion, mais pour montrer bravement ce qui est, pour arriver à dire que malgré tout la vie est grande et bonne, puisqu'on la vit avec tant d'acharnement. — Il faudrait donc que le docteur Pascal fût un clairvoyant, qu'il vît tout le mal, puisqu'il classe les tares et les maux, qu'il n'eût pas en somme l'optimisme aveugle, déclarant l'homme naturellement bon. Non, pas d'illusion consolante : l'homme tel qu'il est, tel que le milieu l'a fait ; et pourtant le docteur aime tout ce qui est par amour de la vie, par admiration des forces vitales.*

Zola, L'ébauche.

1. Documents et plans préparatoires (Éd. de la Pléiade, T. 5).

2. *Le docteur Pascal* (Éd. de la Pléiade, T. 5).

La tragédie de l'hérédité

L'hérédité remplit, dans *Les Rougon-Macquart*, un rôle comparable à celui de la fatalité dans la tragédie antique, au point que plusieurs romans du cycle sont presque entièrement construits autour de la lutte perdue d'avance que mènent les personnages contre cette fatalité héréditaire. Ainsi, *L'assommoir* montre comment le penchant familial à l'alcoolisme finit par s'imposer à Gervaise Macquart et à son mari Coupeau malgré la méfiance profonde qu'ils éprouvaient initialement à l'égard de la boisson. *L'assommoir* est dans la littérature française le premier roman où les personnages principaux sont des ouvriers, le premier roman aussi qui utilise leur langue, le parler populaire et argotique.

Le terme même d'« assommoir » est, selon Alfred Delvau[1], le « nom d'un cabaret de Belleville qui est devenu celui de tous les cabarets de bas étage où le peuple boit des liquides qui le tuent ». Le choix d'un tel titre suggère assez le rôle central que joue l'alcool dans ce roman, celui d'une force maléfique qui anéantit ses victimes. Mais il est clair que ce titre a une valeur symbolique plus générale : l'alcool, dans *L'assommoir*, n'est pas seul en cause ; il appartient à un ensemble de facteurs, comme la misère et l'hérédité, qui constituent un engrenage, un destin « assommant » les gens du peuple.

« L'alambic [...] laissait couler sa sueur d'alcool... »

Le lecteur assiste ici à une des premières rencontres entre Gervaise, la blanchisseuse, et l'ouvrier zingueur Coupeau. Les deux personnages partagent alors un même dégoût de l'alcool que leur inspire l'exemple catastrophique de parents ivrognes. Ils ont aussi en commun une même aspiration à la dignité, le même souhait d'une vie laborieuse, difficile peut-être, mais tranquille et saine. Et pourtant leur rencontre a lieu dans un cabaret au fond duquel, comme un signe prémonitoire, fonctionne un alambic.

Trois semaines plus tard, vers onze heures et demie, un jour de beau soleil, Gervaise et Coupeau, l'ouvrier zingueur, mangeaient ensemble une prune[2], à l'Assommoir[3] du père Colombe. Coupeau, qui fumait une cigarette sur le trottoir, l'avait forcée à entrer comme elle traversait la rue, revenant de porter du linge ; et son grand panier carré de blanchisseuse était par terre, près d'elle, derrière la petite table de zinc. [...]

« Oh ! c'est vilain de boire ! » dit-elle à demi-voix. Et elle raconta qu'autrefois, avec sa mère, elle buvait de l'anisette, à Plassans[4]. Mais elle avait failli en mourir un jour, et ça l'avait dégoûtée ; elle ne pouvait plus voir les liqueurs.

« Tenez, ajouta-t-elle en montrant son verre, j'ai mangé ma prune ; seulement, je laisserai la sauce[5], parce que ça me ferait du mal. »

Coupeau, lui aussi, ne comprenait pas qu'on pût avaler de pleins verres d'eau-de-vie. Une prune par-ci par-là, ça n'était pas mauvais. Quant au vitriol[6], à l'absinthe et aux autres cochonneries, bonsoir ! il n'en fallait pas. Les camarades avaient beau le blaguer, il restait à la porte, lorsque ces cheulards-là[7] entraient à la mine à poivre[8]. Le papa Coupeau, qui était zingueur comme lui, s'était écrabouillé la tête sur le pavé de la rue Coquenard, en tombant, un jour de ribotte, de la gouttière du n° 25 ; et ce souvenir, dans la famille, les rendait tous sages. Lui, lorsqu'il passait rue Coquenard et qu'il voyait la place, il aurait plutôt bu l'eau du ruisseau que d'avaler un canon gratis chez le marchand de vin. Il conclut par cette phrase :

« Dans notre métier, il faut des jambes solides. »

Gervaise avait repris son panier. Elle ne se levait pourtant pas, le tenait sur ses genoux, les regards perdus, rêvant, comme si les paroles du jeune ouvrier éveillaient en elle des pensées lointaines d'existence. Et elle dit encore, lentement, sans transition apparente :

« Mon Dieu ! je ne suis pas ambitieuse, je ne demande pas grand-chose... Mon idéal, ce serait de travailler tranquille, de manger toujours du pain, d'avoir un trou un peu propre pour dormir, vous savez, un lit, une table et deux chaises, pas davantage... Ah ! je voudrais aussi élever mes enfants, en faire de bons sujets, si c'était possible... Il y a encore un idéal, ce serait de ne pas être battue, si je me remettais jamais en ménage ; non, ça ne me plairait pas d'être battue... Et c'est tout, vous voyez, c'est tout... »

Elle cherchait, interrogeait ses désirs, ne trouvait plus rien de sérieux qui la tentât. Cependant, elle reprit, après avoir hésité :

« Oui, on peut à la fin avoir le désir de mourir dans son lit... Moi, après avoir bien trimé toute ma vie, je mourrais volontiers dans mon lit, chez moi. »

Et elle se leva. Coupeau, qui approuvait vivement ses souhaits, était déjà debout, s'inquiétant de l'heure. Mais ils ne sortirent pas tout de suite ; elle eut la curiosité d'aller regarder, au fond, derrière la barrière de chêne, le grand alambic de cuivre rouge, qui fonctionnait sous le vitrage clair de la petite cour ; et le zingueur, qui l'avait suivie, lui expliqua comment ça marchait, indiquant du doigt les différentes pièces de l'appareil, montrant l'énorme cornue d'où tombait un filet limpide d'alcool. L'alambic, avec ses récipients de forme étrange, ses enroulements sans fin de tuyaux, gardait une mine sombre ; pas une fumée ne s'échappait ; à peine entendait-on un souffle intérieur, un ronflement souterrain ; c'était comme une besogne de nuit faite en plein jour, par un travailleur morne, puissant

1. Écrivain et journaliste du XIXe siècle, auteur d'un *Dictionnaire de la langue verte* dont Zola s'est beaucoup servi pour écrire *L'assommoir*.
2. Prune macérée dans l'alcool.
3. Cf. présentation ci-dessus.
4. Ville imaginaire de Provence, berceau des Rougon-Macquart (cf. p. 482).
5-6. Termes argotiques pour désigner l'alcool.
7. Buveurs (argot).
8. Cabaret (argot).

et muet. Cependant, Mes-Bottes[1], accompagné de ses deux camarades, était venu s'accouder sur la barrière, en attendant qu'un coin du comptoir fût libre. Il avait un rire de poulie mal graissée, hochant la tête, les yeux attendris, fixés sur la machine à soûler. Tonnerre de Dieu ! elle était bien gentille ! Il y avait, dans ce gros bedon de cuivre, de quoi se tenir le gosier au frais pendant huit jours. Lui, aurait voulu qu'on lui soudât le bout du serpentin entre les dents, pour sentir le vitriol encore chaud l'emplir, lui descendre jusqu'aux talons, toujours, toujours, comme un petit ruisseau. Dame ! il ne se serait plus dérangé, ça aurait joliment remplacé les dés à coudre[2] de ce roussin[3] de père Colombe ! Et les camarades ricanaient, disaient que cet animal de Mes-Bottes avait un fichu grelot[4], tout de même. L'alambic, sourdement, sans une flamme, sans une gaieté dans les reflets éteints de ses cuivres, continuait, laissait couler sa sueur d'alcool, pareil à une source lente et entêtée, qui à la longue devait envahir la salle, se répandre sur les boulevards extérieurs, inonder le trou immense de Paris. Alors, Gervaise, prise d'un frisson, recula ; et elle tâchait de sourire, en murmurant :

« C'est bête, ça me fait froid, cette machine... la boisson me fait froid... »

Puis, revenant sur l'idée qu'elle caressait d'un bonheur parfait :

« Hein ? n'est-ce pas ? ça vaudrait bien mieux : travailler, manger du pain, avoir un trou à soi, élever ses enfants, mourir dans son lit...

— Et ne pas être battue, ajouta Coupeau gaiement. Mais je ne vous battrais pas, moi, si vous vouliez, madame Gervaise... Il n'y a pas de crainte, je ne bois jamais, puis je vous aime trop... »

L'assommoir, ch. 2.

Pour préparer le commentaire composé

Étudier

1. Le refus de l'alcool : les raisons familiales et le passé, les raisons professionnelles, une volonté de sagesse.
2. Les effets et la fascination de l'alcool : un engourdissement agréable, la présence à la fois familière et inquiétante de l'alambic.
3. L'art de Zola : le réalisme d'une scène prise sur le vif (dialogues au style direct, utilisation de la langue populaire), une habile composition, la mise en place des éléments héréditaires.

Vincent VAN GOGH (1853-1890), *La femme au café « Le Tambourin »*. Amsterdam, Fondation Vincent van Gogh, Musée National Vincent van Gogh.

1. Surnom d'un camarade de Coupeau.
2. Petits verres, contenant des doses dérisoires.
3. Les cabaretiers avaient la réputation, généralement justifiée, de servir d'indicateurs à la police (en argot, « la rousse »).
4. Expression argotique : « une langue bien pendue ».

Théophile A. STEINLEN (1859-1923), *Théâtre de la porte Saint-Martin : « L'Assommoir » de M. Émile Zola* (1900). Paris, Musée de l'Affiche.

« Culbute dans la boisson »

Coupeau et Gervaise se sont mariés. Ils connaissent d'abord une période de bonheur. Mais assez vite la malchance s'abat sur eux et des conditions de vie difficiles érodent leur volonté. Coupeau a un accident ; déprimé, il se met à boire, dépensant bientôt tout l'argent du ménage pour satisfaire son vice. La nourriture finit par manquer à la maison.

Gervaise n'a pas encore plongé dans la boisson ; mais, un soir, après avoir vainement attendu son époux qui avait promis de lui rapporter une partie de sa paye, elle décide d'aller le chercher à l'« Assommoir ».

« Tiens ! c'est toi, la vieille ! cria le zingueur, qu'un ricanement étranglait. Ah ! elle est farce[1], par exemple !... Hein ? pas vrai, elle est farce ! »

Tous riaient, Mes-Bottes, Bibi-la-Grillade, Bec-Salé, dit Boit-sans-Soif. Oui, ça leur semblait farce ; et ils n'expliquaient pas pourquoi. Gervaise restait debout, un peu étourdie. [...]

« Fichue bête ! dit-il enfin, tu peux bien t'asseoir une minute. On est mieux là qu'à barboter dehors... Eh bien ! oui, je ne suis pas rentré, j'ai eu des affaires. Quand tu feras ton nez[2], ça n'avancera à rien... Reculez-vous donc, vous autres. » [...]

Gervaise, pour ne pas se faire remarquer, prit une chaise et s'assit à trois pas de la table. Elle regarda ce que buvaient les hommes, du casse-gueule[3] qui luisait pareil à de l'or, dans les verres ; il y en avait une petite mare coulée sur la table, et Bec-Salé, dit Boit-sans-Soif, tout en causant, trempait son doigt, écrivit un nom de femme : Eulalie, en grosses lettres. Elle trouva Bibi-la-Grillade joliment ravagé, plus maigre qu'un cent de clous. Mes-Bottes avait un nez qui fleurissait, un vrai dahlia bleu de Bourgogne. [...]

« Dis donc, Marie-bon-Bec, ne fais pas ta gueule ! cria Coupeau. Tu sais, à Chaillot[4] les rabat-joie !... Qu'est-ce que tu veux boire ?

— Rien, bien sûr, répondit la blanchisseuse. Je n'ai pas dîné, moi.

— Eh bien ! raison de plus ; ça soutient, une goutte de quelque chose. »

Mais, comme elle ne se décidait pas, Mes-Bottes se montra galant de nouveau :

« Madame doit aimer les douceurs, murmura-t-il.

— J'aime les hommes qui ne se soûlent pas, reprit-elle en se fâchant. Oui, j'aime qu'on rapporte sa paie et qu'on soit de parole, quand on a fait une promesse.

— Ah ! c'est ça qui te chiffonne ! dit le zingueur, sans cesser de ricaner. Tu veux ta part. Alors, grande cruche, pourquoi refuses-tu une consommation ?... Prends donc, c'est tout bénéfice. »

Elle le regarda fixement, l'air sérieux, avec un pli qui lui traversait le front d'une raie noire. Et elle lui répondit d'une voix lente :

« Tiens ! tu as raison, c'est une bonne idée. Comme ça, nous boirons la monnaie ensemble. »

1. Comique.
2. « Faire son nez » (argot) : prendre une mine renfrognée.
3. Alcool.
4. Au diable.

Bibi-la-Grillade se leva pour aller lui chercher un verre d'anisette. Elle approcha sa chaise, elle s'attabla. Pendant qu'elle sirotait son anisette, elle eut tout d'un coup un souvenir, elle se rappela la prune qu'elle avait mangée avec Coupeau, jadis, près de la porte, lorsqu'il lui faisait la cour. En ce temps-là, elle laissait la sauce des fruits à l'eau-de-vie. Et, maintenant, voici qu'elle se remettait aux liqueurs. Oh ! elle se connaissait, elle n'avait pas pour deux liards de volonté. On n'aurait eu qu'à lui donner une chiquenaude sur les reins pour l'envoyer faire une culbute dans la boisson. Même ça lui semblait très bon, l'anisette, peut-être un peu trop doux, un peu écœurant. Et elle suçait son verre. [...]

« Ah bien ! merci, cria Coupeau qui retourna le verre d'anisette vidé par sa femme tu nous pompes joliment ça ! Voyez donc, la coterie[1], ça ne lanterne guère.

— Madame redouble ? » demanda Bec-Salé, dit Boit-sans-Soif.

Non, elle en avait assez. Elle hésitait pourtant. L'anisette lui barbouillait le cœur. Elle aurait plutôt pris quelque chose de raide pour se guérir l'estomac. Et elle jetait des regards obliques sur la machine à soûler, derrière elle. Cette sacrée marmite, ronde comme un ventre de chaudronnière grasse, avec son nez qui s'allongeait et se tortillait, lui soufflait un frisson dans les épaules, une peur mêlée d'un désir. Oui, on aurait dit la fressure[2] de métal d'une grande gueuse, de quelque sorcière qui lâchait goutte à goutte le feu de ses entrailles. Une jolie source de poison, une opération qu'on aurait dû enterrer dans une cave, tant elle était effrontée et abominable ! Mais ça n'empêchait pas, elle aurait voulu mettre son nez là-dedans, renifler l'odeur, goûter à la cochonnerie, quand même sa langue brûlée aurait dû en peler du coup comme une orange.

« Qu'est-ce que vous buvez donc là ? demanda-t-elle sournoisement aux hommes, l'œil allumé par la belle couleur d'or de leurs verres.

— Ça, ma vieille, répondit Coupeau, c'est le camphre[3] du papa Colombe... Fais pas la bête, n'est-ce pas ? On va t'y faire goûter. »

Et lorsqu'on lui eut apporté un verre de vitriol, et que sa mâchoire se contracta, à la première gorgée, le zingueur reprit, en se tapant sur les cuisses :

« Hein ! ça te rabote le sifflet !... Avale d'une lampée. Chaque tournée retire un écu de six francs de la poche du médecin. »

Au deuxième verre, Gervaise ne sentit plus la faim qui la tourmentait. Maintenant, elle était raccommodée avec Coupeau, elle ne lui en voulait plus de son manque de parole. [...] La vie ne lui offrait pas tant de plaisir [...].

L'assommoir, ch. 10.

Pour préparer l'étude du texte

1. Étudier la structure du texte en mettant en évidence l'attitude de Gervaise : refus et dégoût, acceptation, récidive.
2. Analyser les différentes images et fonctions de l'alcool dans le texte (pour les hommes, pour Gervaise : pouvoir de réminiscence, pouvoir de fascination esthétique, pouvoir d'oubli).
3. Montrer que ce début de déchéance est présenté comme un phénomène inéluctable.

Pour un groupement de textes

L'alcool et le vin dans la littérature.

Zola, *L'assommoir.*
Balzac, *La peau de chagrin* (1re partie, « Le banquet »).
Baudelaire, « L'âme du vin » *(Les Fleurs du mal)*, « Du vin et du hachisch » *(Les paradis artificiels).*
C. Cros, *Le coffret de santal* (cf. p. 413).
Apollinaire, « Nuit rhénane » *(Alcools).*

Pulsions et besoins

« L'homme métaphysique est mort, tout notre terrain se transforme avec l'homme physiologique. »[4] Matérialiste conséquent, Zola refuse la psychologie classique, celle de l'âme, des sentiments, de la conscience claire. Pour lui, la psychologie de l'homme résulte uniquement de la matière, de la physiologie. L'esprit humain est donc fait avant tout de sensations, de pulsions, de besoins. Et si Zola reconnaît l'existence chez l'homme de tendances morales et intellectuelles, il assigne à ces dernières une origine « aussi organique que la tendance nutritive »[5].

Mais, en matière de psychologie comme dans les autres aspects de sa démarche, Zola ne se limite pas à l'illustration de thèses qu'il considère comme scientifiques. Son intérêt théorique pour la psychologie déterministe traduit surtout la fascination de l'artiste pour les « forces incontrôlées, animales, qui bouleversent, dépassent, détruisent la conscience »[6]. Zola est ainsi le premier écrivain à avoir donné une telle importance aux vertiges, aux hantises et obsessions, au trouble de la raison ébranlée par la furieuse poussée des instincts ; le premier écrivain qui ait su si bien évoquer la brute, la « Bête humaine » sommeillant en chaque homme.

1. « Les amis », « les camarades ».
2. Ensemble des gros viscères d'un animal (cœur, foie, rate, poumons...).
3. Expression argotique pour désigner une eau-de-vie très violente.
4. *Le roman expérimental.*
5. Documents et plans préparatoires (Éd. de la Pléiade, T. 5).
6. Gaétan Picon, *Histoire des littératures*, Éd. de la Pléiade, T. 3.

« la machine dévorante roulait toujours »

Freudien avant la lettre, Zola considère la sexualité et l'agressivité comme les instincts fondamentaux de l'homme. Une agressivité pathologique, exacerbée par l'hérédité, caractérise beaucoup de membres des Rougon-Macquart. Chez Jacques Lantier, le conducteur de locomotive de *La bête humaine*, l'agressivité héréditaire s'associe à la sexualité en « un appétit instinctif de sang, du sang jeune et frais coulant de la poitrine ouverte d'une femme ».

Jacques aura beau résister à ce besoin de meurtre, à la « Bête » qui est en lui, il finira par tuer la femme qu'il aime avant de laisser accuser de ce crime un innocent pour échapper à la justice.

Mais il sera lui-même à son tour victime de la violence, de l'agressivité de son chauffeur Pecqueux. Ce dernier, persuadé que sa maîtresse l'a trompé avec Lantier, attaquera le conducteur dans l'étroit habitacle d'une locomotive lancée à grande vitesse et entraînant vers la grande tuerie de 1870 un convoi chargé de soldats.

Jacques, tout de suite, regarda le ciel, dont une vapeur d'orage cachait les étoiles. La nuit serait très sombre, pas un souffle n'agitait l'air brûlant ; et le vent de la course, toujours si frais, semblait tiède. A l'horizon noir, il n'y avait d'autres feux que les étincelles vives des signaux. Il augmenta la pression pour franchir la grande rampe d'Harfleur à Saint-Romain. Malgré l'étude qu'il faisait d'elle depuis des semaines, il n'était pas maître encore de la machine 608, trop neuve, dont les caprices, les écarts de jeunesse le surprenaient. Cette nuit-là, particulièrement, il la sentait rétive, fantasque, prête à s'emballer pour quelques morceaux de charbon de trop. Aussi, la main sur le volant du changement de marche, surveillait-il le feu, de plus en plus inquiet des allures de son chauffeur. La petite lampe qui éclairait le niveau d'eau, laissait la plate-forme dans une pénombre, que la porte du foyer, rougie, rendait violâtre. Il distinguait mal Pecqueux, il avait eu aux jambes, à deux reprises, la sensation d'un frôlement, comme si des doigts se fussent exercés à le prendre là. Mais ce n'était sans doute qu'une maladresse d'ivrogne, car il l'entendait, dans le bruit, ricaner très haut, casser son charbon à coups de marteau exagérés, se battre avec la pelle. Toutes les minutes, il ouvrait la porte, jetait du combustible sur la grille, en quantité déraisonnable.

« Assez » ! cria Jacques.

L'autre affecta de ne pas comprendre, continua à enfourner des pelletées coup sur coup ; et, comme le mécanicien lui empoignait le bras, il se tourna, menaçant, tenant enfin la querelle qu'il cherchait, dans la fureur montante de son ivresse.

« Touche pas, ou je cogne !... Ça m'amuse, moi, qu'on aille vite ! »

Le train, maintenant, roulait, à toute vitesse, sur le plateau qui va de Bolbec à Motteville. Il devait filer d'un trait à Paris[1] sans arrêt aucun, sauf aux points marqués pour prendre de l'eau. L'énorme masse, les dix-huit wagons, chargés, bondés de bétail humain, traversaient la campagne noire, dans un grondement continu. Et ces hommes qu'on charriait au massacre, chantaient, chantaient à tue-tête, d'une clameur si haute, qu'elle dominait le bruit des roues.

Jacques, du pied, avait refermé la porte. Puis, manœuvrant l'injecteur[2], se contenant encore :

« Il y a trop de feu... Dormez, si vous êtes saoul. »

Immédiatement Pecqueux rouvrit, s'acharna à remettre du charbon, comme s'il eût voulu faire sauter la machine. C'était la révolte, les ordres méconnus, la passion exaspérée qui ne tenait plus compte de toutes ces vies humaines. Et, Jacques s'étant penché pour abaisser lui-même la tige du cendrier[3] de façon à diminuer au moins le tirage, le chauffeur le saisit brusquement à bras-le-corps, tâcha de le pousser, de le jeter sur la voie, d'une violente secousse.

« Gredin, c'était donc ça !... N'est-ce pas ? Tu dirais que je suis tombé, bougre de sournois ! »

Il s'était rattrapé à un des bords du tender[4], et ils glissèrent tous deux. La lutte continua sur le petit pont de tôle, qui dansait violemment. Les dents serrées, ils ne parlaient plus, ils s'efforçaient l'un l'autre de se précipiter par l'étroite ouverture, qu'une barre de fer seule fermait. Mais ce n'était point commode, la machine dévorante roulait toujours ; et Barentin fut dépassé, et le train s'engouffra dans le tunnel de Malaunay, qu'ils se tenaient encore étroitement, vautrés dans le charbon, tapant de la tête contre les parois du récipient d'eau, évitant la porte rougie du foyer, où se grillaient leurs jambes, chaque fois qu'ils les allongeaient.

Un instant, Jacques songea que, s'il pouvait se relever, il fermerait le régulateur[5], appellerait au secours, pour qu'on le débarrassât de ce fou furieux, enragé d'ivresse et de jalousie. Il s'affaiblissait, plus petit, désespérait de trouver maintenant la force de le précipiter, vaincu déjà, sentant passer dans ses cheveux la terreur de la chute. Comme il faisait un suprême effort, la main tâtonnante, l'autre comprit, se raidit sur les reins, le souleva ainsi qu'un enfant.

« Ah ! tu veux arrêter... Ah ! tu m'as pris ma femme... Va, va, faut que tu y passes ! »

La machine roulait, roulait, le train venait de sortir du tunnel à grand fracas, et il continuait sa course, au travers de la campagne vide et sombre. La station de Malaunay fut franchie, dans un tel coup de vent, que le sous-chef, debout sur le quai, ne vit même pas ces deux hommes, en train de se dévorer, pendant que la foudre les emportait.

1. Jacques Lantier et Pecqueux travaillent sur la ligne Paris-Rouen.
2. Dispositif assurant l'alimentation en eau de la chaudière à vapeur. Lantier réduit l'arrivée d'eau pour diminuer la pression exercée par la vapeur, donc la vitesse de la machine.
3. Pièce métallique mobile située sous le foyer de la locomotive qui recueille les cendres et régularise la combustion.
4. Wagon qui suit une locomotive à vapeur et contient le combustible nécessaire à son fonctionnement.
5. Système de commande permettant de régulariser et de contrôler la pression dans une machine à vapeur.

Mais Pecqueux, d'un dernier élan, précipita Jacques ; et celui-ci, sentant le vide, éperdu, se cramponna à son cou, si étroitement, qu'il l'entraîna. Il y eut deux cris terribles, qui se confondirent, qui se perdirent. Les deux hommes, tombés ensemble, entraînés sous les roues par la réaction de la vitesse, furent coupés, hachés, dans leur étreinte, dans cette effroyable embrassade, eux qui avaient si longtemps vécu en frères. On les retrouva sans tête, sans pieds, deux troncs sanglants qui se serraient encore, comme pour s'étouffer.

La bête humaine, ch. 12.

Pour préparer l'étude du texte

1. Étudier la structure du texte en montrant que l'auteur ménage des effets de suspens jusqu'à l'achèvement du drame.
2. Analyser la manière dont est exprimée la violence à travers le texte : violence de la machine, violence de la guerre, en arrière-plan, violence des hommes.
3. Étudier la description de la machine et le rôle symbolique que lui attribue Zola.

« de grandes taches jaunes volaient devant ses yeux »

A la fin de *Germinal*, deux des personnages centraux du roman, Étienne et Catherine, se trouvent prisonniers d'une galerie de mine que bloque une soudaine inondation[1]. Étienne et Catherine qui se sont aimés, tout au long de l'œuvre, sans se le dire, « profitent de cette chance » pour s'avouer alors leurs sentiments. Puis ils tombent, sous l'effet de la faim et de l'épuisement, dans une sorte de délire dont la peinture révèle le goût de Zola pour les hallucinations et les états subconscients.

Dans le coin où ils se tenaient assis, côte à côte, Catherine eut un léger rire.

« Il doit faire bon dehors... Viens, sortons d'ici. »

Étienne, d'abord, lutta contre cette démence. Mais une contagion ébranlait sa tête plus solide, il perdit la sensation juste du réel. Tous leurs sens se faussaient, surtout ceux de Catherine, agitée de fièvre, tourmentée à présent d'un besoin de paroles et de gestes. Les bourdonnements de ses oreilles étaient devenus des murmures d'eau courante, des chants d'oiseaux ; et elle sentait un violent parfum d'herbes écrasées, et elle voyait clair, de grandes taches jaunes volaient devant ses yeux, si larges, qu'elle se croyait dehors, près du canal, dans les blés, par une journée de beau soleil.

« Hein ? fait-il chaud !... Prends-moi donc, restons ensemble, oh ! toujours, toujours ! »

Il la serrait, elle se caressait contre lui, longuement, continuant dans un bavardage de fille heureuse :

« Avons-nous été bêtes d'attendre si longtemps ! Tout de suite, j'aurais bien voulu de toi, et tu n'as pas compris, tu as boudé... Puis, tu te rappelles, chez nous[2], la nuit, quand nous ne dormions pas, le nez en l'air, à nous écouter respirer, avec la grosse envie de nous prendre ? »

Il fut gagné par sa gaieté, il plaisanta les souvenirs de leur muette tendresse.

« Tu m'as battu une fois, oui, oui ! des soufflets sur les deux joues !

— C'est que je t'aimais, murmura-t-elle. Vois-tu, je me défendais de songer à toi, je me disais que c'était bien fini ; et, au fond, je savais qu'un jour ou l'autre nous nous mettrions ensemble... Il ne fallait qu'une occasion, quelque chance heureuse, n'est-ce pas ? »

(Les secours arriveront trop tard pour sauver Catherine. Étienne Lantier, lui, survivra mais sa santé demeurera profondément affectée par cette épreuve.)

Germinal, VI, 5.

1. Cette inondation résulte d'un sabotage commis par Souvarine, un exilé politique russe qui, dans le roman, incarne l'anarchisme et le nihilisme. Symbole du révolutionnaire inhumain par excès d'exigences, Souvarine est aussi une figure de l'instinct de mort.

2. Étienne a longtemps vécu en pension chez un couple de mineurs, les Maheu, qui l'hébergeaient dans la chambre où dormaient tous leurs enfants — en particulier, leur fille Catherine.

L'instinct de mort, force déterminante de l'univers zolien ?

Pour le philosophe et critique Gilles Deleuze, l'hérédité qui détermine les Rougon-Macquart n'est pas un ensemble de traits psychologiques ou d'instincts au sens courant du terme. Cette hérédité est une « fêlure » (selon un terme emprunté à *La bête humaine*), une force destructrice ou, pour employer une expression psychanalytique, un instinct de mort dont découlent tous les autres instincts.

Ce sont les instincts, les « gros appétits » des personnages qui remplissent les romans de Zola de leurs bruits, formant une prodigieuse rumeur. Mais le silence qui va d'un roman à l'autre, et sous chaque roman, appartient essentiellement à la fêlure : sous le bruit des instincts, la fêlure se poursuit et se transmet silencieusement.

Ce que la fêlure désigne, ou plutôt ce qu'elle est, ce vide, c'est la Mort, l'Instinct de mort. Les instincts ont beau parler, faire du bruit, grouiller, ils ne peuvent pas recouvrir ce silence plus profond, ni cacher ce dont ils sortent et dans quoi ils rentrent : l'instinct de la mort, qui n'est pas un instinct parmi les autres, *mais la fêlure en personne, autour de laquelle tous les instincts fourmillent. [...]*

[C'est] cela, la découverte de Zola : comment les gros appétits gravitent autour de l'instinct de mort, comment ils fourmillent par une fêlure qui est celle de l'instinct de mort, comment la mort surgit sous toutes les idées fixes, comment l'instinct de mort se fait reconnaître sous tous les instincts, comment il constitue à lui seul la grande hérédité, la fêlure.

Gilles Deleuze, Logique du sens, *Éd. de Minuit.*

« ... et le hideux massacre recommença. »

L'influence de Zola a été grande sur toute la littérature européenne de la fin du XIXe et du début du XXe siècle. L'écrivain espagnol Blasco Ibañez (1867-1928) s'est, entre autres, réclamé ouvertement de Zola et du naturalisme.

Dans le passage ci-dessous, extrait d'*Arènes sanglantes* (1908), Ibañez prend le lecteur à témoin du sort horrible des chevaux utilisés dans les courses de taureaux. On notera l'insistance sur des détails sordides et atroces qui témoignent d'une évidente volonté de dénonciation réaliste de la « corrida » et mettent en évidence la force de l'instinct de mort chez la foule.

Dès le début, la course fut « mouvementée ». Le premier taureau qui sortit se montra tenace, très agressif contre les cavaliers. En un instant, il culbuta les trois picadors[1] qui l'attendaient, la lance en arrêt, et deux chevaux restèrent quasi morts sur place, versant par leur poitrail troué des flots de sang noir, tandis que le troisième, fou de douleur et de peur, errait çà et là dans l'arène, la selle ballante, le ventre ouvert, les entrailles bleues et rouges pendillant entre les étriers comme d'énormes boudins. Bientôt les tripes traînèrent sur le sable ; et, comme il les foulait lui-même avec ses pattes de derrière, elles se dévidaient par paquets et faisaient des nœuds, à la façon d'un écheveau qui s'emmêle. Attiré par cette galopade, le taureau donna la chasse au cheval, l'enleva sur ses cornes, le rejeta par terre, s'acharna quelques minutes sur la misérable carcasse déchirée et pantelante. Un garçon de piste vint achever le moribond en lui enfonçant la puntilla[2] *derrière le crâne, et, après quelques convulsions d'agonie, le grand corps efflanqué demeura immobile, les membres rigides.*

Cependant plusieurs hommes de service couraient de côté et d'autre avec des paniers, répandant le sable à profusion sur les mares de sang et sur les cadavres.

Le public, debout, gesticulait et vociférait. La férocité de ce taureau avait allumé l'enthousiasme, et la foule réclamait, parce qu'il ne restait plus un seul picador dans le redondel[3].

« Des chevaux ! des chevaux ! » criait-on à tue-tête.

Le taureau se tenait isolé au milieu de l'arène, superbe et mugissant, le front haut, les cornes sanglantes, tandis qu'ondulaient sur ses épaules labourées et empourprées les rubans de la devise[4].

De nouveaux cavaliers entrèrent, et le hideux massacre recommença. A peine un picador faisait-il obliquer sa rosse de telle sorte que l'œil bandé se trouvât du côté de la brute, à peine s'avançait-il de quelques pas, la lance en avant, le choc et la culbute étaient immédiats. Les piques se cassaient avec un craquement de bois sec, le cheval était embroché par les cornes puissantes, le sang giclait, les boyaux crevés se vidaient de leurs excréments, le picador s'écroulait dans la poussière avec un bruit sourd et les capes des péons[5] s'empressaient de le couvrir.

B. Ibañez, Arènes sanglantes, *Éd. Calmann-Lévy, 1923.*

1. Toreros à cheval chargés d'affaiblir le taureau à coups de pique.
2. Sorte de poinçon, de court poignard à lame triangulaire.
3. Piste de l'arène.
4. Insigne de la manade, de l'élevage dont provient le taureau.
5. Ici, torero-assistant.

MYRBACH, *Les Halles à Paris* (vers 1885). Paris, Bibliothèque des Arts Décoratifs.

Les maigres et les gras

L'importance accordée aux besoins aboutit, dans l'œuvre de Zola, à une théorie généralisée des appétits. Tout au long des *Rougon-Macquart*, les pulsions et les motivations des personnages prennent la forme d'appétits divers à satisfaire. Appétits de nourriture ou de jouissances, appétits de pouvoir, de gloire ou de nouveautés intellectuelles, mais appétits toujours.

Cette vision « nutritive » des activités humaines se traduit notamment par l'allégorie, reprise dans plusieurs romans, des Maigres et des Gras : les Maigres, qui n'ont pas eu la force ou la chance de satisfaire leurs appétits, s'opposent aux Gras qui, eux, ont été capables de les assouvir.

Bien sûr, une telle métaphore exprime par ailleurs une vision darwinienne du fait social. Pour Zola, les thèses développées par Darwin à propos de l'évolution des espèces s'appliquent à la société ; et cette dernière est donc régie par les lois de l'adaptation, de la lutte pour la vie, de l'élimination des plus faibles au profit des plus forts.

« Caïn était un Gras et Abel un Maigre. »

Au cours d'une promenade dans le quartier des Halles — le « Ventre de Paris » —, le peintre Claude Lantier explique à son ami, le républicain idéaliste Florent, que toute la vie sociale s'explique en fait par la « Bataille des Gras et des Maigres ».

Claude, les bras ballants, faisant de grandes enjambées régulières, regardait complaisamment les deux ombres, heureux et perdu dans le cadencement de la marche, qu'il exagérait encore en le marquant des épaules. Puis, comme sortant d'une songerie :

« Est-ce que vous connaissez la bataille des Gras et des Maigres ? » demanda-t-il.

Florent, surpris, dit que non. Alors Claude s'enthousiasma, parla de cette série d'estampes avec beaucoup d'éloges. Il cita certains épisodes : les Gras, énormes à crever, préparant la goinfrerie du soir, tandis que les Maigres, pliés par le jeûne, regardent de la rue avec la mine d'échalas envieux ; et encore les Gras, à table, les joues débordantes, chassant un Maigre qui a eu l'audace de s'introduire humblement, et qui ressemble à une quille au milieu d'un peuple de boules. Il voyait là tout le drame humain ; il finit par classer les hommes en Maigres et en Gras, en deux groupes hostiles dont l'un dévore l'autre, s'arrondit le ventre et jouit.

« Pour sûr, dit-il, Caïn était un gras et Abel un Maigre. Depuis le premier meurtre, ce sont toujours les grosses faims qui ont sucé le sang des petits mangeurs... C'est une continuelle ripaille, du plus faible au plus fort, chacun avalant son voisin et se trouvant avalé à son tour... Voyez-vous, mon brave, défiez-vous des Gras. »

Il se tut un instant, suivant toujours des yeux leurs deux ombres que le soleil couchant allongeait davantage. Et il murmura :

« Nous sommes des Maigres, nous autres, vous comprenez... Dites-moi si, avec des ventres plats comme les nôtres, on tient beaucoup de place au soleil. »

Florent regarda les deux ombres en souriant. Mais Claude se fâchait. Il criait :

« Vous avez tort de trouver ça drôle. Moi, je souffre d'être un Maigre. Si j'étais un Gras, je peindrais tranquillement, j'aurais un bel atelier, je vendrais mes tableaux au poids de l'or. Au lieu de ça, je suis un Maigre, je veux dire que je m'extermine le tempérament à vouloir trouver des machines qui font hausser les épaules des Gras. J'en mourrai, c'est sûr, la peau collée aux os, si plat qu'on pourra me mettre entre deux feuillets d'un livre pour m'enterrer... Et vous donc ! vous êtes un Maigre surprenant, le roi des Maigres, ma parole d'honneur. Vous vous rappelez votre querelle avec les poissonnières[1], c'était superbe, ces gorges géantes lâchées contre votre poitrine étroite ; et elles agissaient d'instinct, elles chassaient au Maigre, comme les chattes chassent aux souris... En principe, vous entendez, un Gras a l'horreur d'un Maigre, si bien qu'il éprouve le besoin de l'ôter de sa vue, à coups de dents, ou à coups de pied. »

Le ventre de Paris, ch. 4.

Pour préparer le commentaire composé

Étudier

1. L'allégorie : ses personnages, son fonctionnement, l'importance de la nourriture.
2. Sa fonction : préciser sa signification sociale, politique et morale. Montrer qu'elle est un moyen d'expliquer certains fonctionnements sociaux.
3. Une conception de la société : montrer que Zola fait passer à travers cette allégorie une conception manichéenne de la société.

FLORENT

André GILL (1840-1885), *Personnages de Florent et Quenu*, Illustrations pour *Le ventre de Paris.* Paris, Bibliothèque Nationale.

1. Nommé inspecteur aux Halles, Florent avait été violemment pris à partie par des poissonnières auxquelles il demandait de jeter de la marchandise avariée.

Le réalisme historique et social

Si Zola se veut le peintre de la société, il ne se contente pas d'en faire le tableau statique. Ce qui l'intéresse surtout, c'est la société en évolution, le mouvement des transformations historiques. Zola est un analyste du changement qui a trouvé un domaine d'investigation particulièrement riche dans cette période de profondes mutations économiques et sociales que fut le Second Empire. Et il a su voir puis décrire les principaux bouleversements intervenus alors : accélération du développement industriel, apparition du machinisme, extension de la classe ouvrière, exode rural et urbanisation, mobilité sociale liée à l'expansion économique.

« la femme est sans force contre la réclame »

Parmi les mutations intervenues sous le Second Empire, l'apparition du commerce de masse compte parmi les plus significatives. Dans *Au Bonheur des Dames*, Zola dépeint l'expansion que connaît un grand magasin grâce aux nouvelles techniques de vente imaginées par son patron, Octave Mouret.

La grande puissance était surtout la publicité. Mouret en arrivait à dépenser par an trois cent mille francs de catalogues, d'annonces et d'affiches. Pour sa mise en vente des nouveautés d'été, il avait lancé deux cent mille catalogues, dont cinquante mille à l'étranger, traduits dans toutes les langues. Maintenant, il les faisait illustrer de gravures, il les accompagnait même d'échantillons, collés sur les feuilles. C'était un débordement d'étalages, le *Bonheur des Dames* sautait aux yeux du monde entier, envahissait les murailles, les journaux, jusqu'aux rideaux des théâtres. Il professait que la femme est sans force contre la réclame, qu'elle finit fatalement par aller au bruit. Du reste, il lui tendait des pièges plus savants, il l'analysait en grand moraliste. Ainsi, il avait découvert qu'elle ne résistait pas au bon marché, qu'elle achetait sans besoin, quand elle croyait conclure une affaire avantageuse ; et, sur cette observation, il basait son système des diminutions de prix, il baissait progressivement les articles non vendus, préférant les vendre à perte, fidèle au principe du renouvellement rapide des marchandises. Puis, il avait pénétré plus avant encore dans le cœur de la femme, il venait d'imaginer « les rendus », un chef-d'œuvre de séduction jésuitique[1]. « Prenez toujours, madame : vous nous rendrez l'article s'il cesse de vous plaire. » Et la femme, qui résistait, trouvait là une dernière excuse, la possibilité de revenir sur une folie : elle prenait, la conscience en règle. Maintenant, les rendus et la baisse des prix entraient dans le fonctionnement classique du nouveau commerce.

Mais où Mouret se révélait comme un maître sans rival, c'était dans l'aménagement intérieur des magasins. Il posait en loi que pas un coin du *Bonheur des Dames* ne devait rester désert ; partout, il exigeait du bruit, de la foule, de la vie ; car la vie, disait-il, attire la vie, enfante et pullule. De cette loi, il tirait toutes sortes d'applications. D'abord, on devait s'écraser pour entrer, il fallait que, de la rue, on crût à une émeute ; et il obtenait cet écrasement en mettant sous la porte les soldes, des casiers et des corbeilles débordant d'articles à vil prix ; si bien que le menu peuple s'amassait, barrait le seuil, faisait penser que les magasins craquaient de monde, lorsque souvent ils n'étaient qu'à demi pleins. Ensuite, le long des galeries, il avait l'art de dissimuler les rayons qui chômaient, par exemple les châles en été et les indiennes[2] en hiver ; il les entourait de rayons vivants, les noyait dans un vacarme. Lui seul avait encore imaginé de placer au deuxième étage les comptoirs des tapis et des meubles, des comptoirs où les clientes étaient plus rares, et dont la présence au rez-de-chaussée aurait creusé des trous vides et froids. S'il en avait découvert le moyen, il aurait fait passer la rue au travers de sa maison.

Au Bonheur des Dames, ch. 9.

Pour une étude comparée

1. Faire l'étude comparée de ce texte et de l'extrait de *César Birotteau* (cf. p. 177) consacré à la publicité. Mettre en relief dans les deux textes les procédés publicitaires et l'explication de leurs mécanismes.
2. Montrer que dans les deux textes l'étude de la publicité met en évidence l'analyse des comportements humains sur laquelle repose le processus publicitaire.

1. *Jésuitique* : hypocrite. (On a longtemps reproché aux Jésuites d'adapter la morale chrétienne aux préjugés des milieux mondains ou aux intérêts des classes dominantes.)

2. Toile de coton imprimée qui se fabriquait primitivement aux Indes. Il s'agit d'un tissu léger dont on faisait essentiellement, au XIXe siècle, des corsages ou des robes d'été.

Publicité pour « Le Bon Marché » (vers 1865-1870). Paris, Bibliothèque des Arts Décoratifs.

« on a coupé Paris en quatre »

La curée évoque la fièvre de spéculation qui gagne Paris au début du Second Empire lors des énormes travaux de transformation de la capitale entrepris par le préfet Haussmann (1809-1891). Le texte qui suit révèle les projets, les calculs et les manœuvres d'un spéculateur immobilier, Aristide Saccard, dont Zola fait la figure emblématique des affairistes du temps.

Deux mois avant la mort d'Angèle[1], il l'avait menée, un dimanche, aux buttes Montmartre[2]. [...] On était à l'automne ; la ville, sous le grand ciel pâle, s'alanguissait, d'un gris doux et tendre, piqué çà et là de verdures sombres, qui ressemblaient à de larges feuilles de nénuphars nageant sur un lac ; le soleil se couchait dans un nuage rouge, et tandis que les fonds s'emplissaient d'une brume légère, une poussière d'or, une rosée d'or tombait sur la rive droite de la ville, du côté de la Madeleine et des Tuileries. C'était comme le coin enchanté d'une cité des *Mille et Une Nuits*, aux arbres d'émeraude, aux toits de saphir, aux girouettes de rubis. Il vint un moment où le rayon qui glissait entre deux nuages, fut si resplendissant, que les maisons semblèrent flamber et se fondre comme un lingot d'or dans un creuset.

« Oh ! vois, dit Saccard, avec un rire d'enfant, il pleut des pièces de vingt francs dans Paris ! »

Angèle se mit à rire à son tour, en accusant ces pièces-là de n'être pas faciles à ramasser. Mais son mari s'était levé, et s'accoudant sur la rampe de la fenêtre :

« C'est la colonne Vendôme, n'est-ce pas, qui brille là-bas ?... Ici, plus à droite, voilà la Madeleine... Un beau quartier, où il y a beaucoup à faire... Ah ! cette fois, tout va brûler ! Vois-tu ?... On dirait que le quartier bout dans l'alambic de quelque chimiste. »

1. Angèle Sicardot, la première femme d'Aristide Saccard.
2. Le Sacré-Cœur n'existait pas encore (il ne sera construit qu'à partir de 1876). Le sommet de la colline Montmartre était uniquement occupé par des jardins et des restaurants.

MOULIN, *Arasement de la Butte Chaillot.*
Paris, Musée Carnavalet.

Sa voix devenait grave et émue. La comparaison qu'il avait trouvée parut le frapper beaucoup. Il avait bu du bourgogne, il s'oublia, il continua, étendant le bras pour montrer Paris à Angèle qui s'était également accoudée, à son côté :

« Oui, oui, j'ai bien dit, plus d'un quartier va fondre, et il restera de l'or aux doigts des gens qui chaufferont et remueront la cuve. Ce grand innocent de Paris ! vois donc comme il est immense et comme il s'endort doucement ! C'est bête, ces grandes villes ! Il ne se doute guère de l'armée de pioches qui l'attaquera un de ces beaux matins, et certains hôtels de la rue d'Anjou ne reluiraient pas si fort sous le soleil couchant, s'ils savaient qu'ils n'ont plus que trois ou quatre ans à vivre. »

Angèle croyait que son mari plaisantait. Il avait parfois le goût de la plaisanterie colossale et inquiétante. Elle riait, mais avec un vague effroi, de voir ce petit homme se dresser au-dessus du géant couché à ses pieds, et lui montrer le poing, en pinçant ironiquement les lèvres.

« On a déjà commencé, continua-t-il. Mais ce n'est qu'une misère. Regarde là-bas, du côté des Halles, on a coupé Paris en quatre... »

Et de sa main étendue, ouverte et tranchante comme un coutelas, il fit signe de séparer la ville en quatre parts.

« Tu veux parler de la rue de Rivoli et du nouveau boulevard que l'on perce ? demanda sa femme.

— Oui, la grande croisée de Paris[1], comme ils disent. Ils dégagent le Louvre et l'Hôtel-de-Ville. Jeux d'enfants que cela ! C'est bon pour mettre le public en appétit... Quand le premier réseau sera fini, alors commencera la grande danse. Le second réseau trouera la ville de toutes parts, pour rattacher les faubourgs au premier réseau. Les tronçons agoniseront dans le plâtre... Tiens, suis un peu ma main. Du boulevard du Temple à la barrière du Trône, une entaille ; puis, de ce côté, une autre entaille, de la Madeleine à la plaine Monceau : et une troisième entaille dans ce sens, une autre dans celui-ci, une entaille là, une entaille plus loin, des entailles partout, Paris haché à coups de sabre, les veines ouvertes, nourrissant cent mille terrassiers et maçons, traversé par d'admirables voies stratégiques qui mettront les forts au cœur des vieux quartiers. » [...]

« Il y aura un troisième réseau, continua Saccard, au bout d'un silence, comme se parlant à lui-même ; celui-là est trop lointain, je le vois moins. Je n'ai trouvé que peu d'indices... Mais ce sera la folie pure, le galop infernal des millions, Paris soûlé et assommé ! »

La curée, ch. 2.

Pour préparer l'étude du texte

1. La métaphore de l'or. En étudiant la structure du texte, montrer comment, par le biais de la métaphore de l'or, s'organise la vision épique.

2. La personnification de la ville. Relever et analyser toutes les formulations qui personnifient la ville. Quelle est la finalité de ce procédé ?

3. Les raisons des transformations de Paris. Quelles sont les raisons économiques, politiques et sociales qui expliquent la métamorphose de la ville sous le Second Empire ?

Pour un groupement de textes

La ville du XIXe siècle, mythe et réalité.

Zola, *La curée, Le ventre de Paris* (extraits ci-dessus).
Balzac, *Splendeurs et misères des courtisanes* (LI).
Flaubert, *Madame Bovary* (cf. pp. 425-427), *L'éducation sentimentale* (Ire partie, ch. 6).
Baudelaire, *Les Fleurs du mal* (« Les petites vieilles », « A une passante ») ; *Le spleen de Paris* (« Les foules », cf. p. 333).
Rimbaud, « A la musique » *(Poésies)*, cf. p. 349 ; « Villes » *(Illuminations)*.

1. Il s'agit du croisement entre l'axe constitué par les rues de Rivoli et Saint-Antoine et l'axe constitué par les boulevards Saint-Michel, du Palais et de Sébastopol. C'est au percement du boulevard de Sébastopol qu'Angèle fait allusion à la ligne précédente.

Un socialisme humaniste

A partir de la rédaction de *L'assommoir*, le socialisme ne cesse de progresser dans l'esprit de Zola et dans son œuvre. Ce socialisme, essentiellement romantique et sentimental au départ, deviendra de plus en plus pragmatique et rigoureux. Cependant Zola n'adhérera jamais à l'idée d'une nécessaire révolution violente et tout en peignant avec sympathie, dans *Germinal*, les luttes ouvrières, il manifestera toujours une certaine méfiance à l'égard de leurs dirigeants, des « meneurs ». A vrai dire, le socialisme de Zola s'inscrit moins dans une démarche politique que dans un pari humaniste sur l'avenir.

Germinal est l'histoire d'une grève en pays minier, mais c'est aussi bien plus que l'histoire d'une grève. Description fantastique de la mine assimilée au Minotaure dévorant quotidiennement sa ration de chair humaine, évocation sur le mode épique d'une révolution sociale qui s'annonce, histoire d'amour, enquête sur une région, radiographie du mouvement ouvrier naissant, *Germinal* est une œuvre aux multiples entrées, une œuvre où l'on ne saurait distinguer entre le naturalisme socialisant et le souffle poétique.

Étienne Lantier est le principal acteur de cette œuvre — et de la grève. Il symbolise l'ouvrier autodidacte, plus fin que ses camarades et souffrant plus qu'eux de sa condition sociale. Son évolution est très significative : en gros, il passe d'une révolte individuelle, sentimentale, contre la misère, à un marxisme insurrectionnel, avant d'aboutir à un socialisme plus réfléchi, ne négligeant pas le recours aux moyens légaux. C'est, l'étape du marxisme révolutionnaire en moins, l'itinéraire politique même de Zola.

« Le salariat est une forme nouvelle de l'esclavage... »

La grève, qui dure depuis des semaines, a gagné presque toute la région. Mais le pays est sillonné par la gendarmerie ; et la direction de la mine s'apprête à faire venir des ouvriers belges pour remplacer les grévistes. Étienne appelle alors ses camarades à une assemblée clandestine dans une forêt des environs.

C'était au Plan-des-Dames, dans cette vaste clairière qu'une coupe de bois venait d'ouvrir. Elle s'allongeait en une pente douce, ceinte d'une haute futaie, des hêtres superbes, dont les troncs, droits et réguliers, l'entouraient d'une colonnade blanche, verdie de lichens ; et des géants abattus gisaient encore dans l'herbe, tandis que, vers la gauche, un tas de bois débité alignait son cube géométrique. Le froid s'aiguisait avec le crépuscule, les mousses gelées craquaient sous les pas. Il faisait nuit noire à terre, les branches hautes se découpaient sur le ciel pâle, où la lune pleine, montant à l'horizon, allait éteindre les étoiles.

Jules ADLER, *La grève* (1899). Pau, Musée des Beaux-Arts.

Près de trois mille charbonniers étaient au rendez-vous, une foule grouillante, des hommes, des femmes, des enfants, emplissant peu à peu la clairière, débordant au loin sous les arbres ; et des retardataires arrivaient toujours, le flot des têtes, noyé d'ombre, s'élargissait jusqu'aux taillis voisins. Un grondement en sortait, pareil à un vent d'orage, dans cette forêt immobile et glacée.

En haut, dominant la pente, Étienne se tenait, avec Rasseneur et Maheu. [...]

Rasseneur, socialiste réformiste, voit les dangers de la grève : il essaie de convaincre ses camarades d'arrêter le mouvement. Mais Étienne prend la parole...

Peu à peu, Étienne s'échauffait. Il n'avait pas l'abondance facile et coulante de Rasseneur. Les mots lui manquaient souvent, il devait torturer sa phrase, il en sortait par un effort qu'il appuyait d'un coup d'épaule. Seulement, à ces heurts continuels, il rencontrait des images d'une énergie familière, qui empoignaient son auditoire ; tandis que ses gestes d'ouvrier au chantier, ses coudes rentrés, puis détendus et lançant les poings en avant, sa mâchoire brusquement avancée, comme pour mordre, avaient eux aussi une action extraordinaire sur les camarades. Tous le disaient, il n'était pas grand, mais il se faisait écouter.

« Le salariat est une forme nouvelle de l'esclavage, reprit-il d'une voix plus vibrante. La mine doit être au mineur, comme la mer est au pêcheur, comme la terre est au paysan... Entendez-vous ! la mine vous appartient, à vous tous qui, depuis un siècle, l'avez payée de tant de sang et de misère ! »

Carrément, il aborda des questions obscures de droit, le défilé des lois spéciales sur les mines, où il se perdait. Le sous-sol, comme le sol, était à la nation : seul, un privilège odieux en assurait le monopole à des Compagnies ; d'autant plus que, pour Montsou, la prétendue légalité des concessions se compliquait des traités passés jadis avec les propriétaires des anciens fiefs, selon la vieille coutume du Hainaut. Le peuple des mineurs n'avait donc qu'à reconquérir son bien ; et, les mains tendues, il indiquait le pays entier, au-delà de la forêt. A ce moment, la lune, qui montait de l'horizon, glissant des hautes branches, l'éclaira. Lorsque la foule, encore dans l'ombre, l'aperçut ainsi, blanc de lumière, distribuant la fortune de ses mains ouvertes, elle applaudit de nouveau, d'un battement prolongé.

« Oui, oui, il a raison, bravo ! »

Dès lors, Étienne chevauchait sa question favorite, l'attribution des instruments de travail à la collectivité, ainsi qu'il le répétait en une phrase, dont la barbarie le grattait délicieusement. Chez lui, à cette heure, l'évolution était complète. Parti de la fraternité attendrie des catéchumènes, du besoin de réformer le salariat, il aboutissait à l'idée politique de le supprimer. Depuis la réunion du *Bon-Joyeux*[1], son collectivisme, encore humanitaire et sans formule, s'était raidi en un programme compliqué, dont il discutait scientifiquement chaque article. D'abord, il posait que la liberté ne pouvait être obtenue que par la destruction de l'État. Puis, quand le peuple se serait emparé du gouvernement, les réformes commenceraient : retour à la commune primitive, substitution d'une famille égalitaire et libre à la famille morale et oppressive, égalité absolue, civile, politique et économique, garantie de l'indépendance individuelle grâce à la possession et au produit intégral des outils du travail, enfin instruction professionnelle et gratuite, payée par la collectivité. Cela entraînait une refonte totale de la vieille société pourrie ; il attaquait le mariage, le droit de tester, il réglementait la fortune de chacun, il jetait bas le monument inique des siècles morts, d'un grand geste de son bras, toujours le même, le geste du faucheur qui rase la moisson mûre ; et il reconstruisait ensuite de l'autre main, il bâtissait la future humanité, l'édifice de vérité et de justice grandissant dans l'aurore du vingtième siècle. A cette tension cérébrale, la raison chancelait, il ne restait que l'idée fixe du sectaire. Les scrupules de la sensibilité et de son bon sens étaient emportés, rien ne devenait plus facile que la réalisation de ce monde nouveau : il avait tout prévu, il en parlait comme d'une machine qu'il monterait en deux heures, et ni le feu, ni le sang ne lui coûtaient.

« Notre tour est venu, lança-t-il dans un dernier éclat. C'est à nous d'avoir le pouvoir et la richesse ! »

Une acclamation roula jusqu'à lui, du fond de la forêt. La lune, maintenant, blanchissait toute la clairière, découpait en arêtes vives la houle des têtes, jusqu'aux lointains confus des taillis, entre les grands troncs grisâtres. Et c'était sous l'air glacial, une furie de visages, des yeux luisants, des bouches ouvertes, tout un rut de peuple, les hommes, les femmes, les enfants, affamés et lâchés au juste pillage de l'antique bien dont on les dépossédait. Ils ne sentaient plus le froid, ces ardentes paroles les avaient chauffés aux entrailles. Une exaltation religieuse les soulevait de terre, la fièvre d'espoir des premiers chrétiens de l'Église, attendant le règne prochain de la justice. Bien des phrases obscures leur avaient échappé, ils n'entendaient guère ces raisonnements techniques et abstraits ; mais l'obscurité même, l'abstraction élargissait encore le champ des promesses, les enlevait dans un éblouissement. Quel rêve ! être les maîtres, cesser de souffrir, jouir enfin !

Germinal, IV, 7.

Pour préparer l'étude du texte

1. Mettre en relief la structure du texte en montrant qu'il évolue d'une description à une autre description en passant par des éléments de discours direct et indirect.

2. Étudier l'importance du contexte et le sens symbolique donné par Zola à cette scène (comparaison avec les rassemblements clandestins des premiers chrétiens). Comment cette comparaison se justifie-t-elle ?

3. Faire l'analyse des paroles (rapportées directement et indirectement) d'Étienne. Par une étude stylistique précise, montrer comment Zola fait comprendre qu'il approuve certains points et caricature les autres.

1. Le *Bon-Joyeux* est le nom d'un cabaret où a eu lieu une des premières réunions du mouvement.

« C'était la vision rouge de la révolution »

Lors de la réunion au Plan-des-Dames les mineurs ont décidé de contraindre à la grève les rares puits où le travail ne s'est pas encore arrêté. Mais le lendemain cette action dégénère. Des installations industrielles sont saccagées et une foule de mineurs, enragés de faim après deux mois de grève et de privations, se dirige vers le siège régional de la compagnie minière à Montsou.

Depuis une grange où ils se sont dissimulés, des bourgeois, parmi lesquels la femme du directeur de la mine, regardent passer l'émeute.

Les femmes avaient paru, près d'un millier de femmes, aux cheveux épars dépeignés par la course, aux guenilles montrant la peau nue, des nudités de femelles lasses d'enfanter des meurt-de-faim. Quelques-unes tenaient leur petit entre les bras, le soulevaient, l'agitaient, ainsi qu'un drapeau de deuil et de vengeance. D'autres, plus jeunes, avec des gorges gonflées de guerrières, brandissaient des bâtons ; tandis que les vieilles, affreuses, hurlaient si fort, que les cordes de leurs cous décharnés semblaient se rompre. Et les hommes déboulèrent ensuite, deux mille furieux, des galibots[1], des haveurs[2], des raccommodeurs[3], une masse compacte qui roulait d'un seul bloc, serrée, confondue, au point qu'on ne distinguait ni les culottes déteintes ni les tricots de laine en loques, effacés dans la même uniformité terreuse. Les yeux brûlaient, on voyait seulement les trous des bouches noires, chantant *la Marseillaise*, dont les strophes se perdaient en un mugissement confus, accompagné par le claquement des sabots sur la terre dure. Au-dessus des têtes, parmi le hérissement des barres de fer, une hache passa, portée toute droite ; et cette hache unique, qui était comme l'étendard de la bande, avait, dans le ciel clair, le profil aigu d'un couperet de guillotine.

« Quels visages atroces ! » balbutia Mme Hennebeau[4].

Négrel[5] dit entre ses dents :

« Le diable m'emporte si j'en reconnais un seul ! D'où sortent-ils donc, ces bandits-là ? »

Et, en effet, la colère, la faim, ces deux mois de souffrances et cette débandade enragée au travers des fosses, avaient allongé en mâchoires de bêtes fauves les faces placides des houilleurs de Montsou. A ce moment, le soleil se couchait, les derniers rayons d'une pourpre sombre ensanglantaient la plaine. Alors, la route sembla charrier du sang, les femmes, les hommes continuaient à galoper, saignants comme des bouchers en pleine tuerie.

« Oh ! superbe ! » dirent à demi-voix Lucie et Jeanne[6], remuées dans leur goût d'artistes par cette belle horreur.

Elles s'effrayaient pourtant, elles reculèrent près de Mme Hennebeau, qui s'était appuyée sur une auge. L'idée qu'il suffisait d'un regard entre les planches de cette porte disjointe, pour qu'on les massacrât, la glaçait. Négrel se sentait blêmir, lui aussi, très brave d'ordinaire, saisi là d'une épouvante supérieure à sa volonté, une de ces épouvantes qui soufflent de l'inconnu. Dans le foin, Cécile[7] ne bougeait plus. Et les autres, malgré leur désir de détourner les yeux, ne le pouvaient pas, regardaient quand même.

C'était la vision rouge de la révolution qui les emporterait tous, fatalement, par une soirée sanglante de cette fin de siècle. Oui, un soir, le peuple lâché, débridé, galoperait ainsi sur les chemins ; et il ruissellerait du sang des bourgeois, il promènerait des têtes, il sèmerait l'or des coffres éventrés. Les femmes hurleraient, les hommes auraient ces mâchoires de loups, ouvertes pour mordre. Oui, ce seraient les mêmes guenilles, le même tonnerre de gros sabots, la même cohue effroyable, de peau sale, d'haleine empestée, balayant le vieux monde, sous leur poussée débordante de barbares. Des incendies flamberaient, on ne laisserait pas debout une pierre des villes, on retournerait à la vie sauvage dans les bois, après la grande ripaille, où les pauvres, en une nuit, videraient les caves des riches. Il n'y aurait plus rien, plus un sou des fortunes, plus un titre des situations acquises, jusqu'au jour où une nouvelle terre repousserait peut-être. Oui, c'étaient ces choses qui passaient sur la route, comme une force de la nature, et ils en recevaient le vent terrible au visage. Un grand cri s'éleva, domina *la Marseillaise* :

« Du pain ! du pain ! du pain ! »

Germinal, V, 5.

Pour préparer le commentaire composé

Étudier

1. Un tableau épique. L'amplification par les pluriels, par les accumulations, les images, les couleurs, les perceptions auditives et visuelles.

2. La dénonciation d'une réalité sociale. Des conditions de vie inhumaines, des êtres poussés au « banditisme », l'existence d'un groupe antagoniste, les bourgeois.

3. Une prophétie. La vision d'un avenir troublé, l'ambiguïté du « point de vue » (par qui ce tableau de révolution est-il perçu ?), la double thématique de l'effondrement et du renouveau.

1. Ouvriers travaillant au « boisage » des puits et des galeries principales.
2. Ouvriers qui entaillent les galeries et extraient le charbon.
3. Ouvriers chargés de l'entretien des voies.
4. Épouse du directeur de la mine.
5. Un ingénieur.
6. Filles de Deneulin, propriétaire d'une petite mine, qui essaie en vain de demeurer indépendant par rapport aux grandes Compagnies. Deneulin devra finalement se résigner à vendre son entreprise à ces dernières.
7. Fille des Grégoire, actionnaires de la Compagnie.

« ... pour les récoltes du siècle futur »

Le découragement, la faim et une violente répression militaire auront finalement raison de la grève. Les mineurs vont reprendre le travail sans avoir rien obtenu. Étienne sera licencié et devra quitter la région. Pourtant, comme en témoigne le texte ci-dessous, la conclusion de *Germinal* n'est pas pessimiste. Les ouvriers ont pris conscience de leur force. Ils ont compris que l'action violente et spontanée était inutile mais que la lutte légale, la patiente construction de syndicats unifiés et puissants pourrait un jour leur donner la victoire.

C'est à travers les réflexions d'Étienne, quittant Montsou après son licenciement, que Zola dégage la leçon d'une grève qui n'est pas seulement une défaite.

Et il songeait à présent que la violence[1] peut-être ne hâtait pas les choses. Des câbles coupés, des rails arrachés, des lampes cassées, quelle inutile besogne ! Cela valait bien la peine de galoper à trois mille, en une bande dévastatrice ! Vaguement, il devinait que la légalité, un jour, pouvait être plus terrible. Sa raison mûrissait, il avait jeté la gourme de ses rancunes. Oui, la Maheude[2] le disait bien avec son bon sens, ce serait le grand coup : s'enrégimenter tranquillement, se connaître, se réunir en syndicats, lorsque les lois le permettraient ; puis, le matin où l'on se sentirait les coudes, où l'on se trouverait des millions de travailleurs en face de quelques milliers de fainéants, prendre le pouvoir, être les maîtres. Ah ! quel réveil de vérité et de justice ! Le dieu repu et accroupi en crèverait sur l'heure, l'idole monstrueuse, cachée au fond de son tabernacle, dans cet inconnu lointain où les misérables la nourrissaient de leur chair, sans l'avoir jamais vue.

[...]

Et, sous ses pieds, les coups profonds, les coups obstinés des rivelaines[3] continuaient. Les camarades étaient tous là, il les entendait le suivre à chaque enjambée. N'était-ce pas la Maheude, sous cette pièce de betteraves, l'échine cassée, dont le souffle montait si rauque, accompagné par le ronflement du ventilateur ? A gauche, à droite, plus loin, il croyait en reconnaître d'autres, sous les blés, les haies vives, les jeunes arbres. Maintenant, en plein ciel, le soleil d'avril rayonnait dans sa gloire, échauffant la terre qui enfantait. Du flanc nourricier jaillissait la vie, les bourgeons crevaient en feuilles vertes, les champs tressaillaient de la poussée des herbes. De toutes parts, des graines se gonflaient, s'allongeaient, gerçaient la plaine, travaillées d'un besoin de chaleur et de lumière. Un débordement de sève coulait avec des voix chuchotantes, le bruit des germes s'épandait en un grand baiser. Encore, encore, de plus en plus distinctement, comme s'ils se fussent rapprochés du sol, les camarades tapaient. Aux rayons enflammés de l'astre, par cette matinée de jeunesse, c'était de cette rumeur que la campagne était grosse. Des hommes poussaient, une armée noire, vengeresse, qui germait lentement dans les sillons, grandissant pour les récoltes du siècle futur, et dont la germination allait faire bientôt éclater la terre.

Germinal, VII, 6.

Pour préparer l'étude du texte

1. Ire partie du texte (l. 1 à 9) : étudier l'évolution des idées et des images (la violence refusée, l'utilité de la légalité, la vision épique de la victoire sur « l'idole »).
2. IIe partie du texte (l. 10 à 21) :
— faire apparaître le lien métaphorique entre le travail souterrain des mineurs et l'éclosion de la vie ;
— analyser, dans un contexte politique, la métaphore de la germination.

Pour un groupement de textes

Les épilogues de roman.

Cf. groupement de textes : Les épilogues de romans : dénouements ouverts, dénouements fermés, p. 158.

Une poésie de la matière

Les convictions de Zola, et sa volonté d'illustrer des thèses matérialistes, auraient pu l'amener à écrire des œuvres froides, sans grand intérêt littéraire, des romans d'idées purement démonstratifs et didactiques. Mais le matérialisme de Zola n'a rien de neutre ni d'abstrait : pour lui, la matière est une réalité vivante, dynamique, sensible.

Il n'y a pas chez Zola de séparation entre l'humain et la matière inerte mais une identique fascination pour la totalité d'un monde matériel animé par une seule puissance de vie. Et cette fascination conduit l'écrivain à dépasser la sécheresse de la littérature à thèse. Elle le conduit en particulier à doter les objets d'une vie intense, attirante ou effrayante, et plus généralement à faire de son écriture une véritable poésie de la substance, des éléments — de la matière.

1. Allusion à l'émeute en partie décrite dans le précédent extrait.
2. La femme de Maheu qui doit travailler au fond pour nourrir les plus jeunes de ses enfants, car elle a perdu son mari, tué lors de la répression militaire de la grève, et sa fille aînée, morte de faim pendant la catastrophe qui a ravagé la mine (cf. texte p. 499).
3. Pic de mineur, servant à entamer les roches tendres.

« Alors, l'homme reconnut une fosse. »

Au début de *Germinal*, un homme[1] marche dans la nuit à la recherche d'une usine où travailler. Il arrive finalement devant un site obscur et comme animé d'une vie fantastique, un bâtiment étrange dont il ne reconnaît pas tout de suite la nature.

L'homme était parti de Marchiennes[2] vers deux heures. Il marchait d'un pas allongé, grelottant sous le coton aminci de sa veste et de son pantalon de velours. Un petit paquet, noué dans un mouchoir à carreaux, le gênait beaucoup ; et il le serrait contre ses flancs, tantôt d'un coude, tantôt de l'autre, pour glisser au fond de ses poches les deux mains à la fois, des mains gourdes que les lanières du vent d'est faisaient saigner. Une seule idée occupait sa tête vide d'ouvrier sans travail et sans gîte, l'espoir que le froid serait moins vif après le lever du jour. Depuis une heure, il avançait ainsi, lorsque sur la gauche, à deux kilomètres de Montsou[3], il aperçut des feux rouges, trois brasiers brûlant au plein air, et comme suspendus. D'abord, il hésita, pris de crainte ; puis, il ne put résister au besoin douloureux de se chauffer un instant les mains.

Un chemin creux s'enfonçait. Tout disparut. L'homme avait à sa droite une palissade, quelque mur de grosses planches fermant une voie ferrée ; tandis qu'un talus d'herbe s'élevait à gauche, surmonté de pignons confus, d'une vision de village aux toitures basses et uniformes. Il fit environ deux cents pas. Brusquement, à un coude du chemin, les feux reparurent près de lui, sans qu'il comprît davantage comment ils brûlaient si haut dans le ciel mort, pareils à des lunes fumeuses. Mais, au ras du sol, un autre spectacle venait de l'arrêter. C'était une masse lourde, un tas écrasé de constructions, d'où se dressait la silhouette d'une cheminée d'usine ; de rares lueurs sortaient des fenêtres encrassées, cinq ou six lanternes tristes étaient pendues dehors, à des charpentes dont les bois noircis alignaient vaguement des profils de tréteaux gigantesques ; et, de cette apparition fantastique, noyée de nuit et de fumée, une seule voix montait, la respiration grosse et longue d'un échappement de vapeur, qu'on ne voyait point.

Alors, l'homme reconnut une fosse.

Germinal, I, 1.

Pour préparer le commentaire composé

Étudier

1. La présentation d'un personnage anonyme en situation : son aspect, ses actions, ses pensées.
2. La présentation du contexte : la notion de « point de vue », des perceptions inquiétantes.
3. L'art des débuts de roman : la création d'une atmosphère, l'information incomplète, le choc de la dernière phrase.

Pour un groupement de textes

Les débuts de roman (du XVIIIe au XXe siècle).

Diderot, *Jacques le fataliste.*
Flaubert, *L'éducation sentimentale.*
Balzac, *La peau de chagrin.*
Zola, *Germinal.*
Aragon, *Aurélien.*
Malraux, *La condition humaine.*
Perec, *Les choses.*
Butor, *La modification.*

F. BONHOMME (1809-1881), *Exploitation du gîte nord de l'usine de la Vieille Montagne* (vers 1854). Paris, Musée des Arts et Métiers.

1. On apprendra plus tard qu'il s'agit d'Étienne Lantier.
2. Petite ville industrielle du Nord (canton de Douai).
3. Centre minier imaginaire où Zola situe l'action du roman.

« ... dans l'éternité de la vie »

Dans les premiers chapitres de *La faute de l'abbé Mouret*, le jeune prêtre Serge Mouret tombe gravement malade. Transporté par son oncle Pascal dans la propriété du Paradou qu'entoure et isole un gigantesque parc, Serge, devenu amnésique, renaît à la vie grâce à la jeune Albine qui le soigne. Nouveaux Adam et Ève, Serge et Albine découvrent l'amour, guidés par la nature luxuriante du Paradou.

Au cours d'une promenade dans le parc, ce sont en effet tous les éléments naturels qui incitent les deux jeunes gens à l'acte de chair et les font ainsi entrer « dans l'éternité de la vie ».

La forêt soufflait la passion géante des chênes, les chants d'orgue des hautes futaies, une musique solennelle, menant le mariage des frênes, des bouleaux, des charmes, des platanes, au fond des sanctuaires de feuillage ; tandis que les buissons, les jeunes taillis étaient pleins d'une polissonnerie adorable, d'un vacarme d'amants se poursuivant, se jetant au bord des fossés, se volant le plaisir, au milieu d'un grand froissement de branches. Et, dans cet accouplement du parc entier, les étreintes les plus rudes s'entendaient au loin, sur les roches, là où la chaleur faisait éclater les pierres gonflées de passion, où les plantes épineuses aimaient d'une façon tragique, sans que les sources voisines pussent les soulager, tout allumées elles-mêmes par l'astre qui descendait dans leur lit.

« Que disent-ils ? murmura Serge, éperdu. Que veulent-ils de nous, à nous supplier ainsi ? »

Albine, sans parler, le serra contre elle.

Les voix étaient devenues plus distinctes. Les bêtes du jardin, à leur tour, leur criaient de s'aimer. Les cigales chantaient de tendresse à en mourir. Les papillons éparpillaient des baisers, aux battements de leurs ailes. Les moineaux avaient des caprices d'une seconde, des caresses de sultans vivement promenées au milieu d'un sérail. Dans les eaux claires, c'étaient des pâmoisons de poissons déposant leur frai au soleil, des appels ardents et mélancoliques de grenouilles, toute une passion mystérieuse, monstrueusement assouvie dans la fadeur glauque des roseaux. Au fond des bois, les rossignols jetaient des rires perlés de volupté, les cerfs bramaient, ivres d'une telle concupiscence, qu'ils expiraient de lassitude à côté des femelles presque éventrées. Et, sur les dalles des rochers, au bord des buissons maigres, des couleuvres, nouées deux à deux, sifflaient avec douceur ; tandis que de grands lézards couvaient leurs œufs, l'échine vibrante, d'un léger ronflement d'extase. Des coins les plus reculés, des nappes de soleil, des trous d'ombre, une odeur animale montait, chaude du rut universel. Toute cette vie pullulante avait un frisson d'enfantement. Sous chaque feuille, un insecte concevait ; dans chaque touffe d'herbe, une famille poussait ; des mouches volantes, collées l'une à l'autre, n'attendaient pas de s'être posées pour se féconder. Les parcelles de vie invisibles qui peuplent la matière, les atomes de la matière eux-mêmes, aimaient, s'accouplaient, donnaient au sol un branle voluptueux, faisaient du parc une grande fornication.

Alors, Albine et Serge entendirent. Il ne dit rien, il la lia de ses bras, toujours plus étroitement. La fatalité de la génération les entourait. Ils cédèrent aux exigences du jardin. Ce fut l'arbre qui confia à l'oreille d'Albine ce que les mères murmurent aux épousées, le soir des noces.

Albine se livra. Serge la posséda.

Et le jardin entier s'abîma avec le couple, dans un dernier cri de passion. Les troncs se ployèrent comme sous un grand vent ; les herbes laissèrent échapper un sanglot d'ivresse ; les fleurs, évanouies, les lèvres ouvertes, exhalèrent leur âme ; le ciel lui-même, tout embrasé d'un coucher d'astre, eut des nuages immobiles, des nuages pâmés, d'où tombait un ravissement surhumain. Et c'était une victoire pour les bêtes, les plantes, les choses, qui avaient voulu l'entrée de ces deux enfants dans l'éternité de la vie. Le parc applaudissait formidablement.

La faute de l'abbé Mouret, II, 15.

Pour préparer le commentaire composé

Étudier

1. La nature embrasée d'amour : la description du parc, les éléments de la nature doués d'une sensibilité humaine (emploi du registre amoureux ou passionnel et association avec le vocabulaire des sciences naturelles).
2. L'appel de la nature. Par une analyse précise du champ lexical de la voix et des perceptions auditives, montrer que les deux jeunes gens sont conduits à s'aimer indépendamment de leur propre volonté.
3. Le mythe du jardin : un lieu naturel, un lieu de liberté, l'expression d'un panthéisme plus païen que chrétien.

Jean Eugène BULAND (1852-1927), *Les héritiers.*
Bordeaux, Musée des Beaux-Arts.

Zola et son art

Zola, écrivain, a toujours réfléchi sur sa pratique d'artiste. On trouvera ci-dessous deux documents très instructifs à cet égard. Dans le premier, extrait des Notes préparatoires aux *Rougon-Macquart* et rédigé en 1869, l'écrivain se fixe un certain nombre d'objectifs stylistiques et s'efforce de définir la technique littéraire qu'il va employer dans le cycle qu'il projette. Dans le second, extrait du *Docteur Pascal* et rédigé en 1893, Zola porte un regard rétrospectif sur le cycle achevé : et cela à travers le personnage du docteur montrant à sa nièce un tableau généalogique et biographique faisant le point sur les destins respectifs de tous les membres des Rougon-Macquart.

Ces deux documents peuvent bien sûr être mis en parallèle. On peut aussi, évidemment, lire ou relire à leur lumière toute œuvre appartenant au cycle des *Rougon-Macquart* aussi bien que chacun des extraits proposés dans le présent manuel.

Ne pas oublier qu'un drame prend le public à la gorge. Il se fâche, mais n'oublie plus. Lui donner toujours, sinon des cauchemars, du moins des livres excessifs qui restent dans sa mémoire. Il est inutile d'ailleurs de s'attacher sans cesse aux drames de la chair. Je trouverai autre chose, — d'aussi poignant.

Veiller au style. Plus d'épithètes. Une carrure magistrale. Mais toujours de la chaleur et de la passion. Un torrent grondant, mais large, et d'une marche majestueuse.

Peu de personnages : deux, trois figures principales, profondément creusées, puis deux, trois figures secondaires se rattachant le plus possible aux héros, servant de compléments ou de repoussoirs. J'échapperai ainsi à l'imitation de Balzac qui a tout un monde dans ses livres — Mes livres seront de simples procès-verbaux. Les de Goncourt seront si bien écrasés par la masse (par la longueur des chapitres, l'haleine de passion et la marche logique) qu'on n'osera m'accuser de les imiter.

Plus de descriptions, ou le moins possible. [...] Une continuelle analyse coupée seulement par le drame.

Zola, Notes préparatoires aux Rougon-Macquart.

Quelle masse effroyable remuée, que d'aventures douces ou terribles, que de joies, que de souffrances jetées à la pelle, dans cet amas colossal de faits !... Il y a de l'histoire pure, l'Empire fondé dans le sang, d'abord jouisseur et durement autoritaire, conquérant les villes rebelles, puis glissant à une désorganisation lente, s'écroulant dans le sang, dans une telle mer de sang, que la nation entière a failli en être noyée... Il y a des études sociales, le petit et le grand commerce, la prostitution, le crime, la terre, l'argent, la bourgeoisie, le peuple, celui qui se pourrit dans le cloaque des faubourgs, celui qui se révolte dans les grands centres industriels, toute cette poussée croissante du socialisme souverain, gros de l'enfantement du nouveau siècle... Il y a de simples études humaines, des pages intimes, des histoires d'amour, la lutte des intelligences et des cœurs contre la nature injuste, l'écrasement de ceux qui crient sous leur tâche trop haute, le cri de la bonté qui s'immole, victorieuse de la douleur... Il y a de la fantaisie, l'envolée de l'imagination hors du réel, des jardins immenses, fleuris en toutes saisons, des cathédrales aux fines aiguilles précieusement ouvragées, des contes merveilleux tombés du paradis, des tendresses idéales remontées au ciel dans un baiser... Il y a de tout, de l'excellent et du pire, du vulgaire et du sublime, les fleurs, la boue, les sanglots, les rires, le torrent même de la vie charriant sans fin l'humanité !

Zola, Le docteur Pascal, *ch. 5.*

Une thématique originale

L'idée que les facteurs héréditaires et les appétits constituent le moteur déterminant des activités humaines (individuelles ou collectives) amène Zola à développer ou à privilégier des thèmes particuliers qui comptent de la sorte parmi les éléments essentiels de son univers imaginaire. Nous avons présenté certains de ces thèmes à travers le choix des textes précédents ; nous nous proposons ici d'en analyser quelques autres qui prolongent ou recoupent les premiers, qui offrent d'autres entrées dans le réseau thématique zolien.

La nourriture

Objet évident des appétits, nécessité vitale, la nourriture est sans cesse évoquée dans *Les Rougon-Macquart*. Sa présence ou son absence, son abondance ou sa rareté, sa richesse ou sa médiocrité expriment les situations que traversent les personnages, traduisent en termes concrets la réalité des rapports sociaux. Par là, l'écrivain donne une force étonnante à sa vision darwinienne et physiologiste d'une société où les groupes qui s'affrontent, qui luttent pour la vie, ne se définissent pas seulement comme des classes sociales mais aussi comme des types de tempéraments, des espèces — les « races » opposées des Maigres et des Gras.

L'argent

Dans la mesure où il permet de satisfaire tous les appétits, l'argent devient, selon Zola, l'objet fondamental des appétits de l'homme vivant en société. En conséquence, tout au long des *Rougon-Macquart*, l'argent cristallise les désirs des personnages et il finit par représenter ce qu'il sert à obtenir : la nourriture (c'est-à-dire la vie ou la survie), le luxe, la considération, le pouvoir, la jouissance sexuelle. De la sorte, l'argent apparaît, dans la perspective zolienne, comme l'enjeu essentiel de la vie sociale et en même temps comme une force ténébreuse qui condense et dépasse l'ensemble des pulsions humaines.

E. DEGAS (1834-1917), *A la Bourse*.
Paris, Musée du Louvre.

Les forces obscures du monde et de l'histoire

Jouet de ses instincts et de ses appétits, l'homme l'est aussi, d'après Zola, de ce que l'on pourrait appeler ses propres créations. Car, pour l'écrivain, l'homme crée la société, le monde, mais ce monde acquiert sa dynamique propre, il échappe à son créateur, le dépasse, le dévore parfois. Ainsi tous les produits de l'activité des hommes finissent par vivre d'une vie autonome qui s'impose à ces derniers : les entreprises industrielles ou commerciales, les structures économiques et les tendances historiques, les lois, les institutions sont, aux yeux de Zola, des forces autonomes et aussi incontrôlables que l'hérédité et les appétits.

La machine

Évidemment, Zola, qui écrit pendant la révolution industrielle, privilégie la machine parmi tous les objets.

Douée de mouvement, la machine s'apparente de ce fait au règne animal ou humain. Complexe, produit raffiné de l'intelligence humaine, elle devient elle-même une sorte d'intelligence en action. L'homme s'en sert mais elle se sert de l'homme en lui imposant son rythme, ses exigences, en le détruisant quelquefois. Le combat de l'homme et de la machine apparaît ainsi comme la métaphore de la lutte entre l'humanité et un monde qui lui échappe mais qu'elle cherche sans cesse à maîtriser.

Une technique romanesque au service de la puissance

Afin de traduire cette vision d'une humanité toujours en proie à des appétits brutaux et toujours en guerre contre un monde qui l'écrase, Zola a voulu donner à ses œuvres des qualités telles que puissance et « carrure » d'une part, mouvement et « haleine de passion » d'autre part. Dans ce but, il a particulièrement soigné la construction de ses récits (surtout en ce qui concerne l'organisation de la durée et de l'espace romanesques) tout en recherchant une écriture essentiellement dynamique, susceptible d'emporter le lecteur grâce à l'usage judicieux de procédés stylistiques appropriés (description en action, variété lexicale, emploi massif du style indirect libre).

La durée

L'action de la plupart des romans de Zola se déroule en un ou deux ans au maximum. Cette durée relativement resserrée permet à l'auteur de montrer avec quelle rapidité évoluent les personnages, donc de souligner la force des déterminismes qui s'exercent sur eux. Et cela d'autant plus que Zola recourt systématiquement aux répétitions et aux parallélismes. Le retour périodique de thèmes, de situations, d'objets, la reprise de portraits, de descriptions, de scènes rendent sensibles, par la présence même de similitudes, les évolutions et les changements. Ainsi, dans *L'assommoir*, l'écrivain répète les scènes où Gervaise et Coupeau se retrouvent au cabaret, en les chargeant chaque fois d'une signification bien différente, en soulignant, par la permanence du lieu, la mutation des personnages, la progression du drame et de l'avilissement dans leur vie.

L'espace et les lieux romanesques

Zola emploie aussi des procédés de parallélisme dans l'utilisation des lieux romanesques, lesquels ne sont pas seulement réalistes, dans ses œuvres, mais dramatiques et symboliques. Par exemple, dans *Germinal*, les lieux s'organisent en une série d'oppositions riches de sens et de puissance émotive : opposition entre les humbles demeures des ouvriers et les intérieurs confortables des bourgeois, ou le luxueux bureau du directeur ; opposition entre les profondeurs de la mine où la catastrophe emprisonne Étienne et Catherine, et le monde de la surface, avec ses forêts et ses plaines rases à travers lesquelles se rue l'émeute des mineurs.

Variété lexicale, style indirect libre et narrateur collectif

On trouve dans l'œuvre de Zola une extrême variété des registres lexicaux qui résulte logiquement du naturalisme de l'écrivain. C'est pour donner l'idée la plus exacte possible des milieux qu'il décrit que l'écrivain utilise les argots, les vocables techniques, les parlers de métier correspondant à ces milieux. C'est dans la même intention qu'il fait parler au peuple sa propre langue, sans hésiter devant la verdeur ou la grossièreté de cette dernière — ce qui a scandalisé une partie du public de l'époque.

Mais, bien sûr, Zola utilise le langage populaire, la langue verte, au moins autant pour des raisons esthétiques que par souci d'authenticité. Il voit surtout en elle un excellent matériau d'écriture et l'emploie pour son humour, son génie inventif, ses expressions imagées sur lesquelles il greffe son propre réseau d'images. Car il ne se contente pas de placer le parler populaire dans la bouche de certains protagonistes ; il en use aussi dans les descriptions et le récit, le reprenant pour ainsi dire à son compte. De la sorte, Zola en tant qu'auteur paraît souvent se confondre avec ses personnages, impression que renforce encore l'emploi systématique du style indirect libre.

Celui-ci permet en effet à l'écrivain de s'effacer derrière ses personnages en intégrant leurs monologues intérieurs au récit, au point que le lecteur ne peut guère distinguer qui parle, de l'auteur ou des protagonistes. Or, comme les personnages zoliens sont généralement représentatifs de tout un groupe social, il en résulte que l'écrivain semble se fondre en une sorte de narrateur collectif parlant au nom du groupe humain évoqué.

Ce narrateur collectif exprimant la mémoire, les malheurs, les espoirs de masses entières d'hommes, contribue à donner à l'œuvre de Zola son caractère le plus manifeste : le lyrisme épique.

Le lyrisme épique

Pour Zola, en effet, le jeu des déterminismes, les lois de la nature et de l'histoire, les rapports entre l'humanité et le monde sont, en même temps qu'un ensemble de phénomènes scientifiques, un drame universel puissamment émouvant. L'art de Zola est donc un art essentiellement lyrique, au sens le plus précis du terme, c'est-à-dire un art qui exprime et cherche à transmettre l'émotion fondamentale que donne à l'écrivain sa vision de la réalité. Cette vision, dans la mesure où elle discerne, par-delà les apparences parfois banales, l'affrontement constant de forces naturelles et historiques perçues comme des entités vivantes, implique évidemment le recours à l'épopée.

Objets, sites, personnages incarnent toujours chez Zola des réalités, des idées, des puissances, des mouvements qui les dépassent infiniment : leur confrontation témoigne d'une action beaucoup plus vaste qui intéresse l'univers entier. De là découle l'emploi de procédés qui transcendent le réalisme : amplification, grossissement, allégorie, références fréquentes aux mythes païens et chrétiens. Dans l'œuvre zolienne, les choses, nous l'avons dit, s'animent ; les lieux deviennent des êtres collectifs doués de personnalité consciente (comme les Halles dans *Le ventre de Paris*, le Paradou dans *La faute de l'abbé Mouret*, l'immeuble bourgeois dans *Pot-Bouille* ou le grand magasin dans *Au Bonheur des Dames*). Enfin, les protagonistes symbolisent des catégories sociales et humaines, de sorte, d'ailleurs, qu'ils se fondent aisément dans des foules — foules que Zola décrit comme emportées par une âme collective.

Car, bien sûr, entre toutes les forces, ce sont celles que forment les masses humaines, c'est l'humanité elle-même, surtout dans sa partie la plus malheureuse, la plus dépourvue, qui émeut d'abord l'écrivain. Zola exalte passionnément cette humanité en évolution, combattant pour s'arracher aux fatalités qui l'oppriment. Il y a là, au fond, une forme d'humanisme, brutal et tourmenté, qui explique la rencontre, chez Zola, entre l'obsession d'une science libératrice et le lyrisme épique de l'écriture.

LAVIELLE, *Cinq étages du monde parisien, coupe d'un immeuble* (1850).

L'IMPASSE DU NATURALISME : BARBEY D'AUREVILLY, HUYSMANS, VILLIERS DE L'ISLE-ADAM, VERNE

Félicien ROPS (1833-1898), *Satan semant l'ivraie.* Mis en dépôt au Musée Félicien Rops à Namur par la Communauté Française de Belgique.

La doctrine naturaliste, définie dans *Les romanciers naturalistes* et dans *Le roman expérimental*[1], comportait dans sa définition, mais surtout dans son application, des limites dont Zola lui-même était conscient. En 1890, au moment de son apogée, cette doctrine est déjà très controversée par tous ceux qui, pour des raisons diverses, refusent les certitudes du positivisme. La persistance de l'esprit religieux, un courant spiritualiste, le goût du surnaturel, alliés à la sensibilité symboliste[2], conduisent à ce que Huysmans appellera en 1903 « l'impasse du naturalisme »[3]. Mais c'est bien avant cette date que se révèlent les signes d'un déclin auquel les idées et les œuvres de Barbey d'Aurevilly, de Villiers de L'Isle-Adam, de Huysmans et de Verne ne sont pas étrangères.

DES MANIFESTATIONS ANTI-NATURALISTES

Le naturalisme avait entraîné l'adhésion de nombreux jeunes écrivains et paraissait en 1890 une doctrine installée et reconnue. Elle attirait pourtant une violente hostilité, au nom de la religion et de la tradition. C'est aussi par refus du réalisme cru et vulgaire que le naturalisme est violemment critiqué, non seulement par des ennemis avoués, comme Barbey d'Aurevilly, mais même par certains de ses anciens adeptes.

1. Voir p. 466, « L'entreprise naturaliste ».
2. Voir p. 399, « Le symbolisme ».
3. Nouvelle préface de *A rebours*.

Barbey d'Aurevilly est particulièrement sévère. Il accuse Zola de faire entrer ses lecteurs « dans les égouts sociaux », « d'empester », sous le prétexte d'assainir, et de « trifouiller [...] les quinzièmes dessous de la crapule humaine ». Quant aux anciens adeptes, il s'agit d'écrivains qui publient en 1887 le « Manifeste des Cinq »[1] dénonçant l'obscénité du naturalisme et la scatologie du roman récemment publié *La terre* : « Le maître est descendu au fond de l'immondice [...] le titre de naturaliste, spontanément accolé à tout livre puisé dans la réalité, ne peut plus nous convenir. »[2]

Ces manifestations, qui visent surtout Zola, sont cependant le signe d'un changement dans l'atmosphère intellectuelle et sensible de l'époque. Parlant de la « banqueroute » du naturalisme, Brunetière[3] affirme : « La science a perdu son prestige et la religion a reconquis une partie du sien. »[2] Une constatation analogue émane d'une très intéressante enquête menée par un journaliste, J. Huret, dans *L'Écho de Paris*, en 1891. Interrogeant un grand nombre d'hommes de lettres sur la situation littéraire contemporaine, il leur demande de répondre à des questions portant sur la survie du naturalisme et sur son éventuel remplacement par un autre mouvement. Le résultat de cette *Enquête sur l'évolution littéraire* souligne que le naturalisme est considéré comme moribond.

LES RAISONS DU DÉCLIN

Le déclin du naturalisme tient donc à des refus bien précis. Il s'explique également par la persistance de certaines valeurs illustrées par Villiers de L'Isle-Adam et par Barbey d'Aurevilly, et par le développement d'un courant spiritualiste. La recherche d'un idéal, l'importance accordée à l'imagination, au rêve et au surnaturel sont incompatibles avec l'acceptation de la réalité dans ses aspects les plus triviaux.

Les refus concernent les valeurs matérialistes auxquelles s'attache une bourgeoisie présentée comme étriquée. Les certitudes d'une morale étroite sont combattues à la fois par Villiers de L'Isle-Adam, à travers le personnage de Tribulat Bonhomet[4], par Huysmans dans *A rebours*[5], et par Barbey d'Aurevilly. Villiers dénonce, dans une caricature du Homais de Flaubert, la bêtise bornée et suffisante. Huysmans fait de ses héros — comme des Esseintes — des personnages spirituellement à la dérive, inadaptés au monde profondément matérialiste qui les entoure. Barbey trace, à travers ses portraits de dandys, un idéal aristocratique de marginal soucieux avant tout de sa différence. Tout le sépare du vulgaire.

L'attachement aux valeurs traditionnelles. Barbey d'Aurevilly, aussi bien que Villiers de L'Isle-Adam, vivent un constant divorce avec leur époque. Issus l'un et l'autre de familles aristocratiques, ils ont en commun le dégoût du présent, de tout ce qui touche au progrès et à la science. Ils vivent dans la nostalgie d'un monde passé, recréé ou rêvé. L'œuvre de Barbey d'Aurevilly plonge ses racines dans l'Ancien Régime *(L'ensorcelée*[6]*)* et s'attache à des traditions religieuses profondes. Villiers développe des théories passéistes et s'attache à créer, dans les personnages d'Isis et d'Axël[4], des allégories qui échappent au temps.

La démarche de Jules Verne est similaire : l'anticipation scientifique permet d'échapper à un monde décevant et dangereux, et d'exprimer, sous une forme proche du fantastique, les plus anciens rêves secrets de l'homme.

Une quête spiritualiste qui touche au fantastique, au surnaturel et au mysticisme. Il est remarquable de constater que ces auteurs, qui rejettent le présent, la science et le progrès, sont très marqués par le mysticisme. Croyants (Huysmans se convertit de manière très soudaine), ils sont fascinés par les problèmes de l'au-delà et tentés par la recherche mystique des secrets de l'univers et de la connaissance. On trouve ainsi chez Barbey d'Aurevilly un univers de violence dans lequel se déchaînent des forces presque surnaturelles, les forces occultes du mal, et où évoluent des personnages sataniques (l'abbé de La Croix-Jugan, la comtesse de Savigny). Villiers de L'Isle-Adam mène sans relâche une quête de la connaissance dans le monde utopique des mythes *(Isis)*. Quant à Huysmans, il est tenté par le satanisme et son œuvre en porte des traces, notamment *Là-bas*.

1. Ces cinq auteurs sont : P. Brunetain, J.-H. Rosny, L. Descaves, P. Margueritte, G. Guiches.
2. *Revue des Deux Mondes* du 1er septembre 1887.
3. Brunetière est un critique littéraire adversaire du naturalisme.
4. Voir p. 525.
5. Voir p. 520.
6. Voir p. 514.

A travers ces différentes œuvres, qui exaltent un monde passé (Barbey d'Aurevilly), transgressent les limites du monde connu (Villiers de L'Isle-Adam, Verne), ou dénoncent avec violence un univers en décomposition (Huysmans), c'est toute l'évolution du siècle qui est mise en cause par ces écrivains décadents : à l'optimisme exalté du positivisme, à la foi dans la science et dans le progrès, répondent le désenchantement, l'amertume et le dégoût. Le retour en force de la religion, le développement des croyances ésotériques, la sensibilité symboliste illustrée par les tableaux de G. Moreau soulignent à quel point cette fin de siècle est à la recherche de valeurs nouvelles.

Gustave MOREAU (1826-1898), *Fleur mystique*. Paris, Musée Gustave Moreau.

Jules Barbey d'Aurevilly
1808-1889

E. LÉVY (1826-1890), *Jules Barbey d'Aurevilly.* Musée du Château de Versailles.

« J'ai, parfois, dans ma vie, été bien malheureux, mais je n'ai jamais quitté mes gants blancs. »
J. Barbey d'Aurevilly

Ses ennemis, innombrables, l'appelaient « Barbey d'or vieilli ». Le calembour, facile, illustre bien, cependant, l'anachronisme constant du personnage et de l'œuvre.

De la révolte au dandysme

Avant tout, Barbey est normand, de cette Normandie violente et sauvage des landes du Cotentin. C'est dans ce paysage de granits et de marais battus par les vents que s'enracinera son œuvre[1].

Ensuite, Barbey est un aristocrate, pauvre, mais attaché aux principes et aux valeurs d'une caste : refus de la Révolution, nostalgie de l'Ancien Régime, révolte contre le présent. Mais, paradoxalement, il retourne cet instinct de révolte contre les siens : se voulant républicain, il supprime sa particule ; obligé de travailler pour vivre, il part à Paris et espère réussir dans la littérature.

Mais Paris et son conformisme bourgeois le déçoivent : le voilà dandy. Une élégance tapageuse, un mépris hautain pour la société qui l'entoure deviennent ses signes distinctifs. Il lui faut pour cela gagner de l'argent : il écrit dans des journaux, ce qui n'est guère lucratif ; il publie des œuvres mais elles n'ont pas de succès (*L'amour impossible*, 1841 ; un essai sur le dandysme, 1845)[2].

1. Voir p. 514.

2. Voir p. 512.

Un retour aux valeurs traditionnelles

Parallèlement, le républicain connaît une évolution singulière : il a repris dès 1837 son nom aristocratique — Barbey d'Aurevilly[1] — et s'oppose au libéralisme en effectuant un retour aux valeurs de l'Ancien Régime : autorité politique[2] et religion. Il s'en prend avec une violence destructrice à tout et à tous : à la démocratie, à la science, à l'Académie française, au réalisme, au féminisme, à Zola, à Courbet, à Hugo[3]... Il compose ainsi quinze volumes intitulés *Les œuvres et les hommes.*

En même temps, il construit une œuvre romanesque qui attire l'attention (en général scandalisée) des connaisseurs. En 1851, *Une vieille maîtresse* fait quelque bruit ; en 1852, *L'ensorcelée* passe inaperçue. Les romans suivants, *Le chevalier Des Touches* (1864), *Un prêtre marié* (1865), n'obtiennent pas le succès escompté. En 1874, *Les diaboliques* sont condamnées par la justice.

Un personnage original

Malgré ces nombreux insuccès, Barbey est célèbre. Il se fait remarquer par une recherche vestimentaire outrancière (cheveux teints, maquillage), et pose complaisamment au milieu de jeunes disciples admiratifs qui le surnomment le « connétable des Lettres »[4]. Il meurt en 1889, quand s'élève la Tour Eiffel. Il fermait ses lettres avec un cachet de cire où était écrit « Too late » (Trop tard). Ce fut bien un combat d'arrière-garde que le sien.

Du Dandysme et de George Brummel (1845), essai. → p. 512.
Une vieille maîtresse (1851), roman.
L'ensorcelée (1852), roman. → p. 514.
Le chevalier Des Touches (1863), roman.
Un prêtre marié (1865), roman.
Les diaboliques (1874), recueil de six nouvelles. → p. 516.
Une histoire sans nom (1882), roman.

Manuscrit de Barbey d'Aurevilly, recueil des *Disjecta membra.* Saint-Sauveur-le-Vicomte, Musée Barbey d'Aurevilly.
Ces « morceaux dispersés » se présentent comme un important carnet de notes, un aide-mémoire que Barbey a rempli de maximes personnelles, de faits d'histoire locale, de mots d'écrivains en veillant particulièrement à la présentation graphique, à la calligraphie, à la « mise en pages »...

1. D'Aurevilly est le nom d'un des oncles de Jules Barbey.
2. Ce goût explique qu'il se soit rallié avec passion à Napoléon III.
3. C'est l'origine d'une polémique au cours de laquelle Hugo, violemment critiqué, trouva, pour définir son adversaire, cet alexandrin : « Barbey d'Aurevilly, gigantesque imbécile. »
4. La formule convient bien à cet infatigable combattant...

Du Dandysme et de George Brummell

1845

« Le Dandy doit aspirer à être sublime sans interruption ; il doit vivre et dormir devant un miroir. »

Baudelaire, *Mon cœur mis à nu*, III.

George Bryan Brummell (1778-1840), dit le « Beau Brummell », fut l'arbitre des élégances dans l'Angleterre de la fin du XVIIIe et des débuts du XIXe siècle. En 1845, Barbey lui consacre une étude qui est pour lui l'occasion de cerner la notion de *dandysme*.

Les esprits qui ne voient les choses que par leur plus petit côté, ont imaginé que le Dandysme était surtout l'art de la mise, une heureuse et audacieuse dictature en fait de toilette et d'élégance extérieure. Très certainement c'est cela aussi ; mais c'est bien davantage. Le Dandysme est toute une manière d'être, et l'on n'est pas que par le côté matériellement visible[1]. C'est une manière d'être, entièrement de nuances, comme il arrive toujours dans les sociétés très vieilles et très civilisées, où la comédie devient si rare et où la convenance triomphe à peine de l'ennui. [...]

Ainsi, une des conséquences du Dandysme, un de ses principaux caractères — pour mieux parler, son caractère le plus général — est-il de produire toujours l'imprévu, ce à quoi l'esprit accoutumé au joug des règles ne peut pas s'attendre en bonne logique. L'Excentricité, cet autre fruit du terroir anglais, le produit aussi, mais d'une autre manière, d'une façon effrénée, sauvage, aveugle. C'est une révolution individuelle contre l'ordre établi, quelquefois contre la nature : ici on touche à la folie. Le Dandysme, au contraire, se joue de la règle et pourtant la respecte encore. Il en souffre et s'en venge tout en la subissant ; il s'en réclame quand il y échappe ; il la domine et en est dominé tour à tour : double et muable caractère ! Pour jouer ce jeu, il faut avoir à son service toutes les souplesses qui font la grâce [...].

C'était là ce qu'avait Brummell. Il avait la grâce comme le ciel la donne et comme souvent les compressions sociales la faussent. Mais enfin il l'avait, et par là il répondait aux besoins de caprice des sociétés ennuyées et trop durement ployées sous les strictes rigueurs de la convenance. Il était la preuve de cette vérité qu'il faut redire sans cesse aux hommes de la règle : c'est que si l'on coupe les ailes à la Fantaisie, elles repoussent plus longues de moitié.

Du Dandysme et de George Brummel, V.

Le dandy selon Balzac et Baudelaire

En juin-juillet 1830, Balzac publie dans une revue un article consacré au costume masculin moderne. Il commence par y étudier les valeurs sociales de la cravate.

Sous l'Ancien Régime, chaque classe de la société avait son costume : on reconnaissait à l'habit le seigneur, le bourgeois, l'artisan. Alors, la cravate (si l'on peut donner ce nom au col de mousseline et au morceau de dentelle dont nos pères enveloppaient leur cou) n'était rien qu'un vêtement nécessaire, d'étoffe plus ou moins riche, mais sans considération, comme sans importance personnelle. Enfin les Français devinrent tous égaux dans leurs droits, et aussi dans leur toilette, et la différence dans l'étoffe ou la coupe des habits ne distingua plus les conditions. Comment alors se reconnaître au milieu de cette uniformité ? Par quel signe extérieur distinguer le rang de chaque individu ? Dès lors était réservée à la cravate une destinée nouvelle : de ce jour, elle est née à la vie publique, elle a acquis une importance sociale ; car elle fut appelée à rétablir les nuances entièrement effacées dans la toilette, elle devint le critérium auquel on reconnaîtrait l'homme comme il faut et l'homme sans éducation.

[...] Tant vaut l'homme, tant vaut la cravate. Et, à vrai dire, la cravate, c'est l'homme ; c'est par elle que l'homme se révèle et se manifeste.

[...]

Car la cravate ne vit que d'originalité et de naïveté ; l'imitation, l'assujettissement aux règles la décolorent, la glacent, la tuent. Ce n'est ni par étude ni par travail qu'on arrive à bien ; c'est spontanément, c'est d'instinct, d'inspiration que se met la cravate. Une cravate bien mise, c'est un de ces traits de génie qui se sentent, s'admirent, mais ne s'analysent ni ne s'enseignent. Aussi, j'ose le dire avec toute la force de la conviction, la cravate est romantique dans son essence ; du jour où elle subira des règles générales, des principes fixes, elle aura cessé d'exister.

Balzac, Physiologie de la toilette, *I.*

1. Dans un article paru dans *Le Figaro* du 17 octobre 1861, Barbey écrit : « On ne se fait pas Brummell. On l'est ou on ne l'est pas. » De fait, son essai n'est nullement un guide pratique destiné à qui voudrait *devenir* dandy : on *naît* dandy, on ne le devient pas.

En 1845, la première édition de l'essai de Barbey ne fut publiée qu'à une trentaine d'exemplaires. En 1861, une seconde édition connut un plus large tirage. Parmi ses lecteurs, Charles Baudelaire, lui-même personnellement très soucieux de dandysme[1]. Il écrivit dans *Le Figaro* un article à ce sujet, où il se souvient des analyses faites par Barbey.

Le dandysme n'est même pas, comme beaucoup de personnes peu réfléchies paraissent le croire, un goût immodéré de la toilette et de l'élégance matérielle. Ces choses ne sont pour le parfait dandy qu'un symbole de la supériorité aristocratique de son esprit. Aussi, à ses yeux, épris avant tout de distinction, *la perfection de la toilette consiste-t-elle dans la simplicité absolue, qui est, en effet, la meilleure manière de se distinguer. Qu'est-ce donc que cette passion qui, devenue doctrine, a fait des adeptes dominateurs, cette institution non écrite qui a formé une caste si hautaine ? C'est avant tout le besoin ardent de se faire une originalité, contenu dans les limites extérieures des convenances. C'est une espèce de culte de soi-même [...]. C'est le plaisir d'étonner et la satisfaction orgueilleuse de ne jamais être étonné. Un dandy peut être un homme blasé, peut être un homme souffrant ; mais, dans ce dernier cas, il sourira comme le Lacédémonien sous la morsure du renard[2].*

On voit que, par de certains côtés, le dandysme confine au spiritualisme et au stoïcisme. Mais un dandy ne peut jamais être un homme vulgaire. [...]

Le dandysme est un soleil couchant ; comme l'astre qui décline, il est superbe, sans chaleur et plein de mélancolie. Mais hélas ! la marée montante de la démocratie, qui envahit tout et qui nivelle tout, noie jour après jour ces derniers représentants de l'orgueil humain [...].

Baudelaire, Le peintre de la vie moderne, *IXe partie, « Le dandy ».*

« Le dandy s'affirme en s'opposant... »

Le dandysme, en tant que phénomène de société, non sans influence sur le courant des idées, fut une invention de cette fin de siècle[3], alors que la monarchie aussi bien que l'aristocratie avaient renié leurs valeurs. Menacés par les puissances d'argent auxquelles leurs folies les avaient aliénés, les nobles retrouvaient chez le dandy un modèle, un être parfait extérieurement et totalement indifférent intérieurement, un homme uniquement voué à sa propre perfection, comme eux-mêmes l'avaient été à leurs règles ancestrales. Le dandy s'affirme en s'opposant et Brummell devient un miroir social où vérifier sa conformité à la nouvelle règle. Hors du commun, il irrite, plaît, est imité alors même qu'il est inimitable. Il se tient à l'écart de la société alors qu'il n'existe que par elle. Contradiction fondamentale qui sous-tend son désespoir : avoir besoin de ce qu'il méprise. Après que la Révolution française eut fini d'ébranler les anciennes valeurs sociales, tandis que l'Angleterre subissait une crise de moralité, voilà que Brummell impose, comme en se jouant, une nouvelle référence, tout de suite adoptée par la noblesse en plein désarroi, et par l'aristocratie de l'argent qui souhaitait acquérir ce qui lui manquait pour affirmer sa réussite sociale. Cette valeur nouvelle, c'était l'élégance interne qui commandait la tenue externe.

Jacques de Langlade, Brummell ou le prince des dandys,
Éd. Presses de la Renaissance, 1985.

Étude comparée des trois textes

1. Mettre en évidence les caractéristiques du dandysme telles qu'elles apparaissent dans ces trois textes.
2. Montrer que le dandysme est étroitement lié à des phénomènes historiques.
3. Souligner ce que cette attitude peut avoir de contradictoire. Quels sont ses dangers ?

1. Voir p. 307.
2. Allusion à un célèbre épisode de l'histoire de Sparte (ville appelée aussi *Lacédémone*) : un adolescent qui avait volé un renard et l'avait caché sous sa tunique, dénia son larcin devant ceux qui l'interrogeaient, tandis que l'animal lui mangeait les entrailles.
3. La fin du XVIIIe siècle.

L'ensorcelée

1852[1]

C'est dans le sillage de sa grande « conversion » de 1846[2] que Barbey d'Aurevilly se trace un ambitieux programme : composer, sous le titre *Ouest*, une vaste fresque romanesque dont le thème sera la chouannerie[3] de sa Normandie natale. Mais, des nombreux romans prévus, seuls trois verront le jour. Ce sont *L'ensorcelée*, *Le chevalier Des Touches* et *Un prêtre marié*.

Avec *L'ensorcelée*, précise Barbey, « j'ai tâché de faire du Shakespeare dans un fossé du Cotentin [...] ». Et en effet, tout comme certaines pièces du dramaturge anglais, ce roman est une terrible histoire d'amour et de mort sur fond fantastique de lande envoûtante et envoûtée.

« ... ce visage qui était aussi une chose sans nom. »

Nous sommes en 1802. Il y a dix ans que Mlle de Feuardent, une fougueuse aristocrate, s'est mésalliée en épousant un paysan enrichi par la Révolution. Elle est devenue Jeanne Le Hardouey ou, « pour parler comme dans le pays, la femme à maître Thomas Le Hardouey ». Un jour, dans l'église de Blanchelande[4], la respectable épouse voit un étrange prêtre...

Or, ce soir-là, le salut[5] était d'autant plus beau à l'église de Blanchelande pour ces paysans prosternés, qu'un tel spectacle avait longtemps manqué à leur foi[6]. A cette époque, sans aucun doute, il dut y avoir de véritables ivresses pour les âmes croyantes dans la contemplation ressuscitée de ces anciennes cérémonies revenant déployer leurs pompes vénérées dans ces temples fermés trop longtemps, quand ils n'avaient pas été profanés. De telles impressions dorment maintenant dans le cercueil de nos pères, mais on comprend bien qu'elles durent être puissantes et profondes. Jeanne Le Hardouey éprouvait ces émotions comme les eût éprouvées une femme plus pieuse qu'elle, car il est des moments où la croyance s'élève dans les plus tièdes et les plus froids, comme un bouillonnement éblouissant, mais trop souvent pour retomber ! Elle était à genoux, comme toute l'église, quand la procession s'avança flamboyante, à travers les ténèbres de la nef. Les prêtres défilaient un à un, chantant les hymnes traditionnelles, un cierge allumé dans une main, et dans l'autre leur livre de plain-chant[7] ; et le dais pourpre, avec ses panaches blancs renversés, rayonnait dans la perspective. Jeanne regardait passer tous ces prêtres le long de son banc et attendait, avec une impatience dont elle n'avait pas le secret, l'étranger qui l'avait tant frappée. Probablement, en sa qualité d'étranger, on avait voulu lui faire honneur, car il marchait le dernier de tous, un peu avant les diacres[8] en dalmatique[9] qui précédaient immédiatement l'officiant chargé du Saint-Sacrement et abrité sous le dais. Seul de tous ces prêtres splendides, il n'avait pas changé de costume, les vêpres finies. Il avait gardé son manteau et son austère capuchon noir, et il s'en venait, silencieux parmi ceux qui chantaient, avec cette majesté presque profane, tant elle était hautaine ! qui se déployait dans son port impérieux. Il avait un livre dans sa main gauche, tombant négligemment vers la terre, le long des plis de son manteau, et de la droite il tenait un cierge, presque à bras tendu, comme s'il eût essayé d'écarter la lumière de son visage. Dieu du ciel ! avait-il la conscience de son horreur ? Seulement, s'il l'avait, cette conscience, ce n'était pas pour lui, c'était pour les autres. Lui, sous ce masque de cicatrices[10], il gardait une âme dans laquelle, comme dans cette face labourée, on ne pouvait marquer une blessure de plus. Jeanne eut peur, elle l'a avoué depuis, en voyant la terrible tête encadrée dans ce capuchon noir ; ou plutôt non, elle n'eut pas peur : elle eut un frisson, elle eut une espèce de vertige, un étonnement cruel qui lui fit mal comme la morsure de l'acier. Elle eut enfin une sensation sans nom, produite par ce visage qui était aussi une chose sans nom.

L'ensorcelée, ch. 4.

Pour préparer l'étude du texte

1. Distinguer les différents mouvements du texte et leurs caractéristiques (présentation des circonstances, description du prêtre, réactions de Jeanne).
2. Le contexte religieux. Pourquoi l'auteur insiste-t-il autant sur les données historiques et sur la cérémonie ?
3. En quoi cette scène de rencontre est-elle insolite ?

1. Le roman parut d'abord en feuilleton dans un quotidien. Il ne sortit sous forme de volume qu'en 1855.
2. Voir ci-dessus, p. 511.
3. La chouannerie est l'insurrection royaliste qui embrasa tout l'ouest de la France à partir de 1793.
4. Barbey connaissait bien cette église abbatiale, située à une dizaine de kilomètres de Saint-Sauveur-le-Vicomte, où il était né.
5. Office catholique célébré dans la soirée, après les vêpres. On y « salue » le Saint-Sacrement.
6. A la suite du Concordat de 1801, traité conclu entre Bonaparte et le pape, les églises, dont la plupart avaient été fermées sous la Révolution, venaient tout juste d'être rouvertes.
7. Chant grégorien. *Plain* vient du latin *planus* : plat, plan, uniforme (cf. plaine). Le plain-chant a en effet une ligne mélodique d'une grande simplicité et un rythme régulier.
8. Dans la hiérarchie catholique, le diacre est celui qui a reçu l'ordre immédiatement inférieur à la prêtrise.
9. Vêtement liturgique porté par les diacres et les sous-diacres.
10. Ce prêtre est monstrueusement défiguré.

« il souffrait à faire pitié au démon lui-même »

Jeanne est donc *ensorcelée* par ce prêtre inquiétant. Peut-être même, suggère le narrateur, sa passion folle est-elle due à quelque mauvais sort jeté par un de ces bergers sorciers qui errent sur la lande voisine... Le prêtre, l'abbé de La Croix-Jugan*, est un ancien chef chouan qui, après la défaite de l'insurrection qu'il dirigeait, se tira un coup de fusil en plein visage. Les *Bleus*[1] achevèrent de le défigurer.

Il n'accorde aucune attention à la jeune femme, que l'on retrouve un matin noyée. Accident ? suicide ? assassinat ? Le doute subsiste. Quelques mois plus tard, l'abbé célèbre la messe de Pâques dans l'église de Blanchelande : une balle part de l'assistance ; le prêtre s'écroule sur l'autel, mortellement frappé.

On ne saura jamais qui est l'assassin. Mais depuis, les paysans racontent que parfois, à minuit, l'abbé revient hanter son église. L'un d'eux rapporte ce qu'il a aperçu.

« Il n'y avait que lui à l'autel... Ni répondant[2], ni diacre[3], ni *chœuret*[4]. Il était seul. Il sonna lui-même la clochette d'argent qui était sur les marches quand il commença l'*Introïbo*[5]. Il se répondait à lui-même comme s'il avait été deux personnages ! Au *Kyrie eleison*[6], il ne chanta pas... C'était une messe basse[7] qu'il disait... et il allait vite. Moi, je ne pensais rien qu'à regarder. Toute ma vie se ramassait dans ce trou de portail... Tout à coup, au premier *Dominus vobiscum*[8] qui l'obligea à se retourner, je fus forcé de me fourrer les doigts dans les trous qui *vironnaient*[9] celui par lequel je guettais, pour ne pas tomber à la renverse... Je vis que sa face était encore plus horrible qu'elle n'avait été de son vivant, car elle était toute semblable à celles qui roulent dans les cimetières quand on creuse les vieilles fosses et qu'on y déterre d'anciens os. Seulement les blessures qui avaient *foui*[10] la face de l'abbé étaient *engravées* dans ses os. Les yeux seuls y étaient vivants, comme dans une tête de chair, et ils brûlaient comme deux chandelles. Ah ! je crus qu'ils voyaient mon œil à travers le trou du portail, et que leur feu allait m'éborgner en me brûlant... Mais j'étais endiablé de voir jusqu'au bout... et je regardais ! Il continua de marmotter sa prière, se répondant toujours et sonnant aux endroits où il fallait sonner ; mais pus il s'avançait, pus il se troublait... Il s'embarrassait, il s'arrêtait... On eût gagé qu'il avait oublié sa science... Vère[11] ! i'n'savait pus ! Néanmoins, il allait encore, buttant à tout mot comme un bègue, et reprenant... quand, arrivé à la *préface*[12], il s'arrêta court... Il prit sa tête de mort dans ses mains d'*esquelette*, comme un homme perdu qui cherche à se rappeler une chose qui peut le sauver et qui ne se la rappelle pas ! Une espèce de *courroux*[13] lui creva la poitrine... Il voulut consacrer[14], mais il laissa choir le calice sur l'autel... Il le touchait comme s'il lui eût dévoré les mains. Il avait l'air de devenir fou. Vère ! un mort fou ! Est-ce que les morts peuvent devenir fous jamais ? Ch'était pus qu'horrible ! J'm'attendais à voir le démon sortir de dessous l'autel, se jeter sur lui et le remporter ! Les dernières fois qu'il se retourna, il avait des larmes, de grosses larmes qui ressemblaient à du plomb fondu, le long de son visage. Il pleurait, ah ! mais il pleurait comme s'il avait été vivant ! « C'est Dieu qui le punit, — me dis-je, — et quelle punition !... » Et les mauvaises pensées me revinrent : vous savez, toutes ces *affreusetés* qu'on avait traînées sur la renommée de ce prêtre et de Jeanne Le Hardouey. Sans doute qu'il était damné, mais il souffrait à faite pitié au démon lui-même. Vère ! par saint Paterne, évêque d'Avranches, c'était pis pour lui que l'enfer, c'te messe qu'il s'entêtait à achever et qui lui tournait dans la mémoire et sur les lèvres ! Il en avait comme une manière de sueur de sang mêlée à ses larmes qui ruisselaient, éclairées par les cierges, sur sa face et presque sur sa poitrine, comme du plomb dans la rigole d'un moule à balles ou du vitriol. Quand je vous redirais qu'il recommença pus de vingt fois c'te messe impossible, j'ne vous mentirais pas. Il s'y épuisait. Il en avait la *broue*[15] à la bouche comme un homme qui tombe de haut mal[16] ; mais il ne tombait pas, il restait droit. Il priait toujours, mais il brouillait toujours sa messe, et, de temps en temps, il tordait ses bras au-dessus de sa tête et les dressait vers le tabernacle comme deux tenailles, comme s'il eût demandé grâce à un Dieu irrité qui n'écoutait pas ! »

L'ensorcelée, ch. 16.

Pour préparer l'étude du texte

1. Déterminer quels sont, dans ce passage, les éléments favorables à la création d'un contexte fantastique (nature des lieux, du moment, circonstances).
2. Récapituler tous les éléments présentant un caractère anormal et les classer.
3. Déduire des réponses précédentes les caractéristiques du récit fantastique chez Barbey d'Aurevilly.

1. Nom donné par les Chouans aux soldats républicains.
2. Est ainsi appelé celui qui, pendant la messe, répond au prêtre célébrant par des formules consacrées.
3. Voir ci-dessus, page 514, note 8.
4. Enfant de chœur. Le terme est un provincialisme.
5. Prière de préambule à la messe. Elle commence par les mots « Introïbo ad altare Dei » (« Je m'approcherai de l'autel de Dieu »).
6. Prière d'imploration dont les mots — grecs — signifient : « Seigneur, prends pitié ! »
7. Une messe basse est une messe non chantée.
8. Pendant la messe, l'officiant proclame plusieurs fois *« Dominus vobiscum »* (« Que le Seigneur soit avec vous ! »).
9. Environnaient.
10. Du verbe *fouir* : creuser (cf. enfouir).
11. Vrai ! (patois).
12. Partie de la messe qui précède immédiatement la consécration.
13. Violent malaise, syncope.
14. La consécration est l'acte par lequel le prêtre transforme le pain et le vin, qui deviennent alors le corps et le sang du Christ.
15. Mousse, écume (patois normand).
16. Dans l'ancienne langue populaire, le haut mal désigne l'épilepsie.

Les diaboliques
1874

En 1874, la publication des six nouvelles des *Diaboliques* fait scandale. La justice est saisie, mais il n'y aura pas de bataille judiciaire : l'auteur accepte la destruction des exemplaires saisis par la police. L'ouvrage ne reparaîtra qu'en 1882.

Il est vrai que ces nouvelles ont de quoi choquer le lecteur le plus endurci : violence, perversité colorent ces pages sulfureuses et, selon leur auteur, « sataniques ». Ces « diaboliques » sont des femmes dont il assure : « Diaboliques ! il n'y en a pas une seule ici qui ne le soit à quelque degré. »

Barbey se défend pourtant de complaisance perverse dans le satanisme. Il se veut « moraliste chrétien », et les passions horribles ne sont dénoncées que pour être mieux repoussées.

Le narrateur se promène avec un ami médecin au Jardin des Plantes de Paris. Arrêtés devant la cage de la panthère noire, ils sont soudain distraits par l'arrivée d'un couple d'une quarantaine d'années à la beauté exceptionnelle.

Chose étrange ! dans le rapprochement de ce beau couple, c'était la femme qui avait les muscles, et l'homme qui avait les nerfs... Je ne la voyais alors que de profil ; mais, le profil, c'est l'écueil de la beauté ou son attestation la plus éclatante. Jamais, je crois, je n'en avais vu de plus pur et de plus altier. Quant à ses yeux, je n'en pouvais juger, fixés qu'ils étaient sur la panthère, laquelle, sans doute, en recevait une impression magnétique et désagréable, car, immobile déjà, elle sembla s'enfoncer de plus en plus dans cette immobilité rigide, à mesure que la femme, venue pour la voir, la regardait ; et — comme les chats à la lumière qui les éblouit — sans que sa tête bougeât d'une ligne, sans que la fine extrémité de sa moustache, seulement, frémît, la panthère, après avoir clignoté quelque temps, et comme n'en pouvant plus supporter davantage, rentra lentement, sous les coulisses tirées de ses paupières, les deux étoiles vertes de ses regards. Elle se claquemurait.

« Eh ! eh ! panthère contre panthère ! — fit le docteur à mon oreille ; — mais le satin est plus fort que le velours. »

Le satin, c'était la femme, qui avait une robe de cette étoffe miroitante — une robe à longue traîne. Et il avait vu juste, le docteur ! Noire, souple, d'articulation aussi puissante, aussi royale d'attitude, — dans son espèce, d'une beauté égale, et d'un charme encore plus inquiétant, — la femme, l'inconnue, était comme une panthère humaine, dressée devant la panthère animale qu'elle éclipsait ; et la bête venait de le sentir, sans doute, quand elle avait fermé les yeux. Mais la femme — si c'en était un — ne se contenta pas de ce triomphe. Elle manqua de générosité. Elle voulut que sa rivale la vît qui l'humiliait, et rouvrît les yeux pour la voir. Aussi, défaisant sans mot dire les douze boutons du gant violet qui moulait son magnifique avant-bras, elle ôta ce gant, et, passant audacieusement sa main entre les barreaux de la cage, elle en fouetta le museau court de la panthère, qui ne fit qu'un mouvement... mais quel mouvement !... et d'un coup de dents, rapide comme l'éclair !... Un cri partit du groupe où nous étions. Nous avions cru le poignet emporté : ce n'était que le gant. La panthère l'avait englouti. La formidable bête outragée avait rouvert des yeux affreusement dilatés, et ses naseaux froncés vibraient encore...

« Folle ! » dit l'homme, en saisissant ce beau poignet, qui venait d'échapper à la plus coupante des morsures.

Vous savez comme parfois on dit : « Folle !... » Il le dit ainsi ; et il le baisa, ce poignet, avec emportement.

Et, comme il était de notre côté, elle se retourna de trois quarts pour le regarder baisant son poignet nu, et je vis ses yeux, à elle... ces yeux qui fascinaient des tigres, et qui étaient à présent fascinés par un homme ; ses yeux, deux larges diamants noirs, taillés pour toutes les fiertés de la vie, et qui n'exprimaient plus en le regardant que toutes les adorations de l'amour !

Ces yeux-là étaient et disaient tout un poème. L'homme n'avait pas lâché le bras, qui avait dû sentir l'haleine fiévreuse de la panthère, et, le tenant replié sur son cœur, il entraîna la femme dans la grande allée du jardin, indifférent aux murmures et aux acclamations du groupe populaire, — encore ému du danger que l'imprudente venait de courir, — et qu'il retraversa tranquillement. Ils passèrent auprès de nous, le docteur et moi, mais leurs visages tournés l'un vers l'autre, se serrant flanc contre flanc, comme s'ils avaient voulu se pénétrer, entrer, lui dans elle, elle dans lui, et ne faire qu'un seul corps à eux deux, en ne regardant rien qu'eux-mêmes.

Les diaboliques, « Le bonheur dans le crime ».

Pour préparer l'étude du texte

1. Faire le plan du texte
— en précisant le caractère spécifique de chacune des trois parties ;
— en montrant que chaque partie suit le même schéma ;
— en soulignant la similitude des transitions.
2. En quoi la troisième partie constitue-t-elle un renversement complet des rôles ?

Félicien ROPS (1833-1898), Illustration pour *Le bonheur dans le crime.*
Paris, Bibliothèque Nationale.

L'œuvre de Barbey d'Aurevilly, violente et décadente, est caractérisée par trois orientations indissociables. Celles-ci définissent les personnages et les situations, l'auteur lui-même, et le rôle qu'il attribue à la littérature. Ce sont le dandysme, les passions et le souci de la morale.

Le dandysme

Ce thème est spécifiquement traité dans l'essai consacré à G. Brummell[1]... Il apparaît également à travers le portrait de plusieurs personnages (le vicomte de Brassard[2], le comte de Sérigny[3]). Comme pour Byron, Musset, Balzac et Baudelaire, le dandysme, pour Barbey d'Aurevilly, est beaucoup plus qu'une apparence élégante et raffinée. C'est un état d'esprit qui dicte un comportement : adaptation personnalisée aux lois, et non soumission — expression d'une liberté individuelle — affirmation d'une supériorité intellectuelle. Être dandy, c'est une façon de refuser le nivellement social né de la Révolution. C'est exprimer, par une attitude volontiers cynique et hautaine, la nostalgie d'un ordre social et de valeurs révolues.

Les passions

Ces « phénomènes ardents de la vie » animent des personnages hors du commun de mouvements irrépressibles, irraisonnés et destructeurs, qui défient la morale et la religion : ils sont en effet sataniques. C'est l'amour fou de Jeanne Le Hardouey pour l'abbé de La Croix-Jugan[4]. C'est la volonté de destruction qui pousse Hauteclaire à empoisonner la comtesse de Savigny[5]. Ces mouvements de l'âme et du corps, vécus comme une fatalité dévastatrice, se développent dans des contextes où le fantastique côtoie la réalité. Barbey d'Aurevilly utilise avec brio les contrastes de lumière et d'obscurité, le flamboiement des couleurs, les paysages nocturnes, les scènes historiques.

Le souci de la morale

Bien qu'il mette en scène des personnages diaboliques en proie aux pires perversions, Barbey d'Aurevilly affirme non seulement des convictions religieuses sincères, mais un projet moralisateur. Comme Racine, il pense que la peinture des passions doit inspirer l'horreur. Il récuse donc tout reproche de satanisme : les passions font partie de la nature humaine, on ne peut les nier. Les montrer peut provoquer le désir de les fuir.

« L'auteur de ceci, qui croit au diable, et à ses influences dans le monde, n'en rit pas et il ne les raconte aux âmes pures que pour les en épouvanter. »[6]

1. *Du Dandysme et de G. Brummell.*
2. *Les diaboliques,* « Le rideau cramoisi ».
3. « Le bonheur dans le crime ».
4. *L'ensorcelée.*
5. « Le bonheur dans le crime ».
6. Préface des *Diaboliques* (1874).

Joris-Karl Huysmans
1848-1907

J.-K. Huysmans photographié par DORNAC.

En cette fin du XIXe siècle où s'entrecroisent tous les courants, Huysmans, tour à tour naturaliste, décadent, sataniste, catholique, est un écrivain qui échappe aux classifications. Pourtant l'œuvre reflète une unité profonde, due à la puissance d'un tempérament et à la force d'un style.

Il n'y a pas grand-chose à dire de sa vie. Né en 1848, mort en 1907 à Paris, il a toujours vécu dans le même quartier, un quartier de prêtres et de petits bourgeois, dont les rues coites s'enroulent autour de Saint-Sulpice[1]. Son père est un lithographe hollandais ; il meurt lorsque l'enfant a huit ans. Sa mère se remarie très vite et Charles-Georges se sent délaissé. Il se vengera à sa façon : pas de mère, pas de femme aimante dans son œuvre, mais une sérieuse misogynie. Il est fier de ses origines bataves[2], reprend, pour publier son premier livre, la forme hollandaise de ses prénoms, Joris-Karl ; il se sent un homme du Nord, appelle un ciel gris « un ciel propre », et quand il quitte son douillet appartement parisien, il ne s'éloigne jamais beaucoup des frontières de l'est et du nord pour visiter les villes d'Allemagne, de Belgique et des Pays-Bas.

Célibataire endurci, fonctionnaire pendant trente-deux ans dans le même ministère, celui de l'Intérieur, il mène la vie de tout le monde, a des gouvernantes, des maîtresses, des amis, tient la politique en horreur, participe avec réticence aux mondanités des gens de lettres.

Le principal événement de sa vie est sa conversion au catholicisme en 1891. Il est alors tenté par la vie monastique et passe deux ans à Ligugé, à côté de l'abbaye de Saint-Martin, où il revêt l'oblature[3] en 1900. Il regagne Paris lorsque les moines doivent quitter le monastère[4] et meurt en 1907 après de longues souffrances causées par un cancer de la gorge.

1. Église du VIe arrondissement de Paris.
2. Hollandaises.
3. Vœux prononcés par une personne qui s'est agrégée à une communauté religieuse et en observe certaines règles, sans abandonner la vie laïque.
4. Les lois Combes sur les Congrégations (1901) provoquèrent le départ de France de nombreuses congrégations religieuses.

Marthe, histoire d'une fille (1876), roman.
Les sœurs Vatard (1879), roman.
A vau-l'eau (1882), nouvelle. → p. 519.
L'art moderne (1883), critique d'art.
A rebours (1884), roman. → p. 520.
Là-bas (1891), roman.
En route (1895), roman.
Trois primitifs (1904), critique d'art.

A vau-l'eau

1882

Jean Folantin, fonctionnaire sans éclat et célibataire endurci, à l'estomac délicat, recherche la meilleure façon de se nourrir à peu de frais, et va d'échec en échec. Voici deux courts extraits, le début et la fin de la nouvelle.

Le garçon mit sa main gauche sur la hanche, appuya sa main droite sur le dos d'une chaise et il se balança sur un seul pied, en pinçant les lèvres.

— Dame, ça dépend des goûts, dit-il ; moi, à la place de monsieur, je demanderais du Roquefort.

— Eh bien, donnez-moi un Roquefort.

Et M. Jean Folantin, assis devant une table encombrée d'assiettes où se figeaient des rogatons[1] et des bouteilles vides dont le cul estampillait[2] d'un cachet bleu la nappe, fit la moue, ne doutant pas qu'il allait manger un désolant fromage ; son attente ne fut nullement déçue ; le garçon apporta une sorte de dentelle blanche marbrée d'indigo[3], évidemment découpée dans un pain de savon de Marseille.

M. Folantin chipota ce fromage, plia sa serviette, se leva, et son dos fut salué par le garçon qui ferma la porte.

[...]

M. Folantin descendit de chez cette fille[4] profondément écœuré et, tout en s'acheminant vers son domicile, il embrassa d'un coup d'œil l'horizon désolé de la vie ; il comprit l'inutilité des changements de routes, la stérilité des élans et des efforts ; il faut se laisser aller à vau-l'eau ; Schopenhauer[5] a raison, se dit-il, « la vie de l'homme oscille comme un pendule entre la douleur et l'ennui ». Aussi n'est-ce point la peine de tenter d'accélérer ou de retarder la marche du balancier ; il n'y a qu'à se croiser les bras et à tâcher de dormir ; mal m'en a pris d'avoir voulu renouveler les actes du temps passé, d'avoir voulu aller au théâtre, fumer un bon cigare, avaler des fortifiants et visiter une femme ; mal m'en a pris de quitter un mauvais restaurant pour en parcourir de non moins mauvais, et tout cela pour échouer dans les sales vol-au-vent[6] d'un pâtissier !

Tout en raisonnant de la sorte, il était arrivé devant sa maison. Tiens, je n'ai pas d'allumettes, se dit-il, en fouillant ses poches, dans l'escalier ; il pénétra dans sa chambre, un souffle froid lui glaça la face et, tout en s'avançant dans le noir, il soupira : le plus simple est encore de rentrer à la vieille gargote[7], de retourner demain à l'affreux bercail. Allons, décidément, le mieux n'existe pas pour les gens sans le sou ; seul, le pire arrive.

A vau-l'eau, ch. 1 et 4.

Pour préparer l'étude du texte

1re partie du texte (l. 1 à 9).

1. L'art de l'entrée en matière : en quoi ce début de nouvelle est-il original ?
2. L'écriture dépréciative : quels sont les moyens utilisés pour souligner le dégoût, la médiocrité, l'insatisfaction ?

2e partie du texte (l. 10 à 21).

1. Étudier dans ce passage les différents types d'énoncés : récit, monologue intérieur, style indirect libre.
2. Analyser la manière dont s'expriment le fatalisme et le pessimisme du héros.
3. Établir un lien entre l'attitude du héros et le titre de la nouvelle.

Pour une étude comparée

Huysmans, *A vau-l'eau* (début du texte). H. Michaux, « Plume au restaurant » *(Un certain Plume)*.

1. Restes peu appétissants.
2. Marquait d'une empreinte attestant l'authenticité d'un produit.
3. Bleu intense.
4. Il s'agit d'une femme rencontrée dans un café, qui a emmené Folantin chez elle, presque malgré lui.
5. Arthur Schopenhauer (1788-1860) : philosophe allemand qui érigea le pessimisme en système. A eu une grande influence sur les écrivains du XIXe siècle.
6. Pâte feuilletée, garnie de viande, de champignons et de quenelles.
7. Restaurant de dernier ordre.

A rebours

1884

Après avoir dilapidé sa fortune et ses forces, le duc Jean des Esseintes se retire du monde. Il s'installe à Fontenay-aux-Roses, dans une « thébaïde[1] raffinée », où il va s'efforcer de vivre « à rebours ». Dans le domaine de la vie quotidienne, comme dans celui de l'art, de la littérature ou de l'amour, il n'aime que ce qui est rare, subtil, artificiel, excessif souvent, parfois pervers — bref décadent[2].

Des Esseintes est aussi un malade, un névrosé que hantent des souvenirs morbides, un avatar du « René » de Chateaubriand[3], victime d'un nouveau mal du siècle. Son corps se détraque et bientôt il ne peut plus s'alimenter que grâce à des lavements nourriciers — ce qui est le comble de l'artifice ! Le médecin, consulté, le renvoie dans le monde. Le seul recours qu'il lui reste alors est la religion.

La description de la salle à manger de Des Esseintes est située au début du roman.

Cette salle à manger ressemblait à la cabine d'un navire avec son plafond voûté, muni de poutres en demi-cercle, ses cloisons et son plancher, en bois de pitchpin[4], sa petite croisée ouverte dans la boiserie, de même qu'un hublot dans un sabord[5].

Ainsi que ces boîtes du Japon qui entrent les unes dans les autres, cette pièce était insérée dans une pièce plus grande, qui était la véritable salle à manger bâtie par l'architecte.

Celle-ci était percée de deux fenêtres, l'une, maintenant invisible, cachée par la cloison qu'un ressort rabattait cependant, à volonté, afin de permettre de renouveler l'air qui par cette ouverture pouvait alors circuler autour de la boîte de pitchpin et pénétrer en elle ; l'autre, visible, car elle était placée juste en face du hublot pratiqué dans la boiserie, mais condamnée ; en effet, un grand aquarium occupait tout l'espace compris entre ce hublot et cette réelle fenêtre ouverte dans le vrai mur. Le jour traversait donc, pour éclairer la cabine, la croisée, dont les carreaux avaient été remplacés par une glace sans tain, l'eau, et, en dernier lieu, la vitre à demeure du sabord.

Au moment où le samovar[6] fumait sur la table, alors que, pendant l'automne, le soleil achevait de disparaître, l'eau de l'aquarium, durant la matinée vitreuse et trouble, rougeoyait et tamisait sur les blondes cloisons des lueurs enflammées de braises.

Quelquefois, dans l'après-midi, lorsque, par hasard, des Esseintes était réveillé et debout, il faisait manœuvrer le jeu des tuyaux et des conduits qui vidaient l'aquarium et le remplissaient à nouveau d'eau pure, et il y faisait verser des gouttes d'essences colorées, s'offrant, à sa guise ainsi, les tons verts ou saumâtres, opalins ou argentés, qu'ont les véritables rivières, suivant la couleur du ciel, l'ardeur plus ou moins vive du soleil, les menaces plus ou moins accentuées de la pluie, suivant, en un mot, l'état de la saison et de l'atmosphère.

Il se figurait alors être dans l'entre-pont d'un brick[7], et curieusement il contemplait de merveilleux poissons mécaniques, montés comme des pièces d'horlogerie, qui passaient devant la vitre du sabord et s'accrochaient dans de fausses herbes ; ou bien, tout en aspirant la senteur du goudron, qu'on insufflait dans la pièce avant qu'il y entrât, il examinait, pendues aux murs, des gravures en couleur représentant, ainsi que dans les agences des paquebots et des Lloyd[8], des steamers en route pour Valparaiso et la Plata, et des tableaux encadrés sur lesquels étaient inscrits les itinéraires de la ligne du Royal mail steam Packet, des compagnies Lopez et Valéry, les frets[9] et les escales des services postaux de l'Atlantique.

Puis, quand il était las de consulter ces indicateurs, il se reposait la vue en regardant les chronomètres et les boussoles, les sextants[10] et les compas, les jumelles et les cartes éparpillées sur une table au-dessus de laquelle se dressait un seul livre, relié en veau marin, *Les aventures d'Arthur Gordon Pym*[11], spécialement tiré pour lui, sur papier vergé, pur fil trié à la feuille, avec une mouette en filigrane.

A rebours, ch. 2.

Pour préparer l'étude du texte

1. Montrer que la description illustre l'affirmation : « Cette salle à manger ressemblait à la cabine d'un navire ».
2. Faire une récapitulation et une étude précise du vocabulaire qui met en relief :
— le goût du détail,
— la recherche de l'artifice,
— un contexte de long voyage maritime.
3. Quelle est la fonction de cette description ?

Pour un groupement de textes

Fonctions de la description dans le roman.

Cf. groupement de textes, p. 183.

1. Lieu désert où l'on mène une vie austère — le nom vient de la ville égyptienne de Thèbes, près de laquelle vécurent de nombreux solitaires.
2. Voir pp. 508-509 et 557.
3. Voir p. 35.
4. Bois de pin d'Amérique du Nord, brun-rouge.
5. Ouverture quadrangulaire dans un bateau de guerre.
6. Bouilloire russe dans laquelle on fait le thé.
7. Voilier à deux mâts.
8. Compagnie d'assurances maritimes.
9. Cargaison d'un navire.
10. Instrument qui sert à calculer la position d'un navire.
11. *Les Aventures d'Arthur Gordon Pym* : récit de voyages imaginaires écrit par Edgar Poe.

Edvard MUNCH (1863-1944), *Autoportrait à la bouteille de vin* (1906). Oslo, Kommunes Kunstsamlinger Munch-Museet.

Une des caractéristiques de l'œuvre de Huysmans est son aspect autobiographique ; mais plus que l'histoire d'une vie, elle conte l'histoire d'une âme.

Des *Sœurs Vatard* à Des Esseintes

Dans ses débuts, Huysmans se présente comme un disciple de Zola. Il s'appuie sur des documents vécus, pour narrer ses amours dérisoires avec une petite actrice dans *Marthe, histoire d'une fille*, prend pour cadre des *Sœurs Vatard* l'atelier de brochage appartenant à son beau-père et évoque ses propres tribulations de célibataire dyspepsique[1] dans celles du grotesque héros d'*A vau-l'eau*.

Mais il finit par se lasser d'un Paris aussi miteux et de ses héros misérables. Il réalise que le naturalisme aboutit à « une impasse », condamné « à se rabâcher, en piétinant sur place »[2]. Il crée alors dans *A rebours* le personnage extravagant de Des Esseintes et en profite pour donner son point de vue sur l'art et la littérature contemporains, contribuant à faire apprécier des auteurs peu connus[3].

L'œuvre produit un choc dans le monde littéraire : elle incarne l'esprit de la décadence[4] et influence durablement de nombreux écrivains, tant en France qu'à l'étranger[5]. Mais la distance ironique prise par l'auteur envers son double échappe aux contemporains ; et c'est aujourd'hui qu'on est le plus sensible à l'aspect novateur du livre, à ce désir de « briser les limites du roman... supprimer l'intrigue traditionnelle... faire à tout prix du neuf »[6].

Zola est atterré et reproche à Huysmans de trahir la doctrine naturaliste. C'est que pour celui-ci, désormais, le visible n'est pas la seule réalité.

Un « naturalisme spiritualiste »[7]

Huysmans ne rejette pas les apports du naturalisme. « Il faudrait garder la véracité du document, la précision du détail... mais il faudrait aussi se faire puisatier d'âme. »[8] Le surnaturel exerce sur lui une véritable fascination. Après avoir fait un détour par le satanisme et l'occultisme dans *Là-bas*, il conte sa conversion dans *En route* et célèbre la beauté des cathédrales et la splendeur des fêtes liturgiques, l'art demeurant pour lui la meilleure voie pour atteindre Dieu.

Une autre voie, plus difficile, s'ouvre à l'homme : la méditation sur la souffrance est au centre de l'œuvre de Huysmans. Stérile, source de désespoir dans les premiers livres, elle prend une valeur rédemptrice dans les derniers romans. Nul doute que leur prosélytisme parfois naïf n'ait fait des adeptes et contribué au renouvellement de la littérature catholique dans les dernières années du siècle[9].

Quel que soit le sujet traité, Huysmans a le souci de traduire la réalité tout entière — celle du corps, celle de l'âme —, et cela dans un style personnel, au vocabulaire chargé de néologismes et d'archaïsmes, à la syntaxe tourmentée, bref un style à l'image de l'homme, à la fois truculent et mordant, sensuel et dévot.

1. Qui souffre du tube digestif.
2. Préface d'*A rebours*, écrite en 1903.
3. Verlaine, Villiers de L'Isle-Adam, Mallarmé, Barbey d'Aurevilly, alors peu connus.
4. Voir pp. 508-509 et 557.
5. Paul Valéry, Paul Claudel, Roger Vailland, écrivain du XXe siècle, Oscar Wilde, auteur anglais, reconnaissent leur dette envers l'auteur d'*A rebours*.
6. Préface de 1903.
7. Formule appliquée par Huysmans au peintre allemand du XVe siècle, Matthias Grünewald, qui a représenté la Crucifixion dans un retable célèbre.
8. *Là-bas*.
9. Conversions célèbres de Claudel, Francis Jammes.

Villiers de L'Isle-Adam
1838-1889

NADAR (1820-1910), Portrait de Villiers de L'Isle-Adam. Paris, Bibliothèque Nationale.

Tracer le portrait de Villiers de L'Isle-Adam, c'est souligner à quel point cet écrivain vécut en décalage avec son temps et avec la société de son époque.

Aristocrate de vieille souche, il mena une vie de pauvre et ne fit pas le beau mariage escompté par sa famille. Auteur ambitieux, il connut de nombreuses déceptions littéraires. C'est sans doute la raison pour laquelle Verlaine décida de l'inscrire au nombre de ses « poètes maudits »[1].

Le comte Philippe Auguste Villiers de L'Isle-Adam naît en 1838, à Saint-Brieuc. Il appartient à une vieille famille aristocratique, mais ruinée depuis la Révolution. L'enfant est beau, intelligent. L'adolescent révèle de réelles qualités littéraires. Son sort est tracé : il sera écrivain. Arrivé à Paris à dix-huit ans, il ne tardera pas à éblouir les auteurs en renom : Baudelaire, Banville, Mallarmé ; des peintres comme Courbet et Monet pressentent en lui un futur génie. La réalité ne correspond pas, cependant, à tous ces espoirs.

En 1859, les *Premières poésies*, éditées à compte d'auteur, ne trouvent pas de lecteurs. Les pièces de théâtre *(Elen, Morgane)* ne sont pas jouées ou lorsque certaines le sont, comme *La révolte* (1870), elles n'ont aucun succès. Sans argent, Villiers est contraint, pour survivre, d'exercer de nombreux petits métiers. Il ne désespère pas de réussir, pourtant, et travaille pendant vingt ans à un chef-d'œuvre, « l'œuvre totale », *Axël*, qui ne sera publié qu'en 1890, après sa mort. Seuls les deux recueils de nouvelles (les *Contes cruels* en 1883 et *Tribulat Bonhomet* en 1887) lui permettront d'accéder à une certaine notoriété, accentuée par sa participation à différents journaux (le *Gil Blas*, *La Vie moderne*) et par une tournée de conférences en Belgique en 1888. Sa situation matérielle reste néanmoins très précaire. Il meurt d'un cancer en août 1889, après une vie qui n'a jamais été à la hauteur de ses ambitions.

Contes cruels (1883), recueil de vingt-huit nouvelles. → p. 523.
L'Ève future (1886), roman.
Tribulat Bonhomet (1887), recueil de cinq nouvelles.
Axël (1890, posthume), drame en quatre parties.

1. 2e édition de l'œuvre de Verlaine, publiée en 1888.

Contes cruels

1883

Le titre de ce recueil de nouvelles s'explique par la douloureuse vision du monde qui y est exposée. Avec un humour extrêmement grinçant et pessimiste, Villiers fait passer à travers ses textes quelques-unes de ses convictions, qui sont « cruelles » à recevoir. L'être humain est aussi méchant qu'il est fragile ; l'argent pourrit le monde ; la bourgeoisie est bête et conformiste ; le peuple ne vaut guère mieux. Prenant le contre-pied du positivisme, Villiers dénonce le rôle d'après lui pernicieux de la science et du progrès, qui ne peuvent mener l'homme qu'au désastre. Le recueil est aussi, plus historiquement, un réquisitoire sévère et acerbe contre une époque qui a perdu son âme, sa foi et son cœur.

Il existe pourtant quelques valeurs qui rendent le constat moins négatif. A la laideur de la vie matérielle et au désarroi qu'elle suscite, Villiers trouve quelques compensations dans un idéalisme ardent. « Les idées sont des êtres vivants », affirme le héros de « Véra », le deuxième des *Contes cruels*. Celui-ci n'a-t-il pas ressuscité son épouse parce qu'il n'avait pas accepté la mort de celle qu'il adorait ?

La foi dans la volonté, le pouvoir des idées, la fascination exercée par l'ésotérisme, les mythes et le merveilleux expliquent que les *Contes cruels* soient souvent très proches du fantastique.

Vox populi

On trouvera ici *in extenso* le troisième des *Contes cruels*.

Grande revue aux Champs-Élysées, ce jour-là !

Voici *douze* ans de subis depuis cette vision[1]. — Un soleil d'été brisait ses longues flèches d'or sur les toits et les dômes de la vieille capitale. Des myriades de vitres se renvoyaient des éblouissements : le peuple, baigné d'une poudreuse lumière, encombrait les rues pour voir l'armée.

Assis, devant la grille du parvis Notre-Dame, sur un haut pliant de bois, — et les genoux croisés en de noirs haillons —, le centenaire Mendiant, doyen de la Misère de Paris —, face de deuil au teint de cendre, peau sillonnée de rides couleur de terre —, mains jointes sous l'écriteau qui consacrait légalement sa cécité, offrait son aspect d'ombre au *Te Deum*[2] de la fête environnante.

Tout ce monde, n'était-ce pas son prochain ? Les passants en joie, n'étaient-ce pas ses frères ? A coup sûr, Espèce humaine ! D'ailleurs, cet hôte du souverain portail n'était pas dénué de tout bien : l'État lui avait reconnu le droit d'être aveugle.

Propriétaire de ce titre et de la respectabilité inhérente à ce lieu des aumônes sûres qu'officiellement il occupait, possédant enfin qualité d'électeur[3], c'était notre égal, — à la Lumière près.

Et cet homme, sorte d'attardé chez les vivants, articulait, de temps à autre, une plainte monotone, — syllabisation évidente du profond soupir de toute sa vie :

« Prenez pitié d'un pauvre aveugle, s'il vous plaît ! »

Autour de lui, sous les puissantes vibrations tombées du beffroi, — *dehors*, là-bas, au-delà du mur de ses yeux —, des piétinements de cavalerie, et, par éclats, des sonneries aux champs[4], des acclamations mêlées aux salves des Invalides[5], aux cris fiers des commandements, des bruissements d'acier, des tonnerres de tambours scandant des défilés interminables d'infanterie, toute une rumeur de gloire lui arrivait ! Son ouïe suraiguë percevait jusqu'à des flottements d'étendards aux lourdes franges frôlant des cuirasses. Dans l'entendement du vieux captif de l'obscurité, mille éclairs de sensations, pressenties et indistinctes, s'évoquaient ! Une divination l'avertissait de ce qui enfiévrait les cœurs et les pensées dans la Ville.

Et le peuple, fasciné, comme toujours, par le prestige qui sort, pour lui, des coups d'audace et de fortune, proférait, en clameur, ce vœu du moment :

« Vive l'Empereur ! »

Mais, entre les accalmies de toute cette triomphale tempête, une voix perdue s'élevait du côté de la grille mystique. Le vieux homme, la nuque renversée contre le pilori de ses barreaux, roulant ses prunelles mortes vers le ciel, oublié de ce peuple dont il semblait, seul, exprimer le vœu véritable, le vœu caché sous les hurrahs[6], le vœu secret et personnel, psalmodiait, augural intercesseur, sa phrase maintenant mystérieuse :

« Prenez pitié d'un pauvre aveugle, s'il vous plaît ! »

Grande revue aux Champs-Élysées, ce jour-là !

Voici *dix* ans d'envolés depuis le soleil de cette fête ! Mêmes bruits, mêmes voix, même fumée ! Une sourdine, toutefois, tempérait alors le tumulte de l'allégresse publique. Une ombre aggravait les regards. Les salves convenues de la plate-forme du Prytanée[7] se compliquaient, cette fois, du grondement éloigné des batteries de nos forts. Et, tendant l'oreille, le peuple cherchait à discerner déjà, dans l'écho, la réponse des pièces[8] ennemies qui s'approchaient.

1. Ce récit a été écrit en 1880. C'est donc cette date qui doit servir de référence pour rétablir la chronologie des faits rapportés.
2. Hymne que chantent les catholiques pour remercier Dieu. Son nom vient des premiers mots du texte : « *Te Deum laudamus* » (« Seigneur, nous te louons ! »)
3. Le suffrage universel a été institué le 25 février 1848 et repris dans la Constitution de 1852. Mais il est à rappeler que seuls les hommes avaient le droit de vote...
4. Musique jouée par les cuivres lorsqu'on rend les honneurs militaires.
5. L'hôtel des Invalides, construit sous Louis XIV, était destiné à accueillir les soldats blessés.
6. On écrit plus habituellement *hourra* (pluriel : des *hourras*).
7. L'École Militaire, édifice du XVIIIe siècle, situé à Paris sur le Champ-de-Mars.
8. Les pièces d'artillerie, les canons.

Le gouverneur[1] passait, adressant à tous maints sourires et guidé par l'amble-trotteur[2] de son fin cheval. Le peuple, rassuré par cette confiance que lui inspire toujours une tenue irréprochable, alternait de chants patriotiques les applaudissements tout militaires dont il honorait la présence de ce soldat.

Mais les syllabes de l'ancien vivat furieux s'étaient modifiées : le peuple, éperdu, proférait ce vœu du moment :

« Vive la République ! »

Et, là-bas, du côté du seuil sublime, on distinguait toujours la voix solitaire de Lazare[3]. Le Diseur de l'arrière-pensée populaire ne modifiait pas, lui, la rigidité de sa fixe plainte.

Âme sincère de la fête, levant au ciel ses yeux éteints, il s'écriait, entre des silences, et avec l'accent d'une constatation :

« Prenez pitié d'un pauvre aveugle, s'il vous plaît ! »

Grande revue aux Champs-Élysées, ce jour-là !

Voici *neuf* ans de supportés depuis ce soleil trouble !

Oh ! mêmes rumeurs ! mêmes fracas d'armes ! mêmes hennissements ! Plus assourdis encore, toutefois, que l'année précédente ; criards, pourtant.

« Vive la Commune ! » clamait le peuple au vent qui passe.

Et la voix du séculaire Élu de l'Infortune redisait, toujours, là-bas, au seuil sacré, son refrain rectificateur de l'unique pensée de ce peuple. Hochant la tête vers le ciel, il gémissait dans l'ombre :

« Prenez pitié d'un pauvre aveugle, s'il vous plaît ! »

Et, deux lunes[4] plus tard, alors qu'aux dernières vibrations du tocsin, le Généralissime des forces régulières de l'État[5] passait en revue ses deux cent mille fusils, hélas ! encore fumants de la triste guerre civile, le peuple, terrifié, criait, en regardant brûler, au loin, les édifices :

« Vive le Maréchal ! »

Là-bas, du côté de la salubre enceinte, l'immuable Voix, la voix du vétéran de l'humaine Misère, répétait sa machinalement douloureuse et impitoyable obsécration[6] :

« Prenez pitié d'un pauvre aveugle, s'il vous plaît ! »

Et, depuis, d'année en année, de revues en revues, de vociférations en vociférations, quel que fût le nom jeté aux hasards de l'espace par le peuple en ses *vivats*, ceux qui écoutent, attentivement, les bruits de la terre, ont toujours distingué, au plus fort des révolutionnaires clameurs et des fêtes belliqueuses qui s'ensuivent, la Voix lointaine, la Voix *vraie*, l'intime Voix du symbolique Mendiant terrible ! — du Veilleur de nuit criant l'heure exacte du Peuple, — de l'incorruptible factionnaire de la conscience des citoyens, de celui qui restitue intégralement la prière occulte de la Foule et en résume le soupir.

Pontife inflexible de la Fraternité, ce Titulairé autorisé de la cécité physique n'a jamais cessé d'implorer, en médiateur inconscient, la charité divine, pour ses frères de l'intelligence.

Et, lorsque enivré de fanfares, de cloches et d'artillerie, le Peuple, troublé par ces vacarmes flatteurs, essaye en vain de se masquer à lui-même son vœu véritable, sous n'importe quelles syllabes mensongèrement enthousiastes, le Mendiant, lui, la face au Ciel, les bras levés, à tâtons, dans ses grandes ténèbres, se dresse au seuil éternel de l'Église, — et, d'une voix de plus en plus lamentable, mais qui semble porter au-delà des étoiles, continue de crier sa rectification de prophète :

« Prenez pitié d'un pauvre aveugle, s'il vous plaît ! »

Contes cruels.

Pour préparer l'étude du texte

1. Dégager les étapes de ce conte en mettant en évidence
— les reprises de la même phrase de transition ;
— les éléments qui diffèrent sur le plan historique (préciser les dates et les événements) ;
— les éléments semblables dans les situations évoquées ;
— un effet d'accélération et de concentration.

2. Quels sont les deux lieux régulièrement évoqués ? Quelle importance symbolique peuvent-ils avoir ?

3. Quel est le sens symbolique de la présence permanente de l'aveugle ? En déduire la morale du conte et le sens de son titre.

1. Allusion au général Trochu, celui dont Victor Hugo a dit : « Trochu : participe passé du verbe trop-choir. »
2. Ce mot composé est une création de Villiers. Certains quadrupèdes (le cheval, la girafe, l'éléphant...) vont l'amble quand ils lèvent simultanément leurs deux jambes de droite, puis leurs deux jambes de gauche.
3. Dans la parabole du mauvais riche (Évangile selon saint Luc, XVI, 19-31), Lazare incarne le type du Pauvre aimé de Dieu.
4. Soit moins de deux mois. Si Villiers a choisi d'indiquer de la sorte la chronologie, c'est pour souligner combien les foules sont lunatiques...
5. Le maréchal de Mac-Mahon, qui fut chargé d'écraser la Commune (cf. page 7).
6. Prière par laquelle on implore Dieu, ou conjure quelqu'un au nom de Dieu.

Frontispice du tome I de *Napoléon III* par Albert MANSFELD (1863). Paris, Bibliothèque Nationale.

L'œuvre de Villiers de L'Isle-Adam reflète deux orientations complémentaires : une vision très pessimiste du monde d'un côté, la recherche d'une compensation dans la vie spirituelle et l'idéalisme de l'autre.

Une vision pessimiste du monde

Elle s'exprime à travers un certain nombre de refus, de dégoûts et de haines. Parce qu'il est aristocrate, et marqué par des lectures de jeunesse et des admirations ferventes (Vigny, Musset, Hugo, Baudelaire, Poe), Villiers s'insurge dans son œuvre contre tout ce qui relève du conformisme bourgeois et de la vulgarité populaire. L'image dépréciée de l'opinion publique donnée dans « Vox populi » traduit le caractère versatile et irresponsable des foules. Tribulat Bonhomet stigmatise (comme l'avaient déjà fait Bouvard et Pécuchet[1]) l'étroitesse d'esprit et la sottise d'une bourgeoisie que les idées reçues endorment dans le confort d'une pensée sclérosée.

Le refus du progrès s'explique chez Villiers par le dégoût définitif d'un matérialisme dont la science semble être l'expression triomphante. Ces haines passent par un humour cruel, un style acerbe, des images violemment critiques.

La passion de la vie spirituelle et du mysticisme

La connaissance qu'il avait de la philosophie de Hegel[2], son indéfectible amitié pour Mallarmé et son admiration pour Wagner[3] permettent de comprendre la séduction exercée sur Villiers par le monde des idées.

Son inspiration, et certains de ses titres *(Isis, L'Ève future)* montrent une croyance profonde dans l'existence d'un monde idéal où se retrouvent ceux qui, comme lui, fuient la bassesse du monde matérialiste. La quête inlassable de Villiers le conduit aux frontières d'un mysticisme dans lequel sa foi chrétienne, les mythes les plus anciens, les religions orientales et les sciences occultes se fondent pour donner accès à la connaissance pure. Porte-parole de leur auteur, ses personnages entrevoient la possibilité d'accéder à un absolu, celui de l'amour confondu avec la mort. D'*Isis* à *Axël*, Villiers évolue vers une philosophie marquée par la fascination de la mort, de l'idéalisme et de l'occultisme.

1. Personnages de Flaubert (cf. p. 442).
2. Philosophe allemand (1770-1831).
3. Compositeur allemand (1813-1883), auteur d'opéras très imprégnés de mysticisme.

Jules Verne
1828-1905

NADAR (1820-1910), Portrait de Jules Verne. Paris, Bibliothèque Nationale.

Bien qu'il ait rapidement connu un vif succès auprès de nombreux lecteurs et qu'il ait été traduit dans presque toutes les langues, Jules Verne fut, des années durant, considéré comme un écrivain secondaire, pratiquement ignoré par la critique littéraire et les manuels scolaires, classé à tort parmi les auteurs de littérature enfantine. Heureusement, ces erreurs ont été dénoncées, et l'œuvre vernienne, désormais réhabilitée, occupe la place qu'elle mérite.

De l'optimisme au désenchantement

Jules Verne, né à Nantes dans une famille d'avoués et d'armateurs aux principes rigides, paraît avoir connu une enfance contraignante. Il vient à Paris pour y étudier le droit, mais en fait rêve de littérature. Il écrit pour le théâtre, rédige des livrets d'opéras-comiques et compose son premier roman (le futur *Cinq semaines en ballon*) que différents éditeurs lui refusent. Seul, l'éditeur génial Hetzel le lit avec enthousiasme, et décide Verne à écrire « le roman de la science », c'est-à-dire des œuvres où le merveilleux traditionnel sera remplacé par celui que permet d'envisager le développement accéléré des sciences et techniques pendant cette seconde moitié du XIXe siècle.

Ainsi, pendant quarante ans, vont paraître les *Voyages extraordinaires dans les mondes connus et inconnus*, d'abord dans la revue destinée à la jeunesse et fondée par Hetzel, *Le Magasin d'Éducation et de Récréation*, puis sous forme de volumes illustrés (65 au total).

De 1863 à 1878, les romans verniens sont pleins d'optimisme et exaltent la suprématie de la science universelle sur la mesquinerie des intérêts nationaux. Mais, à la suite de la guerre franco-prussienne, devant la progression du capitalisme et du colonialisme, et malgré la promulgation de lois démocratiques (Jules Ferry), Verne semble moins euphorique. Cependant, il mène à Amiens une vie agréable et mondaine, entrecoupée par de fréquents voyages à bord de son yacht.

A partir de 1886, il se réfugie dans la solitude, tandis que le ton de ses romans devient sarcastique et agressif. Il s'en prend à l'Amérique, qui a cessé d'être à ses yeux le pays miracle décrit dans les premiers romans, et met en scène des sociétés menacées de décomposition par leur propre faute : l'utilisation non pacifique de la science peut entraîner l'homme à sa perte. C'est donc sous le signe d'un profond pessimisme que sont placées les dernières années de Verne, comme en témoignent tous ses derniers romans.

Cinq semaines en ballon (1862).
Voyage au centre de la terre (1864). → p. 527.
De la terre à la lune (1865).
Les enfants du capitaine Grant (1867).
Vingt mille lieues sous les mers (1869).
Le tour du monde en quatre-vingts jours (1873).
L'île mystérieuse (1874).
Michel Strogoff (1876).
Les cinq cents millions de la Bégum (1879).
Mathias Sandorf (1885).

Voyage au centre de la terre

1864

Le jeune Axel et son oncle, le professeur Lidenbrock, ont pour projet d'atteindre le centre du globe terrestre. Après de multiples aventures et épreuves, parfois cruelles pour Axel, ils sont arrivés auprès d'une sorte d'immense mer intérieure : ils la traversent à bord d'un radeau de fortune, et abordent enfin des rivages où ils découvrent un ossuaire monumental, rempli de vestiges animaux et humains de l'ère quaternaire.

On remarquera la précision des termes botaniques, la subtile peinture de la lumière et l'art du « suspens » dans ce passage.

« Pendant une demi-heure encore, nos pieds foulèrent ces couches d'ossements. Nous allions en avant, poussés par une ardente curiosité. Quelles autres merveilles renfermait cette caverne, quels trésors pour la science ? Mon regard s'attendait à toutes les surprises, mon imagination à tous les étonnements...

Les rivages de la mer avaient depuis longtemps disparu derrière les collines de l'ossuaire. L'imprudent professeur, s'inquiétant peu de s'égarer, m'entraînait au loin. Nous avancions silencieusement, baignés dans les ondes électriques. Par un phénomène que je ne puis expliquer, et grâce à sa diffusion, complète alors, la lumière éclairait uniformément les diverses faces des objets. Son foyer n'existait plus en un point déterminé de l'espace et elle ne produisait aucun effet d'ombre. On aurait pu se croire en plein midi et en plein été, au milieu des régions équatoriales, sous les rayons verticaux du soleil. Toute vapeur avait disparu. Les rochers, les montagnes lointaines, quelques masses confuses de forêts éloignées, prenaient un étrange aspect sous l'égale distribution du fluide lumineux. Nous ressemblions à ce fantastique personnage d'Hoffmann qui a perdu son ombre.

Édouard RIOU (1833-1900), Illustration pour *Voyage au centre de la terre*. Paris, Bibliothèque Nationale.

Après une marche d'un mille, apparut la lisière d'une forêt immense, mais non plus un de ces bois de champignons qui avoisinaient Port-Graüben.

C'était la végétation de l'époque tertiaire dans toute sa magnificence. De grands palmiers, d'espèces aujourd'hui disparues, de superbes palmacites[1], des pins, des ifs, des cyprès, des thuyas, représentaient la famille des conifères, et se reliaient entre eux par un réseau de lianes inextricables. Un tapis de mousses et d'hépatiques[2] revêtaient moelleusement le sol. Quelques ruisseaux murmuraient sous ces ombrages, peu dignes de ce nom, puisqu'ils ne produisaient pas d'ombre. Sur leurs bords croissaient des fougères arborescentes semblables à celles des serres chaudes du globe habité. Seulement, la couleur manquait à ces arbres, à ces arbustes, à ces plantes, privés de la vivifiante chaleur du soleil. Tout se confondait dans une teinte uniforme, brunâtre et comme passée. Les feuilles étaient dépourvues de leur verdeur, et les fleurs elles-mêmes, si nombreuses à cette époque tertiaire qui les vit naître, alors sans couleurs et sans parfums, semblaient faites d'un papier décoloré sous l'action de l'atmosphère.

Mon oncle Lidenbrock s'aventura sous ces gigantesques taillis. Je le suivis, non sans une certaine appréhension. Puisque la nature avait fait là les frais d'une alimentation végétale, pourquoi les redoutables mammifères ne s'y rencontreraient-ils pas ? J'apercevais dans ces larges clairières que laissaient les arbres abattus et rongés par le temps, des légumineuses, des acérines[3], des rubiacées, et mille arbrisseaux comestibles, chers aux ruminants de toutes les périodes. Puis apparaissaient, confondus et entremêlés, les arbres des contrées si différentes de la surface du globe, le chêne croissant près du palmier, l'eucalyptus australien s'appuyant au sapin de la Norvège, le bouleau du Nord confondant ses branches avec les branches du Kauris[4] zélandais. C'était à confondre la raison des classificateurs les plus ingénieux de la botanique terrestre. Soudain, je m'arrêtai. De la main, je retins mon oncle. »

Voyage au centre de la terre, ch. 39.

Pour préparer le commentaire composé

Étudier

1. Le voyage réel : indication d'une progression à la fois spatiale et temporelle.
2. La découverte d'un monde merveilleux : phénomènes insolites, végétation inconnue.
3. La remontée dans le temps vers des époques très lointaines.

Pour un groupement de textes

Aspects du voyage initiatique : découvertes et déceptions.

Homère, *L'Odyssée* (chant VIII : Chez les Lotophages ; chant XI : Au pays des morts).
Fénelon, *Les aventures de Télémaque* (livre I, La grotte de Circé).
Chateaubriand, *Le voyage en Amérique* (« Journal sans date »).
Baudelaire, « Le voyage » *(les Fleurs du mal)*, cf. p. 332.
Rimbaud, « Le bateau ivre » *(Poésies)*, cf. p. 352.
Cendrars, *La prose du Transsibérien et de la petite Jehanne de France.*
C. Lévi-Strauss, *Tristes tropiques* (chap. IV : « La quête du pouvoir »).

L'invitation à un triple voyage

On sait que le thème du voyage est vieux comme le monde. Voyage réel, voyage rêvé, voyage comme fuite ou comme principe de connaissance... Tous les possibles sont contenus dans le mot. Qu'en est-il pour Jules Verne ?

Il s'agit d'abord d'un voyage présenté comme réel et que l'on pourrait qualifier de « circulaire » : il y a déplacement d'un lieu à un autre, selon un axe vertical ou horizontal, avec retour au point de départ, après de multiples incidents de parcours et découvertes. Le héros effectue une sorte de circuit fermé, au cours duquel il perce les mystères de la « clôture » (R. Barthes) du monde, et dont il revient victorieux et intellectuellement enrichi.

Il s'agit ensuite et toujours d'un voyage « encyclopédique ». Verne s'était proposé, dans des perspectives essentiellement pédagogiques, de « résumer toutes les connaissances géographiques, géologiques, physiques, astronomiques amassées par la science moderne ». Il est certain qu'il s'intéresse passionnément aux nouvelles théories et aux énigmes scientifiques, mais il faut savoir que, n'ayant pas reçu de vraie formation scientifique, il lui arrive de recopier des passages entiers d'ouvrages de vulgarisation, et de commettre des erreurs.

1. Variété de palmiers.
2. Sorte de lichen.
3. Plante de la famille de l'érable.
4. Conifère résineux d'Océanie.

Car le voyage vernien est avant tout mythique. Comme l'a écrit Michel Serres, l'œuvre vernienne est « la résurgence [...] d'une coulée fantastique de mythes ». En effet, dans les *Voyages extraordinaires*, s'expriment et se réalisent les plus vieux désirs de l'homme : voler dans les airs comme Icare, marcher au fond des eaux, descendre au pays des morts comme Ulysse ou Orphée, sortir d'un labyrinthe comme Thésée, remonter à ses origines... En fait, tout roman vernien est avant tout la quête d'un mystère et sa résolution. Qu'il l'ait voulu ou non, Verne manipule les plus grands archétypes auxquels l'imagination humaine est soumise, et c'est en cela qu'il garde — au-delà de considérations scientifiques désormais dépassées — son indéniable pouvoir de séduction.

Des descriptions utiles et superbes. On a souvent reproché aux descriptions verniennes leur abondance et leur longueur. Or, on remarquera d'abord qu'elles participent efficacement à la construction harmonieuse de chaque chapitre, alternant avec le récit d'actions et le dialogue. On notera ensuite qu'elles ont une fonction essentielle dans le rythme du roman, créant des ruptures, des ralentissements, qui renforcent le « suspens ». Enfin, en plus de leur rôle pédagogique — elles sont souvent l'occasion de présenter un « savoir » — elles font aussi appel à l'imagination et au rêve.

Car les paysages verniens sont souvent d'une grande beauté, comme l'avaient remarqué les surréalistes. À l'aide de comparaisons fréquentes, d'énumérations quelquefois étonnantes par leur accumulation même, d'images fortes et précises, Verne « construit » un espace au fur et à mesure qu'il le décrit, et l' « éclaire » de telle façon que la lumière sert alors véritablement de moteur à la description, se chargeant même parfois de symboles de vie et de mort.

On a beaucoup dit que l'œuvre vernienne était « prémonitoire », et il est vrai que Verne a eu de géniales intuitions concernant certaines découvertes scientifiques du XXe siècle. Mais plus intéressants peut-être que cette « anticipation » sont les problèmes si modernes qu'il pose sur les dangers d'un progrès non maîtrisé et sur l'avenir même de notre civilisation ; retenons également, l'utilisation qu'il fait de la science, non seulement comme ressort de la construction et de l'action romanesques, mais aussi comme génératrice d'un « style » d'écriture inédit.

« Paysage sous-marin de l'Ile de Crespo », Illustration pour *Vingt mille lieues sous les mers*. Paris, Bibliothèque Nationale.

LA LITTÉRATURE ENFANTINE

Pendant des siècles, l'enfant n'eut pas de statut qui lui fût propre. Adulte miniaturisé, considéré tour à tour comme un objet attendrissant, une gêne, une charge ou un facteur économique appréciable, dès qu'il était en âge de travailler, d'une façon générale, il ne fut pas reconnu sous l'Ancien Régime comme un être à part entière, réclamant un regard, une attention et un intérêt spécifiques.

Aussi n'est-il pas étonnant que la littérature enfantine soit pratiquement absente du Moyen Age au XIXe siècle, en des temps où personne ne se soucie vraiment de pédagogie et où, de toute façon, l'analphabétisation est généralisée.

Si nous pouvons considérer La Fontaine, Fénelon et Perrault comme des précurseurs, ce n'est cependant qu'au XIXe siècle qu'apparaît réellement le livre pour enfants.

Quelles sont les causes principales de ce phénomène, et quels auteurs peuvent être tenus pour les plus représentatifs de cette littérature enfantine naissante ?

Un nouveau regard porté sur l'enfance

Des multiples raisons, tant d'ordre scientifique, qu'économique, politique ou idéologique, aux imbrications fort complexes, et qui peuvent expliquer cette mutation, nous ne retiendrons que quelques-unes :

L'influence de Rousseau. Quand, dans l'*Émile* (1762), Rousseau réclame qu'on respecte la durée, les besoins, les possibilités de l'enfance, c'est un langage neuf qu'il fait entendre, dont la portée sera considérable.

Le progrès scientifique. Grâce au progrès, la mortalité infantile diminue ; du coup, le fatalisme des parents devant les menaces qui pesaient sur leurs enfants s'atténue, et l'enfant tend à prendre un caractère irremplaçable, unique.

La promulgation de lois sociales. Les unes s'en prennent à l'exploitation abusive des enfants travaillant en usine ; les autres luttent pour une scolarisation obligatoire et gratuite (loi Guizot en 1833, projet Carnot en 1848, lois Ferry en 1881).

Le génie de deux éditeurs. Il faut rendre hommage à Jules Hetzel (1814-1886) d'avoir, d'intuition, senti l'urgence d'une littérature enfantine diversifiée, à la fois instructive et distrayante. On lui doit la création d'une revue bimensuelle : *Le magasin d'éducation et de récréation* (1864-1917) et l'édition de la plupart des meilleurs ouvrages de la seconde partie du XIXe siècle.

Quant à Louis Hachette, on lui est redevable de la « Bibliothèque rose » et des Albums Trim, destinés aux très jeunes enfants.

Instruire, édifier, distraire...

Même si apparaît la notion de « distraction », si longtemps absente, il n'en reste pas moins que les critères demeurent essentiellement didactiques, moraux, voire religieux, et qu'il paraît alors impensable d'offrir au jeune lecteur un ouvrage dont le seul but serait de l'amuser.

Une conteuse inégalable : la comtesse de Ségur (1799-1874). On a dit beaucoup de mal d'elle. On lui a reproché son sadisme (enfants fouettés trop souvent et avec complaisance), son conservatisme, son paternalisme (on aide les « pauvres », à condition que ceux-ci vous le rendent en humilité et en reconnaissance), sa xénophobie (le Juif est voleur, le Nègre dévoué, mais inculte).

Cependant, son succès est là pour témoigner du goût qu'ont les enfants pour *Les malheurs de Sophie*, *Le général Dourakine*, etc. Quels sont ses secrets ?

— des héros qui sont en majorité des enfants ;
— des histoires simples aux péripéties coupées de coups de théâtre dont raffolent les enfants ;
— un manichéisme simplificateur (le bon sauvé et récompensé, le méchant puni) qui plaît à l'enfant, rassuré par cette « remise en ordre » finale ;
— enfin, et par-dessus tout, un art de conter enchanteur : suspens bien mené, descriptions précises sans être trop longues, dialogues vivants, ton toujours juste et adapté à la psychologie du jeune lecteur.

Elle le jeta par terre et lui donna le fouet en règle. (Page 52.)

Illustration de M. CASTELLI pour *Un bon petit diable* de la Comtesse de Ségur, Éditions Hachette (1872). Collection particulière.

Une pédagogue forcenée : G. Bruno. *Le tour de France de deux enfants* (1886) — qui resta longtemps un classique de l'école laïque — a avant tout pour projet d'instruire les enfants. Chaque étape, chaque événement ou erreur de parcours est l'occasion d'un « apprentissage », et tout est prétexte à leçons : mines de Lorraine, cristaux de Baccarat, éclairage des rues de Paris, etc.

Un apologiste de la vie de famille : Hector Malot. Dans ses deux célèbres romans, *Sans famille* (1878) et *En famille* (1893), les jeunes héros sont des orphelins (ou croient l'être) qui, après de multiples aventures et de pathétiques errances, retrouveront leur vraie famille et la sécurité ; les péripéties sont l'occasion pour l'auteur de peindre avec précision les milieux traversés (saltimbanques, ouvriers, riches industriels), de dénoncer l'exploitation cruelle des enfants et surtout d'exalter « le foyer [...] vrai centre de la vie de l'enfant » (Isabelle Jan, *La littérature enfantine*, Éd. Ouvrières).

Christophe, *Le sapeur Camember*. Paris, Bibliothèque Nationale.

Un précurseur de la science-fiction : Jules Verne. Les soixante-cinq « Voyages extraordinaires » poursuivent un triple objectif : instruire, amuser, faire rêver.

Verne propose à son jeune lecteur un savoir qui se voudrait encyclopédique : géographie, géologie, minéralogie, astronomie, etc. ; il lui fournit une foule d'informations passionnantes, avec cette seule restriction qu'il entremêle souvent le vrai au faux, le plausible à l'impossible, le réel à l'imaginaire.

Mais Jules Verne sait que les longues descriptions — malgré leur valeur pédagogique — risquent de lasser les enfants. Aussi les introduit-il habilement au sein d'aventures périlleuses, étonnantes, pleines de « suspens » et de rebondissements toujours distrayants.

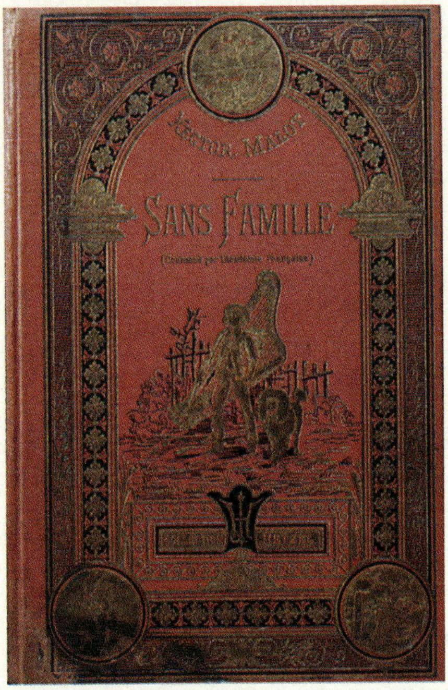

Couverture de *Sans famille* d'Hector Malot, Éditions Hachette. Paris, Collection Hetzel.

Enfin et surtout, l'œuvre vernienne fait appel à l'imagination et au rêve : tout devient possible dans les mondes fantastiques : voler, marcher au fond des eaux, descendre au centre de la terre... L'œuvre vernienne plonge ses racines dans les archétypes qui façonnent notre inconscient collectif.

Un père de la bande dessinée : Christophe. Avec *La famille Fenouillard*, *Le sapeur Camember* et *L'idée fixe du savant Cosinus*, s'ouvre une ère nouvelle : celle où l'image va tendre à supplanter le texte, et où l'élément récréatif va prendre le pas sur l'intention didactique.

Ainsi, le XIXe siècle a ouvert la voie à des formes d'écriture et d'illustration alors inédites, dont l'expansion ne cessera jusqu'à nos jours. Et il faut reconnaître qu'en dépit de certains aspects « démodés » et d'idéologies bien différentes, les enfants du XXe siècle prennent encore grand plaisir à découvrir les œuvres de ceux qui furent, en leur temps, des novateurs.

Passepartout, nullement effrayé... (Page 73.)

Illustration pour *Le Tour du monde en quatre-vingts jours*, Paris, Éd. Hetzel.

Roman et autobiographie : Vallès, Loti, Fromentin, Renard

Pierre Loti photographié par DORNAC.

Beaucoup d'œuvres du XIXe siècle ont, à des degrés divers, un aspect autobiographique. C'est le cas de certains romans de Balzac, de Stendhal ou de Flaubert. Toutefois on ne peut parler véritablement d'autobiographie que chez quatre auteurs : Fromentin, Vallès, Renard et Loti.

Les éléments autobiographiques

La première marque de l'écriture autobiographique est l'utilisation du « je » qui établit l'identité de l'auteur, du narrateur et du héros. Ce « je » autobiographique n'apparaît réellement que chez Loti. Fromentin utilise un double « je » : celui du narrateur, puis celui de Dominique[1]. On remarque cependant la similitude des initiales (Jules Vallès, Jacques Vingtras), et surtout l'existence d'un nombre important de données qui soulignent de constants points communs entre le héros et l'auteur/narrateur. Ceux-ci sont d'ordre temporel, spatial, familial, social. Leur identification peut se faire par des recherches biographiques et par des informations données dans des textes non romanesques. L'abondant *Journal* de J. Renard, et les carnets de voyage de Loti offrent, à cet égard, de précieux renseignements.

L'identité des lieux décrits et des lieux « vécus » apparaît très clairement dans *L'enfant*[2] (Le Puy, Saint-Étienne, Nantes et Paris). Loti situe l'action de ses romans dans les différents pays où l'a mené son état de marin (Maroc, Turquie, Japon[3]...). Bien des paysages campagnards et urbains de *Dominique*[1] s'apparentent aux images géographiques de la Charente.

Il en est de même pour les éléments temporels, et surtout pour le contexte humain, et les événements. Les situations rapportées ont réellement été vécues : une enfance malheureuse pour Vallès et pour Renard. Les parents présentés sont exactement calqués sur ceux des écrivains. Les aventures sentimentales de Loti ont été vécues par le lieutenant Lucien Viaud ; l'éducation sentimentale de Dominique fait clairement allusion à l'amour impossible de Fromentin pour Jenny Cressé. Vallès a participé activement à la Commune de Paris, dont *L'insurgé* retrace de nombreux épisodes.

1. Cf. p. 549.
2. Cf. p. 536.
3. Cf. p. 543.

Les masques de l'autobiographie

L'existence d'une multitude d'éléments autobiographiques, qui font de chacune de ces œuvres une sorte de double des vies vécues, n'empêche pas le choix de la forme romanesque. Aucun de ces romans ne se présente comme des confessions ou des mémoires, et nombreux sont les subterfuges qui permettent aux auteurs d'établir une certaine distanciation.

Le premier masque est celui du pseudonyme et des changements de nom du héros. Reconnaissables, auteurs et personnages ont changé d'identité : J. Vallès se cache derrière J. Vingtras ; le jeune Renard devient Poil de Carotte. Le jeu est encore plus net pour Loti qui a brouillé les pistes de l'identification en changeant son propre nom d'auteur et en se réfugiant derrière plusieurs personnages. En ce sens, le « je » utilisé est parfois ambigu. Dans certains cas (chez Renard notamment), l'utilisation de la troisième personne établit un recul permettant l'observation détachée.

On peut remarquer également d'autres procédés de « camouflage ». Aussi bien Renard que Vallès passent sous silence certains épisodes particulièrement douloureux de leur propre vie. Vallès fait ainsi « disparaître » de nombreux frères et sœurs. Il se contente de faire pudiquement allusion à l'internement d'une sœur devenue folle, et au sien, demandé par son père, à Nantes, au moment de la Commune. On remarque aussi que Renard a évité, dans *Poil de Carotte*, grâce à l'ironie et à la lucidité, toute forme de misérabilisme et d'apitoiement outré. Les personnages décrits étaient sans doute plus noirs et méchants ; l'enfant, lui, l'était peut-être moins.

Finalité du roman autobiographique

La coexistence, habilement combinée, d'une forme romanesque et d'éléments autobiographiques donne à chacun de ces romans l'authenticité du vécu tout en servant une démarche, ou une quête originale.

C'est en effet l'expérience vécue qui confère à chacune de ces œuvres sa continuité romanesque, puisque selon Vallès « le roman doit être le témoin de la vie » et « ouvrir un champ au souvenir ». Dans *Poil de Carotte*, la juxtaposition en apparence très discontinue des petites scènes qui constituent le roman trouve un lien dans la persistance douloureuse des souvenirs. Leur émergence brutale, angoisses ou cauchemars, explique une forme fragmentée, parcellaire : la totalité de ces fragments reconstitue la vie enfantine.

Parallèlement, chaque roman révèle une démarche originale : témoignage qui dépasse un destin individuel, quête sans cesse relancée d'une identité fluctuante, recherche du temps, ou d'un enracinement perdu.

Ainsi le propos de Vallès semble bien ne pas être uniquement de s'attacher au destin d'un enfant, lui-même, devenu bachelier amer, puis insurgé passionné. Au-delà du personnage de Vingtras, c'est d'abord toute une catégorie sociale qui est mise en cause. Or celle-ci doit ses malheurs à un ordre social que le jeune homme — et avec lui l'écrivain — ne peut accepter. Vallès dénonce d'autant mieux les tares d'une société, d'une mentalité et d'un ensemble de conformismes qu'il a pu lui-même les observer, et qu'il en a été la victime. L'expérience vécue est le tremplin d'un engagement dénonciateur. La démarche de Renard, peut-être plus proche de celle d'un moraliste, procède d'une finalité similaire : décrire la nature humaine au-delà de situations spécifiques. Poil de Carotte est un enfant précis ; il est aussi l'image de l'enfance dans tout ce qu'elle a de vulnérable et de cruel.

Dans le cas de Fromentin et de Loti, la démarche est sans doute différente. Une insatisfaction, la conscience douloureuse que la vie est faite d'instants éphémères, difficilement cernables dans leur spontanéité, sont à l'origine d'une idéalisation. L'autobiographie romanesque permet de restituer, de figer et d'éterniser ces moments presque disparus avant d'être vécus. Intériorisation chez Fromentin, l'écriture est pour Loti le témoignage d'une perception douloureuse et désabusée du monde. L'expérience unique (chez Fromentin) et démultipliée (chez Loti) n'existe qu'à travers le récit et l'analyse.

L'écriture romanesque autobiographique offre ainsi la double richesse de l'expérience vécue et de la recréation littéraire. Son originalité, chez ces différents auteurs, vient de ce qu'elle se situe à l'exact confluent de la vie et de l'art.

Jules Vallès
1832-1885

Gustave COURBET (1819-1877), *Portrait de Jules Vallès.* Paris, Musée Carnavalet.

Jacques Vingtras, Jules Vallès — les mêmes initiales, un même parcours dans l'histoire, une même révolte dans la société. A bien des titres, Jacques Vingtras, le héros de la trilogie romanesque de Jules Vallès, révèle le destin mouvementé de l'auteur, inséparable de l'histoire de son temps.

L'enfant, victime sociale

« Pays curieux que ce Velay[1], où les torrents ont fait les chemins et où les volcans grondent sous la neige ! Race étrange dont les fils portent tous au cœur un besoin terrible de liberté, et même l'instinct de la révolte. » En ces termes vibrants, le chroniqueur littéraire du *Progrès de Lyon* rend hommage à sa terre natale[2]. Très fier de ses origines auvergnates, Jules Vallès[3] refusa toujours de rompre avec la forte tradition de la terre et sa lignée paysanne.

Né au Puy en 1832, il ne profite guère, pourtant, des plaisirs champêtres. L'enfant brimé, ou au contraire exhibé comme un prodige dans le milieu de petits bourgeois à l'esprit étroit et mesquin que fréquentaient ses parents, vit des années sombres, à peine entrecoupées d'escapades heureuses, loin des siens, au moment des vacances.

Les siens, qui sont-ils ? Louis Vallez, son père, est un professeur laborieux, aigri par la misère matérielle et morale qui pèse sur tous ses collègues[4]. Il vit cantonné dans ses études classiques, dans l'ombre de la famille et de la société ; pour l'enfant, il finit d'ailleurs par se confondre avec les figures mortes d'un passé pétrifié...

Julie Pascal, sa mère, est une paysanne amère et tyrannique, sans doute parce qu'elle veut faire de son fils « quelqu'un »[5]. Et l'adulte se souvient : « J'ai été le bambin le plus mal habillé de la création, élevé par une tante qui n'aimait pas les enfants [...] sous prétexte qu'il ne fallait pas gâter les enfants, jamais une friandise, un jouet, une caresse »[6].

Pour que sa triste expérience serve d'exemple, Jules Vallès dédie son roman *L'enfant* :

A tous ceux
Qui crevèrent d'ennui au collège,
Ou
Qui, pendant leur enfance,
Furent tyrannisés par leurs maîtres
Ou
Rossés par leurs parents.

1. Région du Massif Central (Haute-Loire).
2. Article de 1864.
3. L'écrivain a modifié son nom : Jules Vallez est devenu Jules Vallès.
4. Il faudra attendre Victor Duruy (1863) pour que le traitement des instituteurs et professeurs soit relevé.
5. La mère de Jules Vallès, avec ses prétentions bourgeoises, diffère en cela de Madame Lepic, marâtre de Poil de Carotte.
6. Article de Vallès dans *Le Figaro* du 7 novembre 1861.

Du Puy à Saint-Étienne, de Saint-Étienne à Nantes où son père est nommé professeur de sixième, la morne existence se poursuit. Le garçon fantaisiste et distrait — il lui arrivait en classe d'écraser les mouches ou de sculpter les hannetons — obtient de brillants résultats dans les matières littéraires — les professeurs lui pardonnaient tout à cause de sa « facilité ».

Le clan des « réfractaires »

Février 1848 : voici la première rupture. Les événements révolutionnaires exaltent le jeune provincial qui arrache à ses parents l'autorisation de partir pour Paris.

2 décembre 1851 : c'est la seconde rupture. Vallès et ses amis tentent, en vain, un appel à l'insurrection populaire contre le coup d'État de Louis Napoléon Bonaparte.

Son père, de plus en plus inquiet pour sa propre carrière, décide son internement dans un asile d'aliénés... Libéré quelques mois plus tard, le jeune homme est enfin bachelier à vingt ans (après cinq échecs successifs !) et rejoint la capitale.

Les débuts de l'étudiant en droit à Paris sont bien difficiles. Échouant à ses examens, collaborant irrégulièrement à quelques journaux, Vallès, de 1853 à 1857, vit à Paris une vie de bohème misérable. Il a comme compagnons d'infortune des étudiants républicains qui ne manquent aucune occasion de manifester contre l'Empire autoritaire de Napoléon III, ceux qu'on appelle, à l'époque, les « réfractaires ».

La dédicace du second roman autobiographique est bien significative. *Le bachelier* est dédié :

A ceux qui nourris de grec et de latin
sont morts de faim.

Le journaliste : de la révolte à la Révolution

Pendant une dizaine d'années, Vallès connaît une période d'intense activité journalistique ; il écrit des articles pour *Le Figaro*, *Le Progrès de Lyon*, *L'Événement*, jusqu'à fonder son propre journal, *La Rue*, en 1867[1]. Le journaliste de combat a le sentiment d'une complicité fraternelle avec le peuple opprimé.

Septembre 1870 : après la chute du Second Empire, Vallès crée un club révolutionnaire à Belleville et — c'est la troisième rupture — participe à la Commune dont il est même délégué... à l'enseignement. La Commune signifie pour Vallès une véritable fête de l'Espérance, une coupure historique et l'avènement tant attendu d'un monde nouveau. En février 1871, il fonde le journal *Le Cri du Peuple*, au nom révélateur.

L'exaltation lyrique ne dure que peu de mois. Les Versaillais pénètrent dans Paris en mai. Condamné à mort par contumace, Vallès réussit à s'exiler. De 1872 à 1879, d'abord en Belgique puis en Angleterre, il mène une vie de proscrit. Il affronte encore des épreuves douloureuses avec la mort de sa mère, que la vieillesse a rendue plus humaine, la mort de sa fille Jeanne-Marie, née d'une liaison avec une institutrice londonienne. Et, comme si la douleur fécondait l'inspiration, il travaille à *L'enfant* et au *Bachelier* durant ces années d'exil.

De retour à Paris en 1880, Jules Vallès reprend ses activités de journaliste. Il parvient même à relancer *Le Cri du Peuple*. Il termine aussi *L'insurgé* qui ne paraîtra qu'après sa mort, éloquemment dédié :

Aux morts de 1871
A tous ceux
Qui, victimes de l'injustice sociale,
Prirent les armes contre un monde mal fait
Et formèrent
Sous le drapeau de la Commune
La grande fédération des douleurs.

Le 16 février 1885, les funérailles de Vallès donnèrent lieu à une manifestation révolutionnaire réunissant environ soixante mille personnes. Tous les membres de la Commune présents à Paris entouraient le cercueil de leur camarade.

L'enfant (1881) paru dès 1879, sous le titre de *Jacques Vingtras I*, roman. → p. 536.
Le bachelier (1881), roman. → p. 538.
L'insurgé (1886), roman. → p. 539.

1. Le journal, interdit en janvier 1868, n'eut qu'une brève existence...

L'enfant

1879

« Ai-je été nourri par ma mère ? Est-ce une paysanne qui m'a donné son lait ? Je n'en sais rien. Quel que soit le sein que j'ai mordu, je ne me rappelle pas une caresse du temps où j'étais tout petit ; je n'ai pas été dorloté, tapoté, baisoté ; j'ai été beaucoup fouetté. » Ces lignes révoltées qui condamnent la mère indigne d'amour tout autant que la société marâtre ouvrent *L'enfant.* Jacques est une victime, à la maison comme à l'école. Il trouve sa force dans le refus. Refus de la tyrannie familiale, refus de l'institution scolaire.

Résolument hostile aux modèles héroïques qu'on lui propose, l'enfant rejette la culture antique si rigide, lointaine et trahissant ce présent — même prosaïque — qu'il lui plaît de savourer. La culture est un écran occultant la réalité et Vallès, à travers les protestations naïves de Jacques, décide de conjurer le passé : « Le passé, voilà l'ennemi. »[1]

On nous a donné l'autre jour comme sujet, « Thémistocle[2] haranguant les Grecs ». Je n'ai rien trouvé, rien, rien !

« J'espère que voilà un beau sujet, hé ! » a dit le professeur en se passant la langue sur les lèvres, — une langue jaune, des lèvres crottées.

C'est un beau sujet certainement, et, bien sûr, dans les petits collèges, on n'en donne pas de comme ça : il n'y a que dans les collèges royaux, et quand on a des élèves comme moi.

Qu'est-ce que je vais donc bien dire ?

« Mettez-vous à la place de Thémistocle. »

Ils me disent toujours qu'il faut se mettre à la place de celui-ci, de celui-là, — avec le nez coupé comme Zopyre[3] ? avec le poignet rôti comme Scévola[3] ?

C'est toujours des généraux, des rois, des reines !

Mais j'ai quatorze ans, je ne sais pas ce qu'il faut faire dire à Annibal, à Caracalla, ni à Torquatus[3], non plus !

Non, je ne le sais pas !

Je cherche aux adverbes, et aux adjectifs du *Gradus*[4], et je ne fais que copier ce que je trouve dans l' *Alexandre.*

Mon père l'ignore, je n'ai pas osé l'avouer.

Mais lui, lui-même ! (oh ! je vends un secret de famille !) j'ai vu que ses exercices à lui, pour l'agrégation, étaient faits aussi de pièces et de morceaux. Sommes-nous une famille de crétins ?...

Quelquefois, il compose un discours où il faut faire parler une femme. Les plaintes d'Agrippine, Aspasie[5] à Socrate, Julie à Ovide.

Je le vois qui se gratte le front, et il touche sa barbe avec horreur ; il est Agrippinus, Aspasios, il n'est pas Aspasie, il n'est pas Agrippine, il se tord les poils et les mord, désespéré !

Je sens toute l'infériorité de ma nature et j'en souffre beaucoup.

Je souffre de me voir accablé d'éloges que je ne mérite pas, on me prend pour un fort, je ne suis qu'un simple filou. Je vole à droite, à gauche, je ramasse des *rejets* au coin des livres. Je suis même malhonnête quelquefois. J'ai besoin d'une épithète : peu m'importe de sacrifier la vérité ! Je prends dans le dictionnaire le mot qui fait l'affaire, quand même il dirait le contraire de ce que je voulais dire. Je perds la notion du juste ! Il me faut mon spondée ou mon dactyle, tant pis ! — la *qualité* n'est rien, c'est la *quantité* qui est tout.

Il faut toujours être près du Janicule avec eux.

Je ne puis cependant pas me figurer que je suis un Latin.

Je ne puis pas !

Ce n'est pas dans les latrines de Vitellius que je vais, quand je sors de la classe. Je n'ai pas été en Grèce non plus ! Ce ne sont pas les lauriers de Miltiade qui me gênent, c'est l'oignon qui me fait du mal. Je me vante, dans mes narrations, de blessures que j'ai reçues par-devant, *adverso pectore* ; j'en ai bien reçu quelques-unes par-derrière.

« Vous peindrez la vie romaine comme ci, comme ça... »

Je ne sais pas comment on vivait, moi ! Je fais la vaisselle, je reçois des coups, j'ai des bretelles, je m'ennuie pas mal : mais je ne connais pas d'autre consul que mon père, qui a une grosse cravate, des bottes ressemelées, et en fait de vieille femme *(anus)*, la mère Gratteloux qui fait le ménage des gens du second.

Et l'on continue à dire que j'ai de la facilité.

L'enfant, ch. 20.

1. Article publié au *Nain jaune*, 1867.
2. Homme d'État athénien doué d'une remarquable éloquence. Il a été l'artisan de l'éclatante victoire grecque de Salamine contre les Perses (480 avant J.-C.).
3. Personnages de l'histoire grecque ou romaine.
4. Le *Gradus* était un dictionnaire latin de prosodie, l'*Alexandre* un dictionnaire grec.
5. Femme grecque célèbre par sa beauté et son esprit. Originaire de Milet, elle ne put épouser Périclès. Son influence sur la vie politique et culturelle athénienne fut souvent contestée.

Pour préparer le commentaire composé

1. L'attitude de l'enfant vis-à-vis du passé. Montrer comment s'expriment la conscience d'une insurmontable difficulté et le dégoût du monde des adultes (enseignants et parents).

2. Le sentiment d'un mérite usurpé. Faire apparaître les oppositions entre les deux images contradictoires que l'enfant a de lui-même.

3. Une critique violente de l'enseignement. Analyser le contenu et les procédés de cette critique (ironie, violence verbale, rappel douloureux d'une réalité quotidienne sans rapport avec les domaines enseignés).

Pour un groupement de textes

Éducation, le meilleur et le pire.

Rabelais, *Gargantua* (ch. 23).
Montaigne, *Essais* (I, 26, « De l'institution des enfants »).
Molière, *L'école des femmes* (II, 7).
Lesage, *Gil Blas de Santillane* (ch. 1).
Voltaire, *Jeannot et Colin.*
Rousseau, *Émile ou De l'éducation* (Livre III).

G. RÉMY, *École à Paris dans la Cité* (1845), Aquarelle. Paris, Musée Carnavalet.

Le bachelier

1881

« Je n'ai qu'une petite malle, mais j'ai mon éducation. » *Le bachelier*, deuxième volet du triptyque[1], présente Jacques Vingtras, étudiant à Paris qui mène une existence marginale de raté : « Je ne voyais pas éclore mon avenir, et je voyais pourrir mes fleurs. » Au moment du coup d'État du 2 décembre 1851, le jeune homme participe avec ses camarades à la résistance républicaine. L'espoir renaît, vite déçu. Le 8 décembre, en effet, « la terreur règne à Paris ». Jacques est sommé par son père de revenir à Nantes, où les jours s'écoulent sournois et horribles pour « L'Échappé des barricades ». Et son père le remet à l'étude : il s'agit de réparer un nouvel échec au baccalauréat. « Quand j'ai latinassé, je suis libre — libre de regarder le quai... »

Quai Richebourg

Oh ! ce quai Richebourg, si long, si vide, si triste !

Ce n'est plus l'odeur de la ville, c'est l'odeur du canal. Il étale ses eaux grasses sous les fenêtres et porte comme sur de l'huile les bateaux de mariniers, d'où sort, par un tuyau, la fumée de la soupe qui cuit. La batelière montre de temps en temps sa coiffe et grimpe sur le pont pour jeter ses épluchures par-dessus bord.

C'est plein d'épluchures, ce canal sans courant !

C'est le sommeil de l'eau. C'est le sommeil de tout.

Pas de bruit. Trois ou quatre taches humaines sur le ruban jaunâtre du quai.

En face, au loin, des chantiers dépeuplés, où quelques hommes rôdent avec un outil à la main, donnant de temps en temps un coup de marteau qu'on entend à une demi-lieue dans l'air, lugubre comme un coup de cloche d'église.

A gauche, la prairie de Mauves brûlée par le givre.

A droite, la longueur de la rivière, qui est trop étroite encore à cet endroit pour recevoir les grands navires. On y voit les cheminées des *vapeurs de transport*, rangées comme des tuyaux de poêle contre un mur ; et les mâts avec les voiles ressemblent à des perches où l'on a accroché des chemises — espèce de hangar abandonné, longue cour de blanchisseur, corridor de vieille usine, ce morceau de la Loire !

L'écluse Saint-Félix à Nantes, quai Malakoff. Nantes, Musée du Château des Ducs de Bretagne.

1. *Le bachelier* parut d'abord en feuilleton sous le titre *Mémoires d'un révolté*, en 1879.

Le ciel, là-dessus, est pâle et pur : pureté et pâleur qui m'irritent comme un sourire de niais, comme une moquerie que je ne puis corriger ni atteindre... C'est affreux, ce clair de ciel ! tandis que mon cœur saigne noir dans ma poitrine...

Oh ! ce silence ! — troublé seulement par le bruit d'une conversation entre les mariniers ! ou le *ho, ho !* lent de ceux qui tirent sur la corde, dans le chemin de halage, pour remonter un bateau...

Pourquoi le train qui me ramenait n'a-t-il pas sauté ! Pourquoi n'ai-je pas eu le courage de me jeter, la tête la première, sous la locomotive, au lieu de m'installer dans le wagon comme un condamné à mort dans la charrette qui le prend et le mène, à travers champs, à l'endroit de l'exécution ! Il y en a qui vont ainsi trois heures en voiture, côte à côte, avec le bourreau ! Mais, quand ils arrivent, ils n'en ont plus que pour un moment, ils sont près de la délivrance ; moi, je suis arrivé et je ne sais pas quand mon agonie finira !

J'avais à mes côtés, dans le train, un homme qui ne devait descendre de wagon que pour s'embarquer sur un paquebot ; il allait dans le pays des aventures et du soleil, où l'on se poignarde dans les tavernes, où l'on se tue à coups de pistolet dans les rues !

Il fallait lui dire :

« Emmenez-moi ! je me jetterai à côté de vous dans les mêlées — payez mon passage, et je vous vends ma peau pour le temps qui servira à m'acquitter ! Je ne serai pas *chien*, j'ai du sang de reste à vomir. »

Pourquoi ne le lui ai-je pas dit ?

C'est affreux ! il me semble que mon cœur s'en va et je pousse comme des aboiements de douleur.

Le bachelier, ch. 13.

Pour préparer l'étude du texte

1. Mettre en évidence les caractéristiques spécifiques du texte : importance de la description, intégration du monologue intérieur et du style direct au récit, fréquence et signification de la ponctuation.
2. Le paysage perçu. Montrer comment s'exprime, à travers la description, le dégoût profond du narrateur devant un monde de médiocrité.
3. Le souhait d'un autre destin. Analyser les formulations qui mettent en relief le désir de mort et le vœu d'une évasion.

Pour un groupement de textes

Fonctions de la description.

Vallès, *Le bachelier.*
Balzac, *Le père Goriot* : la pension Vauquer (cf. p. 182) ; *La peau de chagrin* : la salle de jeu, le magasin de l'antiquaire (cf. p. 187) ; *Le lys dans la vallée* : description de la vallée (cf. p. 183).
Zola, *Germinal* : description de la mine (cf. p. 501).
Maupassant, *Bel-Ami* : description de la Seine (IIe partie du roman).

L'insurgé

1886

« Voilà la revanche du collège, de la misère et de Décembre. » A l'heure de la Commune, Vallès se confond avec Vingtras. *Le Cri du Peuple*, journal fondé par Vallès le 22 février 1871, a été suspendu le 12 mars.

Mais la Commune de Paris a eu raison de la censure du général Vinoy et, le 21 mars, le journal reparaît...

Le Cri du Peuple a reparu.

— Demandez *Le Cri du Peuple* par Jacques Vingtras !

Il est deux heures de l'après-midi, et déjà quatre-vingt mille pages se sont envolées de l'imprimerie sur cette place et sur les faubourgs.

— Demandez *Le Cri du Peuple* par Jacques Vingtras !

On n'entend que cela, et le marchand n'y peut suffire.

— Voulez-vous mon dernier, citoyen ?... Pour vous, ce sera deux sous, fait-il en riant : vrai, ça les vaut !

— Voyons !

26 mars,

Quelle journée !

Ce soleil tiède et clair qui dore la gueule des canons, cette odeur de bouquets, le frisson des drapeaux, le murmure de cette révolution qui passe, tranquille et belle comme une rivière bleue ; ces tressaillements, ces lueurs, ces fanfares de cuivre, ces reflets de bronze, ces flambées d'espoirs, ce parfum d'honneur, il y a là de quoi griser d'orgueil et de joie l'armée victorieuse des républicains.

O grand Paris !

Lâches que nous étions, nous parlions déjà de te quitter et de nous éloigner de tes faubourgs qu'on croyait morts !

Pardon ! Patrie de l'honneur, cité du salut, bivouac de la Révolution !

Quoi qu'il arrive, dussions-nous être de nouveau vaincus et mourir demain, notre génération est consolée ! Nous sommes payés de vingt ans de défaites et d'angoisses.

Clairons ! sonnez dans le vent ! Tambours ! battez aux champs !

« Embrasse-moi, camarade, qui as comme moi les cheveux gris ! Et toi, marmot, qui joues aux billes derrière la barricade, viens que je t'embrasse aussi !

Le18 mars te l'a sauvé belle, gamin ! Tu pouvais, comme nous, grandir dans le brouillard, patauger dans la boue, rouler dans le sang, crever de honte, avoir l'indicible douleur des déshonorés !

C'est fini !

Nous avons saigné et pleuré pour toi. Tu recueilleras notre héritage.

Fils des désespérés, tu seras un homme libre ! »

J'ai du bonheur pour mon argent ! Par-dessus mon épaule, un ou deux fédérés essaient de lire, en disant d'un air entendu :

— Il a tout de même le fil, ce sacré Vingtras ! Vous ne trouvez pas, citoyen ?

Je ressens une ivresse profonde, perdu dans cette multitude qui me jette aux oreilles tout ce qu'elle pense de moi.

Ma réserve, quand on frappe sur le journal en disant :

Est-ce tapé ! là, voyons ?... me vaut même de la part des enthousiastes qui me trouvent tiède, des moues de colère, et aussi des bourrades sournoises — qui me cassent les côtes, mais me rapiècent le cœur.

Il me semble qu'il n'est plus à moi, ce cœur qu'ont écorché tant de laides blessures, et que c'est l'âme même de la foule qui maintenant emplit et gonfle ma poitrine.

Oh ! il faudrait que la mort vînt me prendre, qu'une balle me tuât dans cet épanouissement de la résurrection !

Je mourrais aujourd'hui en pleine revanche... et qui sait ce que demain la lutte va faire de moi !

Jadis, mon obscurité masquait de noir mes faiblesses d'inconnu ; maintenant, le peuple va me regarder à travers les lignes qui, comme les veines de ma pensée, courent sur la feuille de papier gris. Si ma veine est pauvre, si j'ai du sang blanc, mieux valaient les coups de pied de vache de la misère, les portions à quatre sous, les faux cols en carton, les humiliations innombrables !

L'insurgé, ch. 26.

Pour préparer l'étude du texte

1. Étudier comment s'expriment dans ce texte :
— l'enthousiasme révolutionnaire,
— le sentiment d'une victoire sur le malheur et sur le destin.

2. Montrer comment la variation des pronoms personnels (nous, tu, il, je) permet une fusion entre un individu et tout un peuple.

3. L'autobiographie et le compte rendu historique. Comment perçoit-on dans le texte la confusion entre Vallès et Vingtras, entre l'écrivain-auteur et le narrateur héros et journaliste ?

Honoré DAUMIER (1808-1879), *L'émeute* (1860). Washington, The Phillips Collection.

Longtemps Jules Vallès fut ignoré ou étiqueté « écrivain réaliste mineur », « romancier de la Commune ». De fait, dans son œuvre romanesque qui comprend *L'enfant*, *Le bachelier* et *L'insurgé*, Vallès a d'abord choisi de porter témoignage. La mise en accusation d'une société qui l'a meurtri passe donc par l'évocation de certaines scènes réalistes. D'autre part, *L'insurgé* est un vibrant document sur la Commune, mais tout Vallès n'est pas contenu dans cette aventure exaltée. Une lecture sociopolitique de l'œuvre ne saurait suffire. La trilogie doit d'abord être considérée comme une autobiographie passionnée qui étonne et séduit par son style tour à tour ironique et lyrique.

L'autobiographie vallésienne

Le « Je » de *L'enfant* est Jacques Vingtras, un pauvre diable malheureux qui grandit dans une famille et une société hostiles. Le ton pourtant n'est pas désespéré. Le « Je » s'interroge sur lui-même, s'interpelle souvent, non pour se mieux connaître, mais pour se montrer aux autres et solliciter leur regard avec une certaine théâtralité. A la voix naïve de Jacques qui semble refuser de juger son destin s'ajoute celle de Vallès — tout à fait ironique. Nombreuses sont, dans le texte, les incidences révélatrices d'une complicité entre le narrateur et l'auteur. Par la dérision pourtant, une distance se trouve établie entre la réalité et la fiction. Et le récit d'enfance n'est pas d'une fidélité absolue à l'événement. Ainsi, la famille de Vallès, nombreuse en frères et sœurs, se voit-elle réduite au trio infernal, Jacques entre son père et sa mère, stylisation nécessaire à la force démonstrative de l'ouvrage.

L'unité chronologique importe moins dans *Le bachelier* que la répétition obsessionnelle de certaines situations dramatiques : la faim, l'humiliation, le sentiment d'appartenir aux « Victimes du Livre ».

La distinction entre les deux voix narratives n'apparaît plus dans *L'insurgé*, tant sont présents pour Vallès les événements vécus par Vingtras. L'autobiographie devient alors inséparable du compte rendu historique, comme en témoignent les articles du *Cri du Peuple* directement insérés dans le roman. Le romancier se double du journaliste, et Vingtras n'est plus seulement le porte-parole de Vallès, mais le symbole du peuple en marche. Le « Je » atteint alors à l'universel, comme si l'évocation de la Commune avait permis à l'autobiographie de se trancender, en révélant un moi historique et symbolique.

L'écriture de la révolte

L'autobiographie vallésienne est donc une œuvre de révolte en même temps qu'un témoignage révolutionnaire d'où la rhétorique n'est pas absente — une rhétorique à rebours cependant. Pour suggérer les heurts de l'histoire, Vallès utilise un style discordant et des effets de rupture ; pour frapper les mémoires, un réseau d'images fortes et récurrentes où se superposent l'encre et le sang ; pour dédramatiser la réalité, une subversion du langage. Mais surtout — et c'est peut-être la clé de la séduction du style — le lecteur ressent une présence charnelle, une émotion contenue ou au contraire débridée de l'auteur dans sa phrase.

Sans doute la densité du projet autobiographique et la modernité de l'écriture faisaient-elles de Vallès un écrivain trop en avance sur son temps.

Pierre Loti
1850-1923

Lucien LEVY-DHURMER (1865-1953), *Portrait de Pierre Loti.* Bayonne, Musée Basque.

Il fut un des écrivains les plus admirés de son époque. En cette fin de siècle avide de nouveauté littéraire, il s'illustra comme le maître de l'exotisme. Ses œuvres et sa personnalité exercèrent un étonnant pouvoir de séduction. Nul n'ignorait ses salons turcs et japonais[1], ses costumes extravagants, son maquillage ostentatoire et surtout la mosquée qu'il avait fait construire au troisième étage de sa demeure. Ces extravagances semblent aujourd'hui dépassées. Le personnage a fini de plaire et on ne lit plus guère l'auteur. C'est dommage, car son œuvre littéraire témoigne de ce qu'était la sensibilité « fin de siècle », et elle offre des pages au charme suranné.

L'appel de la mer

C'est à Rochefort-sur-mer, en Charente-Maritime, que naquit en 1850 Julien Viaud — celui que la postérité connaîtra sous le nom de Pierre Loti. Et Pierre Loti fut d'abord un être de la mer.

Dans un milieu assez austère, de souche huguenote, Julien connut une enfance choyée, dominée par les figures douces de sa mère et de sa sœur Marie. Tout au long de sa vie, Loti garda le culte nostalgique de ce monde de l'enfance. Il revenait périodiquement à la maison familiale de Rochefort ; il voulut même être enterré avec sa pelle de plage et son seau d'enfant...

Malgré la tragique disparition de son frère chirurgien de la marine, Julien cède, lui aussi, à l'appel de la mer. Reçu à l'École Navale en 1867, il s'embarque quelques années plus tard sur le *Jean-Bart.* C'est le début d'une longue carrière à travers le monde : Julien Viaud a vingt ans.

L'écriture du voyage

A Tahiti, plusieurs suivantes de la reine Pomare[2] le baptisent « Loti » — un nom de fleur en langue indigène[3]. Le jeune officier écrit alors un journal d'où sortiront ses livres.

1. La mode était alors aux « japoniaiseries », selon le mot des Goncourt.
2. Tahiti était un protectorat français depuis 1843. La vieille reine Pomare IV avait fini par accepter la présence française, adoptant même certains symboles de la civilisation occidentale.
3. Julien, avant le voyage à Tahiti, se faisait appeler Pierre par fantaisie.

La plupart des romans de Loti sont écrits à la première personne ; l'intrigue en est simple : un jeune officier de marine très séduisant gagne les faveurs d'une belle étrangère. Mais l'officier doit partir vers d'autres cieux, et l'amante abandonnée meurt... ou finit par oublier. Ainsi, en Turquie, le narrateur s'éprend d'Aziyadé (*Aziyadé*, 1879) ; à Tahiti, de Rarahu (*Le mariage de Loti*, 1880) ; à Nagasaki, de Chrysanthème (*Madame Chrysanthème*, 1887).

Certes, ce schéma initial comporte parfois des variantes. Dans *Ramuntcho* (1897), un contrebandier basque tombe amoureux de Gracieuse, laquelle, loin de répondre à son amour, entre dans les ordres.

A côté de ces héroïnes au cœur pur, à côté de ces histoires d'amour très conventionnelles, Loti évoque des villes pittoresques, des foules bigarrées, à Salonique, à Istanbul, au Caire.

Loti meurt paralysé à Hendaye en 1923, en pleine gloire. Le gouvernement français décrète des funérailles nationales et trois navires de guerre transportent sa dépouille d'Oléron à Rochefort.

Aziyadé (1879).
Pêcheur d'Islande (1886). → p. 543.
Ramuntcho (1897).
Les désenchantées (1906). → p. 544.

Pêcheur d'Islande

1886

Avec *Pêcheur d'Islande*, publié en 1886, Loti atteint sans doute à l'apogée de son art romanesque. La critique de l'époque salue un chef-d'œuvre et le grand public se montre très sensible au charme du roman. La simplicité tragique des personnages qui disputent leur amour à la mer et affrontent le déchaînement des forces naturelles séduit toujours le lecteur.

Yann et Sylvestre, inséparables amis, quittent Paimpol chaque printemps pour aller pêcher au large de l'Islande. Gaud, la cousine de Sylvestre, très éprise de Yann, attend qu'il lui déclare son amour. Timidité ou indépendance farouche ? A chaque retour, Yann évite la jeune fille. Sylvestre est tué tragiquement au cours d'une mission en Chine, laissant une grand-mère éplorée. Gaud partage désormais la chaumière de la grand-mère, autour de laquelle les deux amoureux finissent par se réunir.

Yann épouse Gaud. Mais les pêcheurs doivent repartir pour l'Islande et Yann ne reviendra plus...

Autour de l'Islande, il fait cette sorte de temps rare que les matelots appellent le *calme blanc* ; c'est-à-dire que rien ne bougeait dans l'air, comme si toutes les brises étaient épuisées, finies.

Le ciel s'était couvert d'un grand voile blanchâtre, qui s'assombrissait par le bas, vers l'horizon, passait aux gris plombés, aux nuances ternes de l'étain. Et là-dessous, les eaux inertes jetaient un éclat pâle, qui fatiguait les yeux et qui donnait froid.

Cette fois-là, c'étaient des moires, rien que des moires changeantes qui jouaient sur la mer ; des cernes très légers, comme on en ferait, en soufflant contre un miroir. Toute l'étendue luisante semblait couverte d'un réseau de dessins vagues qui s'enlaçaient et se déformaient ; très vite effacés, très fugitifs.

Éternel soir ou éternel matin, il était impossible de dire : un soleil qui n'indiquait plus aucune heure, restait là toujours, pour présider à ce resplendissement de choses mortes, il n'était lui-même qu'un autre cerne, presque sans contours, agrandi jusqu'à l'immense par un halo trouble.

Yann et Sylvestre, en pêchant à côté l'un de l'autre, chantaient : *Jean-François de Nantes*, la chanson qui ne finit plus — s'amusant de sa monotonie même et se regardant du coin de l'œil pour rire de l'espèce de drôlerie enfantine avec laquelle ils reprenaient perpétuellement les couplets, en tâchant d'y mettre un entrain nouveau à chaque fois. Leurs joues étaient roses sous la grande fraîcheur salée ; cet air qu'ils respiraient était vivifiant et vierge ; ils en prenaient plein leur poitrine, à la source même de toute vigueur et de toute existence.

Et pourtant, autour d'eux, c'étaient des aspects de non-vie, de monde fini ou pas encore créé ; la lumière n'avait aucune chaleur ; les choses se tenaient immobiles et comme refroidies à jamais, sous le regard de cette espèce de grand œil spectral qui était le soleil.

Pêcheur d'Islande, I, 6.

Pour préparer l'étude du texte

1. Montrer l'importance des perceptions visuelles en étudiant l'expression des couleurs, des nuances, des reflets.
2. Analyser comment l'auteur crée un contexte mystérieux et angoissant : immobilité, absence de vie du paysage, disparition des repères temporels.
3. Comment se manifeste l'opposition vie/« non-vie » ? Étudier le contraste entre le 6e paragraphe et le reste du texte.

Les désenchantées

1906

En 1906, dans *Les désenchantées*, Loti renoue avec la Turquie de son premier roman, *Aziyadé*. Le sous-titre, « Roman des harems turcs contemporains », invite à considérer l'œuvre comme un témoignage.

Les Désenchantées, ce sont trois princesses orientales, Djénane, Zeyneb et Melek, indignées de la condition humiliante réservée à la femme en Turquie. Djénane, révoltée par la trahison de son époux, finit par se suicider.

Le Désenchantement gagne aussi la ville de Constantinople qui tend à s'occidentaliser, et donc, aux yeux du narrateur, à plonger « dans la banalité, l'agitation, la laideur ».

Au cri de révolte de ces femmes en avance sur leur temps, s'ajoute donc la voix nostalgique du romancier amoureux du vieil Orient.

Loti apparaît dans son roman sous les traits d'André Lhéry, écrivain célèbre qui retrouve Istanbul en 1904, comme attaché d'ambassade.

A cette ville tant aimée se rattachent de nombreux souvenirs, celui de « l'obscure Circassienne[1] » qui fut l'amie de sa jeunesse, celui de Nedjibé, sa récente compagne, morte en 1900. « Par déférence religieuse pour elle », il fait un pèlerinage au cimetière auquel on accède par la porte d'Andrinople.

C'était loin, très loin, cette porte d'Andrinople, percée dans la grande muraille byzantine, au bout de quartiers que l'on abandonne, de rues qui se meurent d'immobilité et de silence. Il lui fallait traverser presque tout Istanboul, et on commença par monter des rampes où les chevaux glissaient. D'abord défilèrent ces quartiers grouillants de monde, pleins de cris et de marchandages, qui avoisinent le bazar et que les touristes fréquentent. Puis vinrent, un peu déserts ce jour-là sous la brise glacée, ces sortes de steppes qui occupent le plateau du centre et d'où l'on aperçoit des minarets de tous côtés et des dômes. Et après ce furent les avenues bordées de tombes, de kiosques funéraires, d'exquises fontaines, les avenues de jadis où rien n'avait changé ; l'une après l'autre, les grandes mosquées passèrent avec leurs amas de coupoles pâlement grises dans le ciel encore hivernal, avec leurs vastes enclos pleins de morts, et leurs places bordées de petits cafés du vieux temps où les rêveurs s'assemblent après la prière. C'était l'heure où les muezzins appelaient au troisième office du jour ; on entendait leurs voix tomber de là-haut, des frêles galeries aériennes qui voisinaient avec les nuages froids et sombres... Stamboul existait donc encore !... A le retrouver tel qu'autrefois, André Lhéry, tout frissonnant d'une indicible et délicieuse angoisse, se sentait replongé peu à peu dans sa propre jeunesse ; de plus en plus il se sentait quelqu'un qui *revivait*, après des années d'oubli et de non-être... Et c'était elle, la petite Circassienne au corps aujourd'hui anéanti dans la terre, qui avait gardé le pouvoir de jeter un enchantement sur ce pays, elle qui était cause de tout, et qui, à cette heure, triomphait.

A mesure qu'approchait cette porte d'Andrinople, qui ne donne que sur le monde infini des cimetières, la rue se faisait encore plus tranquille, entre des vieilles maisonnettes grillées, des vieux murs croulants. A cause de ce vent de la mer Noire, personne n'était assis devant les humbles petits cafés, presque en ruine. Mais les gens de ce quartier, les rares qui passaient, avec des airs gelés, portaient encore la longue robe et le turban d'autrefois. Une tristesse d'universelle mort, ce jour-là, émanait des choses terrestres, descendait du ciel obscur, sortait de partout, une tristesse insoutenable, une tristesse à pleurer.

Arrivé enfin sous l'épaisse voûte brisée de cette porte de ville, André, par prudence, congédia sa voiture et sortit seul dans la campagne, — autant dire dans l'immense royaume des tombes abandonnées et des cyprès centenaires. A droite et à gauche, tout le long de cette muraille colossale, dont les donjons à moitié éboulés s'alignaient à perte de vue, rien que des tombes, des cimetières sans fin, qui s'enveloppaient de solitude et se grisaient de silence. Assuré que le cocher était reparti, qu'on ne le suivrait pas pour l'espionner, André prit à droite et commença de descendre vers Eyoub, marchant sous ces grands cyprès, aux ramures blanches comme les ossements secs, aux feuillages presque noirs.

Les pierres tombales, en Turquie, sont des espèces de bornes, coiffées de turbans ou de fleurs, qui de loin prennent vaguement l'aspect humain, qui ont l'air d'avoir une tête et des épaules ; aux premiers temps elles se tiennent debout, bien droites, mais les siècles, les tremblements de terre, les pluies viennent les déraciner ; elles s'inclinent alors en tous sens, s'appuient les unes contre les autres comme des mourantes, finissent par tomber sur l'herbe, où elles restent couchées. Et ces très anciens cimetières où André passait avaient le morne désarroi des champs de bataille au lendemain de la défaite.

Les désenchantées, ch. 5.

Pour préparer l'étude du texte

1. Le déplacement spatial. Analyser la manière dont est décrit l'itinéraire (étapes, précision des lieux, détails du paysage).

2. Un voyage de rêve. Récapituler tous les éléments qui insistent sur le caractère mystérieux du déplacement et en font une sorte d'enchantement, entre la vie et la mort.

3. La symbolique de la porte. Étudier l'importance dans le texte de la « porte d'Andrinople » et le rôle qu'elle joue pour le héros (un passage lointain, une frontière entre deux mondes).

1. Jeune femme originaire du nord du Caucase.

Benjamin CONSTANT (1845-1902), *Odalisque.* Oil on canvas (21,9 × 29,8 cm). The George A. Lucas Collection of the Maryland Institute, College of Art, on indefinite loan to the Baltimore Museum of Art.

Aziyadé, *une suite d' « incidents »...*

Roland Barthes (1915-1980), écrivain et théoricien de l'écriture, affirme l'originalité de son projet dès *Le degré zéro de l'écriture*, en 1953.

Il s'agit de découvrir dans le texte le plus neutre, tel *Aziyadé* de Pierre Loti, un ensemble de signes cachés. Le lecteur devient déchiffreur du discours, « décodeur » d'un message. Dès lors, une pluralité de lectures est possible. Selon Roland Barthes, Loti excelle à exprimer le « rien ». Pour permettre au discours de tenir, il multiplie les notations infimes et futiles...

Un homme aime une femme (c'est le début d'un poème de Heine) ; il doit la quitter ; ils en meurent tous les deux. Est-ce vraiment cela Aziyadé ? Quand bien même on ajouterait à cette anecdote ses circonstances et son décor (cela se passe en Turquie, au moment de la guerre russo-turque ; ni l'homme ni la femme ne sont libres, ils sont séparés par des différences, de nationalité, de religion, de mœurs, etc.), rien, de ce livre, ne serait dit, car il ne s'épuise paradoxalement que dans le simple effleurement de la banale histoire. Ce qui est raconté, ce n'est pas une aventure, ce sont des incidents *: il faut prendre le mot dans un sens aussi mince, aussi pudique que possible. L'incident, déjà beaucoup moins fort que l'accident (mais peut-être plus inquiétant), est simplement* ce qui tombe *doucement, comme une feuille, sur le tapis de la vie ; c'est ce pli léger, fuyant, apporté au tissu des jours ; c'est ce qui peut être* à peine *noté : une sorte de degré zéro de la notation, juste ce qu'il faut pour pouvoir écrire* quelque chose. *Loti — ou Pierre Loti — excelle dans ces insignifiances (qui sont bien en accord avec le projet éthique du livre, relation d'une plongée dans la substance intemporelle du démodé) : une promenade, une attente, une excursion, une conversation, une séance de Karageuz, une cérémonie, une soirée d'hiver, une partie douteuse, un incendie, l'arrivée d'un chat, etc. : tout ce plein dont l'attente semble le creux ; mais aussi tout ce vide extérieur (extériorisé) qui fait le bonheur.*

Roland Barthes, Le degré zéro de l'écriture, *Éd. du Seuil, 1953.*

Fasciné par les mœurs, les traditions nouvelles, Loti est surtout un peintre nostalgique de la Beauté. Avec une grande précision descriptive, il évoque le charme romantique du crépuscule, de l'automne, le langoureux sommeil des sociétés défuntes.

« Mon cœur est plus changeant qu'un ciel d'équinoxe. » L'évasion est le leitmotiv de la vie et de l'œuvre de Loti. Tel un guide inspiré, il conduit ses lecteurs dans les contrées les plus diverses, de l'Orient aux mers du Nord.

Il s'agit d'abord pour Loti de fuir « l'écœurante banalité du quotidien », mais aussi de se fuir lui-même. « Je n'étais pas mon genre », disait-il. Loti choisit de s'étourdir dans le travestissement, les amours masculines ou les fidélités orientales — autant d'échappatoires à l'Ennui.

« Loti ne s'interrompt pas pendant quarante ans de hurler à la mort. Toute son œuvre n'est qu'une plainte monotone, déchirante », écrivait François Mauriac[1].

En quête d'une foi, d'une certitude religieuse qu'il n'a jamais trouvée, il cherche à apaiser son inquiétude en multipliant les pèlerinages dans les hauts lieux d'adoration antiques : Jérusalem, Bénarès ou Angkor. En vain... Mystique déçu, il se réfugie surtout dans l'écriture et la célébration d'un passé mort. Dans sa maison de Rochefort, qui est un véritable sanctuaire nostalgique, il se recueille aux sources du sacré. Chaque objet devient un signe qui permet un retour au passé.

Cette fin de siècle était profondément marquée par le pessimisme et Loti s'inscrit dans la lignée de ceux qui ont exploré la voie du souvenir. Face au vieillissement, au déclin et à la mort, la mémoire semble l'ultime recours capable de transcender le Temps.

Henri ROUSSEAU (1844-1910), *Charmeuse de serpents.*

1. Dans « Le roman », *Cahiers de la quinzaine*, 1928.

Eugène Fromentin
1820-1876

G. GORVEL, *Portrait de Fromentin.* Bibliothèque de La Rochelle.

Eugène Fromentin offre cette particularité, rare dans les lettres françaises[1], d'être à la fois peintre et écrivain. Aujourd'hui le peintre est oublié — injustement peut-être — l'écrivain toujours apprécié.

Eugène Fromentin est né le 24 octobre 1820 à La Rochelle, dans un pays de plaine bordé par la mer, où peuvent se déployer tous les frémissements de la lumière. Il restera toute sa vie imprégné par le charme de sa province et ne s'attachera qu'aux paysages qui lui ressemblent, en particulier au désert dont il poursuivra l'insaisissable trace à travers ses tableaux et ses récits.

Il appartient par sa famille à la bonne bourgeoisie rochelaise ; son père est médecin aliéniste et de lui il tient son goût impitoyable pour l'analyse ; de sa mère lui vient une sensibilité extrême. Le milieu est austère, presque puritain. On désapprouve son amour pour la belle Jenny Béraud, une amie d'enfance un peu plus âgée que lui, mariée et bientôt mère de trois enfants, qui lui inspirera plus tard le personnage de Madeleine.

Après de brillantes études au collège de La Rochelle, Fromentin va à Paris commencer des études de droit qui ne l'enthousiasment guère. Il préfère écrire des poèmes ou crayonner des paysages. Bientôt, malgré les réticences de ses parents qui lui versent une pension parcimonieuse, il entre à l'atelier du peintre Louis Cabat, paysagiste renommé. Au printemps 1846, il part un mois pour l'Algérie, avec des amis, en cachette de sa famille. Il y retournera à deux reprises. C'est pour lui une révélation : « J'ai senti là-bas qu'il y avait une veine originale pour moi... Je crois que l'Orient reste encore à faire. »[2] Il sera peintre orientaliste.

1. On pourrait citer Victor Hugo, et, au XXe siècle, Henri Michaux.
2. Correspondance.

En 1847, il expose pour la première fois au Salon trois tableaux et réussit à en vendre un. Bientôt il connaît le succès, ses toiles se vendent bien et lui assurent une certaine aisance. Il est reçu par de nombreux artistes et écrivains.

Cependant, s'il se considère avant tout comme un peintre, il lui arrive de prendre la plume pour exprimer ce que le pinceau ne peut rendre : ses idées, ses sensations, la résurrection de son cher passé. Il écrit des souvenirs de voyage, un roman, une œuvre de critique d'art.

Ce sont des ouvrages brefs, denses, rares, qui connaissent un succès d'estime, encore durable.

Un été dans le Sahara (1857), récit de voyage. → p. 548.
Une année dans le Sahel (1859), récit de voyage.
Dominique (1863), roman. → p. 549.
Les maîtres d'autrefois (1876), critique d'art.

Un été dans le Sahara

1857

Au cours de son deuxième séjour en Algérie, Fromentin peut se joindre à un convoi qui se dirige vers le sud. A l'expérience de la vie nomade s'ajoute la révélation du désert. Mais c'est lors de son troisième séjour, en 1852-1853, après une expédition jusque dans la ville de Laghouat[1], qu'il rédige ce livre de souvenirs, écrit « non pour répéter l'œuvre du peintre, mais pour exprimer ce qu'elle ne dit pas »[2].

Sur l'une des hauteurs de la ville d'El-Laghouat, au pied d'une tour, Fromentin s'installe, seul, avec son parasol et son carton à dessins, observant inlassablement le paysage immense qui l'entoure. A présent, c'est l'heure la plus chaude : midi.

A cette heure-là, je n'ai plus à craindre aucune visite ; car personne autre que moi n'aurait l'idée de s'aventurer là-haut. Le soleil monte, abrégeant l'ombre de la tour, et finit par être directement sur ma tête. Je n'ai plus que l'abri étroit de mon parasol, et je m'y rassemble ; mes pieds posent dans le sable ou sur des grès étincelants ; mon carton se tord à côté de moi sous le soleil ; ma boîte à couleurs craque, comme du bois qui brûle. On n'entend plus rien. Il y a là quatre heures d'un calme et d'une stupeur incroyables. La ville dort au-dessous de moi, muette et comme une masse alors toute violette, avec ses terrasses vides, où le soleil éclaire une multitude de claies pleines de petits abricots roses, exposés là pour sécher : çà et là, quelques trous noirs marquent des fenêtres, des portes intérieures, et de minces lignes d'un violet foncé indiquent qu'il n'y a plus qu'une ou deux raies d'ombre dans toutes les rues de la ville. Un filet de lumière plus vive, qui borde le contour des terrasses, aide à distinguer les unes des autres toutes ces constructions de boue, amoncelées plutôt que bâties sur leurs trois collines. [...]

C'est aussi l'heure, je l'avais remarqué dès le jour de mon arrivée, où le désert se transforme en une plaine obscure. Le soleil, suspendu à son centre, l'inscrit dans un cercle de lumière dont les rayons égaux le frappent

Eugène FROMENTIN, *Le pays de la soif.* Paris, Musée d'Orsay.

1. Orthographié « El-Laghouat » par Fromentin.

2. Préface à l'édition de 1874 pour *Sahara* et *Sahel.*

en plein, dans tous les sens et partout à la fois. Ce n'est plus ni de la clarté, ni de l'ombre ; la perspective indiquée par les couleurs fuyantes cesse à peu près de mesurer les distances ; tout se couvre d'un ton brun, prolongé sans rayure, sans mélange ; ce sont quinze ou vingt lieues d'un pays uniforme et plat comme un plancher. Il semble que le plus petit objet saillant y devrait apparaître, pourtant on n'y découvre rien ; même, on ne saurait plus dire où il y a du sable, de la terre, ou des parties pierreuses, et l'immobilité de cette mer solide devient alors plus frappante que jamais. On se demande, en le voyant commencer à ses pieds, puis s'étendre, s'enfoncer vers le sud, vers l'est, vers l'ouest, sans route tracée, sans inflexion, quel peut être ce pays silencieux, revêtu d'un ton douteux qui semble la couleur du vide ; d'où personne ne vient, où personne ne s'en va, et qui se termine par une raie si droite et si nette sur le ciel. L'ignorât-on, on sent qu'il ne finit pas là et que ce n'est, pour ainsi dire, que l'entrée de la haute mer.

Un été dans le Sahara, II.

Pour préparer l'étude du texte

1. Déterminer la structure du texte en différenciant nettement ce qui appartient au récit et ce qui relève de la description. En quoi les deux descriptions proposées s'opposent-elles ?
2. La description de la ville. Quelles en sont les dominantes ? Montrer qu'elle est à la fois l'œuvre d'un peintre et celle d'un écrivain.
3. La description du désert. Étudier l'expression de l'uniformité et du vide.

Dominique

1863

En 1844, quelques jours après la mort de Jenny Béraud, le grand amour de sa jeunesse, Fromentin note : « Amie... je veux et vais écrire notre histoire commune. »[1] Quinze ans plus tard, il se met à la rédaction du roman. « Ce qu'il y a de plus clair pour moi, confie-t-il alors à George Sand, c'est que j'ai voulu me plaire... retrouver ma jeunesse à mesure que je m'en éloigne... »[2]

Mais il ne faut pas voir en ce roman seulement le récit d'un amour de jeunesse contrarié. Dominique aime Madeleine, qui, plus âgée que lui, épouse un autre homme. Il parvient cependant à se faire aimer d'elle. Au moment où elle va céder, tous deux renoncent à cette passion et s'éloignent l'un de l'autre à jamais. Dominique se réfugie dans le domaine de son enfance, fonde un foyer, devient maire de son village, bref mène une vie modeste mais utile. Le roman est aussi le récit d'un retour au pays natal et la confidence d'un homme qui, jetant un regard sur son passé, témoigne d'une sagesse quelque peu désabusée.

Le passage suivant se situe dans le premier tiers du roman. Quelques mois après son mariage, Madeleine revient dans sa famille, à temps pour assister à la distribution des prix du collège de la ville où Dominique achève ses études. Elle n'a encore pour lui que l'affection d'une sœur aînée. Lui, est déjà amoureux d'elle.

J'aurais beaucoup mieux aimé, vous le comprendrez, que Madeleine n'assistât pas à cette cérémonie. Il y avait en moi de telles disparates, ma condition d'écolier formait avec mes dispositions morales des désaccords si ridicules, que j'évitais comme une humiliation nouvelle toute circonstance de nature à nous rappeler à tous deux ces désaccords. [...]

La distribution avait lieu dans une ancienne chapelle abandonnée depuis longtemps[3], qui n'était ouverte et décorée qu'une fois par an pour ce jour-là. Cette chapelle était située au fond de la grande cour du collège, on y arrivait en passant sous la double rangée de tilleuls dont la vaste verdure égayait un peu ce froid promenoir. De loin, je vis entrer Madeleine en compagnie de plusieurs jeunes femmes de son monde en toilette d'été, habillées de couleurs claires avec des ombrelles tendues qui se diapraient d'ombre et de soleil. Une fine poussière, soulevée par le mouvement des robes, les accompagnait comme un léger nuage, et la chaleur faisait que des extrémités des rameaux déjà jaunis une quantité de feuilles et de fleurs mûres tombaient autour d'elles, et s'attachaient à la longue écharpe de mousseline dont Madeleine était enveloppée. Elle passa, riante, heureuse, le visage animé par la marche, et se retourna pour examiner curieusement notre bataillon de collégiens réunis sur deux lignes et maintenus en bon ordre comme de jeunes conscrits. Toutes ces curiosités de femmes, et celle-ci surtout, rayonnaient jusqu'à moi comme des brûlures. Le temps était admirable ; c'était vers le milieu du mois d'août. Les oiseaux familiers s'étaient enfuis des arbres et chantaient sur les toitures où le soleil dardait. Des murmures de foule suspendaient enfin ce long silence de douze mois, des gaietés inouïes épanouissaient la physionomie du vieux collège, les tilleuls le parfumaient d'odeurs agrestes. Que n'aurais-je pas donné pour être déjà libre et pour être heureux !

Les préliminaires furent très longs, et je comptais les minutes qui me séparaient encore du moment de ma délivrance. Enfin le signal se fit entendre. A titre de lauréat de philosophie, mon nom fut appelé le premier. Je montai sur l'estrade ; et quand j'eus ma couronne d'une main, mon gros livre de l'autre, debout au bord des marches, faisant face à l'assemblée qui applaudissait, je cherchai des yeux madame Ceyssac[4] : le premier regard que je

1. Notes à Meudon, 1844.
2. Correspondance.
3. Ces détails nous permettent d'identifier le collège de La Rochelle où Fromentin fit ses études, devenu aujourd'hui Lycée Eugène Fromentin. Il fut en effet brillamment récompensé à la distribution des prix en août 1838.
4. Tante et mère adoptive de Dominique.

rencontrai avec celui de ma tante, le premier visage ami que je reconnus précisément au-dessous de moi, au premier rang, fut celui de madame de Nièvres. Éprouva-t-elle un peu de confusion elle-même en me voyant là dans l'attitude affreusement gauche que j'essaye de vous peindre ? Eut-elle un contrecoup du saisissement qui m'envahit ? Son amitié souffrit-elle en me trouvant risible, ou seulement en devinant que je pouvais souffrir ? Quels furent au juste ses sentiments pendant cette rapide mais très cuisante épreuve qui sembla nous atteindre tous les deux à la fois et presque dans le même sens ? Je l'ignore ; mais elle devint très rouge, elle le devint encore davantage quand elle me vit descendre et m'approcher d'elle. [...]

Il y avait dans ses yeux tout à fait troublés comme une larme ou d'intérêt ou de compassion, ou seulement une larme involontaire de jeune femme timide... Qui sait ! Je me le suis demandé souvent, et je ne l'ai jamais su.

Nous sortîmes. Je jetai mes couronnes dans la cour des classes avant d'en franchir le seuil pour la dernière fois. Je ne regardai pas seulement en arrière, pour rompre plus vite avec un passé qui m'exaspérait. Et si j'avais pu me séparer de mes souvenirs de collège aussi précipitamment que j'en dépouillai la livrée, j'aurais eu certainement à ce moment-là des sensations d'indépendance et de virilité sans égales.

Dominique, ch. 8.

Pour préparer l'étude du texte

1. Repérer, classer et analyser les différentes oppositions sur lesquelles est construit ce passage.
2. Étudier précisément le jeu des temps verbaux ; justifier l'emploi du présent dans un récit au passé.
3. Faire la différence, dans le texte, entre le récit et l'analyse, et préciser, dans chaque cas, si le point de vue est celui de l'adolescent ou celui de l'adulte.

L'œuvre de Fromentin, quoique mince, est variée ; ce qui en fait l'unité, ce sont les qualités d'un style classique, sobriété du ton, fluidité de la langue, apte à rendre aussi bien la ténuité des sentiments que les variations de la lumière ou les vibrations du silence.

Le romancier

Dominique appartient à cette longue lignée de romans d'analyse typiquement français, qui va de *La princesse de Clèves*[1] à *Adolphe*[2] et à *Volupté*[3] de Sainte-Beuve, dont Fromentin s'est probablement inspiré. Il dénonce les ravages d'une passion romantique, traque les frayeurs inavouées devant les rapports charnels et montre ce qu'il peut y avoir de duplicité, de volupté même, dans le renoncement. Il trace aussi le portrait d'un homme qui apprend à se connaître lui-même, prend conscience de ses limites, dans le domaine sentimental comme dans celui de la littérature ou de la politique.

Si les principaux éléments du roman ont été pris dans la réalité, ils ont été recréés par le travail de la mémoire, et par là Fromentin n'est pas sans affinités avec Marcel Proust. C'est par l'intermédiaire des sensations que le passé renaît ; une des belles pages d'*Une année dans le Sahel* raconte comment les aboiements des chiens dans la nuit algérienne réveillent les souvenirs du voyageur, annonçant les meilleurs passages du roman, consacrés au rappel des joies et des peines de l'enfance.

L'art du peintre

Les sensations tiennent une place de choix dans l'œuvre de Fromentin. Il a l'art d'évoquer une atmosphère, il sait entourer d'air ses personnages en mouvement, il s'attarde aux nuances, aux « valeurs »[4] plus qu'aux couleurs, et ces jeunes femmes dont les « ombrelles tendues se diapraient d'ombre et de soleil »[5] font de lui, en littérature, l'émule des Impressionnistes — dont il réfutait pourtant les théories en tant que critique d'art. Enfin, il a su, mieux encore dans ses livres que dans ses toiles, rendre dans toute sa nudité la couleur du désert, « ce ton douteux qui semble la couleur du vide »[6].

En tant que critique d'art, Fromentin utilise ses connaissances de technicien sans lasser ses lecteurs par la barbarie des termes spécifiques, dont il n'abuse pas et qu'il explique avec clarté. Il a fait une œuvre originale, appréciant les tableaux des maîtres en peintre, en homme sensible, faisant partager ses découvertes, ses enthousiasmes, ses déceptions au cours d'un voyage en Belgique et en Hollande.

Ainsi, dans tous ses livres, Fromentin a su puiser dans son expérience de peintre. Mais il a su la transcender pour créer une œuvre originale, au charme discret mais persistant.

1. *La princesse de Clèves*, roman de Mme de La Fayette, 1678.
2. *Adolphe*, de Benjamin Constant, 1816.
3. *Volupté*, de Sainte-Beuve, 1834.
4. « Valeurs » : tons plus ou moins foncés d'une même couleur.
5. *Dominique*.
6. *Un été dans le Sahara*.

Jules Renard
1864-1910

Portrait de Jules Renard. Paris, Bibliothèque Nationale.

Un notable des lettres

La vie de Jules Renard fut d'une banalité respectable. Après une enfance rurale dans le Nivernais, marquée par l'esprit étriqué d'un milieu petit-bourgeois, il poursuit des études classiques au lycée, puis opte pour le journalisme et les lettres. Assuré d'une fortune stable (grâce à un mariage rangé), bon père, époux presque fidèle, parisien et mondain, mais attaché à son village dont il deviendra maire, décoré de la Légion d'honneur, Renard est le type du bourgeois républicain, positiviste et laïque. Politiquement, il possède une sensibilité de gauche, qui le conduira au socialisme. Dans la carrière des lettres, Renard fait figure de notable. Au succès d'estime pour ses proses acides de 1890, *Sourires pincés*, fait place la célébrité avec un roman, *L'écornifleur* (1892), qui jusqu'à nos jours conserve des fervents. C'est l'histoire d'un littérateur maladroit et un peu veule, qui vivant en parasite auprès d'un couple bourgeois en vacances, doit subir de la part de l'épouse des avances encombrées de « pathos ». Le mari n'est qu'un benêt touchant, la dame une Emma Bovary transportée sur les plages de la Belle Époque. Le thème de l'adultère est rebattu, mais le ton, alternativement cynique ou tendre, révèle un talent. Voici Renard classé parmi les humoristes tristes, comme ses amis Alphonse Allais et Tristan Bernard.

En 1894, triomphe *Poil de Carotte*, roman porté à la scène en 1900 : le public y voit surtout la création d'un type, celui de l'enfant à la tendresse bafouée. Les hommes de lettres saluent unanimement le style de Renard, précis et retenu au bord de l'émotion. L'écrivain, dont on admire et redoute l'esprit caustique et les « mots », est lié à toutes les figures littéraires de cette fin de siècle : Georges Courteline, Edmond Rostand, les jeunes André Gide et Paul Claudel.

Avec les *Histoires naturelles* (1896), pièces descriptives consacrées aux animaux (de la prairie à la basse-cour), Renard invente la zoologie poético-réaliste, cocasse et juste à la fois. Des générations de jeunes Français peineront sur des dictées tirées de Renard ; sa prose aura servi de modèle aux narrations de naguère : l'École de la République lui était reconnaissante de donner, en même temps que des leçons de style, des « leçons de choses ».

Une sensibilité secrète

Aujourd'hui que sa gloire est éteinte, il faut, pour aimer Jules Renard, aller à la rencontre d'une personnalité très secrète. L'admirable *Journal* de l'écrivain (publié en 1925) permet de découvrir une sensibilité à la fois vulnérable, pudique et méfiante, que l'humour corrosif ou « rosse » (mot de Renard) a pour fonction de protéger.

Les meurtrissures affectives subies par l'enfant poursuivent l'adulte jusque dans ses rêves. *Poil de Carotte* résulte ainsi de l'expression maîtrisée et distanciée d'angoisses violentes. A cet égard, il y a quelque affinité entre Jules Vallès et Jules Renard, tous deux partagés entre l'effusion brusque et le refus de s'attendrir. Mais, beaucoup plus que Vallès, Renard a le culte de l'expression, l'obsession flaubertienne de la justesse : à la « propreté d'âme » dans l'ordre moral, il fait correspondre la « propreté du style » dans l'ordre littéraire.

Cet être taciturne et blessé voulait, à la fin de sa vie, parler au nom de ceux qui n'ont pas droit à l'expression : les végétaux, les animaux, mais aussi ces paysans qu'il voit plus proches de l'univers naturel que de l'humain (*Nos frères farouches*, 1908). La grandeur de Renard réside dans cette ascèse qu'il s'impose à la recherche de la vérité nue, dans cette répression journalière et modeste des complaisances subjectives.

Sourires pincés (1890), proses.
L'écornifleur (1892), roman.
Poil de Carotte (1894), roman. → p. 552.
Histoires naturelles (1896), proses. → p. 553.
Le pain de ménage (1899), théâtre.
Journal (1925 : publication posthume).

Poil de Carotte

1894

« Poil de Carotte » est le surnom du benjamin aux cheveux roux de la famille Lepic : rudoyé par sa mère, incompris par son père, exploité ou dédaigné par le grand frère et la grande sœur, faut-il voir en lui un second David Copperfield ? Renard, comme Dickens, est-il ici le défenseur de l'enfance malheureuse ? A répondre oui, on néglige le fait que Poil de Carotte n'est pas un enfant rousseauiste, à l'abri du vice : maraudeur, calculateur, vantard, cruel avec les bêtes, il est déjà un petit homme, il possède déjà les défauts que le pessimisme de Renard attribue à tous les « grands ». Mais il conserve de bonnes pensées, des retours de tendresse, des élans généreux qui se heurtent au cœur durci de son entourage. Son histoire est en somme celle d'un apprentissage de la trop banale dureté.

Le livre, fortement autobiographique, porte bien sûr les cicatrices des blessures personnelles de l'auteur. Mais les procédés de distanciation sont multiples : choix de la troisième personne, réduction à l'essentiel du décor rural, qui oppose Renard au réalisme sarcastique de Vallès ou au réalisme poétique d'Alain-Fournier. Mais c'est surtout le mélange de pathétique retenu, de tendresse et d'humour qui assure l'originalité littéraire de *Poil de Carotte* : sourira-t-on de la réflexion célèbre de Poil de Carotte, désespéré d'être pris pour un sans-cœur, et s'écriant naïvement : « Tout le monde ne peut pas être orphelin » ? Voilà qu'aussitôt notre sourire nous renvoie à telle ou telle amertume oubliée, aux égratignures les plus secrètes de notre propre enfance...

Chaque lecteur de *Poil de Carotte* devient ainsi « le propre lecteur de soi-même » (Proust).

La trompette

M. Lepic arrive de Paris ce matin même. Il ouvre sa malle. Des cadeaux en sortent pour grand frère Félix et sœur Ernestine, de beaux cadeaux, dont précisément (comme c'est drôle !) ils ont rêvé toute la nuit. Ensuite M. Lepic, les mains derrière son dos, regarde malignement Poil de Carotte et lui dit :

« Et toi, qu'est-ce que tu aimes le mieux : une trompette ou un pistolet ? »

En vérité, Poil de Carotte est plutôt prudent que téméraire. Il préférerait une trompette, parce que ça ne part pas dans les mains ; mais il a toujours entendu dire qu'un garçon de sa taille ne peut jouer sérieusement qu'avec des armes, des sabres, des engins de guerre. L'âge lui est venu de renifler de la poudre et d'exterminer des choses. Son père connaît les enfants : il a apporté ce qu'il faut.

« J'aime mieux un pistolet », dit-il hardiment, sûr de deviner.

Il va même un peu loin et ajoute :

« Ce n'est plus la peine de le cacher ; je le vois !

— Ah ! dit M. Lepic embarrassé, tu aimes mieux un pistolet ! tu as donc bien changé ? »

Tout de suite Poil de Carotte se reprend :

« Mais non, va, mon papa, c'était pour rire. Sois tranquille, je les déteste, les pistolets. Donne-moi vite ma trompette, que je te montre comme ça m'amuse de souffler dedans. »

MADAME LEPIC : Alors pourquoi mens-tu ? pour faire de la peine à ton père, n'est-ce pas ? Quand on aime les trompettes, on ne dit pas qu'on aime les pistolets, et surtout on ne dit pas qu'on voit des pistolets, quand on ne voit rien. Aussi, pour t'apprendre, tu n'auras ni pistolet ni trompette. Regarde-la bien : elle a trois pompons rouges et un drapeau à franges d'or. Tu l'as assez regardée. Maintenant, va voir à la cuisine si j'y suis ; déguerpis, trotte et flûte dans tes doigts.

Tout en haut de l'armoire, sur une pile de linge blanc, roulée dans ses trois pompons rouges et son drapeau à franges d'or, la trompette de Poil de Carotte attend qui souffle, imprenable, invisible, muette, comme celle du Jugement dernier.

Poil de Carotte.

Pour préparer le commentaire composé

1. Étudier précisément la structure du texte (récit, dialogue, analyse, présence des blancs). Quelle est son efficacité ?
2. Une émotion sous-jacente. Montrer que le déroulement du texte suggère une émotion et laisse croire à un dénouement heureux.
3. Une condition douloureuse et irrévocable. Montrer que cette scène est construite selon une « mécanique » qui a quelque chose de tragique.

Pour un groupement de textes

L'enfance.

Cf. groupement de textes : L'enfance malheureuse au XIXe siècle, p. 258.

Henri de TOULOUSE-LAUTREC (1864-1901), Illustration pour *Histoires naturelles* de Jules Renard. Paris, Bibliothèque Nationale.

Histoires naturelles

1896

Pourquoi écrire, sans autre visée apparemment que descriptive, sans quitter un sage premier degré, sur la poule, la jument, l'âne, ou un cortège de dindes ? Peut-être, d'abord, par mépris flaubertien du « beau sujet » : ce qui implique, notons-le, une singulière et très moderne confiance dans le pouvoir du style. De fait, les *Histoires naturelles* sont des exercices de style, des gammes descriptives, ou mieux des croquis fantaisistes : il s'agit de saisir le mouvement spécifique et d'en rendre compte par l'usage de la comparaison et de la personnification, de la manière la plus juste, mais la plus inattendue. Exercice donc sur les pouvoirs du langage, qui unissent brillamment les règnes et les espèces que la nature oppose.

Le premier des deux extraits retenus, « Dindes », illustre ce jeu de personnification, plaisamment centré sur l'image de la vieille fille oisive et pincée (suivie, avec le passage au pluriel, d'une modulation du motif comparant : voici les fillettes de pensionnat...).

Le second extrait, consacré aux arbres, témoigne de l'attrait de Renard pour le silence des inanimés, plus touchant, pour ce grand taciturne triste, que le babillage des humains. Le lyrisme rentré de ce véritable poème en prose annonce l'inspiration du poète Jules Supervielle (1884-1960).

Claude MONET (1840-1926), *Les dindons.* Paris, Musée d'Orsay.

Dindes

I

Elle se pavane au milieu de la cour, comme si elle vivait sous l'ancien régime.

Les autres volailles ne font que manger toujours, n'importe quoi. Elle, entre ses repas réguliers, ne se préoccupe que d'avoir bel air. Toutes ses plumes sont empesées et les pointes de ses ailes raient le sol, comme pour tracer la route qu'elle suit : c'est là qu'elle s'avance et non ailleurs.

Elle se rengorge tant qu'elle ne voit jamais ses pattes.

Elle ne doute de personne, et, dès que je m'approche, elle s'imagine que je veux lui rendre mes hommages.

Déjà elle glougloute d'orgueil.

« Notre dinde, lui dis-je, si vous étiez une oie, j'écrirais votre éloge, comme le fit Buffon[1], avec une de vos plumes. Mais vous n'êtes qu'une dinde... »

J'ai dû la vexer, car le sang monte à sa tête. Des grappes de colère lui pendent au bec. Elle a une crise de rouge. Elle fait claquer d'un coup sec l'éventail de sa queue et cette vieille chipie me tourne le dos.

II

Sur la route, voici encore le pensionnat des dindes.

Chaque jour, quelque temps qu'il fasse, elles se promènent.

Elles ne craignent ni la pluie, personne ne se retrousse mieux qu'une dinde, ni le soleil, une dinde ne sort jamais sans son ombrelle.

Histoires naturelles.

Pour préparer l'étude du texte

1. Étudier l'art du portrait : description des comportements, mise en situation, actions habituelles ou ponctuelles, jeu des comparaisons.
2. Montrer que, dans cette étude des dindes, l'auteur prend pour référence l'être humain pour faire apparaître des traits spécifiques (« naturels ») de l'animal.
3. Sur quoi repose l'humour du texte ?

1. Naturaliste et écrivain (1707-1788), auteur d'une célèbre *Histoire naturelle.*

Une famille d'arbres

C'est après avoir traversé une plaine brûlée de soleil que je les rencontre.

Ils ne demeurent pas au bord de la route, à cause du bruit. Ils habitent les champs incultes, sur une source connue des oiseaux seuls.

De loin, ils semblent impénétrables. Dès que j'approche, leurs troncs se desserrent. Ils m'accueillent avec prudence. Je veux me reposer, me rafraîchir, mais je devine qu'ils m'observent et se défient.

Ils vivent en famille, les plus âgés au milieu et les petits, ceux dont les premières feuilles viennent de naître, un peu partout, sans jamais s'écarter.

Ils mettent longtemps à mourir, et ils gardent les morts debout jusqu'à la chute en poussière.

Ils se flattent de leurs longues branches, pour s'assurer qu'ils sont tous là, comme les aveugles. Ils gesticulent de colère si le vent s'essouffle à les déraciner. Mais entre eux aucune dispute. Ils ne murmurent que d'accord.

Je sens qu'ils doivent être ma vraie famille. J'oublierai vite l'autre. Ces arbres m'adopteront peu à peu, et pour le mériter j'apprends ce qu'il faut savoir :

Je sais déjà regarder les nuages qui passent.

Je sais aussi rester en place.

Et je sais presque me taire.

Histoires naturelles.

Pour préparer le commentaire composé

Étudier

1. Les analogies entre le règne végétal et le règne humain.
2. L'expression de l'admiration affectueuse que le narrateur éprouve pour les arbres.
3. La leçon qu'il tire de sa rencontre avec les arbres.

Maurice DENIS (1870-1943), *Paysage aux arbres verts ou Les hêtres de Kerduel.* Collection particulière.

« En tout petits morceaux »

« En morceaux, en petits morceaux, en tout petits morceaux » : voilà comment Jules Renard, avec beaucoup d'humour, définissait le critère de son esthétique. La réaction contre les fresques naturalistes et le verbe torrentueux d'un Zola est ici évidente : le talent de Renard se manifeste dans ce que l'on appelle, en photographie, l'instantané. D'où sa prédilection pour ces équivalents littéraires de l'instantané que sont la formule (souvent humoristique : le « mot »), la définition poétique qui enserre l'objet au lasso de la métaphore, ou le bref dialogue de théâtre que l'écrivain insère dans le roman, pour mettre en lumière le duel affectif et la force terrible de certains mots.

Ce goût du discontinu et de la concision se marque singulièrement dans *Poil de Carotte* : le livre se présente comme une succession de scènes et de mini-récits indépendants les uns des autres, un dossier[1] anecdotique sur l'enfance du jeune Lepic. L'auteur s'abstient de tout commentaire : au lecteur de rapprocher, de juger et de conclure. Nous avons là un pointillisme autobiographique fort moderne : les « petits morceaux » de Renard font songer aux touches successives par lesquelles, au gré discontinu de la mémoire, Nathalie Sarraute restitue son *Enfance* (1983).

Pessimisme et humour

Comme tant d'auteurs de cette fin de siècle (Maupassant, Zola, Villiers), Renard a une vision pessimiste de la nature humaine : l'apprentissage de la vie, nous enseigne *Poil de Carotte*, est celui de la blessure, de la déception, de la veulerie des adultes et de l'incohérence de leurs conventions.

Pour Renard, le Mal n'est pas métaphysique car, déjà, comme pour Sartre, les Autres et leur regard sont un enfer suffisamment quotidien.

Pessimiste encore, cette angoisse de voir un jour se retourner en méchanceté toute manifestation de tendresse : « Dès qu'on nous embrasse, il est bon de prévoir, tout de suite, l'instant où nous serons giflés. »

Il y a beaucoup d'amertume bien sûr dans cette phrase, mais aussi une bonne dose d'humour, dans l'expression (« *il est bon* de prévoir, *tout de suite* » : maxime de sagesse triste, logique presque cocasse de la résignation). De même voit-on, dans *Poil de Carotte*, le pathétique frôlé, mais évité, grâce à la justesse naïve d'un mot d'enfant, ou à la solennité grotesque des propos de M. Lepic : Renard se rapproche à cet égard des effets de dissonance d'un Laforgue (cf. p. 407). Mêmes effets littéraires, faussement naïfs, d'hommes blessés. L'humour de Jules Renard (et plus largement, l'écriture) fut sans doute pour lui une espèce d'hygiène contre le désespoir. On lit à la dernière page de son *Journal* : « Humour : pudeur, jeu d'esprit — c'est la propreté morale et quotidienne de l'esprit. »

Robert DELAUNAY (1885-1941), *Autre Tour Eiffel* (1910-1911).
Essen, Museum Folkwang. © ADAGP, Paris 1988.

1. Le mot est de Michel Autrand, dans les notes et commentaires consacrés à *Poil de Carotte*, dans le Livre de Poche, nº 5992.

FIN DE SIÈCLE : DÉCADENCE OU RENOUVEAU ?

Le mouvement décadent

Pour saisir dans ses nuances le climat « fin de siècle », l'esprit des années 1880-1900, il convient de dessiner les contours d'une culture dominante : celle de la bourgeoisie des débuts de la IIIe République. C'est en effet contre ses modes de pensée et de représentation que s'inscrit l'effort de rupture d'avant-gardes à la recherche de nouvelles formes et de nouvelles idées.

A cette époque, les notables au pouvoir font de la culture classique fondée sur l'enseignement des langues anciennes un des piliers de leur suprématie sociale. Ils exaltent les conquêtes techniques et industrielles du monde moderne mais dans le même temps — nostalgie ou traditionalisme ? — décorent leur intérieur d'imitations de meubles ou d'objets anciens, préférant le buffet Henri II à toute innovation dans le domaine de l'art. Le rationalisme positiviste leur tient lieu d'idéologie sous l'impulsion de Renan et de Taine qui tentent d'élargir le domaine des sciences à la connaissance de l'homme. Paris demeure la capitale de la culture et des plaisirs pour ces classes dirigeantes qui fréquentent la Comédie française sans dédaigner le Moulin Rouge. Elles y oublient les crises, les contestations, les conflits sociaux, le pessimisme ambiant qui marquent ces années où les « jeunes gens sont tristes » (F. Sarcey).

Pour ceux qui veulent faire, comme Huysmans, « à tout prix du neuf » dans le domaine littéraire, il s'agit d'abord de « secouer les préjugés », de se révolter contre la banalité mesquine des « doctrinaires de la bourgeoisie »[1] et parfois de se réfugier dans un isolement hautain où un désespoir délirant peut se donner libre cours. A cet égard, l'attitude de Des Esseintes, le héros d'*A rebours* est symptomatique d'une génération qui entend vivre précisément « au rebours du sens commun, du sens moral, de la raison, de la nature » (Barbey d'Aurevilly), une génération qui revendique l'appellation de « décadente » parce que, marquée par la philosophie de Schopenhauer, elle a le sentiment d'une décomposition des valeurs, au moment où triomphe le matérialisme mercantile.

Le mouvement décadent ne saurait offrir qu'une apparence d'unité : des anarchistes et des nihilistes y côtoient des esprits en mal de mysticisme cherchant dans une conversion un exutoire à leur névrose. « Zutistes » ou « spleenétiques », les nouveaux cénacles, réunis autour de journaux et de revues comme *Le Décadent* fondé en 1886, entendent fouler au pied les conventions d'un univers quotidien qu'ils abhorrent. Voyages, rêves exotiques, tentatives pour reconstruire un espace intérieur en choisissant l'artifice ou le surnaturel contre une réalité matérielle repoussée avec dédain, quête d'un problématique « Idéal » aux couleurs de l'Azur mallarméen, passions pour le morbide sont autant de signes d'une impuissance à s'adapter au monde tel qu'il est et à s'assumer soi-même. Refusant en bloc le scientisme et le naturalisme, les Décadents préfèrent les satisfactions amères et aristocratiques d'un égotisme qui se réfugie derrière le rempart de mots d'un langage et d'une philosophie volontairement obscurs. Fumées du satanisme, vapeurs orientales, brumes des légendes wagnériennes ou de l'encens mystique : l'essentiel est de nimber d'un brouillard épais les arêtes trop coupantes de la réalité.

On comprendra dans cette perspective que le Symbolisme, phénomène poétique et artistique né du mouvement décadent, exalte les richesses de la suggestion verbale contre l'idéal classique de la clarté, et recherche, dans le néologisme, la rareté de l'image et la liberté du vers, l'expression raffinée d'une sensibilité qui se veut « maladive et bizarre » (P. Bourde). En littérature comme en peinture, la représentation de la réalité est mise en question comme un jeu d'apparences qui détourne de l'expression la plus haute : celle de l'âme ou celle de l'Idée. A l'affirmation du subjectivisme qui conduit dans le roman au monologue intérieur s'ajoute le refus des déterminations historiques auxquelles le théâtre symboliste préfère les interrogations sur l'inacessible et le néant.

Dans ce grand remue-ménage de doctrines et de créations souvent inégales, dans le foisonnement des « chapelles » et dans le sillage des grands Maîtres (Rimbaud, Verlaine, Mallarmé), quelques itinéraires singuliers méritent d'être parcourus ne serait-ce que parce qu'ils conduisent aux portes du XXe siècle.

1. J.-K. Huysmans, *A rebours*.

Les chemins de la modernité

On retiendra particulièrement le nom de Jean Moréas (1856-1910) qui donne au mouvement symboliste son manifeste en 1886. Son néo-idéalisme marque deux de ses recueils poétiques : *Les Syrtes* (1884) et *Cantilènes* (1886).

On peut également évoquer les tentatives qui contribuèrent à la naissance d'un théâtre symboliste sous l'influence de la dramaturgie scandinave et sous l'impulsion de M. Maeterlinck. Sa pièce, *Pelléas et Mélisande* (1892), répondait au projet fixé par Moréas d'une écriture librement musicale. Elle inspira en 1902 à Claude Debussy une de ses œuvres les plus célèbres.

Il n'est pas douteux que le jeune Claudel, dans ses premiers essais dramatiques (*Tête d'or*, 1889), fut lui-même tributaire de ce théâtre symboliste et spiritualiste. C'est dans ce contexte enfin qu'Alfred Jarry offrit, avec la farce énorme d'*Ubu roi* (1896), l'expression la plus provocante et la plus réjouissante de la décadence symboliste.

Parmi les romanciers de ce temps, Paul Bourget (1852-1935) et Maurice Barrès (1862-1923) évoluent d'une conception égotiste et pessimiste vers des positions ultra-conservatrices dans le domaine politique. Le nationalisme exprimé par le second dans *Les déracinés* (1897) a un retentissement considérable à l'heure où la France déchirée par l'affaire Dreyfus a le regard fixé sur la « ligne bleue des Vosges ». Ce retour à la tradition est battu en brèche par André Gide qui, dans les *Nourritures terrestres* (1897) prône l'ouverture de l'âme et du corps à toutes les sensations. Quant au Marcel Proust des *Plaisirs et les jours* (1896), il en est à l'apprentissage des émotions du temps vécu et se prépare, suivant l'enseignement d'Henri Bergson, à offrir à notre siècle le champ ouvert par la mémoire affective et l'énergie de l'esprit créateur.

QUELQUES GRANDS ÉCRIVAINS FRANÇAIS DU XIXE SIÈCLE

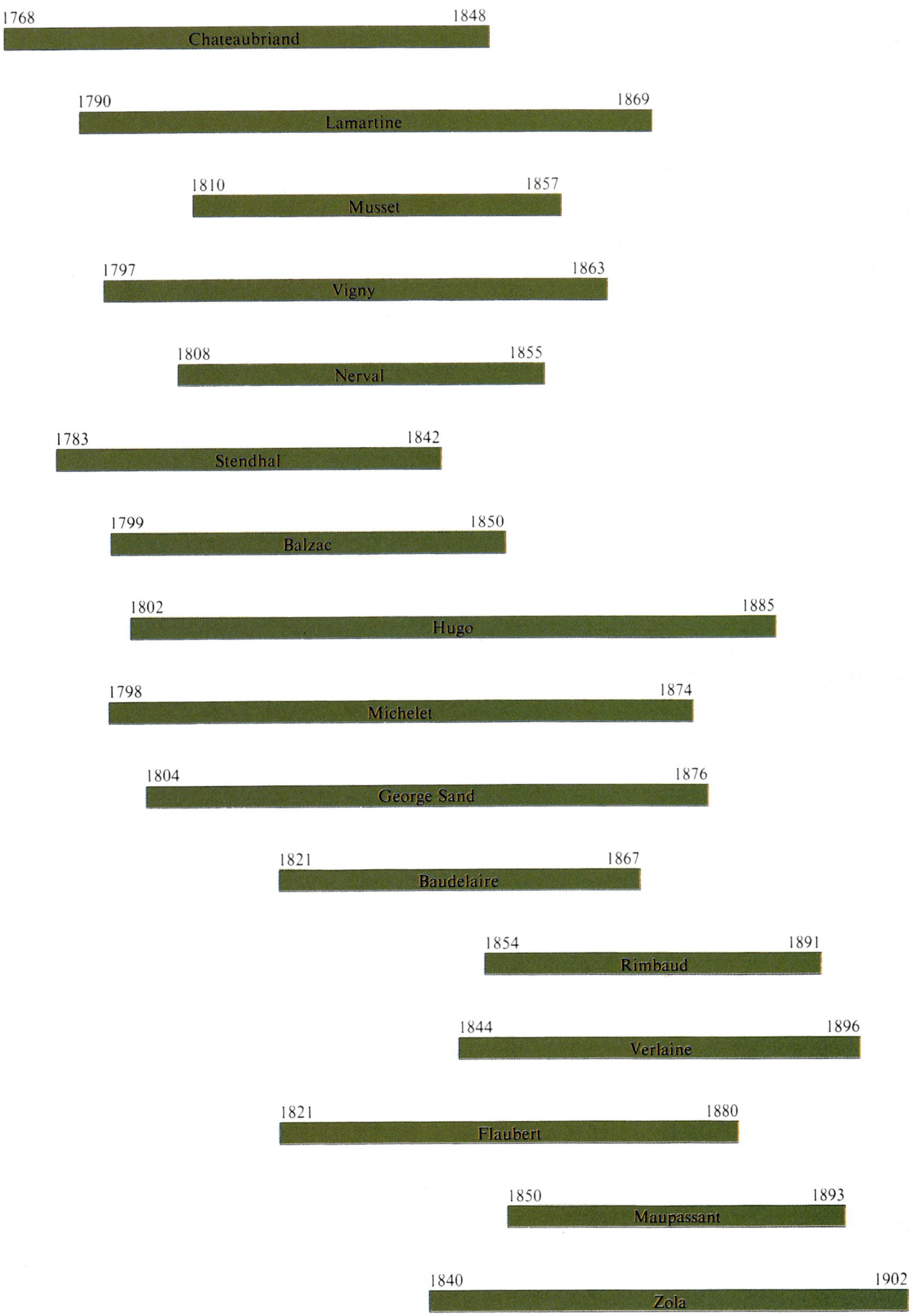

LES GRANDES DATES

Histoire politique et sociale	Histoire des idées - Essais - Autobiographies	Le théâtre
1799 Coup d'État du 18 Brumaire - Consulat		
	1800 Mme de Staël : *De la littérature*	**1800** Pixérécourt : *Cœlina ou l'enfant du mystère*
1802 Bonaparte consul à vie	**1802** Chateaubriand : *Génie du Christianisme*	
1804 Sacre de Napoléon Ier - Début du **Ier Empire**		
1805 Austerlitz		
		1808 Goethe : *Premier Faust*
1812 Campagne de Russie		
	1813 Mme de Staël : *De l'Allemagne*	
1814 Abdication de Napoléon - Exil à l'île d'Elbe		
1814 **Restauration** - Début du règne de Louis XVIII - Congrès de Vienne		
1815 Les Cent-Jours - Waterloo - Exil à Sainte-Hélène - Retour de Louis XVIII - Sainte Alliance		**1816** Goethe : *Second Faust*
1820 Début du gouvernement des « ultras »		
1822 Liberté surveillée de la presse	**1822** Stendhal : *De l'Amour*	
	1823 Las Cases : *Mémorial de Sainte-Hélène*	
1824 Début du règne de Charles X	**1823-1824** Saint-Simon : *Le catéchisme des industriels*	
	1825 Stendhal : *Racine et Shakespeare*	
		1827 Hugo : *Cromwell* (et Préface)
		1829 Vigny : *Le More de Venise*
1830 Révolution de Juillet - Chute de Charles X	**1830-1842** Auguste Comte : *Cours de philosophie positive*	**1830** Hugo : *Hernani*
1830 **Monarchie de Juillet** - Début du règne de Louis-Philippe - Début de la conquête de l'Algérie		
1831 A Lyon, révolte des Canuts		
		1833 Hugo : *Lucrèce Borgia*
	1834 Lamennais : *Paroles d'un croyant*	**1834** Musset : *Lorenzaccio*
	1834-1844 Michelet : *Histoire de France* (I à VI)	**1834** Musset : *Les caprices de Marianne*
	1835 Musset : *La confession d'un enfant du siècle*	**1835** Vigny : *Chatterton*
	1835-1840 Tocqueville, *La démocratie en Amérique*	
		1836 Dumas : *Kean*
		1838 Hugo : *Ruy Blas*
	1840 Augustin Thierry : *Récits des temps mérovingiens*	
1841 Loi limitant à 8 heures le travail journalier des enfants de 8 à 12 ans	**1841** Lamennais : *De la religion*	
		1843 Hugo : *Les Burgraves*
	1844 Kierkegaard : *Le concept de l'angoisse*	
	1846 Michelet : *Le peuple* - Proudhon : *Philosophie de la misère*	
	1847-1853 Michelet : *Histoire de la Révolution française*	

Les grandes dates

La poésie	Les genres narratifs	Les arts
1800 Novalis : *Hymnes à la nuit* - Schiller : *De la poésie naïve et sentimentale*		
	1801 Chateaubriand : *Atala*	
	1802 Chateaubriand : *René.*	
	1804 Senancour : *Oberman*	
		1808 Beethoven : *Symphonie pastorale*
	1809 Chateaubriand : *Les martyrs*	
		1810 Goya : *Les désastres de la guerre*
1811 Millevoye : *Élégies*		
1812 Byron : *Childe Harold* (I, II)	**1812** Grimm : *Contes*	
1812-1830 Béranger : *Chansons*		
		1815 Delacroix : *Les massacres de Scio*
1816 Byron : *Childe Harold* (fin)	**1816** Benjamin Constant : *Adolphe*	**1816** Rossini : *Le barbier de Séville* - Niepce : première photographie
	1819 Walter Scott : *Ivanhoé*	**1819** Géricault : *Le radeau de la Méduse*
1820 Lamartine : *Méditations poétiques* - Keats : *Odes*		
	1821 Nodier : *Smarra*	
1822 Hugo : *Odes*		
1824 Vigny : *Eloa*		
	1826 Chateaubriand : *Les Natchez*	**1826** Schubert : *Ave Maria*
1828 Hugo : *Odes et Ballades*		**1828** Delacroix : *La mort de Sardanapale*
1829 Hugo : *Les Orientales*	**1829** Goethe : *Wilhelm Meister*	
1830 Lamartine : *Harmonies poétiques et religieuses*	**1830** Stendhal : *Le Rouge et le Noir*	**1830** Berlioz : *Symphonie fantastique*
	1831 Balzac : *La peau de chagrin* - Hugo : *Notre-Dame de Paris*	**1831** Delacroix : *La Liberté guidant le peuple*
	1832 G. Sand : *Indiana* - Nodier : *La fée aux miettes*	
	1833 Balzac : *Le père Goriot* et *Eugénie Grandet*	
	1834 Pouchkine : *La dame de pique*	**1834** Delacroix : *Femmes d'Alger*
1835 Hugo : *Les chants du crépuscule* - Musset : *Les Nuits*	**1835** Balzac : *Le lys dans la vallée* - Vigny : *Servitude et grandeur militaires* - Andersen : *Contes* - Gogol : *Journal d'un fou*	
1836 Lamartine : *Jocelyn*		
1837 Hugo : *Les voix intérieures*	**1837-1843** Balzac : *Illusions perdues*	
	1837 Mérimée : *La Vénus d'Ille* - Dickens : *Oliver Twist*	
	1839 Stendhal : *La chartreuse de Parme*	**1839** Chopin : *Préludes*
1840 Hugo : *Les rayons et les ombres*	**1840** Mérimée : *Colomba*	**1840** Daumier : *Les gens de justice*
	1840-1846 Poe : *Histoires extraordinaires*	**1840-1880** Liszt : *Rhapsodies hongroises*
1842 Aloysius Bertrand : *Gaspard de la nuit*	**1842** E. Sue : *Les mystères de Paris*	
		1843 Wagner : *Le vaisseau fantôme*
	1844 Dumas : *Les trois mousquetaires* et *Le comte de Monte-Cristo*	
1845 Gautier : *España*	**1845** Mérimée : *Carmen*	**1845** Wagner : *Tannhäuser*
	1846 G. Sand : *La mare au diable*	

Les grandes dates

Histoire politique et sociale	Histoire des idées - Essais - Autobiographies	Le théâtre
1848 **Deuxième République** - Louis-Napoléon élu président de la République	**1848** Chateaubriand : *Mémoires d'outre-tombe* - Marx et Engels : *Manifeste du parti communiste*	
1851 Coup d'État du 2 décembre	**1851-1896** Les Goncourt : *Journal* **1851-1852** Sainte-Beuve : *Causeries du lundi*	**1851** Dumas fils : *La dame aux camélias*
1852 **Second Empire** - Napoléon III empereur		
	1853-1855 Gobineau : *Essai sur l'inégalité des races humaines*	
	1856 Tocqueville : *L'Ancien Régime et la Révolution*	
	1859 Darwin : *De l'origine des espèces*	
1860 Nice et la Savoie sont rattachées à la France		**1860** Labiche : *Le voyage de Monsieur Perrichon*
1861-1865 Guerre de Sécession aux États-Unis		
1864 Création de la 1re Internationale		
	1865 Claude Bernard : *Introduction à l'étude de la médecine expérimentale*	
	1867 Marx : *Le capital*	
1869 Inauguration du canal de Suez	**1869** Baudelaire : *Curiosités esthétiques* (posthume)	
1870 Guerre entre la France et la Prusse - Défaite de Sedan - Exil de Napoléon III - **IIIe République**	**1870** Taine : *De l'intelligence*	
1871 Commune de Paris (mars-mai)		
1873-1879 Mac-Mahon président de la République		
	1875-1893 Taine : *Les origines de la France contemporaine*	
1879-1887 Jules Grévy président de la République		
	1880 Zola : *Le roman expérimental*	
1882 L'enseignement primaire, gratuit depuis 1881, devient obligatoire (Loi de J. Ferry)		**1882** Becque : *Les corbeaux*
	1883 Bourget : *Essai de psychologie contemporaine* - Nietzsche : *Ainsi parlait Zarathoustra*	
		1886 Courteline : *Les gaîtés de l'escadron*
1887-1894 Sadi Carnot président de la République		
1889-1892 Scandale financier de Panama	**1889** Bergson : *Essai sur les données immédiates de la conscience*	**1889** Claudel : *Tête d'or*
	1890 Renan : *L'avenir de la science*	**1890** Claudel : *La ville*
1891 Alliance franco-russe		
1893-1894 Vague d'attentats anarchistes		
1894-1895 Casimir-Perier président de la République - Félix Faure président de la République - Affaire Dreyfus		
	1896 Bergson : *Matière et mémoire*	**1896** Jarry : *Ubu Roi* - Feydeau : *Le dindon*
		1897 Rostand : *Cyrano de Bergerac* - Tchekhov : *Oncle Vania*
	1898 Zola : « J'accuse »	**1898** Renard : *Le pain de ménage*
	1900 Freud : *L'interprétation des rêves*	

LES GRANDES DATES

La poésie	Les genres narratifs	Les arts
	1848 Thackeray : *La foire aux vanités*	
		1849 Courbet : *L'enterrement à Ornans*
	1851 Melville : *Moby Dick*	
1852 Leconte de Lisle, *Poèmes antiques* - Gautier : *Émaux et camées*		
1853 Hugo : *Châtiments*		**1853** Verdi : *La Traviata* et *Le Trouvère*
1854 Nerval : *Les chimères*	**1854** Nerval : *Les filles du feu*	**1854** Liszt : *Préludes*
	1855 Nerval : *Aurélia*	
1856 Hugo : *Les Contemplations*		**1856** Ingres : *La source*
1857 Baudelaire : *Les Fleurs du mal*	**1857** Flaubert : *Madame Bovary*	
1859 Hugo : *La légende des siècles*		**1859** Millet : *L'angélus*
1862 Leconte de Lisle : *Poèmes barbares*	**1862** Hugo : *Les misérables* - Flaubert : *Salammbô*	
	1863 Fromentin : *Dominique*	**1863** Manet : *Le déjeuner sur l'herbe*
1864 Vigny : *Les Destinées* (posthume)	**1864** Verne : *Voyage au centre de la terre*	
	1865 Les Goncourt : *Germinie Lacerteux*	**1865** Brahms : *Danses hongroises*
1866 Verlaine : *Poèmes saturniens*	**1866** Dostoïevski : *Crime et châtiment*	**1866** Offenbach : *La vie parisienne*
	1867 Zola : *Thérèse Raquin*	
1869 Verlaine : *Fêtes galantes* - Baudelaire : *Petits poèmes en prose* - Lautréamont : *Les chants de Maldoror*	**1869** Flaubert : *L'éducation sentimentale* - Tolstoï : *Guerre et paix*	
1873 Rimbaud : *Une saison en Enfer* - Cros : *Le coffret de santal* - Corbière : *Les amours jaunes*		
1874 Verlaine : *Romances sans paroles*	**1874** Barbey d'Aurevilly : *Les diaboliques* - Hugo : *Quatre-vingt-treize*	**1874** Monet : *Impression, soleil levant* Première exposition des Impressionnistes
		1875 Bizet : *Carmen* - Puvis de Chavannes : *Baigneuses* - Renoir : *Le Moulin de la Galette*
1877 Hugo : *L'art d'être grand-père*	**1877** Zola : *L'Assommoir*	
1880 Verlaine : *Sagesse*		**1880** Rodin : *Le penseur*
	1881 Flaubert : *Bouvard et Pécuchet*	
	1883 Maupassant : *Une vie* - Villiers de L'Isle-Adam : *Contes cruels*	
	1884 Huysmans : *A rebours*	
1885 Laforgue : *Les complaintes*	**1885** Zola : *Germinal* - Maupassant : *Bel-Ami*	
1886 Rimbaud : *Illuminations*	**1886** Vallès : *L'insurgé* (posthume) - Loti : *Pêcheur d'Islande*	
1887 Mallarmé : *Poésies*		**1887** Fauré : *Requiem* - Renoir : *Jeunes filles au piano*
	1888 Barrès : *Le culte du moi*	
	1890 Zola : *La bête humaine*	**1890** Van Gogh : *Champ de blé aux corbeaux*
1893 Heredia : *Les trophées*		
	1894 Renard : *Poil de Carotte*	**1894** Debussy : *Prélude à l'après-midi d'un faune*
	1897 Gide : *Les nourritures terrestres*	
1899 Moréas : *Stances.*		

INDEX DES PRINCIPAUX AUTEURS ET DES ŒUVRES[1]

1. Le nom de l'auteur est immédiatement suivi de la référence au chapitre où il est traité ; les chiffres inscrits à la suite des titres renvoient aux extraits figurant dans l'ouvrage.

Index des genres, des thèmes, des mouvements

INDEX ALPHABÉTIQUE DES ARTISTES

TABLE DES ILLUSTRATIONS

323 Ph. © Munch Museet, Oslo Kommunes Kunstsamlinger/Münchforlaget/Droits Réservés
324 Ph. © Lauros-Giraudon
326 Ph. © Bulloz
328 Ph. © Collection State Museum, Kröller Müller, Otterlo, The Nederlands
329 Ph. © John Freeman and Co, Londres
331 Ph. © Bibliothèque Nationale, Paris
333 Ph. © Reproduced by Courtesy of the Trustees, the National Gallery, London
335 Ph. © Collection : State Museum, Kröller Müller, Otterlo, The Nederlands/Droits Réservés
337 Ph. © Musées Royaux des Beaux-Arts de Belgique, Bruxelles
341 Ph. © Bulloz
342 Ph. © Réunion des Musées Nationaux, Paris
343 Ph. © Bibliothèque Nationale, Paris
344 Ph. © Agraci/Artéphot
345 Ph. © Documentation Musée Rimbaud, Charleville
347 Ph. © Archives Hatier/Droits Réservés
348 Ph. © Collection : Fondation Vincent van Gogh, Musée National Vincent van Gogh, Amsterdam
350 Ph. © Erich Lessing/Magnum
353 Ph. © Réunion des Musées Nationaux, Paris/Droits Réservés
355 Ph. © Jean-Loup Charmet
357 Ph. © Jean-Loup Charmet/Archives Hatier
361 Ph. © Edimédia
362 Ph. © Luc Joubert
365 Ph. © Éditions Pierre Horay
367 Ph. © Roland/Artéphot/Droits Réservés
369 Ph. © J.-L. Charmet © by ADAGP Paris 1988
372 Ph. © Lauros-Giraudon/Droits Réservés
373 Ph. © Giraudon
375 Ph. © Bridgeman-Giraudon
376 Ph. © Nimatallah/Artéphot
377 Ph. © Jean-Loup Charmet
© By Spadem 1988
378 Ph. © Artéphot/Faillet
380 Ph. © Photocolor Hans Hinz
© Oeffentliche Kunstsammlung Basel, Kunstmuseum
382 Ph. © Réunion des Musées Nationaux, Paris/Droits Réservés
383 Ph. © Réunions des Musées Nationaux, Paris
385 Ph. © Jean-Loup Charmet/Droits Réservés
386 Ph. © Bulloz
388 Ph. © Bulloz
© By Spadem 1988
389 Musée St Denis, Reims
Ph. © Robert Meulle
390 Ph. © Lauros-Giraudon
391 Ph. © By permission of the Birmingham Museum and Art Gallery
393 Ph. © Musées Royaux des Beaux-Arts de Belgique, Bruxelles
394 Ph. © Bibliothèque Nationale, Paris
© By Spadem 1988
396 Ph. © Munch Museet, Oslo Kommunes Kunstsamlinger/Münchforlaget/Droits Réservés
399 Ph. © Musées Royaux des Beaux-Arts de Belgique, Bruxelles/Droits Réservés
400 Ph. © Lauros-Giraudon/Droits Réservés
401 Ph. © Bibliothèque Nationale, Paris
403 Ph. © Bibliothèque Nationale, Paris
© By Spadem 1988
404 Ph. © Bibliothèque Nationale, Paris
406 Ph. Michael Bodycomb
© Kimbell Art Museum, Forth Worth, Texas
408 Ph. © Bibliothèque Nationale, Paris
© By ADAGP 1988
412 Ph. © Bibliothèque Nationale, Paris
415 Ph. Béatrice Hatala
© Musée National d'Art Moderne. Centre Georges Pompidou
© By ADAGP 1988
© Demart Pro Arte B.V.
417 Ph. © Musées Royaux des Beaux-Arts de Belgique, Bruxelles/Droits Réservés
418 Ph. © Lauros-Giraudon
419 Ph. © Hubert Josse
420 Ph. © Centre Médicotechnique, assistance publique, Ministère de la Culture
421 Ph. © Dagli Orti/D.R.
422 Ph. © Bibliothèque Nationale, Paris
423 Pavillon Flaubert, Croisset
Ph. © Ellebé
© By Spadem 1988
425 Ph. © Bibliothèque Nationale, Paris
429 Ph. © Bulloz
432 Musée des Beaux-Arts de Pau
© Didier Sorbé
434 Ph. © Bibliothèque Nationale, Paris
437 Ph. © Bibliothèque Nationale, Paris
441 Ph. © Bibliothèque Nationale, Paris
443 Ph. © Bibliothèque Nationale, Paris
444 Ph. © Bulloz
447 Pavillon Flaubert, Croisset
Ph. © Ellebé
448 Ph. © Bibliothèque Nationale, Paris
449 Ph. © Bibliothèque Nationale, Paris
© Collection Docteur François-Émile Zola
451 Ph. © Lauros-Giraudon
453 Ph. © Bibliothèque Nationale, Paris
455 Ph. © Jean-Loup Charmet
457 Ph. © Réunion des Musées Nationaux, Paris
459 Ph. © Photocolor Hans Hinz
Collection particulière - Déposé au Kunstmuseum de Bâle
461 Ph. © Réunion des Musées Nationaux, Paris
© By Spadem 1988
463 © 1980, By the Metropolitan Museum of Art, New York
465 Ph. © Bulloz
466 Ph. © Jean-Loup Charmet
© By Spadem 1988
468 Ph. © Lauros-Giraudon
© By Spadem 1988
469 Ph. © Jean-Loup Charmet
471 Ph. © Petit Palais, Genève
© By Spadem 1988
475 Ph. © Hubert Josse
477 Ph. © Jean-Loup Charmet
480 Ph. © Collection Docteur François-Émile Zola
484 © 1979, by the Metropolitan Museum of Art, New York
486 Ph. © Collection Vincent van Gogh
Musée National Vincent van Gogh, Amsterdam
487 Ph. © Dagli Orti
© By Spadem 1988
492 Ph. © J.-L. Charmet
493 g Ph. © Bibliothèque Nationale, Paris
493 d Ph. © Bibliothèque Nationale, Paris
495 Ph. © J.-L. Charmet
496 Ph. © Bulloz
497 Ph. © Lauros-Giraudon
© By Spadem 1988
501 Ph. © J.-L. Charmet
503 Ph. © Musée des Beaux-Arts, Bordeaux/Droits Réservés
504 Ph. © Lauros-Giraudon
506 Ph. © Hubert Josse
507 Ministère de la Communauté Française de Belgique
Ph. © Jacques Lemadec
509 Ph. © Réunion des Musées Nationaux, Paris
510 Ph. © Lauros-Giraudon
511 Ph. © H. Gyssels/Diaf
517 Ph. © Bibliothèque Nationale, Paris
518 Ph. © Giraudon/Droits Réservés
521 Ph. © Munch Museet, Oslo Kommunes Kunstsamlinger/Münchforlaget/Droits Réservés
522 Ph. © Bibliothèque Nationale, Paris
525 Ph. © Bibliothèque Nationale, Paris
526 Ph. © Archives Hatier
527 Ph. © Bibliothèque Nationale, Paris/Droits Réservés
529 Ph. © Collection Viollet
530 Ph. © J.-L. Charmet
531 b Ph © J.-L. Charmet
Collection Hetzel
531 d Ph © Roger Viollet, Archives
531 h Ph © Bibliothèque Nationale, Paris/Droits Réservés
532 Archives Larousse
Ph. © Giraudon/Droits Réservés
534 Ph. © Cliché : Musées de la ville de Paris
© By Spadem 1988
537 Ph. © J.-L. Charmet
538 Ph. Patrick Jean - Cliché ville de Nantes
© Musée du Château des Ducs de Bretagne
541 Ph. © The Phillips Collection, Washington D.C.
542 Musée Basque, Bayonne
Ph. © Ibaifoto/Droits Réservés
545 © The Georges A. Lucas Collection of the Maryland Institute College of Art, on indefinite loan to the Baltimore Museum
546 Ph. © Babey/Artéphot
547 Bibliothèque de La Rochelle
Ph. © J + M
548 Ph. © Réunion des Musées Nationaux, Paris
551 Ph. © J.-L. Charmet
553 Ph. © Bibliothèque Nationale, Paris
554 Ph. © Réunion des Musées Nationaux, Paris
© By Spadem 1988
555 Ph. © Claude Gaspari
© By Spadem 1988
556 Ph. © Giraudon
© By ADAGP 1988

Couverture : E. Delacroix, la Liberté guidant le peuple (détail), ph. © Hubert Josse.

Achevé d'imprimer
sur les presses de Maury-Imprimeur S.A.
45330 Malesherbes
N° d'impression : 42694 I
Dépôt légal : 13467 – Mai 1993